Vera Nünning (Hg.)
unter Mitarbeit von Caroline Lusin

Der zeitgenössische englische Roman

Genres – Entwicklungen – Modellinterpretationen

WVT-HANDBÜCHER
ZUM
LITERATURWISSENSCHAFTLICHEN
STUDIUM

Band 9

Herausgegeben von
Ansgar Nünning und Vera Nünning

Vera Nünning (Hg.)
unter Mitarbeit von Caroline Lusin

Der zeitgenössische englische Roman

Genres – Entwicklungen – Modellinterpretationen

WVT Wissenschaftlicher Verlag Trier

Der zeitgenössische englische Roman.
Genres – Entwicklungen – Modellinterpretationen /
Hg. von Vera Nünning unter Mitarbeit von Caroline Lusin.
Trier: WVT Wissenschaftlicher Verlag Trier, 2007
(WVT-Handbücher zum literaturwissenschaftlichen Studium; Bd. 9)
ISBN 978-3-88476-970-6

Umschlaggestaltung: Brigitta Disseldorf

ISBN 978-3-88476-970-6

WVT Wissenschaftlicher Verlag Trier
Bergstraße 27, 54295 Trier
Postfach 4005, 54230 Trier
Tel.: (0651) 41503 / 9943344, Fax: 41504
Internet: http://www.wvttrier.de
E-Mail: wvt@wvttrier.de

INHALTSVERZEICHNIS

Vorwort

Vera Nünning

Zeitgenössische britische Romane genießen momentan eine Aufmerksamkeit, die Literatur schon lange nicht mehr zuteil wurde. Man muss nicht gleich auf das Spektakel um die Veröffentlichung und Verfilmung der Harry-Potter-Romane schauen – auch der Booker Prize und ähnliche Rituale sorgen immer wieder für Diskussionen um den Wert und die Vielschichtigkeit von Literatur. Ian McEwan ist für viele Jugendliche schon früh zu einer Art Kultfigur geworden, Martin Amis provoziert auf beiden Seiten des Atlantik, und Nick Hornbys Autorenlesungen ziehen ein großes Publikum an, das nicht aus den üblichen Verdächtigen besteht, sondern Mitglieder aller Subkulturen mit einschließt. Wie die hohen Verkaufszahlen belegen, liest man englische Romane der Gegenwart ‚aus Spaß', man empfiehlt sie weiter und diskutiert unter Freunden darüber – auch wenn diese vielleicht nur die Verfilmung gesehen haben und bei strittigen Punkten insofern in einer schlechteren Position sind.

Es verwundert daher nicht, dass der Roman bei Studierenden wie Lehrenden gleichermaßen beliebt ist und gern als Thema für Seminare oder Abschlussprüfungen gewählt wird. Die Schwierigkeiten für die Behandlung im Unterricht ebenso wie für die Erarbeitung für Examina liegen jedoch auf der Hand: Die Texte sind noch nicht in hinreichendem Maße kanonisiert; Fachliteratur gibt es nur zu wenigen Werken – und dann häufig zu Einzelaspekten, die für die Erarbeitung eines Überblicks über das Gebiet der zeitgenössischen Literatur nur bedingt brauchbar sind. Die Texte einiger weniger Autoren – z.B. von Ian McEwan – haben zwar den Sprung in die britischen Bildungsinstitutionen geschafft, so dass Handreichungen zu einzelnen Werken vorliegen; diese sind aber oft von einer solchen Banalität, dass sie für deutsche Studierende kaum in Frage kommen. Bislang mangelt es noch an Studien, die auf hohem, aber dennoch für Studierende zugänglichem Niveau einen Überblick über die wichtigsten Strömungen zeitgenössischer Literatur vermitteln.

Diesem Manko will der vorliegende Band Abhilfe verschaffen, indem er drei Ziele verfolgt: Erstens werden die wichtigsten Genres und Entwicklungstendenzen des zeitgenössischen englischen Romans charakterisiert; zweitens wird das Werk bedeutender Autoren kurz vorgestellt, und drittens werden Modellinterpretationen zu repräsentativen Werken vorgelegt. Insgesamt soll durch die Vermittlung kompakter Informationen Überblickswissen bereitgestellt werden, das durch eine kurze kommentierte Auflistung der jeweils relevanten Fachliteratur ergänzt wird. Die Einheitlichkeit des Bandes ergibt sich unter anderem aus der klaren und kohärenten Struktur der Kapitel, die sich an den genannten drei Zielen orientiert. Es ist zwar nicht zu leugnen, dass durch die Auswahl der wichtigsten Autoren und Werke eine gewisse Kanonisierung erfolgt; dies ist angesichts der Einführung der neuen BA-Studiengänge jedoch ebenso erforderlich wie für die Zwecke des Englischunterrichts.

***

Zum Gelingen dieses Bandes haben viele beigetragen, und es ist mir eine Freude, den Beteiligten herzlich dafür zu danken. An erster Stelle sind hier natürlich die Beiträgerinnen und Beiträger zu nennen, die sich bei der Struktur der Kapitel dankenswerterweise an der Konzeption des Bandes orientiert haben. Ohne ihr Einhalten recht knapper Deadlines auf der einen, und ihre Geduld sowie die Bereitschaft, rasch auf Rückfragen und Vorschläge zu reagieren, auf der anderen Seite wäre das termingerechte Erscheinen dieses Bandes nicht möglich gewesen. Danken möchte ich darüber hinaus einmal mehr dem Wissenschaftlichen Verlag Trier, vor allem dem Verlagsleiter Dr. Erwin Otto, der das Projekt begleitet und unterstützt hat.

Bei der redaktionellen Bearbeitung des Bandes hat sich besonders meine Mitarbeiterin Dr. Caroline Lusin große Verdienste erworben. In einer Zeit, in der ich als Prorektorin für Internationale Beziehungen die Zeit für Redigierungen teilweise nur im Zug oder im Flugzeug fand, hat sie ausgezeichnete Vorschläge für stilistische Verbesserungen gemacht und sogar einen guten Teil der Korrespondenz mit den Beiträgerinnen und Beiträgern übernommen. Frau Irina Bauder-Begerow hat dankenswerterweise die Aufgabe übernommen, die Druckfahnen – mit kritischem Blick – Korrektur zu lesen. Herzlich danken möchte ich auch Frau Unica Peters, die mit unerschöpflicher Geduld und großer zeitlicher Flexibilität die Druckfahnen erstellt hat und am Ende nur anfügte, dass sie sich jetzt auf die Lektüre des Bandes freue – denn bewusst habe sie bislang immer nur Bruchstücke zur Kenntnis genommen.

Ihr und anderen künftigen Leserinnen und Lesern wünsche ich, dass der Band ihren Erwartungen gerecht wird. Für Anregungen, konstruktive Kritik und Rückmeldungen jedweder Art wäre ich schon deshalb sehr dankbar, weil bereits weitere Bände zur Gegenwartsliteratur in Arbeit und in Planung sind, die die gleiche Konzeption verfolgen. Über Hinweise zu möglichen Verbesserungen würde ich mich daher unter der Adresse vera.nuenning@urz.uni-heidelberg.de sehr freuen.

Heidelberg, im August 2007 Vera Nünning

1.

DER ZEITGENÖSSISCHE BRITISCHE ROMAN: EIN KARTIERUNGSVERSUCH

VERA NÜNNING

1. Die Popularität zeitgenössischer Romane: Kommerz und Qualität

Kein Zweifel: zeitgenössische Literatur ist ‚in', zumindest in Großbritannien. Dort herrscht ein Rummel um Literatur, vor dem sich um die Dignität des Kunstwerks bemühte Deutsche – und die soll es ja immer noch geben – nur mit Grauen abwenden können. Gleichzeitig genießen britische Autorinnen und Autoren auch in Deutschland eine große Popularität; Übersetzungen selbst von unverhältnismäßig langen Büchern wie *Possession: A Romance* (1990) von Antonia S. Byatt finden rasch einen breiten Leserkreis und werden oft genug sogar zum Bestseller. Dies mag auf die Qualität der Romane zurückzuführen sein; auf ihre Vielfalt und ihre Lesbarkeit, vor allem auf die Tatsache, dass es britischen Autorinnen und Autoren, die zur ‚hohen' Literatur zu zählen sind, immer wieder gelingt, literarisch anspruchsvolle, komplexe Formen mit dem Erzählen einer spannenden Geschichte zu verbinden.

Es mag aber ebenso an der Medienpräsenz der Romanciers liegen, an ihrem – positiv formuliert – sehr offenen Umgang mit kommerziellen Techniken der Selbstvermarktung. Auch in dieser Hinsicht erweisen sich viele britische Schriftsteller als Profis, denen es gelingt, in immer neuen Rollen im Rampenlicht zu stehen: Es ist nicht ungewöhnlich, dass Autorinnen und Autoren in Talk Shows Stellung nehmen und als Verfasser von Drehbüchern sowie als Kulturkritiker von sich reden machen. Nicht zu vernachlässigen sind zudem die Fernsehverfilmungen und Kinoerfolge, die auf Adaptionen britischer Romane zurück gehen – man denke nur an den omnipräsenten Jeremy Irons, der ähnlich wie Judy Dench eine Zeit lang das Vorrecht auf die Hauptrolle in Literaturverfilmungen gepachtet zu haben schien, so dass es schon eine Wohltat war, in *About a Boy, oder: Der Tag der toten Ente*, der Adaption von Nick Hornbys Roman *About a Boy* aus dem Jahre 1998, einmal Hugh Grant zu sehen.

Diese Selbstpräsentation macht sich bezahlt; gute Agenten können enorme Summen für die Rechte an den Werken von ‚Stars' wie Martin Amis erzielen, und selbst zuvor unbekannten Autorinnen und Autoren winken Vorschüsse bis hin zu einer Million Pfund. So wurden Zadie Smith für ihren Debütroman *White Teeth* (2000) vorab 390.000 Dollar gezahlt, und das, obwohl zu diesem Zeitpunkt erst ein kleiner Teil des Werkes geschrieben war. Die recht kurz nach der Veröffentlichung ausgestrahlte BBC-Verfilmung des Romans zeigt ebenso wie die enormen Verkaufszahlen, dass die

Verantwortlichen des Verlages richtig kalkuliert hatten: Es war eine gute Investition, und das Foto der interessanten, mit 25 Jahren zu der Zeit noch sehr jungen Autorin – das im Gegensatz zu Porträts auf späteren Werken auf einen teilweise afrikanischen Migrationshintergrund hinzuweisen schien – hat vermutlich ebenso zum Verkaufserfolg beigetragen wie das populäre Genre des Generationenromans und die exzentrischen multikulturellen Figuren, deren Erlebnisse witzig und zugleich verständnisvoll präsentiert werden. Ein solch lockerer Umgang mit ethnischen Spezifika wird ganz offensichtlich von einer breiten Leserschaft geschätzt: *ethnicity sells*. In diesen Romanen werden jedoch auch in literarisch anspruchsvoller Weise Themen verhandelt, die wichtig für die heutige Gesellschaft sind und den seit jeher recht engen Bezug der britischen Literatur zu einem in weiterem Sinne moralischen Gehalt betonen. Fragen der Identitätsstiftung in einer vielkulturellen Gesellschaft stehen ebenso im Vordergrund wie das interkulturelle Miteinander von unterschiedlichen Subkulturen, Probleme mit Geschlechtsidentitäten und die Verortung in *Englishness* oder *Britishness* sowie deren Modulierung.

Damit mag schon angedeutet sein, dass die Grenzen zwischen ‚Hoch'- und Populärliteratur in Großbritannien durchlässig geworden sind. „[D]ie Unbefangenheit, mit der [die britische Gegenwartsliteratur] sich den zeitgenössischen Subkulturen und den Medien öffnete," ist daher von Gerd Stratmann (2006: 368) als ein bestimmendes Merkmal der Werke und als häufig vorzufindende Verhaltensdisposition von Autorinnen wie Autoren angesehen worden. Der oft hohe Grad an Komplexität tut der Lesbarkeit der Werke keinen Abbruch, und die Themen sind nicht nur in sogenannten Pop-Romanen bestimmt von Anleihen aus der Populärkultur. Insbesondere Musik und Film, auch Konsum, Lebens- oder Freizeitstile der Jugendkultur werden in vielen Romanen anzitiert. Gleichzeitig bildet die Auseinandersetzung mit dem kulturellen Erbe und Klassikern der ‚Hochliteratur' einen wichtigen Bestandteil vieler zeitgenössischer Romane.

Der Öffnung zur Populärliteratur und -kultur auf der einen Seite entspricht auf der anderen Seite eine Öffnung zur Wissenschaft. Erstaunlich viele Autorinnen und Autoren haben Anglistik studiert, und, noch erstaunlicher, die Inhalte ihres Studiums nicht gleich wieder vergessen. Häufig führte der Weg auch über die in den USA und Großbritannien so beliebten *creative writing groups* – Ian McEwan und Kazuo Ishiguro nahmen etwa an den mittlerweile ob ihrer Erfolge berühmten Kursen an der University of East Anglia teil. Der *spiritus rector* dieser Veranstaltungen war Malcolm Bradbury, der, ebenso wie David Lodge und Antonia S. Byatt, als erfolgreicher Romancier und nicht minder erfolgreicher Literaturwissenschaftler beispielhaft verdeutlicht, in welchem Maße die Grenzen zwischen kreativer Praxis und akademischer Lehre verwischt wurden. Die Nähe zur Wissenschaft und die Bedeutung von *creative writing groups* (ver)führt britische Romanciers dabei keineswegs zu einem bloßen Anwenden von erlernten Regeln. Anstelle von Homogenisierung herrscht Vielstimmigkeit vor, wobei unterschiedliche Grade von – allerdings nicht überbordender – Experimentierfreude ebenso vorzufinden sind wie eine große Vielfalt von Genres und Themen. Nicht umsonst hat Nick Bentley (2005: 1) „sheer diversity“ als herausragendes Merkmal des zeitgenössischen Romans bezeichnet – wobei das von ihm ausgemachte zweite Charakteristikum, die Vitalität des Romans beziehungsweise sein noch nicht eingetretener Tod, aus deutscher Perspektive vielleicht nicht allzu sehr überrascht.

2. Grenzziehungen und Auswahlprinzipien

Die Attraktivität der britischen Gegenwartsliteratur entfaltet ihre Wirkung nicht nur bei einem breiten Publikum, sondern natürlich auch bei Studierenden und Lehrenden in der Anglistik: Der zeitgenössische britische Roman ist ein beliebtes Thema von Seminaren und Prüfungen. Erschwert wird die Beschäftigung mit diesem Bereich aber gerade durch die faszinierende Vielfalt der zeitgenössischen Literatur, die sich allzu einfachen Schematisierungsversuchen beständig widersetzt. Darüber hinaus bereitet die zeitliche Nähe zum Untersuchungsgegenstand einige Probleme. Was als repräsentativ gelten kann, wer sich als Klassiker durchsetzen wird, und welche Strömungen sich als dauerhaft und weiterführend erweisen werden, das sind Fragen, denen sich Literaturwissenschaftler, die um ihren guten Ruf fürchten, nicht gern stellen. Dies hat zur Folge, dass zwar schon eine Fülle von Einzelstudien zu besonders geschätzten Autoren vorliegen, es aber bislang nur wenige Versuche gibt, dieses vielfältige Phänomen zu kartieren.

Gerade dies ist das Hauptanliegen dieses Bandes, der zum Entdecken dieser reizvollen Landschaft einladen möchte. Das Territorium, das er zu erfassen versucht, ist dabei zwar sehr weitläufig, zugleich aber doch deutlich eingegrenzt. Es geht um zeitgenössische britische Romane, die von den 1980er Jahren bis zur Gegenwart veröffentlicht wurden. Mit John Fowles' *The French Lieutenant's Woman* wird zwar auch ein Werk aus dem Jahr 1969 berücksichtigt, dies begründet sich aber durch die anhaltende Popularität und Repräsentativität dieses Klassikers, der durch eine Vermischung realistischer und postmoderner Schreibweisen gekennzeichnet ist, die sich als wegweisend für die britische Literatur erweisen sollte. Der Schwerpunkt liegt jedoch auf Romanen, die während der letzten beiden Jahrzehnte veröffentlicht und bislang nur ansatzweise erschlossen wurden.

Die räumliche Begrenzung der zu kartierenden Region erweist sich als ein noch komplexeres Unterfangen als die zeitliche. Sowohl England als auch Großbritannien bezeichnen problematische, ideologisch aufgeladene Räume, die nicht völlig mit dem hier zu erschließenden Gebiet übereinstimmen. England ist rein geographisch betrachtet sicherlich zu klein, würden dann doch alle Romane aus Wales, Schottland und Irland ausgeschlossen. Sämtliche irischen Romane aber lassen sich selbst durch die Ausdehnung des Raumes auf Großbritannien nicht einbeziehen. Noch problematischer wird die Eingrenzung durch die komplexen Bezüge zu den (früheren) Kolonien und *dominions* sowie durch die stetig an Bedeutung zunehmenden Auswirkungen von Migrationsprozessen, auch und gerade unter zeitgenössischen Autorinnen und Autoren. Dies resultiert in Literaturen, die ständig in Bewegung und von vielfältigen Wechselbeziehungen gekennzeichnet sind und von Ottmar Ette (2005) treffend als „Literaturen ohne festen Wohnsitz“ charakterisiert wurden. Obgleich die Reiselust nicht nur von Romanciers ein kaum zu überwindendes Hindernis für eindeutige Grenzziehungen bereitstellt, so sollen doch diejenigen Autorinnen und Autoren, die ihren Lebensmittelpunkt in früheren Kolonialgebieten – etwa in der Karibik, Australien, Neuseeland, Afrika oder Indien – haben, hier nicht berücksichtigt werden; die Breite und Vielschichtigkeit dieser Literaturen würde die Grenzen dieser exemplarisch angelegten Studie doch überschreiten und soll daher im Mittelpunkt eines weiteren Bandes stehen. Hingegen würde die Vielfalt und Komplexität englischer Gegenwartsliteratur in völlig unzulässiger Weise reduziert, wollte man die längere Zeit auf den britischen Inseln lebenden Autorinnen und Autoren mit Migrationshintergrund von der Landkarte verbannen. Was wäre die britische Literatur der letzten zwei Jahrzehnte ohne die Beiträge von Salman Rushdie, Hanif Kureishi, Buchi Emecheta oder Zadie Smith?

Auch wenn allzu holzschnittartige Kartierungen vermieden werden sollen, so erfordert eine Charakterisierung der auf diese Weise definierten britischen Romane der Gegenwart doch eine Reihe von Entscheidungen. Selbst wenn man sich auf die Darstellung derjenigen Werke beschränken wollte, die einen – zumindest nach Auffassung der hochkarätig zusammengesetzten Preisvergabekommissionen für den renommierten Booker Prize und den nicht minder angesehenen Whitbread Award (neuerdings umbenannt in Costa Book Award) – harten Selektionsprozess durchlaufen haben und auf den streng begrenzten *final shortlists* der letzten zwanzig Jahre zu finden sind, so stünde man vor der Aufgabe über zweihundert Romane vorzustellen. Um ein solches offensichtlich sinnloses Unterfangen zu vermeiden und die unterschiedlichen Erwartungen, denen dieser Band gerecht werden sollte, einzulösen, wurde die im Folgenden zu erörternde Vorgehensweise favorisiert.

Um die Funktion einer Landkarte zu erfüllen, die auch die Einordnung von Werken erlaubt, die nur am Rande erwähnt werden können (oder noch gar nicht geschrieben wurden), befassen sich die einzelnen Kapitel jeweils mit einer Strömung, einer Schreibweise oder einem Genre des zeitgenössischen britischen Romans, deren Besonderheiten zu Beginn jeweils kurz herausgestellt werden. Auf den ersten Seiten der Kapitel werden daher jeweils einige allgemeine Merkmale des entsprechenden Genres bzw. der im Vordergrund stehenden Strömung und die wichtigsten Werke von Autorinnen wie Autoren kurz vorgestellt, so dass die maßgeblichen Tendenzen zumindest in ihren Grundzügen erkennbar werden. Besonderes Augenmerk wird auf die Werke der Schriftstellerin oder des Schriftstellers gelegt, dessen Roman jeweils im Mittelpunkt der Interpretation steht. Diese Deutung kapriziert sich nicht auf wenige (wenn auch interessante) Details, sondern gibt einen Überblick über die Eigen- und Besonderheiten des Romans, wobei auch hervorgehoben wird, welche Aspekte des Werkes vor dem Hintergrund der zeitgenössischen Literatur als typisch – oder eben außergewöhnlich – bezeichnet werden können.

Die Konzentration auf einzelne Romane und Strömungen beziehungsweise Genres dient dem Ziel, Leserinnen und Lesern nicht nur Modellinterpretationen, sondern auch grundlegende Informationen an die Hand zu geben, die eine weiterführende selbstständige Einarbeitung in diesen faszinierenden Bereich der britischen Literatur erlauben. Dass der Wert dieser Vorgehensweise abhängt von der Auswahl sowohl der allgemeinen Tendenzen als auch der Autorinnen und Autoren, ist offensichtlich. Es ist daher sicherlich von Vorteil, dass die Prinzipien, die die Selektion geleitet haben, klar benannt werden können. Dem entspricht allerdings der Nachteil, dass eine Quadratur des Kreises wohl eher gelingen kann als eine lückenlose, scharfe Grenzen markierende Kartierung eines so komplexen, eng vernetzten und in Bewegung befindlichen Feldes wie dem britischen Roman der Gegenwart.

Die Auswahl der Werke ist zum einen am Bekanntheitsgrad der jeweiligen Autorinnen und Autoren sowie dem Renommee ihrer Romane orientiert. Die Namen, die im Inhaltsverzeichnis genannt sind, sollten daher schon einen ersten Einblick in die Gruppe derjenigen geben, die das Gebiet des britischen Romans auf signifikante Weise bereichert haben und zu den anerkannten zeitgenössischen Schriftstellerinnen und Schriftstellern zählen. Zugleich sollten die vorgestellten Werke die wichtigsten Strömungen und Genres abbilden – und Doppelungen so weit als möglich vermieden werden. Zudem – und dies erwies sich als fast unmöglich – sollten die Romane jeweils zumindest in gewisser Hinsicht repräsentativ für das Gesamtwerk des jeweiligen Autors sein. Darüber hinaus sollte die Gesamtheit der jeweils im Mittelpunkt stehenden Werke Einblick in ein breites Spektrum der bedeutenderen Themen und Schreibweisen geben, die im modernen britischen Roman be- und verhandelt werden.

Aufgrund der oben bereits angedeuteten Besonderheiten des Literaturbetriebs in Großbritannien ist den Interpretationen ein Kapitel vorangestellt, in dem das literarische Feld der letzten zwei Dekaden kurz charakterisiert wird. Dies schien aufgrund der engen Vernetzung zwischen Literatur und Kommerz sowie der Bedeutung von Literaturvermittlern einen sinnvollen Ausgangspunkt für ein Verständnis der Romanproduktion auf den britischen Inseln zu bilden. Zudem können damit die großen Auswirkungen, die Literaturpreise auf den Literaturbetrieb in einer Gesellschaft ausüben, in der Preisverleihungen zunehmend als Massenspektakel inszeniert werden, zumindest ansatzweise in den Blick genommen werden.

3. *Postmodernism* und kein Ende? Vielfalt und Charakteristika zeitgenössischer Genres und Schreibweisen

Damit werden allerdings nur die Rahmenbedingungen für die Entstehung sehr vielschichtiger, von heterogenen Tendenzen gekennzeichneter, eng aufeinander bezogener literarischer Werke dargelegt, die – im Gegensatz zum Roman der 1950er bis zur Mitte der 1980er Jahre – bislang nur kursorisch erschlossen wurden. Dies mag an der erstaunlichen Vielfalt der Romane, Genres, Themen und Schreibweisen liegen; daneben spielt jedoch die Schwierigkeit, Phänomene zu beurteilen, über die noch nicht mit der beruhigenden Sicherheit der zeitlichen Distanz entschieden werden kann, eine nicht zu vernachlässigende Rolle. Selbst über die Existenz grundlegender Strömungen besteht keine Einigkeit. Ist der Postmodernismus seit Mitte der 1990er Jahre ein Phänomen der Vergangenheit, oder kennzeichnet er im Gegenteil weiterhin das literarische Schaffen im neuen Jahrhundert? Dass Wissenschaftler wie Richard Ruland und Malcolm Bradbury (1991: 325) oder Steven Connor (2004: 1) sogar auf solch fundamentale Fragen unterschiedliche Antworten geben, mag als weiterer Beleg für die Vielschichtigkeit der Gegenwartsliteratur gedeutet werden – oftmals gerät darüber jedoch aus dem Blick, dass der britische Roman sich im Gegensatz etwa zum nordamerikanischen nie dominant durch postmoderne Schreibweisen auszeichnete.

War es zu Beginn der 1970er Jahre noch möglich, Romanciers – wie David Lodge (1969) es in einem wegweisenden Essay formulierte – an einer Kreuzung zu imaginieren, an der sich die Hauptstraßen des dokumentarischen, realistischen, und experimentellen Schreibens trafen, so wurde die Lage seit den 1980er Jahren zunehmend komplexer. Immer mehr Seitenstraßen bildeten sich heraus, und als David Lodge selbst seinen berühmten Essay noch einmal überarbeitete, verwendete er nunmehr das – der zunehmenden Kommerzialisierung Rechnung tragende – Bild eines „supermarket of styles" (1992: 209), in dem sich Autorinnen und Autoren ganz nach Belieben unterschiedlichster Stilrichtungen bedienen können. In diesem Warenhaus herrscht eine bunte Vielfalt; vor allem aber geben die Regale Darstellungskonventionen aus unterschiedlichen Jahrhunderten her. Realistisch, modernistisch, postmodernistisch: erlaubt ist, was gefällt – und was dem Gestaltungswillen der Autorinnen und Autoren angemessen Ausdruck verleihen kann.

Statt sich mit der müßigen Frage zu beschäftigen, ob, beziehungsweise wann, der Postmodernismus auf den britischen Inseln zu Ende gegangen ist (was immerhin voraussetzen würde, dass er zuvor in maßgeblicher Weise begonnen hat), sollte man daher die Gleichzeitigkeit des Ungleichzeitigen anerkennen und die Vielfalt, die in ihr zum Ausdruck kommt, schätzen lernen. Diese Vielfalt ergibt sich schon aus der Aufgabe der zuvor als prägend angesehenen Unterscheidung in (britisches) Zentrum und (koloniale) Peripherie, die ihrerseits zu der Vorstellung eines Gegensatzes zwischen einer ‚angelsächsischen' und einer ‚Commonwealth' Literatur führte, deren herausragendes Merkmal im ‚*writing back*' gesehen wurde – also immer noch ganz von der kolonialen Vergangenheit und der britischen Übermacht bestimmt war. Diese unfruchtbare Opposition ist nun der Einsicht in eine multiethnische Vielschichtigkeit gewichen, die zweifellos zu den wichtigsten Merkmalen des Romans der Gegenwart gehört. Autorinnen und Autoren mit vielfältigen Migrationshintergründen bereichern die Literatur um neue Themen, Formen und Schreibweisen; Identitätssuche in interkulturellen Konstellationen, Hybridität, Differenz und Vergangenheitsbewältigung wurden ebenso wie an Oralität anknüpfende oder dem ‚magischen Realismus' verpflichtete Schreibweisen nicht nur zum Kennzeichen sogenannter „fictions of migration" (Sommer 2001), sondern fanden sich aufgrund der regen Wechselbeziehungen innerhalb des Literaturbetriebs schnell auch in Romanen von Autorinnen und Autoren wieder, die englischer, irischer oder schottischer Herkunft sind.

Vielschichtigkeit ist auch das herausragende Merkmal von verschiedenen Genres, die sich mit der Geschichte – auch und gerade im Zusammenhang mit der Frage nach der eigenen Identität – auseinandersetzen. Schon in den 1970er Jahren trat die Auseinandersetzung mit der kolonialen Vergangenheit in revisionistischer Perspektivierung in den Vordergrund; kurz danach setzte sich eine Fülle von Romanen in gleichfalls experimenteller wie selbstreflexiver Weise mit der (eigenen) Geschichte auseinander, was Linda Hutcheon (1988: 52) auf die – im übrigen eine durchaus beeindruckende Zahl von Faktoren außer Acht lassende – Idee brachte, die britische und amerikanische Postmoderne mit *historiographic metafiction* gleichzusetzen. Sicherlich ist historiographische Metafiktion – oder genauer vielleicht: der metafiktionale historische Roman – ein bedeutender Bestandteil britischer Literatur auch in den 1980er und 1990er Jahren. Daneben haben sich jedoch andere Formen der Auseinandersetzung mit der Geschichte entwickelt, die nunmehr den Prozess der Erinnerung und der Verschränkung des gegenwärtigen Erlebens mit dem Erinnerten noch genauer ausloten und stärker in den Vordergrund rücken.

Zu den Genres, die sich in diesem weiteren Sinne mit der Vergangenheit befassen, gehören an erster Stelle fiktionale Biographien, die sich einer ungeahnten Wertschätzung seitens der Literaturwissenschaft wie des Lesepublikums erfreuen. Eng verbunden damit sind Auto/Biographien, wobei der modische Schrägstrich hier eine Verschränkung zwischen dem Schreibenden und dem Beschriebenen anzeigen soll, die zum einen auf die vertraute Einsicht hinweist, dass das Portrait der Person, die von dem Biographen geschildert wird, immer auch Ausdruck der Persönlichkeit und Präferenzen des Biographen ist, zum anderen aber hervorhebt, dass die Beschäftigung mit einem fremden Lebenslauf Auswirkungen auf das Leben des Biographen hat, der sich durch die Erkundung des Fremden verändert. In einer recht großen Zahl von Romanen tritt darüber hinaus der Prozess der Erinnerung an das selbst Erlebte so sehr in den Vordergrund, dass man mit Fug und Recht von *fictions of memory* sprechen kann. Die Erinnerung überschattet in diesen Romanen nicht nur die fiktive Gegenwart; oftmals werden durch die ‚Entdeckung' und Deutung des Vergegenwärtigten zudem neue Einsichten gewonnen, die das Leben der Protagonisten gleichermaßen prägen wie verändern. Inwiefern es sich dabei jeweils um die „wahren Geschichten" handelt, bleibt offen – wichtig ist vielmehr das, was Salman Rushdie in seinem Roman *Midnight's Children* (1981: 211) als „memory's truth" bezeichnet hat. Eine Erinnerung, die über Generationengrenzen hinweggeht und Sinn ebenso wie Identität in der eigenen Familiengeschichte verortet, steht im Mittelpunkt einer neuen Form von Familienchroniken und so genannten ‚Generationenromanen', die sich nicht nur in England, sondern auch international – man denke nur an den Erfolg von Romanen wie Jeffrey Eugenides' *Middlesex* (2002) – großer Beliebtheit erfreuen. Das kollektive Gedächtnis und die Prozesse der Erzeugung und Modifikation des ‚Gespeicherten' spielen in der Literatur seit den 1980er Jahren weiterhin eine große Rolle, wobei häufig die Frage nach der nationalen Identität zentrale Bedeutung erlangt. Die *Englishness*, die auf diese Weise konstruiert und dekonstruiert wird, ist dabei oft auf Phänomene des interkulturellen Zusammenlebens und der (nachträglichen) Integration von Inhalten bezogen, die einem multiethnischen Umfeld entstammen.

Wenn im Folgenden auch die *fictions of migration* zu den bedeutenden Genres des englischen Romans gezählt werden, so mutet dies angesichts der längst vollzogenen Aufhebung der Grenze zwischen angelsächsischer Literatur und den Werken von Autorinnen und Autoren mit Migrationshintergrund zunächst paradox an. Wird hier durch die Hintertür wieder eine Abgrenzung von anderen Ethnien eingeführt, die doch in diesem Band dadurch negiert wird, dass Autoren, die – oft wider Willen – zu den *black British authors* gezählt werden, im Mittelpunkt von ‚normalen' Kapiteln zu Genres und Schreibweisen wie der historiographischen Metafiktion (Salman Rushdie), der *fictions of memory* (Kazuo Ishiguro, *The Remains of the Day*) oder der ‚Generationenromane' (Zadie Smith) stehen? Keineswegs. Vielmehr soll im Kapitel zu den *fictions of migration* eine spezifische Form der Verarbeitung von Migrationserfahrungen im Vordergrund stehen, die sich oft im – formal recht konventionellen – *black British bildungsroman* manifestieren, der bei Autorinnen und Autoren aus der ersten Generation der Immigranten häufig einhergeht mit einer ausführlichen Schilderung der *rite de passage* und der Erfahrung des fremden Englands in den ersten Monaten beziehungsweise Jahren nach der Überfahrt.

Ähnlich verhält es sich mit dem sogenannten ‚Frauenroman', dessen Bezeichnung sich aller Kritik zum Trotz eingebürgert hat. Auch hier soll nicht suggeriert werden, als seien Autorinnen zu nichts weiter in der Lage, als ‚Frauenromane' – womöglich noch in Fortsetzung der Tradition der altbekannten, in emanzipatorischer Absicht verfassten ‚Mutterschaftsromane' à la Margaret Drabble – zu schreiben. Im Gegenteil sind gerade unter den ‚Frauenromanen' der letzten zwanzig Jahre viele Schreibweisen erprobt worden, die Judith Butlers These von der Bedeutung der Performativität und Körperlichkeit für Geschlechtsidentität ebenso Ausdruck verleihen wie dem Spiel mit der Überquerung von Geschlechter-Grenzen. Im Bereich des britischen Romans wird diese Tendenz wohl am deutlichsten von Jeannette Winterson, insbesondere von ihrem Werk *Written on the Body* (1992) verkörpert.

Besonders beliebt bei Studierenden scheinen einige weitere Genres zu sein, die unter anderem Elemente der Populärkultur in neuen Formen vergegenwärtigen. Dies betrifft vor allem den sogenannten ‚Pop-Roman', zu dessen Vertretern auch der frühere DJ, Fußballfan und Kultautor Nick Hornby zählt. In diesem Genre scheint sich eine These Leslie Fiedlers zu manifestieren, der schon 1969 voraussagte, dass sich Popkultur und Avantgarde in einer von Entdifferenzierung und Grenzüberschreitung geprägten post-humanistischen Welt in vielfältiger Weise vermischen und Romane die Kluft zwischen Elite- und Massenkultur schließen würden. Das hier vorläufig als *new Gothic novel* bezeichnete Genre spielt hingegen mit altbekannten Wirkungsintentionen sowie Merkmalen und Mustern des Schauerromans, die es um postmoderne Darstellungen von Gewalt sowie (häufig) um Bestandteile der Jugendkultur erweitert. Das Einschreiben von Inhalten der Populärkultur in das kulturelle Archiv (Baßler 2002: 184) kann wohl dennoch nur dem Pop-Roman attestiert werden. Ein drittes sehr populäres Genre bildet die *fantasy fiction*, die in diesem Band mit der finanziell wohl erfolgreichsten britischen Autorin, Joanne K. Rowling, und ihren Harry-Potter-Romanen vertreten sein wird. Es lässt sich zwar mit Fug und Recht argumentieren, dass diese Werke einem hybriden Genres angehören und ihr Erfolg in nicht unerheblichem Maße auf die ebenfalls populären intertextuellen Referenzfolien zurück geht, auf die die Romane rekurrieren; im Mittelpunkt der Interpretation soll jedoch der Aspekt der *fantasy fiction* stehen. Wenn hier mit dem zeitgenössischen Kriminalroman, der sich in einigen seiner Ausprägungen ebenso als Bestätigung der These Fiedlers deuten lassen könnte, ein für das kulturelle Imaginäre sicherlich sehr wichtiges Genre zwar genannt, aber nicht mit einem Kapitel vertreten sein wird, so liegt dies allein an der Vielschichtigkeit dieses Genres, der in einem eigenen Band – vorläufig terminiert auf das Jahr 2008 – Rechnung getragen werden soll.

Sowohl in Bezug auf Genres als auch mit Blick auf Schreibweisen lässt sich festhalten, dass es seit den 1990er Jahren in zunehmendem Maße zur Integration von Elementen kommt, die vorher stärker voneinander abgegrenzt wurden. Diese Vermischung von (Sub)gattungen ist oft so ausgeprägt, dass sich in vielen Romanen kaum noch ein bestimmendes Genre ermitteln lässt, das die anderen, zugleich vorhandenen Elemente integriert; Hybridität wird selbst zum bestimmenden Merkmal. Das Warenhaus, in dem sich Autoren David Lodge zufolge bedienen können, bietet offensichtlich neben Stilen auch Genres zur freien Verfügung an. Bei Schreibweisen ist das Spektrum möglicherweise noch breiter aufgefächert, reicht es doch von postmodernistischen über modernistische bis zu realistischen Darstellungskonventionen. Einerseits hat die ganze Bandbreite realistischer Erzählweisen weiterhin Bestand: Illusionsbildung wird begünstigt durch viele heteroreferentielle Bezüge, ‚lebensecht' gezeichnete und in spezifischen sozialen wie kulturellen Kontexten verortete Figuren, eine – häufig spannende – kausallogisch verknüpfte Handlungsführung, deren chronologische Abfolge leicht erkennbar ist, eine authentisch wirkende homodiegetische oder auktoriale Erzählinstanz und eine transparente Sprache, die den Eindruck der Unmittelbarkeit vermittelt. Andererseits werden diese realistischen Merkmale in vielfältiger Weise mit anderen Darstellungsweisen verbunden, so dass es zu vielen Mischformen kommt und sich zeitgenössische britische Romane auf einer Skala zwischen den Polen ‚realistische' und ‚postmodernistische' Erzählkonventionen an ganz unterschiedlichen Punkten einordnen lassen.

Die zur Verfügung stehenden postmodernistischen Verfahrensweisen sind vor allem durch die Tendenz zur Illusionsdurchbrechung gekennzeichnet. Parodie, Pastiche und das Spiel mit realistischen Erzählkonventionen dienen der Verfremdung von Bekanntem und verdeutlichen den artifiziellen Charakter des Kunstwerks. Die zeitliche Ordnung gerät in einem Roman wie Ali Smith' *Hotel World* (2001), in dem eine Fokalisierungsinstanz nach ihrem Selbstmord Aufschluss über ihr (Weiter-)Leben und ihren Tod gibt, ebenso aus den Fugen wie die kausallogische Handlungsführung. Figuren sind in diesen Spielarten weder ‚lebensecht' noch ‚authentisch'; sie wissen von ihrem Erzählt-Werden oder sind – wie etwa die Nymphomanin Nikki in Tibor Fischers Roman *The Collector Collector* (1997) – so überzeichnet, dass sie nicht mehr mit bestehenden Persönlichkeitstheorien in Einklang gebracht werden können. Textinterne und -externe Kommunikationsebenen werden durcheinander gewirbelt, Autoren erscheinen in ihren eigenen Büchern, und heterodiegetische Erzähler sprechen mit ‚ihren' Figuren. Anstelle von Heteroreferentialität bestimmt Selbstreflexität – in all ihren Spielarten – diese Form des Schreibens. Wichtig sind vor allem unterschiedliche Formen der Metaisierung, von denen bislang nur die Bedeutung der Metafiktionalität hervorgehoben wurde.

Nicht in das Spannungsfeld zwischen postmodernistischen und realistischen Erzählweisen einordnen lassen sich einige weitere Darstellungskonventionen, die teilweise bereits für die modernistische Ästhetik kennzeichnend waren, jetzt aber in neuen Modulierungen auftauchen. Dazu gehören vor allem Intertextualität, deren Bedeutung für den zeitgenössischen britischen Roman kaum überschätzt werden kann, und Intermedialität, insbesondere (wenn auch nicht nur) in Bezug auf Film, Musik und Photographie. Der magische Realismus nimmt insgesamt gesehen eher eine Randposition ein, ist in einigen wegweisenden Romanen jedoch prominent vertreten. Insbesondere die Literatur, die seit den 1990er Jahren erschien, ist relativ häufig geprägt von einem Nebeneinander unterschiedlicher Fokalisierungs- oder Erzählinstanzen, zwischen denen kaum noch durch einen übergeordneten Erzähler vermittelt wird. In Romanen wie Graham Swifts *Last Orders* (1996) und Kate Atkinsons *Case Histories* (2004) erfolgt der Wechsel abrupt, wobei entsprechende Kapitelüberschriften häufig angeben, aus welcher Perspektive nun berichtet wird. Während sich dies im Falle der Fokalisierungsinstanzen noch an die modernistische Handhabung von Multiperspektivität anknüpfen lässt, ist eine Aneinanderreihung unterschiedlicher homodiegetischer Erzähler, wie sie etwa Nick Hornbys Roman *A Long Way Down* (2005) oder Matthew Kneales *English Passengers* (2000) kennzeichnet, im britischen Roman vor 1990 nur sehr selten zu finden.

Großer Beliebtheit erfreut sich vor allem das unzuverlässige Erzählen, das einigen Literaturwissenschaftlern zufolge im zeitgenössischen britischen Roman auf innovative Weise eingesetzt wird. Neben in ethischer Hinsicht unzuverlässigen Erzählern, zu denen etwa der Pornographie- und Fast Food-Freak John Self aus Martin Amis' Roman *Money: A Suicide Note* (1984) gehört, finden sich aus ihrer Sicht ehrliche Erzähler mit sehr beschränkter Fähigkeit zur Selbsterkenntnis, die im Prozess des Erzählens und Erinnerns unfreiwillig Einblick in ihnen selbst unbekannte Aspekte ihrer Persönlichkeit geben. Seit Ende der 1990er Jahre spielen einige Autoren und Autorinnen wie Nick Hornby, Ian McEwan (in *Enduring Love*, 1997) oder Zoë Heller (in *Notes on a Scandal*, 2003) zudem auf ethisch aufschlussreiche Weise mit dieser Schreibweise, indem sie die Grenzen zwischen Zuverlässigkeit und Unzuverlässigkeit zunehmend in Frage stellen und verwischen.

Seit Mitte der 1990er Jahre hat sich meiner Meinung nach zudem ein signifikanter Wandel experimenteller Schreibweisen vollzogen. Während Autoren wie B.S. Johnson, Christine Brooke-Rose und John Fowles seit den späten 1950er Jahren Experimente mit der Romanform vollzogen, die im Nachhinein als postmodernistisch bezeichnet werden können, ist eine solche Identifikation von postmodernem mit experimentellem Schreiben seit den 1990er Jahren nicht mehr möglich. Ob, wie Barry Lewis annimmt, der Gebrauch postmodernistischer Schreibweisen schon vor der Jahrtausendwende „routine and no longer radical" (2005 [2001]: 113) war, mag angesichts der Dominanz realistischer oder zumindest gemäßigt radikaler Darstellungsverfahren in Großbritannien dahingestellt bleiben. Sicher jedoch waren die seit rund vierzig Jahren erprobten postmodernistischen Verfahrens- und Verfremdungsweisen dem Leserkreis bekannt, der gewillt ist, sich auf experimentelles Schreiben einzulassen. Die vielfältigen Strategien der Verfremdung – Illusionsbrüche, metafiktionale Kommentare, parodistische Spiele mit realistischen Konventionen – wurden solchen Leserinnen und Lesern immer vertrauter, so dass der Prozess der Erneuerung postmodernistischer Stilmittel ständig beschleunigt werden musste, denn, wie Herbert Grabes (1996: 24) formuliert, „repetition of radical change leads to a heightened ability to accommodate strangeness".

Dies mag mit dafür verantwortlich sein, dass erstaunlich viele Romane, die in der letzten Dekade veröffentlicht wurden, von modernistischen Schreibweisen Gebrauch machen. Das gilt – und dies erscheint merkwürdig – auch für Werke von Autoren, die sich zuvor durch den Gebrauch postmoderner Verfahrensweisen einen Namen gemacht hatten, wie etwa Julian Barnes, David Lodge oder Ian McEwan. Schon Steven Connor (2004: 10) hat darauf aufmerksam gemacht, dass Romane, die in den letzten Jahren veröffentlicht wurden, sich häufig vom postmodernistischen *telling*, das die Erzählstimme ausformte und in der Mittelpunkt rückte, ab- und dem modernistischen *seeing*, in dem Reflektorfiguren große Bedeutung zukommt, zuwenden. Damit einher geht zumindest in einigen Romanen eine Abkehr von dem zuvor recht prononcierten Interesse an der viktorianischen Zeit, das nun einer Beschäftigung mit dem späten 19. beziehungsweise frühen 20. Jahrhundert weicht. So erschienen allein im Jahre 2004 drei fiktionale Biographien über Henry James – eine davon von David Lodge (*Author, Author*) – die alle von modernistischen Verfahrensweisen Gebrauch machen, und auch Julian Barnes befasst sich in seiner fiktionalen Doppelbiographie *Arthur and George* (2005) mit der Jahrhundertwende.

Die Rückkehr zu modernistischen Schreibweisen ist jedoch nicht als bloße Rück-Kehr zu verstehen; vielmehr vermögen einige Autoren traditionellen Darstellungskonventionen innovative Aspekte abzugewinnen. Dies betrifft zum einen die Evokation der Erfahrung von Alterität und Fremdheit, die zuvor durch postmodernistische Weisen der Verfremdung hervorgerufen wurde, nun aber mit der modernistischen Darstellung psychologisch glaubwürdiger Figuren verbunden wird. Es impliziert zum anderen eine Art der Instabilität, die durch die Infragestellung (vermeintlicher) fiktionaler Fakten erreicht wird: Lesern wird vor Augen geführt, dass das, was sie im Verlauf des Romans gesehen haben, nicht unbedingt den fiktiven Tatsachen entspricht. In der Verbindung beider Aspekte wird eine ethisch vielversprechende neue Form des Umgangs mit traditionellen Verfahrensweisen sichtbar, die dem gegenwärtigen literaturwissenschaftlichen Interesse an ethischen Fragestellungen unterschiedlicher Provenienz (*ethical criticism, ecocriticism, gender studies, postcolonial studies*, usw.) entspricht.

Solche Beobachtungen, die sich auf Romane beziehen, die in den letzten fünf bis acht Jahren veröffentlicht wurden, müssen notwendig tentativ bleiben. Vielleicht ist das neue Interesse an unzuverlässigem Erzählen oder dem unvermittelten Nebeneinander unterschiedliche Erzähler- und Fokalisierungsinstanzen nur ein Strohfeuer, das zufällig eine Reihe von Werken kennzeichnet, die es auf die *shortlist* der großen Literaturpreise geschafft haben, aber in zwanzig Jahren nicht mehr als der Rede wert befunden werden. Auf etwas sichererem Grund befinden sich die Kapitel, die sich mit Autorinnen und Autoren wie Martin Amis, Antonia S. Byatt, Angela Carter, Kazuo Ishiguro oder Ian McEwan befassen, denn es ist – auch aufgrund der zu ihnen veröffentlichten Studien – bereits jetzt absehbar, dass diese auf längere Sicht zu den Klassikern zählen werden. Ein größeres Wagnis ist die Beschäftigung mit einigen anderen Autoren, über deren Status man vielleicht in zwanzig Jahren anders denken wird. Besonders schwierig ist die Aufgabe, die meine beiden Mitarbeiterinnen, Irina Bauder-Begerow und Caroline Lusin, übernommen haben. Da ich dieses Unterfangen motiviert und begleitet habe, möchte ich an dieser Stelle die ebenso erwartbare wie berechtigte Kritik an diesem Abenteuer gleich an die richtige Adresse lenken: Alle guten Einsichten stammen von den beiden, für Fehleinschätzungen bin ich allein verantwortlich.

Literatur

Werke

Amis, Martin. 1984. *Money: A Suicide Note*. London: Jonathan Cape.
Barnes, Julian. 2005. *Arthur and George*. London: Jonathan Cape.
Byatt, Antonia S. 1990. *Possession: A Romance*. London: Chatto & Windus.
Eugenides, Jeffrey. 2002. *Middlesex*. London: Bloomsbury.
Fischer, Tibor. 1997. *The Collector Collector*. London: Secker & Warburg.

Fowles, John. 1969. *The French Lieutenant's Woman*. London: Jonathan Cape.
Heller, Zoë. 2003. *Notes on a Scandal*. London: Viking.
Hornby, Nick. 1998. *About a Boy*. London: Gollancz.
——. 2005. *A Long Way Down*. London: Viking.
Ishiguro, Kazuo. 1989. *The Remains of the Day*. London: Faber & Faber.
Kneale, Matthew. 2000. *English Passengers*. London: Hamish Hamilton.
Lodge, David. 2004. *Author, Author*. London: Secker & Warburg.
McEwan, Ian. 1997. *Enduring Love*. London: Jonathan Cape.
Rowling, Joanne K. 1997. *Harry Potter and the Philosopher's Stone*. London: Bloomsbury.
——. 1998. *Harry Potter and the Chamber of Secrets*. London: Bloomsbury.
——. 1999. *Harry Potter and The Prisoner of Azkaban*. London: Bloomsbury.
——. 2000. *Harry Potter and the Goblet of Fire*. London: Bloomsbury.
——. 2003. *Harry Potter and the Order of the Phoenix*. London: Bloomsbury.
——. 2005. *Harry Potter and the Half-Blood Prince*. London: Bloomsbury.
——. 2007. *Harry Potter and the Deathly Hallows*. London: Bloomsbury.
Rushdie, Salman. 1981. *Midnight's Children*. London: Jonathan Cape.
Smith, Ali. 2001. *Hotel World*. London: Hamish Hamilton.
Smith, Zadie. 2000. *White Teeth*. London: Hamish Hamilton.
Winterson, Jeanette. 1992. *Written on the Body*. London: Jonathan Cape.

Ausgewählte Fachliteratur

Bentley, Nick (Hg.). 2005. *British Fiction of the 1990s*. Routledge: London.

Relativ ungeordneter Sammelband mit teilweise guten Aufsätzen zu Themen wie „Millennial anxieties“, Identitäten, Geschichte und „narrativen Geographien“.

Bradbury, Malcolm. 2001 [1994]. *The Modern British Novel*. London: Penguin.

Klassiker, der die Zeit zwischen den 1870er Jahren und 1980er Jahren umspannt, ein kurzes Nachwort aus der Sicht von 1993; erwähnt sehr viele Werke; fügt eine 24 Seiten lange Liste mit den wichtigsten Werken von 1870 bis 1994 an.

Connor, Steven. 1996. *The English Novel in History: 1950-1995*. London: Routledge.

Gemäß dem Format der Reihe steht der kulturgeschichtliche Bezug zwischen Romanen und der Zeit, in der sie geschrieben wurden, im Vordergrund; bezieht die Publikationsbedingungen (Kommerzialisierung) und Bezüge zu anderen Medien ein.

English, James F. (Hg.). 2006. *A Concise Companion to Contemporary British Fiction*. Malden, MA: Blackwell.

Überblick, der kommerziellen Rahmenbedingungen und kulturgeschichtlichen Bezügen breiten Raum zumisst; thematisch unterteilt in „Empire“ und „Form“ (worunter Themen wie Frauenliteratur und *queer fiction* verstanden werden).

Finney, Brian. 2006. *English Fiction Since 1984: Narrating a Nation*. Basingstoke: Palgrave Macmillan.

Orientiert sich zwar an nationaler Identitätsbildung, bezieht aber viele grundlegende Themen (Geschichte, Hybridität, Identitäten) ein; stellt einzelne Romane in den Vordergrund der Kapitel.

Gasiorek, Andrzej. 1995. *Post-War British Fiction: Realism and After*. London: Edward Arnold.

Fokussiert die unterschiedlichen Spielarten von Realismus; philosophisch und theoretisch fundiert; Zeitspanne umfasst die 1930er bis zu den frühen 1980er Jahren.

Nünning, Ansgar. 1998. *Der englische Roman des 20. Jahrhunderts*. Stuttgart: Klett.

Knüpft an Vorwissen deutscher Studierender an; zeigt Epochenprofile sowie Strömungen und Genres auf; gute Auswahlbibliographie; endet in den 1990er Jahren.

Shaffer, Brian W. (Hg.). 2005. *A Companion to the British and Irish Novel, 1945-2000*. Malden, MA.: Blackwell.

Zehn Kapitel zum (theoretischen) Kontext bzw. „genres"; danach unterschiedlich gute Kapitel zu Autoren bzw. Werken. Die Auswahl der Autoren (irisch und britisch, auch V.S. Naipaul, jedoch sonst keine Autoren der ‚new English literatures') wird nicht ganz deutlich.

Shaffer, Brian W. (Hg.) 2006. *Reading the Novel in English, 1950-2006*. Oxford: Blackwell.

Nach knapper Einführung Interpretationen ausgewählter Romane; fünf Kapitel zur Zeit vor 1980, fünf zur Zeit danach; in der begrenzten Auswahl sind auch zwei südafrikanische und ein kanadischer Romancier vertreten.

Weitere zitierte Literatur

Baßler, Moritz. 2002. *Der deutsche Pop-Roman: Die neuen Archivisten*. München: Beck.

Bentley, Nick. 2005. „Introduction: Mapping the Millennium: Themes and Trends in Contemporary British Fiction." In: Ders. (Hg.). *British Fiction of the 1990s*. London: Routledge. 1-18.

Ruland, Richard & Malcolm Bradbury. 1991. *From Puritanism to Postmodernism: A History of American Literature*. London: Routledge.

Connor, Steven. 2004. „Introduction." In: Ders. (Hg.). *The Cambridge Companion to Postmodernism*. Cambridge: Cambridge University Press. 1-19.

Ette, Ottmar. 2005. *ZwischenWeltenSchreiben: Literaturen ohne festen Wohnsitz*. Berlin: Kadmos.

Fiedler, Leslie. 1975 [1969]. „Cross the Border – Close that Gap: Postmodernism." In: Marcus Cunliffe (Hg.). *American Literature Since 1900*. London: Sphere Books. 344-66.

Grabes, Herbert. 1996. „Ethics, Aesthetics, and Alterity." In: Gerhard Hoffmann & Alfred Hornung (Hgg.). *Ethics and Aesthetics: The Moral Turn of Postmodernism.* Heidelberg: Winter. 13-28.

Hutcheon, Linda. 1988. *The Canadian Postmodern. A Study of Contemporary English-Canadian Fiction.* Toronto: Oxford University Press.

Lewis, Berry. 2005 [2001]. „Postmodernism and Fiction." In: Stuart Sim (Hg.). *The Routledge Companion to Postmodernism.* London: Routledge. 111-21.

Lodge, David. 1971 [1969]. „The Novelist at the Crossroads." In: Ders. *The Novelist at the Crossroads and Other Essays on Fiction and Criticism.* London: Routledge & Kegan Paul. 3-34.

—. 1992. „The Novelist Today: Still at the Crossroads?" In: Malcolm Bradbury & Judy Coke (Hgg.). *New Writing.* London: Minerva. 203-15.

Sommer, Roy. 2001. *Fictions of Migration: Ein Beitrag zur Theorie und Gattungstypologie des zeitgenössischen interkulturellen Romans in Großbritannien.* Trier: Wissenschaftlicher Verlag Trier.

Stratmann, Gerd. 2006. „Zwischen Markt und Kultur: Der britische Gegenwartsroman." In: Hans Kastendiek & Roland Sturm (Hgg.). *Länderbericht Großbritannien.* Bonn: Bundeszentrale für politische Bildung. 357-73.

2.

Das literarische Feld in Grossbritannien

Gesa Stedman

1. Einleitung

Nie schien es leichter, in Großbritannien einen Roman zu veröffentlichen als heute. In Fernsehshows werden aufstrebende Autoren gesucht, es gibt zahlreiche Wettbewerbe und Preise für neue Romane und überall schießen neue Lesegruppen und neue Leserschichten wie Pilze aus dem Boden. Aber stimmt das wirklich? Kann eine junge Autorin wirklich einfach so ihren Roman platzieren, kann ein Erstlingsautor sein Buch in kürzester Zeit an den Mann und an die Frau bringen? Die Antwort ist ambivalent: Wenn ein Roman oder ein Sachbuch gerade zu den immer kurzlebiger werdenden Trends des britischen Buchmarktes passt, kann es ein Erfolg werden. Passt das Buch aber nicht, ist es schwieriger denn je, einen Platz im literarischen Feld in Großbritannien für sich zu beanspruchen, denn eine extrem beschleunigte Kommerzialisierung, die international ihresgleichen sucht, macht dieses Feld zu einem hart umkämpften Raum.

Die wichtigsten Strukturen des literarischen Feldes werden im Folgenden am Beispiel einer fiktiven Autorin und ihres Romans beleuchtet, um das Leben eines Buches von der Produktion über die Distribution bis hin zur Rezeption nachzuzeichnen und die zentralen Institutionen, Akteure und Tendenzen, die den britischen Buchmarkt beherrschen, zu erklären. Kein Roman und kein Sachbuch, das in den letzten Jahren oder Jahrzehnten erschienen ist, ist von diesen Tendenzen unbeeinflusst geblieben – glücklicherweise finden Autorinnen und Autoren aber immer wieder neue Mittel, um dem großen kommerziellen Druck zu widerstehen. Auch diese Widerstandsmomente kommen hier zur Sprache.

2. Begriffsdefinitionen

Der Begriff des literarischen Feldes wurde von dem französischen Soziologen Pierre Bourdieu (1930-2002) geprägt (vgl. Bourdieu 1992). Es handelt sich dabei um einen Terminus, der drei Dimensionen umfasst: die deskriptive, die analytische und die kritische. Er ist insofern deskriptiv, als jede Feldanalyse zunächst eine Bestandsaufnahme der im jeweiligen Feld tätigen Akteure und Institutionen umfasst. Gleichzeitig ist er ist auch analytisch, weil er das Verhältnis der Akteure und Institutionen untereinander, aber auch des jeweiligen Teilfeldes zu anderen gesellschaftlichen Feldern in den Blick nimmt, und Hypothesen zu deren Beziehungen aufstellt. Kritisch ist der Begriff schließlich, weil er mehr als nur eine Zustandanalyse impliziert. Mit dem Begriff wird zugleich eine kritische Grundhaltung gegenüber bestimmten sozialen bzw. teilfeldbezogenen Tendenzen eingenommen. Mit seiner Hilfe können gesellschaftliche Ungleichheit, Widersprüche und sich unvereinbar gegenüberstehende Interessen mit der Absicht aufgedeckt werden, diese langfristig zu verändern. Mehr als nur die ökonomischen Beziehungen des Buchmarktes werden also von dem Begriff erfasst – das symbolische Kapital (Bourdieu), Leserschichten und Rezeptionsformen und weitere, in der ökonomischen Analyse zumeist nicht enthaltene Aspekte, sind damit ebenfalls gemeint bzw. werden kritisch hinterfragt.

Das folgende Schaubild illustriert die Vielschichtigkeit des Feldbegriffs anhand britischer Institutionen und Akteure. Gegenübergestellt sind jeweils die Pole „hohes Maß an Autonomie im Feld“ und „niedriges Maß an Autonomie“ bzw. „hohes Maß an Legitimität und Anerkennung“ bzw. „niedriges Maß an Anerkennung“. In Beziehung gesetzt werden diese Pole mit dem möglichen ökonomischen Profit, den eine bestimmte Position im Feld impliziert. So kommen der geringste ökonomische Profit – durch Lyrik zu erzielen – zusammen mit einem hohen Maß an Autonomie und Anerkennung seitens der professionellen Leserinnen und Leser. Im Gegensatz dazu kann man mit Bestsellern Geld verdienen, allerdings erlangt man nicht unbedingt Anerkennung oder Legitimität derer, die bestimmen, was als künstlerisch wertvoll zu gelten hat. Je stärker marktorientiert geschrieben wird, desto geringer die Wahrscheinlichkeit, diese Anerkennung zu bekommen, desto höher jedoch zumeist die Gunst des breiten Publikums. Letzteres wird in Großbritannien in den vergangenen Jahren zunehmend vom Fernsehen beeinflusst, ein zentraler Faktor im literarischen Feld, der in der Mitte zwischen den Polen „Autonomie“ und „Abhängigkeit“ anzusiedeln ist, weil sowohl Sendungen, die am breiten Geschmack interessiert sind (The Richard & Judy-Show), als auch kritisches Nischenfernsehen bzw. -radio (einzelne Buchsendungen, die Tragikomödie „The Book Group“, Front Row auf Radio 4 u.ä.) zu wichtigen medialen Institutionen zählen.

<table>
<tr><td colspan="2">hohes Maß an Autonomie
hohes Maß an Legitimität/Anerkennung</td></tr>
<tr><td>geringer ökonomischer Profit

Lyrik

Times Literary Supplement/
London Review of Books etc.;
Institutionen, z.B. Poetry Society

Literaturpreise</td><td>Lesegruppen
TV/Medien

Bestseller

hoher ökonomischer Profit</td></tr>
<tr><td colspan="2">niedriges Maß an Legitimität/Anerkennung
niedriges Maß an Autonomie</td></tr>
</table>

3. Die wichtigsten historischen Entwicklungen im literarischen Feld in Großbritannien

Anhand der wichtigsten historischen Entwicklungen, der großen Linien und Tendenzen des literarischen Feldes im 20. und 21. Jahrhunderts werden im folgenden die zentralen Akteure und Institutionen erläutert, bevor diese mit Hilfe des fiktiven Beispiels im vierten Abschnitt veranschaulicht werden. Die Kommerzialisierung hat das literarische Feld in Großbritannien schon früh erreicht. So gehen Historiker inzwischen davon aus, dass bereits im späteren 17. und vor allem im 18. Jahrhundert die britische oder zumindest die englische Gesellschaft von Frühformen der Handelsgesellschaft geprägt wurde. Dennoch kann man erst später Kommerzialisierungsschübe erkennen, die nachhaltige Auswirkungen auf Autorinnen und Autoren, ihre Werke und ihr Publikum gehabt haben. Einen solchen massiven Kommerzialisierungsschub erleben wir seit ungefähr 15 bis 20 Jahren. Während zu Beginn des 20. Jahrhunderts in England noch eine Form des Verlagswesens vorherrschte, die man „gentlemanly publishing" nennt, dominiert heute das, was als „conglomerate" oder „vertical publishing" bezeichnet wird. Natürlich mussten auch die häufig von exilierten Europäern gegründeten Verlage wie André Deutsch oder Weidenfeld & Nicolson wirtschaftlich arbeiten. Im Vordergrund dieser ‚*gentlemen*' stand jedoch nicht in allererster Linie ein möglichst hoher Profit, sondern eine Kombination aus wirtschaftlichem Auskommen und literarisch-kritischer Anerkennung. Verlage waren häufig in der Hand von einem oder einigen wenigen Eigentümern, die zugleich als Direktoren auftraten und das Verlagsprogramm in literarischer und inhaltlicher Hinsicht stark prägten. Im Gegensatz dazu macht sich seit ungefähr zwanzig Jahren, mit zunehmendem Tempo in den letzten Jahren, ein ganz anderer Trend breit: Einzelverlage werden von riesigen Firmengruppen aufgekauft, den ‚*conglomerates*', und behalten zwar scheinbar ihren Namen, sind aber wirtschaftlich und oft auch in inhaltlicher Hinsicht der Konzernmutter vollkommen untergeordnet. So ergibt sich eine vertikale Struktur mit dem großen Konzern als übergeordneter Institution, die die Leitlinien in wirtschaftlicher und künstlerischer Hinsicht vorgibt, und darunter in vertikaler Anordnung eine Vielzahl von sogenannten ‚*imprints*', den vormals unabhängigen Einzelverlagen. Erhalten wird so das Prestige der alten Verlagshäuser, die zum Teil seit Jahrzehnten das literarische Schaffen auf der britischen Insel geprägt haben. Zugleich bestimmt jedoch das wesentlich höhere Profitstreben der Konzerne, die häufig nicht nur im Bereich des Buchwesens Geschäfte machen, was publiziert wird und was nicht. *Profit margins* sind heute wesentlich höher als früher, sie liegen mittlerweile bei 15% (vgl. Schiffrin 2000: 66).

Jedoch kaufen große Konzerne nicht nur kleine, vormals unabhängige Verlage auf, sondern auch andere große Konzerne. Wie in anderen Wirtschaftszweigen kommt es so zu immer größeren Konzentrationsbewegungen, wenn z.B. die international agierende Bertelsmann-Gruppe im Jahr 1998 den ebenfalls nicht kleinen Konzern Random House aufkauft. Solche Konzentrationsprozesse betreffen in zunehmendem Maße auch den Buchhandel. Zwar kann man eine derartige Entwicklung auch in Deutschland beobachten, aber da es in Großbritannien von vornherein weniger unabhängige Buchläden gegeben hat, ist die Kettenbildung dort noch augenfälliger. Die Jahre 2005 und 2006 waren geprägt von den zähen juristischen Verhandlungen um die Übernahme der Ottakar's-Kette durch den Buchhandelsgiganten Waterstone's, der etliche Jahre zuvor bereits Dillon's ‚geschluckt' hatte.

Mit der neuen Konzernorientierung des britischen Buchmarktes geht eine weitere, stark kommerziell geprägte Entwicklung einher: Während vor ca. zwanzig Jahren Autorinnen und Autoren Bücher schrieben und ansonsten weitgehend schweigsam und unbehelligt lebten, sind sie heute sehr stark in teure und sehr aufwendige und weithin sichtbare Marketingcampagnen eingebunden und erhalten, sofern es sich um Bestseller-Autoren handelt, astronomische Vorauszahlungen. Beides verweist auf den hohen finanziellen Einsatz der Verlagsgruppen, allerdings auch auf die Konzentration auf einige wenige Autorinnen und Autoren, die die überaus hohen *profit margins* auch einigermaßen garantieren können. Für unbekannte oder neue Autorinnen und Autoren ist es daher wesentlich schwieriger, wahrgenommen zu werden und nach den herrschenden Marktbedingungen einen Platz zu finden.

Ein besonders einschneidendes Ereignis, das den britischen vom französischen und deutschen Buchmarkt unterscheidet, ist das Ende der Buchpreisbindung. Das *Net Book Agreement* (NBA) sah feste Preise für alle Bücher in allen Läden vor. Ausnahmen gab es nur für die Kirche, für Schulen und für die Armee bzw. für auslaufende Auflagen, die zu ermäßigten Preisen abgegeben werden durften. Seit dem frühen 20. Jahrhundert war diese Buchpreisbindung umstritten und wurde 1962 sogar gerichtlich als nicht-wettbewerbsverzerrend erklärt, hatte aber bis in die 1990er Jahre Bestand. Weil bestimmte Verlage kein Interesse mehr an seiner Aufrechterhaltung hatten, ist der heute nur noch existierende sogenannte ‚*recommended retail price*' (RRP) lediglich ein empfohlener Richtwert, eine Orientierung bei der Preisgestaltung. Die Aufgabe des NBA hat zu extremen Dumpingpreisen, einer Abschlags- und Sonderangebotskultur geführt, die in Europa einmalig ist. Weil die Verlage kaum mehr kostendeckend publizieren können, da sie die Bücher so billig verkaufen müssen, konzentrieren sie sich noch mehr auf wenige, gut verkäufliche Titel, statt mit Hilfe der alten Preisbindung quer zu finanzieren, d.h. die Kosten für Nischenpublikationen mit Bestsellern aufzufangen. Obwohl es für die Kunden scheinbar billig ist, Bücher zu kaufen, leidet ein weiteres Mal die Vielfalt des Angebots, und Autorinnen und Autoren erhalten, sofern sie nicht zu den Topsellern gehören, immer weniger Tantiemen, die sich auf der Grundlage von verkauften Büchern berechnen. Wenn letztere billig sind, sinkt auch der Anteil dessen, was Autorinnen und Autoren an Gewinn erzielen. Verdienen sie wenig, wird möglicherweise ihre Bereitschaft sinken, sich jenseits von Marktinteressen neue und ungewöhnliche Werke auszudenken.

Ob es einen solchen Bezug zwischen der Aufgabe des NBA und der Literatur wirklich gibt, ist umstritten, denn immer wieder schreiben ja Autorinnen und Autoren zunächst ohne ökonomisches Anliegen überraschende Romane, Gedichte und Dramen – Ausnahmen bestätigen also die Regel. Dennoch ist unverkennbar, dass auf dem britischen Buchmarkt momentan eine Tendenz zur Vereinheitlichung zu erkennen ist, die von ökonomischen Interessen geleitet ist.

Ein etwas anders gelagerter Trend, der allerdings auch starke ökonomische Auswirkungen hat, ist die Rolle, die das Fernsehen seit einigen Jahren spielt. Während früher Fernsehsendungen zur Literatur von allenfalls marginaler Bedeutung waren, hat v.a. die Nachmittagssendung The Richard & Judy Show, die nach dem Vorbild der amerikanischen Oprah Winfrey-Show seit 2001 auf Channel 4 gesendet wird, das literarische Feld vollkommen verändert. Seit 2003 gibt es einen Richard & Judy-Book Club, in dem neue Romane vorgestellt werden bzw. eine Auswahl von *summer reads*, den Leseempfehlungen für die Sommerferien. Verkaufszahlen dieser ausgewählten, häufig populären Romane können um bis zu 350% in die Höhe schnellen, wenn das Buch in der Nachmittagssendung empfohlen wird.

Auch mit der Richard & Judy-Show bzw. mit der BBC-Sendung *The Big Read* (2003) verbunden ist die massenhafte Verbreitung von Lesegruppen, die in Großbritannien ungeahnte Ausmaße angenommen hat. Mittelklasse-Leserinnen und -Leser, die etwas auf sich halten, sind Mitglied in einem oder mehreren Literaturkreisen. Diese treffen sich in Buchläden oder sind an Schulen oder Bibliotheken angebunden. Es gibt spezielle Seiten für *reading groups* in jeder großen Tageszeitung, Anleitungen im Internet, wie man eine Lesegruppe gründet, und Umfragen unter *reading groups*, z.B. zu der Frage, was ein (moderner) Klassiker sei oder welches der wichtigste Roman des 20. Jahrhunderts war. Sogar Romane und Fernsehserien über *reading groups* existieren, z.B. der Krimi *The Used Women's Bookclub* (2003) von Paul Bryers oder der Bestseller von Emma Noble, *The Reading Group* (2003). Hier sind die Lesegruppen allerdings nur der Aufhänger für einen Plot, der die privaten Schicksale der Gruppenmitglieder möglichst unterhaltsam schildert. Um Literatur im engeren Sinne geht es kaum – vielleicht genauso wenig wie in den realen Lesegruppen, die laut einer Umfrage der Kontaktaufnahme bzw. -pflege eher dienen als der kritischen Beschäftigung mit Literatur (vgl. Higgins 2005; Hartley 2002). In jedem Fall sind Lesegruppen eher ein Phänomen jener Schichten, die sich Bücher und Lektürezeiten leisten können – ganz wie im 19. Jahrhundert, als das Lesen auch überwiegend den *leisured classes* vorbehalten war. Viele Lesegruppen sind im Übrigen von Frauen dominiert, obwohl es auch spezielle Lesegruppen für Männer gibt. Genderaspekte bestimmen nicht nur, welche Bücher gekauft werden, sondern auch, wie im sozialen Umfeld mit ihnen umgegangen wird (vgl. Hann 2001).

Nicht unerwähnt bleiben sollte, dass die Digitalisierung des Buchwesens weltweit, aber auch in Großbritannien, große Veränderungen nach sich zieht. Diese rasante und unabgeschlossene Entwicklung hat den Buchläden starke Internetkonkurrenz beschert, die, ebenso wie die Tendenz der Supermarktketten, Bestseller zu Billigstpreisen anzubieten, bereits zu Einbrüchen im Verkauf geführt hat. In diesem Zusammenhang ist auch das sogenannte *book crossing* zu nennen, bei dem gelesene Bücher an öffentlichen Orten ‚ausgesetzt' werden. Wer sie findet und liest, kann seine Leseerfahrung auf einer speziellen Internetseite kommentieren (www.bookcrossing.com) und das Buch dann erneut an einem öffentlichen Ort ablegen. Auch die Diskussionen um Copyright werden neu und heftig geführt, seitdem Google kostenlos in Büchern suchen lässt bzw. plant, Bücher vollständig ins Netz zu stellen (vgl. Jeannenay 2006).

Zwar kritisieren manche das britische literarische Feld als zu einseitig und von zu wenig Vielfalt geprägt – was in Bezug auf die eher seltenen Übersetzungen fremdsprachiger Literatur im Gegensatz zu Ländern wie Frankreich, Deutschland oder Italien auch zutrifft. Dennoch verdeutlichen auch die folgenden Kapitel, dass Großbritannien – nicht zuletzt aufgrund der aus den unterschiedlichsten Ländern stammenden postkolonialen Autorinnen und Autoren sowie durch den Aufstieg speziell von *Autorinnen* – über eine Vielzahl von literarischen ‚Stimmen' verfügt. Ein Großteil der Schriftstellerinnen und Schriftsteller lebt allerdings in London und Umgebung, wo im Allgemeinen auch das Verlags- und Zeitschriftenwesen sowie Radio und Fernsehen immer noch angesiedelt sind. London prägt also das literarische Feld ebenso stark, wie es viele andere Felder der britischen Gesellschaft bestimmt. Aber wie in allen Bereichen gibt es auch hier regionale Zentren und Widerstände, von denen in den nächsten Abschnitten noch die Rede sein wird.

4. Die drei Phasen im Leben eines Buches

Ein Buch durchläuft mindestens drei Phasen, die von unterschiedlicher Länge sein können und nicht streng chronologisch ablaufen, sondern einander überlappen. An jeder Phase sind unterschiedliche Akteure und Institutionen beteiligt, und obwohl Bücher in jedem Land geschrieben und hergestellt, verteilt und rezipiert werden, kann man deutliche nationale Unterschiede erkennen. Im Folgenden werden diese Abläufe anhand des Schicksals der fiktiven Autorin Julia Peters und ihres Buches veranschaulicht. Ihre Geschichte ist frei erfunden, doch die genannten Zeitungen, Literaturpreise und Institutionen sind real.

Phase 1: Produktion

Julia Peters (41) ist eine bereits etablierte Autorin, die zwei von der Kritik positiv besprochene Romane veröffentlicht hat und von der vierteljährlich erscheinenden Literaturzeitschrift *Granta* als eine der Hoffnungsträgerinnen des britischen Romans (*Young British Novelists of the Decade*) gelistet wurde. Neben A.L. Kennedy, Sarah Waters und Alan Warner umfasste diese Liste in früheren Jahren auch Ian McEwan, Julian Barnes, Pat Barker und Martin Amis. Julia Peters hat gerade als *writer-in-residence* in der Royal Observatory in Greenwich in London gearbeitet. Dieses Programm wurde in den letzten Jahren besonders von der Poetry Society organisiert und gefördert

dert. Schriftstellerinnen und Schriftsteller werden in Institutionen geschickt – vom Supermarkt, dem Fußballclub bis hin zu Gefängnissen und Anwaltskanzleien –, um den dort lebenden oder arbeitenden Menschen Gelegenheit zu geben, mit Literatur in Kontakt zu kommen. Von den Autorinnen und Autoren erhofft man sich neue Werke und Workshops im kreativen Schreiben, von den Teilnehmern der breiteren Gesellschaft neues Interesse an Literatur.

Wenn Julia nicht gerade an einem Roman sitzt, arbeitet sie für die Arvon Foundation, eine 1968 gegründete ‚*charity*', die es sich zur Aufgabe gemacht hat, überall in Großbritannien Kurse in kreativem Schreiben anzubieten, um allen Gelegenheit zu geben, ihre Schreibfähigkeiten zu verbessern. In den verschiedenen regionalen Zentren der Arvon Foundation unterrichten viele berühmte Autorinnen und Autoren, weil sie meistens nicht von der Schriftstellerei alleine leben können – *creative writing*-Kurse sind eine weit verbreitete Form des Zubrotes für Autorinnen und Autoren, von denen die Mehrheit nicht mehr als £10.000 pro Jahr mit ihren Büchern verdient. Julia weiß jedoch ihre Interessen zu wahren und ist Mitglied in der *Society of Authors*, einer Art ‚Autorengewerkschaft', die seit dem späten 18. Jahrhundert die Belange der Schriftstellerinnen und Schriftsteller vertritt und sogar Stipendien an Bedürftige vergibt. Mit anderen Worten: Julia Peters ist eine gut etablierte und vernetzte Autorin.

Ihr neuer Roman wurde von ihrem Aufenthalt in der Royal Observatory inspiriert. Zusätzlich hat sie ein Stipendium des Arts Council England erhalten, einer der wichtigsten kulturfördernden Institutionen, um ihr Werk schnell beenden zu können. Die Hauptfigur des Romans ist der erste königliche Astronom, den Julia in ihrem Roman in einem mörderischen Komplott verfeindeter Wissenschaftler umbringen lässt. Die Handlung ist im 17. Jahrhundert angesiedelt – es handelt sich also um einen historischen Roman. Damit liegt Julia Peters im Trend: historische Krimis verkaufen sich gut, sind aber auch von der Kritik positiv aufgenommen worden, wie man am Beispiel von Sarah Waters sehen kann.

Bisher hat Julia ihre Bücher bei einem kleinen, unabhängigen Verlag in Bristol veröffentlicht, jetzt will sie zu einem großen Verlag wechseln. Zwar wurde The Florio Imprint bisher nicht aufgekauft, aber Julia hat Interesse an den zumindest scheinbar besseren Konditionen, die ihr ein großer *conglomerate* bieten kann. Julias Agent Peter Jenkins hat einen Vertrag bei einem dieser *big players* für sie herausgehandelt, weil sie auf diese Weise nicht nur mehr verdienen, sondern auch größere Bekanntheit erlangen kann. Der Agent, der mindestens 10% der Autorentantiemen bekommt, arbeitet für zahlreiche Autorinnen und Autoren und hat eine eigene, erfolgreiche Agentur. Heutzutage verhandeln Agenten nicht nur Buchverträge aus, sondern auch Verfilmungs-, Hörbuch- sowie Übersetzungsrechte, elektronische Verwertungsrechte und diverse andere Formate. Die Digitalisierung macht selbstverständlich auch vor Autorenverträgen nicht halt.

Julias neuer Verlag ist sogar bereit, ihre alten Bücher weiter zu verlegen, d.h. er kauft die Rechte an ihrer sogenannten *back list*. Während in der *front list* die neuesten

Werke eines Autors oder einer Autorin geführt werden, besteht die *back list* aus den älteren Publikationen, die Verlage nicht immer dauerhaft im Programm behalten wollen. Insofern hat Julia einen guten Deal gemacht. Allerdings war der Verlag nicht gewillt, Julia einen hohen Vorschuss auf den Roman zu zahlen. Dafür sei Julia nicht berühmt genug, so die Begründung, und der Roman auch kein Publicity-Knaller, den man als „ersten Roman eines Schulmädchens“ oder als „Skandalroman“ aus dem Gefängnis o.ä. vermarkten und damit die hohen Ausgaben für einen großzügig bemessenen Vorschuss wieder einspielen könne.

Trotzdem ist Julia ganz zufrieden. Sie hat ihr Manuskript nun fertig. Ab jetzt werden fünf Abteilungen im Verlag den Werdegang des Buches beeinflussen: das Lektorat (*editorial department*), die Marketing-Abteilung (*publicity*), die Rechts-Abteilung (*rights*), die Herstellung (*production*) sowie die Verkaufsabteilung (*sales*). Zunächst geht das Manuskript an die Lektorin, den sogenannten *commissioning editor*, in der beschriebenen Form eine immer größere Seltenheit, nennen wir sie Susan Smith. Sie ist dafür verantwortlich, neue Bücher anzuregen, Manuskripte zu lesen und sie inhaltlich zu bearbeiten. Susan ist mit dem Text weitestgehend zufrieden und schlägt nur einige Schnitte vor, weil sie nicht zu viel vom Liebesplot im Roman behalten will, um männliche Leser nicht abzuschrecken. Allerdings möchte Susan den Titel ändern – aus dem gleichen Grund. Bei einer Umfrage hat man herausgefunden, dass Männer Romane nur dann lesen, wenn sie keinen rosafarbenen Einband haben und nicht die Worte „love“ oder „romance“ enthalten (Thorpe 2000). Also kann der Roman nicht *A* „Love of Stars“ heißen, sondern muss in „London Skies“ umgetauft werden. Julia ist damit nicht so ganz zufrieden, aber sie folgt Susans Rat, auch weil diese Mitglied der *Women in Publishing* (Bücherfrauen) ist und weiß, dass Romane von Frauen seltener rezensiert werden, seltener Preise bekommen und daher teilweise seltener vom breiten Publikum gelesen werden (berühmte Ausnahmen gibt es natürlich – z.B. Jane Austen). Es ist also wichtig, auf keinen Fall bereits mit dem Titel vermeintliche oder tatsächliche Geschlechterklischees zu bedienen.

Inzwischen ist die Korrekturabteilung mit Julias Manuskript beschäftigt. Die sogenannten *copy editors* lesen den Text und sorgen dafür, dass keine sachlichen und formalen Fehler enthalten sind. Nachdem Julia das korrigierte Manuskript zurückerhalten hat, nimmt sie die notwendigen Veränderungen vor, so dass der Text in die Herstellungsabteilung gegeben werden kann. Die Marketing-Abteilung des Verlags hat sich in der Zwischenzeit mit der Lektorin bereits Gedanken gemacht, wie der Roman platziert werden kann, wie der Buchumschlag aussehen soll, und ob der Roman für einen Preis eingereicht werden kann. Auch das Format wird gemeinsam festgelegt: Je nach intendierter Leserschaft wählt man das Format A (für Taschenbuchbestseller), B (für ernsthafte Romane als Taschenbuch) oder C (für fest gebundene bzw. broschierte Bücher).

Auf jeden Fall soll „London Skies“ zunächst als fest eingebundenes Buch (*hardback*) erscheinen. Zwar werden davon weniger Exemplare verkauft, weil der Preis höher ist, aber Romane, die etwas auf sich halten, können nicht gleich als Taschenbuch veröffentlicht werden – dies geschieht erst 8-12 Monate später. Eine Ausnahme bilden die sogenannten ‚*airport editions*', die bereits früher erscheinen, aber nur im Ausland und auf Fernreisebahnhöfen und Flughäfen erhältlich sind, und billigere amerikanische Ausgaben von britischen Büchern, deren Aufmachung sich geringfügig von den britischen „Originalen" unterscheidet. Für das Design des Buchumschlags nimmt man sich viel Zeit und sorgt dafür, dass Buchinhalt und äußeres Erscheinen gut aufeinander abgestimmt sind.

Weil der Verlag das Buch für erfolgversprechend hält, werden sie es für den höchstdotierten britischen Buchpreis, den Orange Prize for Woman's Fiction, der im Frühsommer verliehen wird, vorschlagen. Der wichtigste Buchpreis, der Man Booker Prize, wird im Herbst verliehen – auch für diesen Preis will der Verlag „London Skies" einreichen. Die Preisverleihungen werden im Fernsehen übertragen und sorgen für sprunghaft ansteigende Verkaufszahlen – selbst dann, wenn man nur auf der sogenannten ‚*short list*' landet.

Phase 2: Distribution

In der Phase der Distribution geht es um die Vermarktung und den Verkauf eines Buches. Daran beteiligt sind der Verlag, die in Großbritannien chronisch schlecht funktionierenden Auslieferer sowie Buchhändler. Verleger und Buchhändler arbeiten sowohl gegeneinander als auch miteinander, was ihre unterschiedlichen, aber auch überlappenden Interessen im literarischen Feld verdeutlicht. Der Buchhandel hat sich in den vergangenen Jahrzehnten in Großbritannien mit dem Ende der Buchpreisbindung massiv gewandelt. Überall in britischen Buchläden sieht man die ‚*2 for 1*' oder ‚*buy one, get one free*'-Tische, auf denen sich Taschenbücher nur so stapeln. Und immer, wenn z.B. ein neuer Harry-Potter-Roman auf den Markt kommt, streiten sich unabhängige Buchläden, Buchhandelsketten wie Waterstone's, Supermärkte wie Tesco, Internetanbieter wie amazon.com und Verlage über den Preis. Wer am billigsten ist, bekommt die meisten Käufer – allerdings gehen die Preise für *hardbacks* dabei so in den Keller, dass die Produktionskosten kaum mehr eingespielt werden können. Trotzdem hat natürlich Bloomsbury, der Verlag, der J.K. Rowling entdeckt hat, mit der Bestsellerserie sehr viel Geld eingenommen.

Unser fiktives Beispiel „London Skies" wird zunächst mit £10.99 für die gebundene Ausgabe und mit £6.99 für das Taschenbuch angesetzt. Es ist nun in der Vorabversion fertiggestellt und an die Rezensenten der großen Tageszeitungen wie den *Independent*, der *Times* und den *Guardian* geschickt worden, ebenso an das *Times Literary Supplement* und den *London Review of Books*. Julia fürchtet sich etwas vor den Besprechungen, aber sie hat Glück: Die ersten Rezensionen fallen gut aus. Die Marketing-Abteilung des Verlags hat in den Tageszeitungen, auf Bussen in London und im Fernsehen Werbeanzeigen geschaltet, Fernsehauftritte und Radiointerviews für Julia organisiert und eine Lesetour geplant. Ob „London Skies" von der Richard &

Judy-Show für den Book Club ausgewählt wird, ist eine spannende Frage, die Julias Roman in ungeahnte Regionen der Verkaufszahlen katapultieren könnte.

Dass heute so stark für Romane geworben wird, liegt nicht nur an der zunehmenden Zahl von Büchern, die Aufmerksamkeit verlangen, sondern auch an dem generellen kommerziellen Trend im literarischen Feld, der stärker ausfällt, als noch vor einigen Jahrzehnten – obwohl natürlich Werbung auch schon im 18. und 19. Jahrhundert eine Rolle gespielt hat. Heute müssen Autorinnen und Autoren mediale Präsenz zeigen, um ihre Bücher zu verkaufen – ob sie auch gelesen werden, ist eine ganz andere Frage.

Julia reist durch ganz Großbritannien und signiert in Buchhandlungen und auf den immer zahlreicher werdenden Literaturfestivals wie in Hay-on-Wye im Mai und in Cheltenham im Herbst stapelweise Bücher. Der Roman wird zum Buch des Monats bei Waterstone's ernannt und bekommt so noch mehr Käufer. Damit sind wir schließlich in der dritten und letzten Phase des Lebens eines Buches angekommen – der Rezeption.

Phase 3: Rezeption

Zukünftige Leserinnen und Leser von Julias Roman haben sich anhand von Rezensionen kundig gemacht, die man in den Bücherseiten der großen Tageszeitungen findet. Der *Guardian* hat z.B. samstags eine Buchbeilage, die neben Rezensionen und Leserbriefen auch ausführliche Porträts von Autorinnen und Autoren enthält. Allerdings gibt es abgesehen von der Richard & Judy-Show kein „Zentralorgan" der Kritik und keinen einzelnen Kritikerpapst, wie es sie in Deutschland und Frankreich gibt. Stattdessen werden viele Rezensionen von anderen Autorinnen und Autoren verfasst, die damit etwas Geld verdienen und außerdem ihre Stimme im Feld präsent halten – und sei es nur mit Rezensionen statt mit eigenen, neuen Titeln, auf deren Erscheinen zumeist am Ende der Besprechungen hingewiesen wird. Natürlich gibt es einige Starautoren – insbesondere die Verfasser von Kochbüchern zählen in der wichtigsten Verkaufsphase des Jahres regelmäßig zu den Weihnachtsbestsellern. Aber daran hat Julia gar kein Interesse: Sie will nicht berühmt sein, sondern anerkannt. Sie will nicht, dass ihr Roman als sogenannter ‚*tie-in*' mit einer Frauenzeitschrift verkauft wird, oder als Billigversion im Bahnhofskiosk liegt. Was sie sich erhofft, ist also die Anerkennung ihrer künstlerischen Arbeit und die Akklamation von ernsthaften Leserinnen und Lesern sowie von professionellen Kritikern. Diese bekommt man aber nur, wenn man nicht allzu weit in die kommerziellen Niederungen des literarischen Feldes hinabsteigt.

Als Autorin hat auch sie es – trotz einiger Veränderungen der letzten Jahre – nicht so ganz leicht, sich Gehör zu verschaffen, denn es gibt immer noch den Trend, Bücher von Frauen seltener zu rezensieren als solche von männlichen Autoren: 63% der Rezensionen stammen von Männern, 23% von Frauen und 12% können keinem Geschlecht zugeordnet werden. 73% der rezensierten Bücher stammen von Männern und weniger als 20% der Rezensionen werden von Frauen verfasst. Obwohl diese Zahlen etwas unpräzise und leicht veraltet sind, besteht dieser generelle Trend fort – nicht nur in Großbritannien –, ebenso wie die Tendenz, dass Frauen Bücher von Frauen rezensieren und Männer solche von männlichen Autoren (vgl. Bloom 2002).

Leider schafft es Julias Roman doch nicht auf die *short list* des Orange oder des Man Booker Prize, so dass ihr Buchumschlag auch nicht mit dem Hinweis auf diese Platzierung versehen werden kann, was die Verkaufszahlen weiter in die Höhe treiben würde. Denn viele Leserinnen und Leser orientieren sich an diesen ‚Markierungen', um zu entscheiden, was sie kaufen und lesen wollen. Das ist insofern nicht verwunderlich, als die Zahl der jährlich veröffentlichten Bücher besonders in Großbritannien ungeheuer groß ist (mehr als 120.000 im Jahr im Vergleich z.B. zu Deutschland, wo jährlich ca. 80.000 neue Bücher erscheinen), so dass Hilfe bei der Auswahl sehr willkommen ist.

Natürlich beeinflusst die Zusammensetzung der jeweiligen Jury stark, welcher Roman einen Preis bekommt und welcher nicht. In Großbritannien sitzen immer auch berühmte Persönlichkeiten in der Jury, um die Interessen der Allgemeinheit zu vertreten. Häufig werden daher Romane prämiert, deren experimenteller Charakter sich in Grenzen hält – bevorzugt werden zumeist realistisch erzählte Romane oder solche, deren Multiperspektivität oder sonstiger literarischer Innovationsgehalt die Lesbarkeit der Romane nicht allzu stark einschränken. Häufig gibt es einen Skandal, je nachdem, was die Jury entscheidet – oder Indiskretionen führen dazu, dass die Wetteinsätze für den Gewinner sich erhöhen. Beides wird ausführlich in der Presse berichtet und man hat zuweilen den Eindruck, das Wetten auf den Preis bzw. die Berichterstattung wichtiger sind als die Texte selbst. Außerhalb von Großbritannien käme wohl niemand auf die Idee, die Nachricht über einen Buchpreis als Aufmacher auf die erste Seite zu setzen oder täglich die Wetteinsätze zu kommentieren. Ob aber das Interesse an Büchern deshalb größer ist, darf dennoch bezweifelt werden – hier geht es insbesondere um den Unterhaltungswert von Autorinnen und Autoren sowie Preisen, für die der Skandal, so James English 2005), geradezu konstitutiv ist, um die Aufmerksamkeit des Publikums sicherzustellen.

Manchmal sind es übrigens nicht die Werbung oder Preise, die einem Roman zu vielen Leserinnen und Lesern verhelfen, sondern Mund-zu-Mund-Propaganda, wie im Fall von *Captain Corelli's Mandolin* (1994) von Louis de Bernières, der zunächst von der Kritik nicht wahrgenommen worden war. Nicht zu unterschätzen ist auch der Einfluss des öffentlichen Nahverkehrs. Wer in London U-Bahn fährt, sieht viele Menschen lesen. Was sie lesen, beeinflusst wiederum das, was andere lesen. Autorinnen und Autoren, Kritiker sowie die Mehrzahl der Leserinnen und Leser leben hier auf engem Raum – manchmal sogar als Nachbarn Tür an Tür in den besseren Vierteln wie Chelsea oder Hampstead. Die öffentliche Meinung wird von ihnen allen geprägt und dann mit Hilfe der Zeitungen, des Fernsehens und des Radios, zunehmend auch des Internets, im Rest des Landes bekannt gemacht.

Oft sind es auch die Verfilmungen und Fernsehserien, die Werke zu ungeahnten Bestsellern machen. Seit den zahlreichen Jane-Austen-Verfilmungen, allen voran der BBC-Serie *Pride and Prejudice* (1995), verkaufen sich die Austen-Romane besser denn je – mit Standfotos der Filme auf dem Buchumschlag, versteht sich. Wenn Romane zum schulischen Lektürekanon zählen oder an Universitäten viel bearbeitet werden, verhilft ihnen das nicht nur zu einer sicheren Position im Kanon, sondern lässt auch ihre Verkaufszahlen steigen. Manchmal werden Autorinnen und Autoren auch kanonisiert, obwohl sie nicht (mehr) viel gelesen werden – so z.B. im Falle Angela Carters, deren Texte zu den am häufigsten in Doktorarbeiten bearbeiteten Romanen der jüngeren Literaturgeschichte zählen und der inzwischen verstorbenen Autorin einen Platz im Kanon gesichert haben, obwohl – oder gerade weil – sie kommerziell nicht erfolgreich war.

Eine weitere Orientierungshilfe neben Rezensionen, Preisen, Mund-zu-Mund-Propaganda und Verfilmungen sind die Bestseller-Listen, die wöchentlich ermittelt und z.B. samstags im *Guardian* veröffentlicht werden. Wenn man eine deutsche und eine englische Bestseller-Liste vergleicht, fällt folgendes auf: Obwohl manche internationale Titel auf beiden Listen zu finden sind, z.B. Krimis von John Grisham oder Elizabeth George, enthalten deutsche Listen mehr Übersetzungen fremdsprachiger Werke (und sei es britischer Kochbücher von Jamie Oliver) und mehr ernsthafte Literatur (Klassiker oder auch neue Romane). Die englischen Listen werden von anglo-amerikanischer Unterhaltungsliteratur dominiert, fremdsprachige Werke sind äußerst selten anzutreffen. So klagen viele aufgeklärte Leserinnen und Leser auf den britischen Inseln zu Recht, es werde ihnen zu wenig ausländische Lesekost geboten. Inzwischen gibt es Literaturpreise, die Übersetzungen prämieren, um hier Abhilfe zu schaffen.

Nicht zu unterschätzen ist schließlich die Anschaffungspolitik von Bibliotheken, obwohl das Interesse an Büchern zugunsten von CD-Roms, dem Internet und anderen Multimediaformaten zurückgeht. Dennoch ist das, was öffentliche Leihbibliotheken kaufen, auf Jahre hin prägend für das, was viele Menschen lesen, denn die öffentliche Bibliothek genießt in Großbritannien, trotz der Bedrohung durch Subventionsabbau, vor allem in der Mittelklasse weiterhin ein hohes Ansehen. Die Ausleihstatistiken, die jährlich erhoben werden, zeigen, dass Krimis und leicht zu lesende Familienromane, aber auch allgemeine Belletristik bevorzugt werden (vgl. Bloom 2002) – vielleicht hätte also unser fiktives Beispiel, Julias Roman „London Skies“, gute Chancen, auch hier erfolgreich zu sein.

Ein weiterer wichtiger Faktor der letzten Jahre sind die überall zunehmenden Lesekreise, von denen es in Großbritannien mehr als 50.000 geben soll (vgl. Hartley 2002). Wird ein Roman für eine solche Gruppe ausgewählt, ist ebenfalls ein großer Verbreitungsgrad gesichert. Allerdings gibt es hier Trends, die der Kommerzialisierung entgegenwirken: Es gibt Lesegruppen, die exzentrisch und eigenständig Titel auswählen und nicht die lesen, die überall beworben werden. Dies ergibt sich nicht zuletzt aus der Tatsache, dass Lesegruppen häufig einem bestimmten Spezialinteresse gewidmet sind – Science Fiction, Kriminalliteratur, historische Romane, Sachbücher etc. – und allgemeinen Tendenzen daher nicht immer folgen.

Der Anschaulichkeit halber wurde hier das Beispiel eines kommerziell erfolgreichen, aber auch positiv rezensierten Romans gewählt – was nur wenigen Autorinnen und Autoren vorbehalten ist. Viele sind entweder das eine oder das andere, aber nicht beides. Die Pole „kommerzieller Erfolg und ökonomischer Profit“ auf der einen Seite und „Legitimität und Anerkennung“ auf der anderen widersprechen sich in vielen Fällen. Natürlich gibt es auch Tausende von Büchern, die kaum gelesen, schnell remittiert und dann zu Altpapier gemacht werden. Als Autorin oder Autor hat man es schwer, in einem Feld, in dem jährlich 120.000 Bücher und mehr veröffentlicht werden, seinen Platz zu finden, sofern man sich den allgemeinen Trends verweigert. Glücklicherweise gibt es aber immer wieder Überraschungsmomente: So wurde 2003 ein Sachbuch der Weihnachtsbesteller – *Eats, Shoots, and Leaves* von Lynne Truss, ein Buch über richtige Interpunktion, mit dem niemand gerechnet hatte. Und es gibt natürlich viele Kleinverlage, die in der *Independent Publisher's Guild* vereint sind und aus Leidenschaft und ohne wirkliches Profitinteresse genau die Bücher publizieren, die sie herstellen möchten. Ein Beispiel ist der kritisch mit den Folgen von Migration und Kulturtransfer umgehende Roman *The White Family* von Maggie Gee, der 2002 in dem unabhängigen und auf kulturellen Dialog setzenden Verlag Saqi Books erschienen ist. Genauso versuchen immer mehr unabhängige Buchläden, den großen Ketten mit Spezialinteressen und -auswahl entgegenzutreten, und es wird immer Autorinnen und Autoren geben, die in kleinen Zeitschriften oder im Kleinstverlag ihre schräge Lyriksammlung oder Kurzgeschichtenauswahl veröffentlichen. Aber leider ist die Aufmerksamkeit, die sie bekommen können, von der Übermacht der *conglomerates* eingeschränkt. Als interessierte Leserin und interessierter Leser muss man sich selbst auf die Suche nach den ungewöhnlichen Kleinodien machen, ohne die Lesen generell langweilig ist. Beispiele für Autorinnen und Autoren, die klein angefangen haben, bevor sie in Handbüchern wie dem vorliegenden aufgenommen wurden, finden sich in den folgenden Kapiteln.

Literatur

Ausgewählte Fachliteratur

Athill, Diana. 2001 [2000]. *Stet: An Editor's Life*. London: Granta Books.

Sehr lesbare Memoiren einer einflussreichen Lektorin; kritischer als die üblichen Verlegerbiographien. Gibt einen guten Einblick in das „gentlemanly publishing“.

Baverstock, Alison. 1993. *Are Books Different? Marketing in the Book Trade*. London: Kogan Page.

Nützlich, wenn auch veraltet.

Bellaigue, Eric de. 2004. *British Book Publishing as a Business since the 1960s*. London: British Library.

Nützliche Überblicksartikel, allerdings mit zum Teil veralteten Zahlen.

Bloom, Clive. 2002. *Bestsellers: Popular Fiction Since 1900*. Houndsmill, Basingstoke: Palgrave Macmillan.

Guter Überblick über das Phänomen des Bestsellers und die kulturell stabilen Vorlieben von Leserinnen und Lesern. Die theoretische Einleitung ist weniger wertvoll.

Bourdieu, Pierre. 1999. *Die Regeln der Kunst: Genese und Struktur des literarischen Feldes*. Frankfurt a.M.: Suhrkamp.

Deutsche Übersetzung des französischen Originals. Nicht einfach zu lesen.

Feather, John. 1988. *A History of British Publishing*. London/New York: Routledge.

Sehr nützliche Überblicksdarstellung, allerdings in Bezug auf die letzten zwanzig Jahre veraltet, weil das Ende des Net Book Agreements noch nicht berücksichtigt werden konnte.

Owen, Peter (Hg.). ^{2}1996. *Publishing Now*. London: Peter Owen.

Interessanter Überblick über das literarische Feld. Zum Teil veraltet, eine neuere Auflage ist nicht verfügbar.

Schiffrin, André. 2001. *The Business of Books. How the International Conglomerates Took Over Publishing and Changed the Way We Read*. London: Verso (dt.: *Verlage ohne Verleger. Über die Zukunft der Bücher*. Berlin: Wagenbach 2000).

Sehr kritische Bestandsaufnahme der gegenwärtigen kommerziellen Trends.

Squires, Clare. 2005. „Novelistic Production and the Publishing Industry in Britain and Ireland.“ In: Brian W. Shaffer (Hg.). *A Companion to the British and Irish Novel 1945-2000*. Oxford: Blackwell. 177-193.

Nützlicher und aktuellester Überblick über das Buchwesen in Großbritannien.

Stedman, Gesa. 2005. „News from the Literary Field.“ In: *Deutsch-Englische Zeitschrift* (ab Nr. 78).

Fortlaufende, zweimal im Jahr erscheinende Kolumne in *Hard Times*.

Todd, Richard. 1996. *Consuming Fiction, The Booker Prize and Fiction in Britain Today*. London: Bloomsbury.

Erläutert einige Elemente der britische Preiskultur und wie sie sowohl Leserinnen und Leser als auch den Buchmarkt verändert haben; teilweise veraltet.

Thorpe, Vanessa. 2000. „Literary love is for girls and sissies.“ In: *The Observer*, 19. März.

Nützliche, wenn auch inzwischen nicht mehr ganz aktuelle Daten zum Publikationswesen in Großbritannien, von der britischen Regierung bereitgestellt:

http://www.culture.gov.uk/global/publications/archive_2001/ci_mapping_doc_2001.htm (05.11.2005).

Weitere zitierte Literatur

English, James. 2005. *The Economy of Prestige: Prizes, Awards, and the Circulation of Cultural Value.* Harvard University Press.

Hann, Michael. 2001. „Bookworms that turned. When it comes to reading groups, gender separatism rules.“ In: *The Guardian* 11. Juni.

Hartley, Jenny. 2002. *The Reading Groups Book.* Oxford: Oxford University Press.

Higgins, Charlotte. 2005. „Why the bookclub is more than a fad.“ In: *The Guardian* 12. Februar.

Jeanneny, Jean-Noël. 2006. *Googles Herausforderung. Für eine europäische Bibliothek.* Berlin: Wagenbach.

Nützliche Internetquellen

Guardian online books pages	http://books.guardian.co.uk
The Publishers Association	www.publishers.org.uk
Book Marketing Ltd	www.bookmarketing.co.uk
Retailing and Bookselling	www.booksellers.org.uk
The Bookseller (Zeitschrift)	www.thebookseller.com
Women in Publishing	www.wipub.org.uk
Information on the booktrade	www.booktrade.info
The Arts Council	www.artscouncil.org.uk
The Arvon Foundation	www.arvonfoundation.org
Literary Prizes	www.booksellers.org.uk
Society of Authors	www.societyofauthors.net
Writers' Guild	www.writersguild.org.uk
The Booktrust	www.booktrust.org.uk
The Independent Publishers' Guild	www.ipg.uk.com
Nielsen Bookscan	www.bookscan.com/about.html
Literature Training	www.literaturetraining.com
Guardian Spezial zum literarischen Feld	http://books.guardian.co.uk/insidepublishing/0,1017,532978,00.html

(für alle Internetseiten: zuletzt am 07.08.2007 geprüft)

Allgemein zugängliche Zeitschriften, Magazine und Zeitungen mit wichtigen Buchseiten und Nachrichten vom Verlagswesen

The London Review of Books

The Times Literary Supplement

The Observer

The Guardian

The Financial Times

The Times

The Sunday Times

The Independent

Granta Magazine

3.

DER ENGLISCHE ROMAN ZWISCHEN REALISMUS UND POSTMODERNISMUS: JOHN FOWLES

WERNER WOLF

1. Der englische Roman der 1960er Jahre zwischen Realismus und beginnendem Postmodernismus und David Lodges Konzept der *problematic novel*

Wer als englischer Romancier der Hochliteratur in den 1960er Jahren sich sowohl der historischen Entwicklung bewusst war als auch den ‚Puls der Zeit' fühlte, sah sich in einer spannungsreichen Situation. Auf der einen Seite stand die lange Tradition des Realismus, die Ian Watt (1972 [1957]) zufolge bereits mit der Entstehung des neueren Romans im 18. Jahrhundert aufgekommen war. Nach dem Erzählen des 19. Jahrhunderts hatte sie zwar international ihren Höhepunkt überschritten, war aber – nach einem ‚Zwischentief' während des experimentierfreudigen Modernismus – in den 1950er Jahren mit der, wie Rabinovitz (1968 [1967]) sie nannte, *Reaction Against Experiment in the English Novel* immer noch einflussreich und blieb auch im England der 1960er Jahre weitgehend bestimmend.

Auf der anderen Seite existierte eine ebenfalls bereits längere Tradition des Abgehens vom Realismus mit seinem wahrscheinlichen, illusionsstiftend-referentiellen Erzählen ereignishafter Geschichten. Wichtigste Station dieser Tradition im frühen 20. Jahrhundert ist der Modernismus, in dem sich z.B. in den Texten von James Joyce, Virginia Woolf, Henry James, William Faulkner oder Alfred Döblin der Akzent massiv von der Mimesis äußerer Wirklichkeit zur Bewusstseinsdarstellung verschob. Zugleich wurde hier ein gesteigertes – und im Postmodernismus weiter intensiviertes – Interesse an Metatextualität spürbar, insbesondere an selbstreflexiver Problematisierung der Mimesis und des Erzählens (so z.B. bei André Gide). In den 1950er Jahren sind dieser Gegentradition Autoren zuzurechnen wie Muriel Spark, Malcolm Lowry oder Samuel Beckett, vor allem aber der in Frankreich entwickelte *nouveau roman* mit seinem selbstreferentiell-‚seriellen' Erzählen. In seinem Umkreis entstand ab den 1960er Jahren zugleich eine einflussreiche Theorie, z.B. Alain Robbe-Grillets *Pour un nouveau roman* (1963), Jean Ricardous *Problèmes du nouveau roman* (1967) oder Roland Barthes' provokante Totsagung des Autors (1968). Parallel dazu trug in den USA die Übersetzung der ‚proto-postmodernistischen' Erzählungen von Jorge Luis Borges in *Labyrinths* (1964) wesentlich zum dortigen Aufkommen des Postmodernismus bei. Dessen zunehmende Bedeutung zeigte sich u.a. in den teils von Borges beeinflussten Texten hochgradig experimenteller Autoren wie John Barth, Donald

Barthelme oder Robert Coover, aber auch in bald schon entstehenden programmatischen Manifesten, in denen sich die Aufbruch- und Proteststimmung der späten 1960er Jahre spiegelte (vgl. Fiedler 1984 [1969], Barth 1977 [1967]). Der literarische Nonkonformismus erhielt zusätzliche Impulse von einer medialen Entwicklung, in welcher der Roman als illusionsstiftendes Medium zunehmend durch Film und Fernsehen ins Hintertreffen zu geraten schien.

Vor dieser internationalen Entwicklung in Richtung eines oftmals bewusst unwahrscheinlichen, anti-illusionistischen und metareflexiven Erzählens konnten die englischen Romanciers der 1960er Jahre ebensowenig ihre Augen verschließen wie vor dem in England nach wie vor am Realismus orientierten Publikumsgeschmack (vgl. Wells 2003: 26f.). Diese Orientierung war im – nach einem verbreiteten Stereotyp – ästhetisch ‚konservativen' und theoriefeindlichen England um so weniger zu ignorieren, als hier die meisten Autoren immer noch für ein breites Publikum schreiben wollten – im Gegensatz zu der elitären Ausrichtung des *nouveau roman* und der vor allem in den USA spürbaren Fokussierung auf ein akademisches Milieu, in dem avantgardistische Professoren-Autoren hauptsächlich Kollegen, Studenten und den Rezensionsbetrieb im Auge zu haben schienen. Die Reaktion der meisten anspruchsvolleren englischen Autoren auf diese gegensätzlichen Tendenzen war ein Kompromiss, wie er programmatisch in David Lodges bekanntem Essay „The Novelist at the Crossroads" (1977 [1969]) formuliert und im Konzept der sogenannten *problematic novel* konkretisiert ist.

Kennzeichnend für die hier zum Ausdruck kommende Kompromissästhetik ist auf der einen Seite das Bekenntnis zum spielerischen, weltanschaulich revisionistischen Umgang mit dem Erzählen und vor allem zur Metaisierung, auf der anderen Seite aber auch ein zumindest partielles Festhalten an realistischer Mimesis, allerdings zum Zweck von deren Problematisierung: „[T]he reality principle is never allowed to lapse entirely – indeed, it is often evoked [...] to expose the artificiality of conventional realistic illusion" (Lodge 1977 [1969]: 105). Dieser ‚gedämpfte Postmodernismus' bzw. ‚muted postmodernism' (Broich 1993) wurde nicht nur von Lodge propagiert und in zahlreichen seiner eigenen Romane erfüllt, sondern war – und ist – bestimmend für eine Vielzahl zeitgenössischer Romanautoren. Exemplarisch lässt sich diese charakteristische Position zwischen (bzw. Partizipation an) Realismus und Postmodernismus an John Fowles aufzeigen, der daher im Zentrum der folgenden Ausführungen stehen soll.

2. John Fowles

Bereits wichtige biographische Daten des 1926 geborenen und 2005 verstorbenen John Fowles scheinen ihn für die Kompromissästhetik der *problematic novel* zu prädestinieren. Sein Französisch-Studium in Oxford und seine Tätigkeit als Lektor in Poitiers (1950-51) eröffneten ihm die Möglichkeit, die neuesten Entwicklungen jenseits des

Ärmelkanals einschließlich des Existentialismus und der literarischen Revolution des *nouveau roman* zu rezipieren. Im Gegensatz zu vielen anderen, sich vom Realismus distanzierenden zeitgenössischen Autoren (einschließlich Lodge) war er kein Universitätsprofessor, sondern zeitweilig Lehrer und damit weniger intensiv von der Radikalisierung des akademischen Milieus beeinflusst.

Eine kompromissfördernde Ambivalenz – d.h. die Zur-Kenntnis-Nahme der neuen Tendenzen bei gleichzeitiger Wahrung einer dem Realismus verpflichteten und daher auch leserfreundlichen Distanz von ihnen – prägt auch Fowles' ästhetische und poetologische Einstellungen. Er hatte sich z.B. schon 1964 in dem Essayband *The Aristos* gegen ein übertrieben formalistisches Experimentieren ausgesprochen. Dasselbe Werk verriet auch einen Sprachoptimismus, der sich von der fundamentalen Sprach- und Repräsentationsskepsis der radikalen Postmodernisten deutlich abhebt. Andererseits schrieb Fowles zwanzig Jahre später:

> My fictions are far more experiments than anything else – that is, in search of something, or things, always beyond the outward narrative and themes. [...] I write fiction very much to discover myself through texts. (Fowles, zit. nach Fawkner 1984: 9)

Das hier geäußerte positive Votum gegenüber (postmodernem) Experimentieren entspringt nicht etwa einem radikalen Meinungswandel, sondern ist charakteristisch für viele seiner Texte, in denen sich Realistisches mit Experimentellem verbindet. Diese Ambivalenz drückt sich auch in seinen zur Entstehungszeit von *The French Lieutenant's Woman* verfassten „Notes on an unfinished novel" aus, wenn er hier ein zentrales Werk zum *nouveau roman*, Robbe-Grillets *Pour un nouveau roman* (1963), zwar kritisiert, sich aber gleichzeitig zu dessen Einfluss bekennt. Besonders klar zeigt sich die hier formulierte Spannung zwischen „writing inside the old tradition" und „avantgardism" (Fowles 1977 [1969]: 139f.) in der Doppelregistrigkeit bzw. Hybridität (vgl. Wells 2003: 24) des 1969 erschienenen und 1981 nach einem Drehbuch von Harold Pinter verfilmten Romans *The French Lieutenant's Woman*. Obwohl sich über diesen wohl meistkommentierten Text der englischen Literatur der letzten fünfzig Jahre kaum mehr Originelles sagen lässt, eignet er sich für den vorliegenden Rahmen hervorragend und verdient in einem Handbuch zum englischen Gegenwartsroman Beachtung, zumal er wiederholt als Fowles' bestes Werk bezeichnet wurde (vgl. Barnum 1985: 193; Vipond 2002: 70), vor allem aber, da er zu einem Klassiker der englischen Variante eines gemäßigten Postmodernismus avanciert ist.

3. Die eine Seite von *The French Lieutenant's Woman*: Das ‚Recycling' des viktorianischen historischen Romans mit realistischer Schreibweise

Die eine, traditionelle Seite von *The French Lieutenant's Woman* wird bereits beim Nachzeichnen *einer* Version des Inhalts deutlich, sofern man diesen nur bis Kapitel 44 (von 61) erfasst: Der Roman spielt einhundert Jahre vor seiner Entstehung im Jahre 1867. Diese zeitliche Ferne, die den Text als historischen Roman ausweist, kontrapunktiert indes – wie dies für realistisches Erzählen typisch ist – mit einer Nähe des Schauplatzes zur Lebenswelt vieler Leser aber auch von Fowles selbst: Das *setting* ist neben London und Exeter in weiten Teilen Fowles' eigener Wohnort Lyme Regis, der bezeichnenderweise in ‚Wessex', dem Lieblingsschauplatz der realistischen Romane Thomas Hardys, liegt.

Wie für den viktorianischen Roman ebenfalls typisch, bietet *The French Lieutenant's Woman* ein reiches Spektrum an überzeugend gezeichneten Figuren (vgl. Docherty 1981) von der Dienerschaft bis zum Bürgertum und der *gentry* von Lyme Regis und London, ist aber im Wesentlichen zentriert auf eine Dreiecks-Liebesgeschichte. Männliche Hauptfigur in ihr ist der 32jährige Hobby-Paläontologe Charles Smithson, finanziell unabhängiger Spross einer Adelsfamilie mit Aussicht auf ein bedeutendes Erbe. Er ist verlobt mit Ernestina Freeman, einer hübschen, wenn auch reichlich konventionellen Tochter eines wohlhabenden Kaufmanns, und besucht diese wiederholt bei ihrem alljährlichen Kuraufenthalt in Lyme Regis. Charles jedoch lernt dort die weitaus interessantere, da kluge, unkonventionelle und rätselhaft melancholische Sarah Woodruff kennen und lieben, angeblich eine Frau mit Vergangenheit, was sie zu einer Außenseiterin macht: Wie sie Charles gegenüber bestätigt, sei sie die Geliebte eines französischen Leutnants gewesen, der sie schmählich verließ. Obwohl Charles neuen Ideen wie dem Darwinismus durchaus aufgeschlossen ist, schreckt er von einer Verbindung mit Sarah zurück, da ihn dies gesellschaftlich ruinieren würde. Als Sarah mit ihrer Unbotmäßigkeit ihre Entlassung aus einer Stellung als Hausdame der bigotten Mrs Poultenay provoziert, schickt Charles sie daher nach Exeter. Inzwischen haben sich auch seine eigenen gesellschaftlichen Perspektiven verschlechtert, denn sein Erbonkel hat wieder geheiratet. Dennoch lehnt er aus Standesdünkel ab, als sein Schwiegervater in spe, Mr Freeman, ihm in London anbietet, in dessen Handelsgeschäft einzutreten. Auf der Rückfahrt nach Lyme Regis via Exeter scheint sich dann jedoch alles im Sinne zeitgenössischer Wohlanständigkeit zu lösen. Er entsagt innerlich Sarah und beschließt, sowohl Ernestina zu heiraten als auch das Angebot von deren Vater doch noch anzunehmen.

Wie sich zeigt, liegt dem Roman eine zwar unspektakuläre, aber doch nicht ereignislose Geschichte zugrunde, wie sie auch in einem Roman des 19. Jahrhunderts zu erwarten gewesen wäre. Darüber hinaus liefert der Text – wie schon der historische Roman des Viktorianismus – eine Fülle an Informationen über die erzählte Zeit. Dabei ist die prägende geschichtliche Dimension weniger an herausragende politische Figuren und Ereignisse gebunden als an die Kultur- und Mentalitätsgeschichte der 1860er Jahre, in die der Roman einen bemerkenswert detailreichen Einblick bietet. Ganz im Einklang mit Lodges „reality principle", finden sich in diesem Zusammenhang z.B. Referenzen auf die soziale Situation einschließlich des aufkommenden Kommunismus (das Jahr des *setting*, 1867, ist zugleich Erscheinungsjahr von Marxens *Das Kapital*), ferner werden soziale Phänomene angesprochen, u.a. das sich wandelnde Verhältnis zwischen Herren und Dienern, Bürgertum und Adel; es finden sich Erläuterungen zur viktorianischen Sexualmoral ebenso wie Referenzen auf den Darwinismus. Aus all dem entsteht ein überzeugendes Bild der Zeit und nicht zuletzt eine streckenweise sogar intensive ästhetische Illusion, wie sie auch das viktorianische Erzählen anstrebte.

Besonders an die Romankunst des 19. Jahrhunderts aber erinnert die Art, *wie* hier erzählt wird: Die Geschichte wird von einem ‚allwissenden' auktorialen Erzähler vermittelt, der sich vertraulich mit dem fiktiven Leser unterhält und seine historischen Kenntnisse in zahlreichen Kommentaren, in dokumentarischen Kapitel-Epigraphen und sogar – wie bereits Scotts Erzähler in *Waverley* (1814) – in seriös wirkenden und authentizitätstiftenden Fußnoten ausbreitet. Der Text ist transparent nach kausalen und teleologischen Gesichtspunkten strukturiert, ist spannend und voll anschaulicher Beschreibungen.

Dabei scheint sich Fowles auch über diese Details hinaus an den Diskursverfahren der Zeit zu orientieren. Dies gilt u.a. für die an Charles Dickens erinnernden *cliff-hanging chapter endings*, das abrupte Abbrechen eines Kapitels an der spannendsten Stelle (vgl. die Enden von Kap. 9, 29 und 31). Auch die Deskriptionen nehmen zumal in ihrer perspektivischen Gestaltung Verfahren des 19. Jahrhunderts wieder auf. Beispielhaft hierfür ist bereits die anfängliche Beschreibung von Lyme Bay:

> An easterly is the most disagreeable wind in Lyme Bay – Lyme Bay being that largest bite from the underside of England's outstretched south-western leg – and a person of curiosity could at once have deduced several strong probabilities about the pair who began to walk down the quay at Lyme Regis, the small but ancient eponym of the inbite, one incisively sharp and blustery morning in the late March of 1867. (7)

Wie dies auch etwa bei Thomas Hardy zu finden wäre, auf den mehrfach intertextuell rekurriert wird, erfolgt die Beschreibung hier aus der Innenperspektive eines Beobachters („The local spy"; 7), dessen Blick den Anlass für die Deskription der Mole bildet. Ebenfalls an eine illusionsstiftende Perspektivität, wie sie im späten 19. Jahrhundert verwendet wurde, erinnern mehrere Figurenbeschreibungen, die durch das Verfahren des Spiegelblicks eines *focalizer* dezidiert innenperspektivisch erfolgen und damit von der früher vorherrschenden auktorialen Außenperspektive abweichen.

Insgesamt, so ließe sich schlussfolgern, sind sowohl die *story-* als auch die *discourse*-Ebene des Romans so gestaltet, dass die Leser nicht nur als Miterlebende in die Welt der Vergangenheit ästhetisch-illusionistisch einzutreten vermögen, sondern außerdem der Eindruck entsteht, *The French Lieutenant's Woman* sei nicht nur ein Roman *über* das 19. Jahrhundert, sondern sei auch *wie* ein solcher Roman geschrieben.

Allerdings unterschlägt eine solche Schlussfolgerung Entscheidendes: Denn wenn z.B. auf 25 Seiten zuerst Charles, dann Ernestina und dann wiederum Charles sich selbst im Spiegel wahrnehmen und somit derselbe Spiegeltopos dreimal vorkommt, so wirkt das wie eine bewusste, womöglich ironische Demonstration eines Verfahrens, und auch der wiederholte Einsatz von *cliff-hanging chapter endings* mit zum Teil antiklimaktischer Fortsetzung weist in diese Richtung. All dies scheint die Illusionswirkung zu reduzieren statt zu unterstützen. In der Tat sind in diesem Roman nicht nur diese und andere Verfahren Produkte eines ironischen, implizit metafiktionalen ‚Recyclings' viktorianischen Erzählens, sondern auch Teile der Geschichte selbst. Dies gilt insbesondere für das *happy ending* in Kapitel 44, denn dieses kann in mehrfacher Weise nicht ernst genommen werden: schon allein deswegen, da der Roman danach sichtlich noch ein gutes Stück weitergeht, aber auch deshalb, weil dieses Ende in seiner Konventionalität übertrieben wirkt. Es beinhaltet nicht nur ein sauberes ‚Abfertigen' des Schicksals der meisten Figuren, wie von Dickens her bekannt, sondern spinnt die damit in der Regel implizierte poetische Gerechtigkeit sogar so weit, dass diese auch die Höllenfahrt (!) der frömmelnden Mrs Poultenay einschließt.

4. Die andere Seite von *The French Lieutenant's Woman*: ‚experimentelle' Postmodernität

Das Umkippen der Imitation viktorianischer Erzählverfahren in deren Parodie ist indes nur ein Element jener anderen Seite von *The French Lieutenant's Woman*, die diesen scheinbar so traditionellen Roman in Wirklichkeit als ‚doppelregistrig', um nicht zu sagen postmodern-doppelbödig ausweist. Auf der *story*-Ebene kommt es z.B. in Kapitel 55 zu einer merkwürdigen Begebenheit: Charles befindet sich auf einer Zugfahrt zwischen Exeter und London, als ein seltsamer Reisender das Abteil betritt.

> His look was peculiar: sizing, ruminative, more than a shade disapproving, as if he knew very well what sort of man this was [...] there [was] about his features an unpleasant aura of self-confidence [...] In my experience there is only one profession that gives this particular look, with its bizarre blend of the inquisitive and the magistral, of the ironic and the soliciting. [...] It is precisely [...] the look an omnipotent god – if there were such an absurd thing – should be shown to have. (347f.)

Mit seinem „prophet-bearded [face]" (347) und seinem Alter „forty or so" (346) ähnelt dieser Reisende erstaunlich dem Porträt von Fowles, wie es in manchen Ausgaben auf dem Umschlag zu finden ist, und auch die Anspielung auf die bekannte Parallele zwischen einem allmächtigen bzw. allwissenden Gott und einem Autor lässt vermuten: Hier betritt Fowles selbst seine Geschichte, eine Vermutung, die der Erzähler bestätigt: „I will keep up the pretence no longer. [...] I stare at Charles" (348). Wegen der (zeit)-logischen Unmöglichkeit dieses Geschehens liegt hiermit eine Metalepse vor, eine paradoxe Grenzüberschreitung zwischen normalerweise getrennten Welten. Da solches nach *common-sense*-Kriterien nur in der Fiktion vorkommen kann, legt diese Episode die Erfundenheit des Romans bloß, und dieses implizit-metafiktionale Verfahren führt zugleich zu einem markanten Illusionsbruch.

Womöglich noch merkwürdiger entwickelt sich die Geschichte gegen Ende, nach jenem Schein-Schluss in Kapitel 44, das der Erzähler als „thoroughly traditional ending" ironisiert (295) und das sich nachträglich als bloßer Traum von Charles entpuppt. Charles fährt nämlich nicht schnurstracks nach Lyme Regis, sondern besucht Sarah in Exeter, wobei es zu einer sexuellen Begegnung kommt, was eine zweite, glückliche

Phase in der Beziehung einleiten könnte. Es zeigt sich jedoch, dass Sarah noch Jungfrau ist, sie also Charles bezüglich ihres Verhältnisses mit dem französischen Lieutenant die Unwahrheit gesagt hat. Dadurch erscheint Charles ihre ganze Beziehung auf einer Lüge aufgebaut. Da Sarah überdies keine befriedigende Erklärung ihrer ‚Lüge' zu geben bereit ist (sie verschweigt, dass sie sich so einen Freiraum von gesellschaftlichen Konventionen schaffen wollte), verlässt er sie erbost. Obwohl er sich kurz darauf eines anderen besinnt, mit Ernestina bricht und einen versöhnlichen Brief an Sarah schreibt, kann Charles nicht mehr zu dieser zurück, denn sie ist verschwunden. Seine intensive Suche in Europa und sogar Amerika ist lange erfolglos, bis er sie eines Tages im Haus des Präraffaeliten Dante Gabriel Rossetti wiedersieht. Wie sich herausstellt, ist sie zu einer „New Woman" (379) *avant la lettre* geworden, und beide haben aus der Liebesnacht in Exeter eine Tochter, Lalage. Es kommt – wenigstens in einer Schlussvariante – zu einer rührenden *recognition scene* zwischen Charles und Sarah, wonach einer Heirat nichts mehr im Weg zu stehen scheint.

Allerdings ist auch dieses Ende ironisch unterminiert (was indes Kritiker wie Perkins 2005 nicht davon abgehalten hat, ihm eine gewisse Berechtigung und logische Anschließbarkeit an den Romankontext zu bescheinigen). Unübersehbar ist die übertriebene Sentimentalität des ‚Finales', das melodramatisch von Chopin-Geklimper aus einem Nachbarhaus begleitet ist. Formal ist es auch in einer weiteren Hinsicht relativiert, denn es ist immer noch nicht die letzte Seite des Buchs. Dem entsprechend hatte zuvor schon der Erzähler angekündigt, zwei Schlüsse zu liefern, deren Sequenz er außerdem dem Zufall eines Münzwurfes überlassen wollte (vgl. 349). Damit sollte sowohl der Freiheit der Figuren als auch der des Lesers Tribut gezollt und ein auktoriales „fight-fixing" (348) vermieden werden.

In der Tat folgt auf das sentimentale Ende ein weiteres, und zwar, indem der Erzähler in einer erneuten Metalepse wiederum seine Fiktionswelt betritt, dort die Uhr um eine Viertelstunde zurückstellt und die Geschichte genau an einer bereits vorhin geschilderten Stelle wieder einsetzen lässt, allerdings mit einer neuen – unromantischen – Fortsetzung: Nun erkennt Charles die Inkompatibilität zwischen sich und Sarah und verlässt das Haus. Draußen hat er – in Vollendung einer in Exeter begonnen inneren Wandlung – ein existentialistisches Schlüsselerlebnis: Er erkennt den Zusammenhang von Einsamkeit und Freiheit, beginnt, nachdem er ständig an mangelndem Selbstbewusstsein gelitten hatte, endlich an sich selbst zu glauben und sein Leben in innerer Unabhängigkeit (auch von viktorianischen Normen und Sinnsystemen) selbstständig in die Hand zu nehmen.

Die massiven Abweichungen vom realistischen, aber auch ganz allgemein traditionellen Erzählen, die Metalepsen und die anti-aristotelische Pluralisierung von Enden haben ihr Gegenstück in einer Reihe von *discourse*-Verfahren, die ebenfalls den Schein zerstören, *The French Lieutenant's Woman* sei nichts anderes als ein verspäteter viktorianischer Roman. Zu nennen ist hier u.a. das immer wieder bewusst störende und über das im traditionellen historischen Roman weit hinausgehende Insistieren auf der Differenz von damals und heute. So setzt der Erzähler bereits in der Eingangsdeskription der Mole von Lyme Regis Vergleiche anachronistisch nebeneinander, wenn er deren Architektur mit Henry Moore vergleicht (vgl. 7), oder an anderer Stelle die Distanz zwischen Erzählzeit und erzählter Zeit durch die Bemerkung überdeutlich macht: „I live in the age of Alain Robbe-Grillet and Roland Barthes“ (85). Ebenso distanzierend und damit dem Effekt einer illusionsbildenden Immersion des Lesers in die erzählte Welt entgegenwirkend ist die auffallende Verwendung von intertextuellen Referenzen zumal auf Autoren und Werke des 18. und 19. Jahrhunderts. Dadurch wird zwar einerseits historische Korrektheit suggeriert, andererseits entsteht aber auch der Eindruck hochgradiger Künstlichkeit.

Besonders gilt diese Ambivalenz für Kapitel 39, wo ein Bordellbesuch von Charles geschildert wird. Statt die Episode mit eigenen Worten zu berichten, freut sich der Erzähler darüber, den Text eines angeblich in einem Antiquariat gefundenen Romans des 18. Jahrhunderts im Stil von John Clelands *Fanny Hill* hier wiederbenutzen zu können. Daraufhin bringt er aus diesem Roman ein zweiseitiges Exzerpt. Diese markierte Intertextualität ist – wie so vieles in *The French Lieutenant's Woman* – doppelt lesbar: Sie kann entweder mit Blick auf ein auktorial thematisiertes überzeitliches Verhaltensmuster („the unchangingness of this ancient [...] form of entertainment“; 264) realistisch ‚naturalisiert‘ werden und damit auf ein gemeinsames Wirklichkeitssubstrat jenseits von Text und Prätext verweisen. Oder aber man fasst diese ungewöhnliche Intertextualität als *foregrounding* einer seltsamen Fremdbestimmung des Geschehens auf, durch die eine Fiktion des 18. Jahrhunderts offenbar eine Szene des folgenden Jahrhunderts vorstrukturiert. Liest man den Text so, wirkt das Verfahren als hochgradig illusionsstörende metaleptische „précession des simulacres“ (Baudrillard 1981 [1978]), wodurch die geschilderte ‚Realität‘ gerade nicht als solche bestätigt, sondern im Zeichen postmoderner ‚Panfiktionalität‘ irrealisiert erscheint.

Die wohl markanteste Deviation vom Realismus bilden aber in *The French Lieutenant's Woman* nicht diese punktuellen ‚experimentellen‘ Verfahren, sondern die exzessive Verwendung von expliziter Metafiktion. Metafiktion ist in diesem Roman besonders auffällig, da sie mit einem Überraschungseffekt einsetzt: Die ersten zwölf Kapitel sind weitgehend frei davon (sie enthalten zumindest keine offenen Fiktionsdemonstrationen) und erzeugen somit – abgesehen von kleineren nicht ganz passenden Elementen – eben jenen Eindruck, von dem oben die Rede war, dass man nämlich einen Roman des 19. Jahrhunderts lese und in die damalige Welt eintreten könne. Als nun in Kapitel zwölf Sarah an einem offenen Fenster nahe dem Selbstmord scheint, beruhigt der Erzähler den Leser mit einem metatextuellen Verweis auf das ihm bereits vermittelte Wissen vom Fortleben der Heldin:

> I will not make her teeter on the window-sill; or sway forward; and then collapse sobbing back on to the worn carpet of her room. We know she was alive a fortnight after this incident, and therefore she did not jump. (84)

Hochgradig illusionsstörend ist hier bereits die metaleptische Verfügungsmacht des Erzählers über seine Figur. Im folgenden Kapitel 13 findet sich ein noch markanterer Fall von Illusionsdurchbrechung:

> This story I am telling is all imagination. These characters I create never existed outside my own mind. If I have pretended until now to know my characters' minds and innermost thoughts, it is because I am writing in (just as I have assumed some of the vocabulary and ‚voice' of) a convention universally accepted at the time of my story: that the novelist stands next to God. (84f.)

Hier liegt die erste von mehreren offenen Fiktionsdemonstrationen des Romans vor und damit eine besonders distanzierende Form der expliziten Metafiktion, zumal hier das Moment der Überrumpelung des Lesers hinzukommt. Allerdings relativiert der Erzähler kurz danach den so entstehenden Eindruck einer ‚gottähnlichen' Verfügungsgewalt über die Figuren:

> Perhaps you suppose that a novelist has only to pull the right strings and his puppets will behave in a lifelike manner [...]. But I find myself suddenly like a man in the sharp spring night, watching from the lawn beneath that dim upper window [...] I know in the context of my book's reality that Sarah would never have brushed away her tears and leant down and delivered a chapter of revelation. She would instantly have turned, had she seen me there just as the old moon rose, and disappeared into the interior shadows. (85)

Hier tritt der Erzähler offenbar in Distanz zu seinem Geschöpf, erfindet es nicht, sondern *beobachtet* es nur. Außerdem ist, nachdem vorher Sarah und der ganze Roman als „all imagination" bezeichnet wurden, nun die Rede von „my book's reality". Diese ‚Realität' bindet der Erzähler an den Eigenwillen der Figuren, der sich ihm aber entziehe, und daher müsse er seinen ursprünglichen Plan aufgeben, in Kapitel 13 Sarahs Psychologie aus auktorial-allwissender Perspektive zu enthüllen (Sarah wird denn auch stets nur aus der Außensicht gezeigt, was sie auf für den Leser rätselhaft macht; vgl. Wells 2003: 33). Besonders merkwürdig ist in diesem Zusammenhang, dass nach dem Bruch der Illusion der Erzähler nun versucht, diese mit dem Verweis auf die Realität Sarahs wieder zu stabilisieren (vgl. hierzu auch Imhof 1986: 207): „I have disgracefully broken the illusion? No. My characters still exist, and in a reality no less, or no more, real than the one I have just broken." (86f.) Selbst an hochgradig ‚experimentellen' Stellen des Romans zeigt sich damit jene Ambivalenz, die für ihn insgesamt typisch ist. Dieselbe Ambivalenz ist auch in den Funktionen des postmodernen Experimentierens in *The French Lieutenant's Woman* festzustellen und kann auf ihrerseits ambivalente Triebkräfte zurückgeführt werden.

5. Triebkräfte und Funktionen des gemäßigt postmodernistischen Experimentierens in *The French Lieutenant's Woman*

Obwohl *The French Lieutenant's Woman* kein didaktischer Roman im Sinne etwa der moralisch belehrenden Erzählkunst früherer Jahrhunderte ist, besteht eine zentrale Funktion des postmodernistischen Experimentierens hier wie bei vielen anderen vergleichbaren Romanen darin, den Lesern obsolete Konventionen kritisch bewusst zu machen und sie sowohl in eine neue, nicht-realistische Ästhetik als auch entsprechende weltanschauliche Positionen einzuführen. Diese Lesererziehung, die sich in der Kritik viktorianischer Normen und in der Verweigerung gewohnter Lektüreerfahrungen äußert, hat näherhin folgende Inhalte und Motivationen:

Eine wesentliche Triebkraft für das ‚Experimentieren' ist in *The French Lieutenant's Woman* ganz offensichtlich eine gewisse Skepsis gegenüber einem Fundament des Realismus wie auch des herkömmlichen historischen Romans, nämlich gegenüber dem Glauben an die unproblematische Erkenn- und Repräsentierbarkeit von Realität. Der Erzähler – hier wohl Sprachrohr des impliziten Autors – äußert mehrfach eine solche epistemologische Skepsis, z.B. wenn er sagt: „[W]e are all poets, though not many of us write poetry; and so are we all novelists, that is, we have a habit of writing fictional futures for ourselves" (295). Dieses typisch postmoderne Gefühl der Fiktionalisierung der Realität gilt auch für die Vergangenheit, die ja für individuelle Identitätsstiftung von besonderer Bedeutung ist. Ebendies thematisiert der Erzähler in einer ausgedehnten Leseranrede in Kapitel 13:

> Fiction is woven into all. [...] You do not even think of your own past as quite real; you dress it up, you gild it or blacken it, censor it, tinker with it ... fictionalize it, in a word, and put it away on a shelf – your book, your romanced autobiography. We are all in flight from the real reality. (87)

Die philosophisch-epistemologische Desillusionierung, die hier abstrakt formuliert ist, findet ihre Parallele auf wirkungsästhetischer Ebene in der Tendenz zur Durchbrechung der ästhetischen Illusion, wie sie sich insbesondere in den erwähnten Verfahren der Bloßlegung der Fiktionalität des Erzählten manifestiert.

Was hier skeptisch beleuchtet wird, ist zunächst das historische Erzählen, darüber hinaus aber auch geschichtliche Sinnstiftung allgemein. Dies äußert sich in einer Ironisierung bzw. Kritik von naturgeschichtlichen Konzepten schon in Kapitel 8, wo Charles als Darwinist vorgestellt wird. Als solcher kann er nur über das obsolete naturgeschichtliche Modell von Linnaeus aus dem 18. Jahrhundert lächeln, das auf dem Axiom „*nulla species nova*" basiert und von einer „obsession with classifying and naming" (47) geprägt ist. Auch der Erzähler betrachtet dieses Modell als „a foredoomed attempt to stabilize and fix what is in reality a continuous flux" (47). Allerdings kommt auch das Darwinsche Alternativmodell, dem der Paläontologe Charles anhängt, nicht viel besser weg. Vielmehr zeigen ironische Erzählerkommentare – z.B. zur „immensely reassuring orderliness in existence", die Charles aus den Schichten des

Seins („conveniently arranged [...] for the survival of the fittest and best, *exempli gratia* Charles Smithson“; 47) abzulesen meint –, dass auch der Darwinismus mit seinem evolutionären Ordnungs- und Fortschrittsoptimismus desavouiert wird.

Im Gegensatz zur darwinistisch-evolutionären Geschichtssicht besitzt für den Erzähler (und impliziten Autor) vielmehr eine Auffassung Wahrscheinlichkeit, die in einer negativen Epiphanie, einem lichten und zugleich düsteren Moment, Charles selbst aufgeht:

> In a vivid insight, a flash of black lightning, he saw that all life was parallel: that evolution was not vertical, ascending to a perfection, but horizontal. Time was the great fallacy; existence was without history, was always now, was always this being caught in the same fiendish machine. All those painted screens erected by man to shut out reality – history, religion, duty, social position, all were illusions, mere opium fantasies. (179)

Die radikal konstruktivistische Sicht, derzufolge unsere Konzepte, mit denen wir Realität zu beschreiben suchen, illusionäre Konstrukte, Fiktionen seien, ist hier ausgeweitet zur Auffassung, dass dies auch für die Zeit und die Geschichte gelte. Hier wie an ähnlichen Stellen (vgl. 278) wird deutlich, daß *The French Lieutenant's Woman* eben kein herkömmlicher historischer Roman ist, sondern den historischen Stoff zu skeptischen Reflexionen über das Erzählen von Geschichte selbst verwendet. Damit gehört er zur jenen postmodernen *historiographic metafictions*, wie sie Linda Hutcheon (1988) und Ansgar Nünning (1995) beschrieben haben und sie anhand von Salman Rushdies *Midnight's Children* (1981) im vorliegenden Band in einem eigenen Kapitel erläutert werden. Stellenweise scheint es gar so, als schlüge bei Fowles der epistemologische Geschichtsskeptizismus nachgerade in eine Geschichtsfeindlichkeit um, wenn z.B. im Zusammenhang mit Charles' Respekt vor der Tradition kritisiert wird: „It was as if his previous belief in the ghostly presence of the past had condemned him, without his ever realizing it, to a life in the grave.“ (316) Was der Erzähler über Charles sagt, nämlich „he is [...] a man struggling to overcome history“ (257), könnte damit auch für den impliziten Autor gelten. Wie Katherine Tarbox nachzuweisen suchte (1996), könnte in einer noch radikaleren Ausweitung dieser konstruktivistische Skeptizismus sich schließlich auf das Geschichtenerzählen selbst, auf die narrativen Schemata beziehen, die sowohl innerhalb der fiktiven Welt des Romans als auch durch seine Form anzitiert und unterminiert werden: Ebenso wie Sarah Charles eine (erfundene) Geschichte nach dem Schema der *fallen woman* anbietet, ja ihn verführt und ihn dann durch die Verweigerung einer Erklärung ihres Verhaltens („I cannot explain it“; 308f.) verunsichert, bietet auch Fowles dem Leser zunächst Sicherheit verheißende narrative Schemata und Konventionen an (des historischen Romans, der Liebesromanze, der Wahrscheinlichkeit realistischen Erzählens), entwertet diese und deren Erklärungspotential jedoch durch ‚experimentelle‘ Verfahren, am markantesten durch die Pluralisierung des Endes und damit durch die Abkehr vom klar teleologischen Erzählen.

Freilich steht im Funktionsspektrum des Romans dieser Skepsis, aus der sich ein Gutteil seiner experimentellen Seite erklären lässt, auch eine andere, weitaus affirmativere Seite spannungsreich gegenüber. Diese scheint für den Umstand verantwortlich, dass das postmodernistische Experimentieren hier nur gemäßigt aufscheint. Denn *The French Lieutenant's Woman* erzieht den Leser ebensowenig zu einer selbst-destruktiven Ablehnung des Romanschreibens wie zu einer radikalen Skepsis gegenüber der Möglichkeit jeder Rekonstruktion der Vergangenheit. Der Selbst-Dekuvrierung des Romans als ‚bloßer' Fiktion und der Distanzierung von einem ungebrochen realistischen oder historiographischen Erzählen steht nämlich die implizite Selbst-Feier einer neuen, gemäßigt experimentellen Art des Romans wie auch des Autors (bzw. Erzählers – im Roman werden beide Instanzen vermischt) gegenüber. Dieser Autor dokumentiert in seinen zahlreichen Leseranreden durchaus Selbstbewusstsein und führt sich wohl auch nicht zufällig quasi selbst in die Erzählwelt ein (womit er Barthes' These vom Tod des Autors gerade nicht entspricht). Die Dezentrierung des Subjekts, ein Topos im radikalen Postmodernismus, scheint also für *The French Lieutenant's Woman* keineswegs zu gelten – und das zeigt sich auch an der anschaulichen Gestaltung der Figuren, die keineswegs *paper characters* sind. Und was die Geschichtsskepsis betrifft, so steht dieser ein ganz offensichtliches Fasziniert-Sein durch die Geschichte gegenüber (hier durch die des 19. Jahrhunderts, in Fowles' letztem Roman, *A Maggot* [1985], ist es die des 18. Jahrhunderts). Mehr noch: Im Gegensatz zum andererseits spürbaren Repräsentations- und Geschichtsskeptizismus erweckt der Roman mit seiner oben erwähnten Entfaltung historischer Gelehrsamkeit weithin den Eindruck, das eigentliche Bild der viktorianischen Welt aus der überlegenen Sicht des 20. Jahrhunderts zu vermitteln. Dabei wird sogar den zeitgenössischen „witnesses and reporters" einschließlich Charles Dickens mitunter eine „distortion of reality" vorgeworfen (234) und damit für den eigenen Text impliziert, dass dieser einer solchen ‚Verzerrung' eben nicht unterliege. Dies läuft auf nichts weniger als den Anspruch hinaus, *The French Lieutenant's Woman* biete eine wahre Archäologie der Vergangenheit – das aber entspricht bemerkenswerterweise eben dem, was auch schon der historische Roman des 19. Jahrhunderts für sich reklamierte!

Aus diesem Anspruch erklärt sich auch, weshalb die metafiktionale Bloßlegung der Erfundenheit des Erzählten in *The French Lieutenant's Woman* nie so weit geht, dass die Immersion des Lesers in die erzählte Welt nachhaltig verhindert und deren Glaubwürdigkeit ganz zerstört würde. Trotz der offensichtlichen Eingriffe des Erzählers bekennt sich dieser zur Unabhängigkeit der erzählten Welt – und attestiert ihr damit eine Wirklichkeit, welche die metafiktionalen Hinweise auf deren geplante Gemachtheit relativieren:

> We know a world is an organism, not a machine. We also know that a genuinely created world must be independent of its creator; a planned world (a world that fully reveals its planning) is a dead world. (86)

Diese Spannung zwischen Skepsis und Affirmation steht am Ursprung jener für *The French Lieutenant's Woman* insgesamt charakteristischen Doppelregistrigkeit, die postmodernistisches Experiment mit realistischem „reality principle" verbindet und den Roman zu einem so plastischen Beispiel für eine ganze Tradition zeitgenössischen englischen Erzählens macht. Mit der experimentellen Seite des Romans scheint Fowles nicht zuletzt dem Druck nachzugeben, den er selbst als weltoffener Romancier verspürt. Andererseits fühlt sich Fowles wie Lodge offenbar auch der Tradition des realistischen Erzählens verpflichtet, wenn er zu den Aufgaben des Romans zählt: „to entertain, to satirize, to describe new sensibilities, to record life, to improve life" (Fowles 1977 [1969]: 139f.).

In dieser Zwickmühle der gefühlten Erschöpftheit bisherigen Erzählens und gleichzeitiger fortbestehender Loyalität diesem gegenüber ist *gedämpftes* Experimentieren, *muted postmodernism*, ein gangbarer Ausweg. Eine wesentliche Motivation hierfür könnte sein, dass man so über ein Alibi verfügt, das es erlaubt, unter dem Mantel der Progressivität noch einmal wenigstens ironisch gebrochen traditionell erzählen und eine traditionelle Gattung wie den historischen Roman modifiziert fortsetzen zu können (vgl. Rankin 1973: 195f.; Kaplan 1973: 114). Dieses von mir andernorts ‚defensive Ironie' (Wolf 1993a: 724-30) bzw. ‚Schutzironie' (2007) genannte Verfahren, das sich von einer aggressiven, parodistischen Ironie abhebt, findet sich häufig im gemäßigten Postmodernismus und mag jedenfalls mitverantwortlich für die spannungsreiche Ambivalenz des englischen Romans zwischen Realismus und Postmodernismus sein.

Eine nicht zu unterschätzende weitere Triebkraft des erzählerischen Experiments in *The French Lieutentant's Woman*, aber zugleich auch von dessen Mäßigung, ist die Bedeutung des (französischen) Existentialismus in diesem Roman. Die existentialistische Weltsicht mit ihrer Betonung der Einsamkeit des einzelnen, der in eine absurde Welt ohne Gott geworfen ist, dort aber nicht verzweifeln soll, sondern im Bewusstsein seiner Würde in Freiheit und Selbstverantwortung zu authentischem Handeln aufgerufen ist, stellt für Fowles, dem immer wieder ein existentialistischer Humanismus attestiert wurde (z.B. Acheson 1998: 6 und Vipond 2002: 65), eine allgemein wichtige Basis dar. Für *The French Lieutenant's Woman* ist der Existentialismus als Teil der impliziten Norm sogar besonders wichtig.

Dies zeigt sich zum einen durch dessen *implizite* Präsenz: Einsamkeit, Isolation und gesellschaftliche Entfremdung, aber auch innere Stärke und Freiheit sind charakteristische Merkmale existentialistischer Befindlichkeit, die zunächst auf Sarah, im dritten Romanschluss aber auch auf Charles zutreffen: Indem Charles am Ende zur Erkenntnis gelangt, Freiheit und Selbstbestimmung fern traditioneller Normen, ja selbst ehelicher Bindungen wagen zu müssen, wird der Roman zu einem existentialistischen Entwicklungsroman (vgl. Lynch 2002) mit Charles als dem eigentlichen Helden und Sarah als dem Katalysator von dessen Entwicklung. Auf den Existentialismus verweist auch die insgesamt markante emanzipatorische Tendenz von *The French Lieutenant's*

Woman. Diese manifestiert sich nicht nur in der Ablehnung jeder Determinierung durch Geschichte sowie in der insgesamt bejahten Emanzipation von der prüden Sexualmoral und bigotten Religiosität des Viktorianismus, sondern auch in dem bei Fowles häufigen (z.B. auch *Mantissa* [1982] prägenden) Motiv der Frauenemanzipation. In *The French Lieutenant's Woman* ist diese auf die trotz ihrer Rätselhaftigkeit positiv gezeichnete Titelheldin und ihr Unabhängigkeitsstreben als (anachronistische) *New Woman* bezogen.

Der Existentialismus wird aber in diesem Roman auch *explizit* aufgerufen, besonders im letzten Kapitel, dem ein Satz von Matthew Arnold, „True piety is *acting what one knows*" (394) als Epigraph vorangestellt ist. Der Erzähler kommentiert in diesem Kapitel Sarahs und Charles' Entscheidung in der dritten Schlussversion, nicht miteinander zu leben, in einem existentialistischen Sinn:

> [There is] only life as we have, within our hazard-given abilities, made it ourselves, life as Marx defined it – *the actions of men* (and of women) *in pursuit of their ends*. The fundamental principle that should guide these actions, that I believe myself always guided Sarah's, I have set as the second epigraph. A modern *existentialist* would no doubt substitute ‚humanity' or ‚authenticity' for ‚piety'; but he would recognize Arnold's intent. (398; Hervorheb. d. Verf.)

In welcher Beziehung steht nun der Existentialismus zur Ambivalenz eines gemäßigten Experimentierens in *The French Lieutenant's Woman?* In der weitgehenden Ablehnung metaphysischer Transzendenz – in den Worten des Erzählers: „there is no intervening god beyond whatever can be seen" (398) – und in seinem allgemeinen Freiheitspathos steht der (französische) Existentialismus der Ablehnung traditioneller (auch narrativer) Sinnstiftung und der Freiheit zum Experiment nahe, wie er im radikalen Postmodernismus ins Extrem getrieben wird. In *The French Lieutenant's Woman* korreliert diese Freiheit ‚experimentell' insbesondere mit der (scheinbaren) Entlassung der Figuren aus der Determination durch den Erzähler/Autor, wie dies in Kapitel 13 thematisch wird und in den beiden Schlussversionen in eine Wahlmöglichkeit für den Leser umschlägt (wenn auch der dritte Schluss gerade wegen seiner Inszenierung existentialistischer Selbstbestimmung als der eigentliche erscheint).

Andererseits ist der Existentialismus aber in der Akzentuierung menschlicher Berufenheit zur Verantwortung in Freiheit, und damit in einer massiven ethischen Dimension dem Postmodernismus fern, dem wiederholt eine ethische Indifferenz vorgeworfen wurde (vgl. Zima 2001 [1997]: 303). Indem Fowles seinen Roman in das Sinnsystem des Existentialismus einschreibt, entsteht daher nicht nur eine partielle Nähe zum radikalen Postmodernismus, die sich in den verschiedenen anti-illusionistischen und nichtrealistischen Verfahren zeigt, sondern auch gleichzeitig eine deutliche Distanz zu diesem.

Allgemein kann wohl behauptet werden, dass eine Verpflichtung gegenüber einem ethisch aussagekräftigen Sinnsystem wie dem Existentialismus – im Gegensatz zur Negierung aller Sinnsysteme im radikal experimentellen Postmodernismus – als Bremse und damit Mäßigung des Experimentierens fungiert. Denn bei aller Dezentrierung, Desillusionierung und Skepsis bleibt dabei doch eine Grundlage der Ethik erhalten: der Mensch als moralisches Subjekt und Objekt zwischenmenschlicher Erfahrung. Diese Erfahrung ist für Fowles immer eine Begegnung mit dem rätselhaften Anderen, und ebendies soll auch durch das letztlich nicht erklärte Rätsel Sarah und den Nonkonformismus des Romans insgesamt für den Leser nachvollziehbar werden. Dieser Nonkonformismus zielt also nicht auf eine rational-kognitive De(kon)struktion der Wirklichkeit zu bloßer Fiktion, zu bloßen, arbiträren Konzepten (der Erzähler sagt ja auch nur „fiction is *woven* into all", was ein nichtfiktionales ‚Grundgewebe' voraussetzt), sondern soll – ähnlich wie schon aus ästhetischer Sicht im russischen Formalismus – die Verkrustung unserer Wahrnehmung aufbrechen und uns frei für die Erfahrung und Bejahung auch des Rätselhaften machen. Mit dem Rätsel, aber auch dem Wunder der Existenz bleibt somit bei Fowles gleichwohl noch eine Wirklichkeit, für deren ästhetische wie ethische Erfahrung seine Kunst öffnen will.

6. Die weitere Entwicklung bei Fowles und die Dominanz des gemäßigten Postmodernismus im englischen Erzählen in jüngster Vergangenheit und Gegenwart

The French Lieutenant's Woman ist Fowles' dritter Roman nach *The Collector* (1963) und dem schon vorher verfassten, aber erst 1966 (und dann in revidierter Fassung 1977) publizierten *The Magus.* Im Verhältnis zu den früheren Romanen bedeutet *The French Lieutenant's Woman* trotz seiner stilistischen Ambivalenz einen markanten Schritt weg vom Realismus hin zum Postmodernismus (*The Collector* ist ein, abgesehen von der Doppelperspektive von Verbrecher und weiblichem Opfer, weitgehend konventionell geschriebener Roman, und auch *The Magus* ist trotz einer markanten Überdetermination des Sinns, scheinbar magischen Elementen und der Offenheit des Schlusses realistischem Erzählen noch sehr nahe). Die Entwicklung bei Fowles ab *The French Lieutenant's Woman* erscheint nun nicht etwa als linear fortgesetzte Abwendung vom Realismus, sondern schwankt zwischen einer partiellen Wiederannäherung an diesen – in dem autobiographisch geprägten Roman *Daniel Martin* (1977) und eher experimentellen Texten (z.B. in der Anti-Detektivgeschichte „The Enigma" aus der Sammlung *The Ebony Tower*; 1974) – bis hin zum radikalsten Experiment, der metafiktionalen Allegorie *Mantissa* (1982). Fowles' letzter Roman *A Maggot* (1985) steht mit seiner historischen Thematik, dem wie in „The Enigma" ergebnislosen und wie in *The Magus* überdeterminierten Aufklärungsversuch eines Verbrechens im Rahmen einer teilweise magisch-unglaubwürdigen Geschichte wieder in einer weitgehenden Mittelposition zwischen realistischem und postmodernistischem Erzählen. Insgesamt ist das Oeuvre von Fowles geprägt von einem ästhetischen Bekenntnis zu einer immer wieder metareflexiv ausgeloteten und letztlich bejahten dichterischen Imagination und ihrem Instrument, der (Literatur-)Sprache. Weltanschaulich basiert es auf einem agnostischen, existentialistisch geprägten Humanismus, dessen ethische Implikate – das Betonen menschlicher Freiheit und Selbstbestimmung (auch und insbesondere der Frau) – angesichts einer letztlich rätselhaften Existenz besondere Bedeutung für die menschliche Würde erlangen. Beides, die ästhetischen wie weltanschaulichen Grundüberzeugungen, bilden, wie exemplarisch in *The French Lieutenant's Woman* deutlich wird, bei Fowles einerseits einen Nährboden für die Deviation vom Realismus, andererseits eine Bremse gegenüber allzu radikalem Experimentieren.

Der gemäßigte Postmodernismus von *The French Lieutenant's Woman* ist jedoch nicht nur für Fowles' eigenes Oeuvre kennzeichnend, sondern bekanntermaßen (vgl. Nünning 1996; Wolf 1993a: Kap. 4.6.3; 1993b) auch für das englische Erzählen des späten 20. und frühen 21. Jahrhunderts insgesamt. Eine moderate Ausprägung postmodernistischer Metareflexion und gemäßigte Abkehr vom traditionellen illusionistischen Erzählen bei weitgehender Aufrechterhaltung des „reality principle", das zumindest streckenweise doch wieder eine Immersion des Lesers in die erzählten Welten erlaubt, findet sich, um nur einige Namen und je einen Titel zu nennen, z.B. bei Malcolm Bradbury (*The History Man*, 1975), David Lodge (*Small World*, 1984) und A.S. Byatt (*Possession*, 1990) ebenso wie bei Julian Barnes (*England, England*, 1998), Michael Cunningham (*The Hours*, 1999), Ian McEwan (*Atonement*, 2001) und anderen.

Außerhalb der englischen Literatur ist die von diesen Texten repräsentierte Art des Erzählens schon Anfang der 1980er Jahre als „Rückkehr zu[m] Erzählen" bezeichnet worden (Regn 1983: 165). Allerdings ist diese Formel nicht ohne weiteres auf die englischen Verhältnisse zu übertragen. Denn hier wurde der Postmodernismus in seiner radikalen Ausprägung selbst in der Hochliteratur nie auch nur annähernd dominant und blieb vielmehr auf Ausnahmefälle wie z.B. Christine Brooke-Roses *Thru* (1974) oder einige Texte B.S. Johnsons und Gabriel Josipovicis beschränkt (für Näheres zum eher ‚experimentellen' Postmodernismus vgl. Kap. 4). Insgesamt behielt die Tradition des weitgehend realistischen Erzählens auch in der englischen Hochliteratur eine relativ starke Position. Das doppelregistrige Erzählen, das Realismus und Postmodernismus vereint, ist also in England eher eine *Weiterentwicklung* aus der realistischen Tradition mit postmodernistischen – und auch modernistischen – Einflüssen und Elementen denn ein Bruch mit einem radikaleren Experimentieren. Interessanterweise scheint diese Weiterentwicklung, die eine Zeit lang wie ein Produkt eines rückwärtsgewandten englischen Konservativismus anmutete, inzwischen zum eigentlich zukunftsweisenden Muster zu werden. Denn auch international hat offenbar trotz vereinzelter Nachzügler-Werke radikaler Postmodernisten (wie jüngst Robert Coovers Erzählband *A Child Again*, 2005) jene von Umberto Eco bereits in „Postille a *Il nome della Rosa*" (1986 [1983]) verkündete Abwendung vom radikalen Experimentieren die Oberhand gewonnen und ist zur Dominante geworden (dies geschieht wohl nicht zuletzt mit Blick auf das Lesepublikum, für das inzwischen zwar das Gefühl einer „normalization of self-reflexivity" behauptet wird [Gurr 2007: 106], das es aber andererseits zumal angesichts der zunehmenden medialen Konkurrenz zum Roman auch ‚bei der Stange zu halten‘ gilt). *The French Lieutenant’s Woman* ist aus dieser Gegenwartsperspektive nicht bloß ein inzwischen schon fast vierzig Jahre alter postmoderner ‚Klassiker‘, sondern erhält eine besondere Aktualität, nämlich als Text, der sich als wegweisend für die Literatur unserer Zeit erweist.

Literatur

Werke

Barnes, Julian. 1998. *England, England*. London: Jonathan Cape.
Bradbury, Malcolm. 1975. *The History Man*. London: Arena Book.
Brooke-Rose, Christine. 1974. *Thru*. London: Hamilton.
Byatt, A.S. 1990. *Possession*. London: Vintage.
Cleland, John. 2001 [1749]. *Fanny Hill, or Memoirs of a Woman of Pleasure*. London: Penguin.
Coover, Robert. 2005. *A Child Again*. San Francisco: McSweeney’s Books.
Cunningham, Michael. 1999. *The Hours*. London: Fourth Estate.
Fowles, John. 1963. *The Collector*. London: Jonathan Cape.
—. 1966. *The Magus*. London: Jonathan Cape.
—. 1974. „The Enigma.“ In: Ders. *The Ebony Tower*. London: Jonathan Cape.
—. 1977 [1969]. *The French Lieutenant’s Woman*. London: Triad/Granada.
—. 1977. *Daniel Martin*. London: Jonathan Cape.
—. 1982. *Mantissa*. London: Jonathan Cape.
—. 1985. *A Maggot*. London: Jonathan Cape.
Lodge, David. 1984. *Small World*. London: Secker & Warburg.
McEwan, Ian. 2001. *Atonement*. London: Jonathan Cape.
Rushdie, Salman. 1981. *Midnight’s Children*. London: Jonathan Cape.

Ausgewählte Fachliteratur

Acheson, James. 2005. „John Fowles’ *The French Lieutenant’s Woman*.“ In: Brian W. Schaffer (Hg.). *A Companion to the Britisch and Irish Novel, 1945-2000*. Malden: Blackwell. 398-408.

Gute neuere Arbeit; geht ein auf das tragische Potential des Romans, dessen Leserattraktivität, Existentialismus und Postmodernismus.

Anglistik 13.1, 2002: 45-110. „John Fowles in Focus.“

Wichtige neuere Informationsquelle zu Fowles, inkl. einem erhellenden Interview der Fowles-Spezialistin Susan Onega mit dem Autor und einer guten Auswahlbibliographie.

Broich, Ulrich. 1993. „Muted Postmodernism: The Contemporary British Short Story.“ In: *Zeitschrift für Anglistik und Amerikanistik* 41: 31-39.

Begriffsprägender Aufsatz zum *muted postmodernism*; trotz Fokus auf Short Story durchaus verallgemeinerungsfähig für das englische Erzählen insgesamt.

Fowles, John. 1980 [1964]. *The Aristos*. London: Triad/Granada.

Wichtigstes autobiographisches Dokument zu den Einstellungen und Normen des frühen Fowles.

Lodge, David. 1977 [1969]. „The Novelist at the Crossroads." In: Malcolm Bradbury (Hg.). *The Novel Today: Contemporary Writers on Modern Fiction*. Manchester: Manchester University Press. 84-110.

Wichtigstes Manifest zur ‚typisch englischen Kompromissästhetik' zwischen Experiment und Realismus.

Nünning, Ansgar. 1989/90. „Bausteine einer konstruktivistischen Erzähltheorie: Die erzählerische Umsetzung konstruktivistischer Konzepte in den Romanen von John Fowles." In: *Delfin* 13: 3-17.

Verbindet eine Einführung in den radikalen Konstruktivismus mit einer erhellenden Beleuchtung der Bedeutung dieses Aspektes für Fowles.

—. 1996. „Zwischen der realistischen Erzähltradition und der experimentellen Poetik des Postmodernismus: Erscheinungsformen und Entwicklungstendenzen des englischen Romans seit dem Zweiten Weltkrieg aus gattungstheoretischer Perspektive." In: Ders. (Hg.). *Eine andere Geschichte der englischen Literatur: Epochen, Gattungen und Teilgebiete im Überblick*. Trier: Wissenschaftlicher Verlag Trier. 213-40.

Gute Typologisierung der verschiedenen Strömungen und Entwicklungsstufen des neueren englischen Romans.

Rankin, Elizabeth D. 1973. „Cryptic Coloration in *The French Lieutenant's Woman*." In: *Journal of Narrative Technique* 3.3: 193-207.

Interessante frühe Diskussion der ‚mimikrihaften' Anpassung Fowles' an das aufkommende postmodern-experimentelle Klima; sieht im dritten Ende von Fowles' Roman das eigentlich wichtige.

Tarbox, Katherine. 1996. „*The French Lieutenant's Woman* and the Evolution of the Narrative." In: *Twentieth Century Literature* 42.1: 88-102.

Intelligente neuere Interpretation von *FLW* mit dekonstruktivistischer Tendenz.

Wells, Lynn. 2003. „Narrative as Seduction: John Fowles' *The French Lieutenant's Woman*." In: Dies. *Allegories of Telling: Self-Referential Narrative in Contemporary British Fiction*. Amsterdam: Rodopi. 23-42.

Sehr gute Kurzeinführung in die gemäßigt postmoderne Ambivalenz des Romans, die Wells als ästhetisch erzieherische ‚Leserverführung' wertet.

Wolf, Werner. 1993b. „Radikalität und Mäßigung: Tendenzen experimentellen Erzählens." In: Annegret Maack & Rüdiger Imhof (Hgg.). *Radikalität und Mäßigung: Der englische Roman seit 1960*. Darmstadt: Wissenschaftliche Buchgesellschaft. 34-53.

Knapper Überblick über Tendenzen des neueren englischen Erzählens mit Betonung des *muted postmodernism*.

Weitere zitierte Literatur

Acheson, James. 1998. *John Fowles*. Houndmills: Macmillan.

Barnum, Carol M. 1985. „An Interview with John Fowles." In: *Modern Fiction Studies* 31.1: 187-203.

Barth, John. 1977 [1967]. „The Literature of Exhaustion." In: Malcolm Bradbury (Hg.). *The Novel Today: Contemporary Writers on Modern Fiction*. Manchester: Manchester University Press. 70-83.

Barthes, Roland. 1968. „La Mort de l'auteur." In: *Mantéia* 5: 12-17.

Baudrillard, Jean. 1981 [1978]. „La Précession des simulacres." In: Jean Baudrillard. *Simulacres et simulation. Débats*. Paris: Editions galilée. 9-68.

Docherty, Thomas. 1981. „A Constant Reality: The Presentation of Character in the Fiction of John Fowles." In: *Novel* 14: 118-34.

Eco, Umberto. 1986 [1983]. *Nachschrift zum „Namen der Rose"* [„Postille a *Il nome della rosa*"]. München: dtv.

Fawkner, H.W. 1984. *The Timescapes of John Fowles*. London: Associated University Presses.

Fiedler, Leslie A. 1984 [1969]. „Cross the Border – Close that Gap: Post-Modernism." In: Manfred Pütz & Peter Freese (Hgg.). *Postmodernism in American Literature. A Critical Anthology*. Darmstadt: Thesen. 151-66.

Fowles, John. 1977 [1969]. „Notes on an Unfinished Novel." In: Malcolm Bradbury (Hg.). *The Novel Today: Contemporary Writers on Modern Fiction*. Manchester: Manchester University Press. 136-50.

—— 1998 [1981]. „The Filming of *The French Lieutenant's Woman*." In: Jan Relf (Hg.). *John Fowles: Wormholes: Essays and Occasional Writings*. London: Jonathan Cape, 34-42.

Gurr, Jens. 2007. „Functions of Intertextuality and Metafiction in J.M. Coetzee's *Slow Man*." In: *Anglistik* 18.1: 95-112.

Hutcheon, Linda. 1988. *A Poetics of Postmodernism: History, Theory, Fiction*. London: Routledge.

Imhof, Rüdiger. 1986. *Contemporary Metafiction: A Poetological Study of Metafiction in English Since 1939*. Heidelberg: Winter.

Kaplan, Fred. 1973. „Victorian Modernists: Fowles and Nabokov." In: *Journal of Narrative Technique* 3: 108-20.

Lynch, Richard P. 2002. „Freedoms in *The French Lieutenant's Woman*." In: *Twentieth Century Literature* 48.1: 50-61.

Nünning, Ansgar. 1995. *Von historischer Fiktion zu historiographischer Metafiktion*. 2 Bde. Trier: Wissenschaftlicher Verlag Trier.

Perkins, Wendy. 2005. „*The French Lieutenant's Woman*." In: *Novels for Students* 21. Famrington Hills, MI: Thomson Gale [Ebook].

Rabinovitz, Rubin. 1968 [1967]. *The Reaction Against Experiment in the English Novel: 1950-1960*. New York: Columbia University Press.

Regn, Gerhard. 1983. „Lektüre als Geschichte: *Tel Quel* und die Fiktionalisierung von Literaturtheorie in Italo Calvinos *Se una notte d'inverno un viaggiatore*." In: *Romanistisches Jahrbuch* 34: 153-68.

Ricardou, Jean. 1967. *Problèmes du nouveau roman*. Paris: Seuil.

Robbe-Grillet, Alain. 1963. *Pour un nouveau roman*. Paris: Seuil.

Vipond, Dianne L. 2002. „From Passion to Compassion: The Evolution of Protagonists in the Fiction of John Fowles." In: *Anglistik* 13.1: 62-76.

Watt, Ian. 1972 [1957]. *The Rise of the Novel: Studies in Defoe, Richardson and Fielding*. Harmondsworth: Pelican.

Wolf, Werner. 1993a. *Ästhetische Illusion und Illusionsdurchbrechung in der Erzählkunst: Theorie und Geschichte mit Schwerpunkt auf englischem illusionsstörenden Erzählen*. Tübingen: Niemeyer.

Zima, Peter. 2001 [1997]. *Moderne/Postmoderne: Gesellschaft, Philosophie, Literatur*. Tübingen: Francke.

4.

POSTMODERNES ERZÄHLEN: MARTIN AMIS

BRUNO ZERWECK

1. Merkmale postmodernen Erzählens in England: Von den Anfängen bis in die 1980er Jahre

In Diskussionen über die britische Literatur wird vielfach hervorgehoben, dass das experimentelle postmoderne Erzählen im Vergleich zu anderen, traditionelleren Schreibweisen eine untergeordnete Rolle spielt. Ein schärferer Blick auf die englische Romanlandschaft offenbart jedoch ein differenzierteres Bild: Während der englische Roman in den ersten zwanzig Jahren nach dem Ende des Zweiten Weltkriegs zweifellos im Zeichen jener Abkehr von den Formexperimenten des Modernismus stand, die Rabinovitz (1967) auf die einprägsame Formel „Reaction against Experiment“ gebracht hat, ist seit Ende der 1960er Jahre eine Gegenbewegung unübersehbar. Trotz der auch weiterhin ungebrochenen Kontinuität der realistischen Erzähltradition zeichnet sich der englische Roman der 1970er, 1980er und 1990er Jahre durch einige innovative Tendenzen aus, die als charakteristisch für das postmoderne Erzählen gelten.

Was genau lässt sich jedoch nun unter diesem ‚postmodernen Erzählen‘ verstehen? Der *umbrella term* ‚Postmoderne‘ dient bekanntermaßen der Beschreibung einer verwirrenden Vielfalt oft gegensätzlicher kultureller Phänomene aus unterschiedlichsten Kontexten (vgl. Bertens 1995). Auch in der Literaturwissenschaft wird unter dem Begriff der Postmoderne sehr Heterogenes subsumiert (vgl. Waugh 2001). In der literaturwissenschaftlichen Forschung zum Thema ‚Moderne/Postmoderne‘ lassen sich „drei Konstruktionstypen“ (Zima 2001: 241) unterscheiden, die die Debatten weitgehend geprägt haben. Eine erste Gruppe von Theoretikern (z.B. Ihab Hassan) erfasst das postmoderne Erzählen durch die Beschreibung typischer stilistischer Ausdrucksmittel. Eine zweite Gruppe stellt die inhaltlich-politische Deutung postmoderner Literatur in den Mittelpunkt, wobei die politische Bewertung der Postmoderne entweder emphatisch positiv – wie bei Linda Hutcheon – oder aber ebenso emphatisch negativ – etwa bei Terry Eagleton und Fredric Jameson – ausfällt. Eine dritte Gruppe integriert die Frage nach Inhalten und Darstellungsformen in einen ganzheitlicheren Ansatz und „versucht Modernismus und Postmoderne als Komplexe von Fragestellungen [...] zu betrachten“ (ebd.: 242).

Im Gegensatz zu den ersten beiden Ansätzen, die ein vergleichsweise homogenes Bild des Phänomens ‚Postmoderne‘ konstruieren, tragen Arbeiten, die zur dritten Gruppe zu zählen sind und von denen sich vor allem Brian McHales Studien als einflussreich erwiesen haben, in stärkeren Maße der „Heterogenität und Polyphonie“

(ebd.) postmoderner künstlerischer Erscheinungsformen Rechnung (vgl. Nünning/ Zerweck 2003: 215ff.). McHale geht davon aus, dass in Werken des Modernismus epistemologische Fragestellungen dominieren, während in der Postmoderne ontologische Probleme durch experimentelle Erzählverfahren in den Vordergrund gerückt werden (vgl. McHale 1992: 9f.). Inszeniert also ein Text ontologische Fragen nach dem ‚Sein' selbst – dem Wesen des Seienden, der Position des Subjekts darin etc. –, ist er laut McHale postmodern, wohingegen Werke, in deren Zentrum die epistemologische d.h. erkenntnistheoretische Hinterfragung von Wahrnehmung(smöglichkeiten) steht, der Moderne zuzurechnen sind.

Obgleich McHales These von der generell ontologischen Ausrichtung postmoderner Literatur insgesamt etwas pauschalisierend ist, kann postmodernes Erzählen damit als eine Verschränkung von experimentellen Erzählformen und ontologisch ausgerichteten Inhalten beschrieben werden: Postmoderne Erzähltexte zeichnen sich zunächst durch besonders experimentelle, konventionsdurchbrechende Merkmale aus. Die typischen Darstellungsformen englischer postmoderner Erzählprosa lassen sich durch vier Kriterien genauer erfassen, welche wirkungsästhetische, narratologische und funktionstheoretische Überlegungen zu den Schreibweisen zeitgenössischer Romane bündeln. Diese vier Kriterien umfassen die Art der Illusionsbildung, die Gestaltung des Wirklichkeitsbezugs, die Formen narrativer Selbstreflexivität, zu denen vor allem Metanarration und Metafiktion gehören, sowie die Funktionalisierungen intertextueller und intermedialer Bezüge (vgl. Zerweck 2001: 45-102). Typisch für postmodernes Erzählen sind diesen Beschreibungskriterien gemäß eine starke Illusionsdurchbrechung (vgl. hierzu Kap. 3 in diesem Band), ein reduzierter Wirklichkeitsbezug, ausgeprägte metafiktionale und metanarrative Formen der Selbstreflexivität sowie intertextuelle und intermediale Bezüge, die eine experimentelle (und eben keine traditionsbestärkende) Wirkung aufweisen (vgl. Maack 1984; Hutcheon 1988; McHale 1992). Die mit diesen vier Kriterien erfassten Darstellungsmittel postmoderner Texte dienen nun, unserer an McHale angelehnten Definition postmodernen Erzählens zufolge, der Inszenierung ontologischer Fragen nach dem Sein (in) einer Welt, die sich philosophisch weiter denn je von den humanistischen Prinzipien der Aufklärung und der Zentrierung des Subjekts entfernt hat: „‚Was ist dies für eine Welt?' – ‚Was soll in dieser Welt gemacht werden?' – ‚Welches von meinen Ichs soll es tun?' – ‚Was ist eine Welt?' – ‚Welche Welten gibt es, wie sind sie beschaffen, und wie unterscheiden sie sich?' usw." (Zima 2001: 252)

In diesem ontologischen Sinn unterminieren postmoderne Texte an erster Stelle die Vorstellung von mimetischer Literatur, die eine existierende Welt literarisch reflektiert, und ersetzen diese durch die Infragestellung ihres eigenen Status als textuelle Artefakte. Die Hinterfragung der Textwelt, die den Aufbau einer realistischen fiktionalen Welt verweigert, unterminiert gleichzeitig traditionelle Vorstellungen von Realität und Subjekt. Diese Problematisierung wird meist mit den postmodernen Schlagworten ‚Pluralität' und ‚Kontingenz' charakterisiert: Auf Kosten von Eindeutigkeit dominiert Beliebigkeit. Postmoderne Texte inszenieren Pluralität und Kontingenz durch die Auflösung eindeutiger Identitäten, die (oft im Nichts endende) Sinnsuche von Individuen, den Verlust von sozialen Bindungen und allgemein anerkannten psychischen Normalvorstellungen sowie die Verweigerung metaphysischer Ordnungsmuster. Sinnstiftende *master narratives* werden laut Jean-Francois Lyotard von der postmodernen Literatur durch fragmentarische und vorläufige Erklärungsmuster ersetzt, die keinerlei Hierarchien unterliegen. Diese Topoi postmoderner Erzähltexte sind eng mit den oben skizzierten experimentellen Formen des postmodernen Erzählens verknüpft. Pluralität und Kontingenz, wie sie für die Postmoderne typisch sind, manifestieren sich dabei auf verschiedene Weise. Literarische Konventionen und Genres werden durchbrochen, die hierarchische Trennung von ‚Hochliteratur' und ‚Populärliteratur' aufgelöst, ‚ernste' und ‚populäre' Erzählweisen miteinander vermischt. Mimetische Wirklichkeitsbezüge treten zugunsten einer metafiktionalen Hinterfragung des Textes in den Hintergrund.

Postmoderne Erzähltexte inszenieren diese ontologischen Themen auf sehr unterschiedliche Art. Die 1950er Jahre brachten in England nur wenige experimentelle Werke hervor, die zudem meist von etablierten Autorinnen und Autoren der Vorkriegszeit verfasst wurden und eher der epistemologisch ausgerichteten Moderne zuzurechnen sind. Erst in den 1960er und 1970er Jahren entwickelte sich eine nennenswerte postmoderne englische Erzählliteratur, wenn auch zunächst in gemäßigter Form. Anthony Burgess, John Fowles und Doris Lessing sind die bekanntesten Romanciers der 1960er Jahre, die zwar an vielen realistischen Konventionen festhielten, doch dem postmodernen Erzählen in England den Weg bereiteten (vgl. hierzu Kap. 3 in diesem Band). In den 1970er Jahren weitete sich das postmoderne Erzählen in England aus, blieb aber dennoch ein Randphänomen. Autorinnen und Autoren wie John Berger, Brigid Brophy, Alan Burns, Maureen Duffy, Eva Figes, Robert Nye, Angela Carter und (der junge) Martin Amis erkundeten in ihren Werken der 1970er Jahre neue experimentelle Darstellungsformen und erkundeten verschiedene Deutungen der Wirklichkeit und Möglichkeiten der Repräsentation. Noch experimentelleres postmodernes Erzählen findet sich in dieser Zeit in den Romanen von Andrew Sinclair, B.S. Johnson, Gabriel Josipovici und Christine Brooke-Rose, deren Werke nahezu alle genannten formalen Merkmale postmodernen Erzählens umfassen. Dadurch werden sowohl der Status der Erzählwerke selbst als auch die Wirklichkeit, auf die es sich bezieht, vielfältig hinterfragt. In den 1980er Jahren schließlich gewann das postmoderne Erzählen in England nochmals an Stellenwert, so dass man dem englischen Roman für diese Zeit mit Recht den „Anschluss an die Postmoderne" (Nünning 1998: 139) attestieren kann (vgl. Bradbury 1994). Auch wenn die Publikation realistischer Romane nach wie vor den Büchermarkt dominierte, traten nun eine Vielzahl postmoderner Erzähler in den Vordergrund, deren Bekanntheitsgrad denjenigen der postmodernen Autorinnen und Autoren der 1970er Jahre deutlich übertraf. Kennzeichnend für die Werke dieser Romanciers sind weiterhin die metafiktionale Selbstreflexion, die Durchbrechung von

Illusionsbildung, die Unterminierung von Wirklichkeitsbezügen (etwa durch verschränkte Handlungswelten, die Auflösung klar konturierter Figuren oder durchbrochene Zeitebenen) sowie experimentelle intertextuelle Verweise. Parallel zur Ausbreitung der ‚klassischen' postmodernen Erzählverfahren wie Metafiktion und Illusionsdurchbrechung vollzog sich im postmodernen Erzählen Englands in den 1980er und vor allen den 1990er Jahren eine Überschreitung etablierter Gattungs- und Mediengrenzen. Viele postmoderne Werke aus dieser Zeit zeichnen sich durch Formen der Hybridisierung aus, wodurch neue Synthesen und Genres entstanden, etwa die fiktionale Biographie (vgl. Kap. 6 und 11 in diesem Band).

In thematischer Hinsicht lässt sich allerdings beobachten, dass die postmodernen Autorinnen und Autoren der 1980er Jahre, was die Konzentration auf Sprache, Anti-Mimesis und Kontingenz betrifft, selten so weit gehen wie etwa Brooke-Rose oder Josipovici. Stattdessen verknüpfen sie Repräsentationskritik und die Reflexion ontologischer Destabilisierung mit ausgeprägten gesellschaftlichen Bezügen. Als besonders prominente Beispiele für dieses Phänomen lassen sich nennen: die Zeitkritik bei Martin Amis, die feministische Gesellschaftskritik bei Penelope Lively, Eva Figes und Jeanette Winterson (vgl. Kap. 9 in diesem Band) sowie die Problematisierung kultureller Erinnerung und die Rückwendung zu geschichtlichen Themen in den Werken von Peter Ackroyd (vgl. Kap. 6), Barry Unsworth, Graham Swift, Julian Barnes und Salman Rushdie (vgl. Kap. 5). Diese auf den ersten Blick scheinbar paradoxe Verbindung von postmodernen Charakteristika wie Kontingenz und Auflösung fester Welt- und Figurenbezüge mit dezidiert gesellschaftlich ausgerichteten Themen sollte sich dann in den 1990er Jahren als zunehmend charakteristisch für das postmoderne Erzählen im England des ausgehenden 20. Jahrhunderts erweisen.

Viele der genannten formalen und thematischen Entwicklungen finden sich im Werk des vielleicht bedeutendsten postmodernen englischen Romanciers Martin Amis wieder, der die meisten zeitgenössischen Autorinnen und Autoren nicht nur an Verkaufszahlen, sondern auch an Bekanntheit und Einfluss übertrifft. Martin Amis' postmodernes Erzählen lässt sich charakterisieren als „agglomeration of forms (literary techniques and influences) and a challenge to these forms" (Dern 2000: 1). Nur durch die Durchbrechung konventioneller Erzählverfahren lassen sich letztlich, so Amis selbst in einem Zeitungsartikel, die „alienations of postmodernism" (1984: 115) literarisch verarbeiten. Zum Zeitpunkt dieser Aussage arbeitete Amis gerade an *London Fields* (1989), in dem die zitierten ‚Entfremdungen der Postmoderne' formal auf solch experimentelle Weise inszeniert werden, dass dieses Werk als Prototyp des englischen postmodernen Romans gelten kann.

2. Martin Amis' *London Fields* (1989): Protoypisches postmodernes Erzählen in England

Der Plot von *London Fields* ist komplex und lässt die postmodernen Darstellungsverfahren und Themen bereits erahnen. Die dystopische Handlung spielt in den letzten Monaten des Jahres 1999, d.h. zehn Jahre nach dem Erscheinen des Romans, und kurz vor dem neuen Millennium. Die fiktionale Welt – vor allem London – befindet sich in ‚der Krise': Die Politik wird von der indo-chinesischen Konfrontation überschattet; ein Asteroid steuert auf London zu; das Wetter macht langsam alle Lebensbedingungen zunichte, insbesondere in Europa. Vor diesem Hintergrund reist der todkranke Erzähler des Romans, der erfolglose New Yorker Schriftsteller Samson Young, in die britische Hauptstadt. Er kommt in der Wohnung seines Schriftstellerkollegen Mark Asprey unter, der im Tausch Youngs Wohnung in New York bezieht. Im Westlondoner Pub ‚The Black Cross', dem Ausgangspunkt der Handlung, trifft Sam auf die weiteren zentralen Figuren des Romans: den Kleinkriminellen Keith Talent, den aristokratischen Guy Clinch und die depressive Femme fatale Nicola Six. Sams Idee für die Erzählung von *London Fields* entwickelt sich, als er zufällig (oder von Nicola geplant?) deren Tagebücher findet, in denen sie die Planung ihrer eigenen Ermordung beschreibt. Sam ergreift die Chance, endlich ein ‚gutes' Werk zu erschaffen, und beginnt Nicolas Tagebucheinträge zu ‚fiktionalisieren'. Dabei wird er zum Komplizen und Berichterstatter und zeichnet quasi live auf, wie Nicola, auf der Suche nach einem Mörder für sich selbst, Keith und Guy gegeneinander ausspielt und sie zu den Instrumenten ihres selbstmörderischen Willens zu machen versucht. Es ist bezeichnend für die unterminierte Stellung des Erzählers innerhalb des Romans, dass am Ende des literarischen Verwirrspiels weder Keith noch Guy, sondern der Erzähler Sam entgegen seiner eigenen schöpferischen Planung selbst zum Mörder wird. Während Nicola so Keith und Guy in ein Geflecht von sexuellen und psychischen Intrigen lockt und dabei in Komplizenschaft mit Young steht, versucht letzterer vergebens, die Kontrolle über seine eigene, sich langsam verselbstständigende Erzählung zu behalten. Am Schluss seiner eigenen *mystery novel* wird er zum Mörder Nicolas und damit zum eigentlichen Opfer ihrer Intrige. Bereits dieser knappe Überblick über Handlung und Erzählsituation des Romans offenbart viele der Charakteristika postmodernen Erzählens, etwa das Spiel mit Genres und deren Konventionen oder die Problematisierung des Erzählers.

Formal ist der Roman in zwei Arten von Kapitel unterteilt: Erstens enthält er solche, die hauptsächlich generalisierende, metanarrative und metafiktionale Reflexionen des homodiegetischen Erzählers Samson Young enthalten (‚Erzählerkapitel'), und zweitens solche, die intradiegetisch fokalisiert sind und in denen die Erzählerstimme wie in der personalen Erzählsituation weitestgehend hinter die der Figuren zurücktritt (‚Figurenkapitel'). In den Figurenkapiteln wird das Geschehen aus einer Vielzahl unterschiedlicher Figurenperspektiven vermittelt, wodurch verschiedene Versionen von Ereignissen multiperspektivisch miteinander kontrastiert werden. Dies wird vor allem durch eine Vielzahl verschiedener konventioneller Techniken der Bewusstseinsdarstellung erreicht, von *psychonarration* über erlebte Rede bis hin zu inneren Monologen. Sam selbst betont, dass er sich bemüht, in die Gedanken- und Gefühlswelten aller zentralen Figuren einzudringen, wenn er über sie sagt: „I must get inside their heads." (43) Aufgrund der Aufteilung in Erzähler- und Figurenkapitel sowie der dominant internen Fokalisierung in letzteren überschattet ein krasser literarischer Konventionsbruch den gesamten erzählerischen Diskurs: Sams Erzählung verletzt die illusionsbildende Konvention realistischen Erzählens, dass homodiegetische Erzähler wie reale Personen keinen Einblick in die Gedankenwelt anderer Figuren besitzen. Darüber hinaus ergänzen oftmals widersprüchliche Figurenperspektiven die Erzählerperspektive. Dadurch unterläuft *London Fields* erneut den Illusionsaufbau einer Ich-Erzählsituation, in der gewöhnlich nur die Erzählerperspektive im Vordergrund steht. Die multiperspektivische und oftmals widersprüchliche Brechung der fiktionalen Welt durch Figuren der Handlungs- und der Erzählebene untergräbt neben der Illusion einer kohärenten Handlung auch die ontologische Stabilität der fiktiven Welt.

Über Illusionsdurchbrechung und ontologische Destabilisierung hinaus bewirkt die Erzählstruktur des Romans eine weitere typisch postmoderne Verschiebung. So gibt *London Fields* die realistische Handlungsillusion zugunsten einer selbstreflexiven Problematisierung der Fiktion (Metafiktion) und des Erzählprozesses (Metanarration) weitgehend auf: „Amis is constantly playing metafictional games [...] with his readers." (Finney 1995: 13) Das Ergebnis ist eine subtile Verschränkung von metanarrativen und metafiktionalen Text- und Strukturelementen, die nicht nur die Wahrheit und Glaubwürdigkeit der Erzählung an sich hinterfragen, sondern den ontologischen Status von Fiktion und Realität sowie „the distinction between life and literature" (ebd.: 12) problematisieren. Bereits der Beginn mit seiner Thematisierung von ‚Wahrheit', ‚Realität' und ‚Fiktion' lässt wenig Zweifel an der selbstreflexiven Natur des Romans:

> This is a true story but I can't believe it's really happening. It's a murder story, too. I can't believe my luck. And a love story (I think), of all strange things, so late in the century, so late in the goddamned day. This is the story of a murder. It hasn't happened yet. But it will. (It had better.) [...] Novelists don't usually have it so good, do they, when something real happens (something unified, dramatic and pretty saleable), and they just write it down? (1)

Sämtliche Erzählerkapitel stellen einen solchen (zutiefst widersprüchlichen) Diskurs über die Entstehung des Romans selbst dar. Wahrheit und Fiktion überlagern sich dabei permanent. Die metanarrativen Reflexionen, die neben den Erzählerkapiteln (Sam) auch die Figurenkapitel (Sam und Nicola) prägen, untermauern ihren Wahrheitsanspruch zwar auf fast schon penetrante Weise, bewirken damit aber genau das Gegenteil: ‚Wahrheit' und ‚Mimesis' werden beständig hinterfragt. Sehr glaubwürdig erscheint die Story nicht, und je mehr der Leser erfährt, desto unglaubwürdigere Formen nimmt sie an, bis Sam im Schlusskapitel endlich erkennt: „I'm here. I'm in it. And how *strange* it is in here." (464) So dekonstruiert Sam seine eigene Fiktion letztlich mit einem erzählerischen Paradox prototypisch postmoderner Natur: Ein homodiegetischer Erzähler, der mit allen Privilegien einer heterodiegetischen Erzählinstanz ausgestattet ist, bricht in die Figurenebene ein, obgleich er stets ein integraler und aktiver Teil derselben war. Der Erzähler wird auf diese Weise zum Spielball seiner eigenen Fiktion. Die Welt des Romans ist so fragmentiert, dass das Subjekt letztlich keine stabile Bezugsebene mehr findet.

Wenn nun der Erzähler die Erzählung nicht mehr kontrolliert, wer dann? Es stellt sich die Schlüsselfrage nach der eigentlich kontrollierenden Instanz von *London Fields*, nach der Autorschaft: „Who then is making whom up? Who is in control of the narrative?" (Finney 1995: 12) Sams Autorschaft konkurriert mit Nicolas, die den Ablauf der Geschehnisse kontrolliert. In den Figurenkapiteln wiederum widersprechen sich die unterschiedlichen Darstellungen der Ereignisse dermaßen, dass alle Hauptfiguren als ‚Autoren' ihrer eigenen Geschichte gelten können. Mit seinen konkurrierenden Versionen im Geflecht der vielfältigen kulturellen Codes und Diskurse, die der Roman aufgreift, steuert dieser letztlich scheinbar von selbst auf das von allen Figuren unvorhergesehene Ende zu und inszeniert damit Roland Barthes postmoderne These vom ‚Tod des Autors' in Form eines „contest for authorship": „None, however is the real originator of the plots, which issue from the intertextual web formed by the various codes operative in the culture at large." (Holmes 1996, zit. nach Tredell 2000: 110). In einer weiteren postmodernen Wendung parodiert *London Fields* zugleich den ‚Tod des Autors', indem er ihn doppelt in Szene setzt: durch den Tod Nicolas und den Selbstmord Sams.

Die postmoderne Relativierung von Autorschaft und narrativer Kontrolle findet in *London Fields* auch auf einer weiteren metafiktionalen Ebene statt. Sam selbst erkennt nur langsam, dass er lediglich eine Figur in einer größeren Geschichte ist: „Sometimes (I don't know) I take a knight's jump out of my head and I think I'm in a book written by somebody else." (409) Der Leser dagegen findet bereits im Vorwort, das mit ‚M.A.' unterschrieben ist, Hinweise auf den realen Autor Martin Amis und dessen Urheberschaft des gesamten Romans. Auf die Figuren- und Handlungsebene selbst dringt der Autor schließlich in Gestalt seines Doppelgängers Mark Asprey ein, der zwar an der Handlung nicht Teil hat, aber in absentia eine bedeutsame metafiktionale Rolle spielt (vgl. Finney 1995: 9). Amis alias Asprey schickt mit ‚M.A.' unterschriebene Nachrichten an Sam (240) und taucht in den Tagebüchern von Nicola Six als ehemaliger Liebhaber auf (159f.). Erst in seinem Abschiedsbrief an Asprey allerdings erkennt Sam, wer die Kontrolle über seine Erzählung innehatte, woher das Gefühl kam „[a]s if someone made me up for money" (470): „PPS: You didn't set me up. Did you?" (468) Genau das hat Amis natürlich getan, und in Gestalt von Asprey kontrolliert er nicht nur die Story, sondern stiehlt sie auch von Sam. Autorschaft im Sinne einer originellen übergeordneten Kontrollinstanz wird dadurch erneut negiert (vgl. Stokes 1997: 306).

Die metafiktionale Parodie von narrativer Kontrolle und Autorschaft zeigt, dass Fiktion immer ein Artefakt bleibt. Mimesis, eine Abbildung von Wirklichkeit, kann und will postmodernes Erzählen nicht mehr leisten. Genau diese Art der Repräsentationskritik ist grundsätzlich eine der zentralen Leistungen des postmodernen Romans. In *London Fields* nimmt der Erzähler selbst wahr, dass der Autor in die Geschichte eindringt. Auf diese Weise wird die gesamte Romanwelt als Konstrukt des Autors entlarvt, der allerdings selbst nur im Geflecht intertextueller Codes – nicht als gottgleiche Schöpferfigur – agiert. Eine stabile Ontologie, soviel dürfte klar geworden sein, weist eine solche mehrfach gebrochene fiktionale Welt nicht mehr auf. Sie spiegelt dadurch parodistisch auch die ontologische Instabilität unserer Realität, die ebenfalls keinerlei kontrollierenden Metainstanz unterliegt.

Neben der stark verminderten Illusionsbildung sowie der selbstreflexiven Dekonstruktion von Autorschaft, Mimesis und stabilen ontologischen Bezugssystemen finden sich in *London Fields* auch die zwei weiteren Merkmale postmodernen Erzählens: ein durchbrochener Wirklichkeitsbezug sowie experimentelle intertextuelle und intermediale Bezüge. Die fiktionale Wirklichkeit, die in *London Fields* inszeniert wird, ist außerordentlich ambivalent gestaltet. So enthält der Roman eine hohe Anzahl an Realitätsreferenzen, vor allem hinsichtlich allgemeiner Zustände. Sowohl durch die Handlungen und die genauen Beschreibungen des jeweiligen gesellschaftlichen Umfelds der Hauptfiguren als auch durch die ungewöhnlich präzise Verwendung klassenspezifischer Soziolekte werden verschiedene Schichten der Londoner Gesellschaft und ihre Lebensumstände auf satirische Weise dargestellt. Sprachlich virtuos werden divergierende kulturelle Codes, deren intertextuelles Zusammenspiel aus postmoderner Sicht die Autorschaft einer einzelnen Instanz ablöst, fiktional inszeniert. Dadurch wird erneut die Konstrukthaftigkeit unserer ‚Realität' bloßgelegt: „[London Fields] reflect[s] […] the culturally constructed nature of what we conventionally think of as psychological and social reality." (Wenn sich die Geschichte des Romans damit aus den verschiedenen kulturellen Diskursen und sozialen Codes ‚selbst schreibt', so verweisen die Realitätsbezüge doch zugleich auf eine Vielzahl gesellschaftlicher Missstände und Probleme. Der Roman *London Fields* ist auch in dieser Hinsicht typisch für die britische Variante des postmodernen Romans, der nur selten ausschließlich als postmodernes Spiel mit Metafiktion und Mimesis daherkommt, sondern fast immer zusätzlich eine kritische gesellschaftliche Ausrichtung beinhaltet. Diese gesellschaftskritischen Themen, die auch Teil der Reflexion postmoderner Lebensumstände in *London Fields* sind, reichen von der enthumanisierenden Megalopolis London über Gewalt, Rassismus, die Probleme der Unterschicht und die Arroganz der High Society bis zur nuklearen Bedrohung.

Gesellschaftliche Realität wird bei Amis jedoch natürlich nicht wie im realistischen Roman mimetisch inszeniert, sondern vielfach gebrochen. Zunächst spielt die Handlung in einem futuristisch-surrealistischen, nuklear verseuchten London der Zukunft. In dieser fiktionalen Welt werden zeitgenössische gesellschaftliche Diskurse übersteigert in Szene gesetzt, z.B. in der Auflösung sozialer Strukturen, in der Radikalisierung gesellschaftlicher und individueller Fragmentierung sowie in der Zerstörung lebenswichtiger Umweltfaktoren. Innerhalb solcher kultureller Diskurssysteme repräsentieren die Hautfiguren des Romans verschiedene stilisierte Versionen postmoderner Individuen, die alle auf verschiedene Weise entwurzelt sind und keine ‚vollständigen Subjekte' im Sinne aufklärerischen Gedankenguts abgeben: Samson Young, Vorbote der Apokalypse und Foucaultsche Autorenleiche; Nicola Six, Fleischwerdung übersteigerter Sexualität und Todessehnsucht; Guy Clinch, Inkarnation von ‚Gutmenschentum', Selbstmitleid und sexueller Abhängigkeit; und schließlich Keith Talent, denkwürdige Verkörperung des postmodernen entfremdeten Individuums und Absage an die humanistische Vorstellung des selbstverantwortlichen, moralischen, autonomen Subjekts.

Der Cockneyprolet Keith Talent, der ganz in seinem Milieu aus Kleinkriminalität und Dart-Wettbewerben aufgeht, ist wie der Ich-Erzähler John Self in Martin Amis' *Money* reduziert auf Gewalt, Sex, Alkoholexzesse und Frauenfeindlichkeit. Keith zeichnet sich nicht nur durch seine schablonenhafte Unmoral aus, sondern auch durch die Tatsache, dass er durchaus einem strengen Verhaltenskodex unterliegt, allerdings einem pervertierten, den er aus den zeitgenössischen Massenmedien gewinnt:

> [T]he horrifying thing about Keith is not his excesses, but the fact that his is an existence not without its standards, its checks and admonitions – a sort of warped and repellent sub-moral life pieced together out of television, tabloid newspapers and the spurious concept of ‚respect'. (Taylor 1993: 192)

Das Bezugsystem dieser Figur ist also auf intermediale Weise durch die postmodernen Mittel der Massenkommunikation definiert. Da Keiths Standards weitestgehend seiner durch das Medium Fernsehen gefilterten Vorstellung von Realität entstammen, sind auch seine Denkmuster vor allem von den Darstellungsformen und linguistischen Konventionen des Fernsehens geprägt:

> He watched a great deal of TV, always had done, years and years of it, aeons of TV. Boy, did Keith burn that tube. And that tube burnt him, nuked him, its cathodes crackling like cancer. „TV," he thought, or „Modern reality" or „The world". It was the world of TV that told him what the world was. How does all the TV time work on a modern person, a person like Keith? [...] He couldn't grate or filter it. So he thought TV was real ... (55)

Welt, Realität und Fernsehen sind für Keith Synonyme; eine Unterscheidung zwischen Realität und deren Abbildung ist ihm nicht mehr möglich. Dadurch wird er zum prototypischen Produkt einer medial veränderten Welt, die der Philosoph Jean Baudrillard mit seiner Theorie der Simulation zu erklären versucht (vgl. Finney 1995: 11). Demnach ist es im Zeitalter der Simulation nicht mehr möglich, eine Realität außerhalb der diese repräsentierenden Bilder zu erkennen. Die Simulation ersetzt die Wirklichkeit, Repräsentation wird vom Simulacrum abgelöst, das sich immer wieder auf sich selbst bezieht. Die menschliche Realität fügt sich zu einer künstlichen, in sich geschlossenen Sphäre, die sich ohne Bezug zu einer autonomen Wirklichkeit in einem unendlichen Kreislauf immer wieder selbst ‚simuliert'. Wie in Baudrillards Kulturkritik generiert sich Keiths Realität vornehmlich durch die Simulation der Medien. Der intermediale Bezug auf die Strukturen und Formen des Fernsehens in *London Fields* lässt die ‚postmoderne Person' Keith in radikaler Weise als ein Resultat der postmodernen Mediensimulation erscheinen. Seine Reaktionen entsprechen den Verhaltensweisen, die er in der ‚Realität' des Fernsehens wahrnimmt. Auch seine verbalen Äußerungen entstammen dieser simulierten Realität: „[T]he words are not Keith's. They come [...] from the tabloids and the soaps; they are what Keith, whose life is mediated in this way, considers to be an appropriate response." (Taylor 1993: 192). In dieser Hinsicht ist Keith der Höhepunkt in der Reihe der ‚postmodernen Menschen', die Amis in seinen Romanen geschaffen hat (vgl. Edmondson 2001). Er repräsentiert eine postmoderne Kultur, in der die Simulation des Fernsehens echte Erfahrungen ersetzt und in der das Individuum sich zwischenmenschlichen Beziehungen zunehmend entfremdet. Auch die Handlungen der anderen Haupt- und Nebenfiguren sind vielfach bloße Simulacra, in den Worten von Martin Amis: „mediated by images from elsewhere that we now all have in our heads" (Amis in einer Fernsehsendung, zit. nach Finney 1995: 11). Selbst Sam sieht sich gefangen in einem Videokassetten-Simulacrum: „I too have need of the Fast Forward." (*London Fields*, 40) Allerdings sind die Simulationen, aus denen sich Sams Realität generiert, nicht auf das Fernsehen reduziert. Stattdessen dominieren die Konventionen des Romans vielfach seine Realität, die er ja im Simulacrum *London Fields*, das sich Martin Amis alias Mark Asprey später plagiatorisch einverleibt, erst erschafft. Entsprechend wird die postmoderne Simulation von Realität in Sams Universum vornehmlich durch intertextuelle Bezüge auf die Gattung Roman verdeutlicht.

Neben intermedialer Bezugnahme ist *London Fields* also auch durch Intertextualität gekennzeichnet. Intertextualität postmoderner Ausrichtung findet sich auf zwei unterschiedlichen Ebenen, einer ontologischen und einer deskriptiven. Im Rahmen poststrukturalistischer Intertextualitätskonzepte – etwa von Julia Kristeva, Roland Barthes und Jacques Derrida – stellt die Gattung selbst ein intertextuelles Netzwerk verschiedener kultureller Codes und Diskurse dar. Die Vorstellung eines autonomen, originellen Kunstwerks wird durch die postmoderne Idee ersetzt, dass Texte immer eine Transformation vorhergehender Texte sind, wodurch das Subjekt als Bedeutungsgeber – sowohl Autor als auch Leser – vom Konzept der (Inter)Textualität verdrängt wird.

Zusätzlich enthält *London Fields* direktere intertextuelle Verweise, die sich durch einen konkreteren deskriptiven Intertextualitätsbegriff erfassen lassen (vgl. hierzu insbesondere Gérard Genettes (2004 [1982]) Beschreibung verschiedener Formen von Intertextualität). Hierbei finden sich vielfach Bezüge zu einzelnen Werken, beispielsweise zu Norman Cohns Untersuchung zum Messianismus, *The Pursuit of the Millennium*, (63) oder Gabriel Garcia Marquez' Roman *Crónica de una muerte anunciada* (17). Darüber hinaus ist der Roman gekennzeichnet durch vielfache Referenzen auf Gattungen und Genres sowie deren Konventionen. In den erwähnten metanarrativen Kommentaren werden besonders die Gattung Roman und verschiedene Genres (Thriller, *mystery novel*, Romanze etc.) ausgiebig diskutiert und inszeniert. Dieses Verfahren stellt nicht nur den Roman in seiner Künstlichkeit bloß, sondern führt überdies zu einer parodistischen Hybridisierung der Gattung, wie sie für das postmoderne Erzählen in

England typisch ist (vgl. Kap. 11 und 13 in diesem Band). So erweist sich Sam erneut als postmoderner Autor, der von Prätexten und -gattungen getrieben und darin gefangen ist: „The form itself is my enemy." (*London Fields*, 240) Aus dem angestrebten Thriller wird so ein neues Genre: „Not a whodunit. More a whydoit." (3) Neben dem Konzept der Autorschaft dekonstruiert Sam auf diese charakteristisch postmoderne Weise auch Vorstellungen fester Gattungskonventionen.

Lässt man abschließend die Beobachtungen zu *London Fields* Revue passieren, so wird deutlich, dass der Roman aus gutem Grund als zentrales Werke der postmodernen Erzählliteratur Englands gilt. Neben dem intertextuellen Spiel mit Gattungen besticht der Roman durch viele weitere experimentelle Erzählformen: fiktionale und narrative Selbstreflexivität; das Doppelgängermotiv in Form des Schriftstellers Mark Asprey (M.A.), einem Spiegelbild des echten Autors Martin Amis; die Unterminierung realistischer Figurenkonzeptionen und Bewusstseinsdarstellung; und schließlich ambivalente Wirklichkeitsbezüge sowie intermediale Einbezüge verschiedener Diskurssysteme. Martin Amis verwendet in der Tat alle experimentellen Erzählverfahren, die oben als charakteristisch für die postmoderne Erzählliteratur Englands herausgearbeitet wurden.

Auch die Funktionen dieser literarischen Darstellungsverfahren sind prototypisch postmoderner Ausrichtung. Wie nur wenige englische postmoderne Erzähltexte der 1980er und 1990er Jahre verbindet *London Fields* die experimentellen Formen von Metafiktion, Illusionsdurchbrechung, Wirklichkeitsbezug und Intertextualität zu einem Gesamtwerk, das ontologische Fragen der Postmoderne thematisiert, parodiert und dekonstruiert. Eingebettet in das Geflecht der metanarrativen, metafiktionalen, epistemologischen und ontologischen Funktionalisierungen experimenteller Erzählverfahren offenbaren sich die zentralen postmodernen Themen des Romans: die Ablehnung von Metainstanzen und originaler Autorschaft, der Niedergang kollektiver Glaubensvorstellungen und Zugehörigkeitsgefühle in einer fragmentierten postmodernen Gesellschaft, die Entwurzelung des Subjekts aus stabilen sozialen Milieus sowie die daraus resultierende Entfremdung des Individuums in einer „exhausted culture" (459). So entwirft der Roman letztlich eine Gesamtschau der Postmoderne: „Amis's larger subject, a source of anxiety, outrage, and wonderment as well as laughter, is the postmodern condition itself." (Diedrick 1995: 9)

Gleichzeitig hat sich herausgestellt – und dies ist sowohl für *London Fields* als auch für die weitere Entwicklung des postmodernen Erzählens in England charakteristisch – dass die ‚klassische' postmoderne Kritik an Autor, autonomem Text, Realismus und Subjekt durch eine deutliche Kritik an den gesellschaftlichen Folgen der Postmoderne ergänzt wird. Während Amis in *London Fields* also einerseits „Enlightenment ideals" (Dern 2000: 5) unterminiert, inszeniert er andererseits die dehumanisierenden Folgen postmodernen Gedankenguts. Mit Hilfe experimenteller Verfahren veranschaulicht der Roman also auch ethische Probleme, etwa urbane Gewalt und die Auflösung stabiler sozialer Bindungen. So ergibt sich ein Spannungsverhältnis zwischen der Inszenierung ontologischer Destabilisierung und postmoderner Repräsentationskritik auf der einen Seite und expliziter, dezidiert repräsentativer Gesellschaftskritik auf der anderen Seite – ein Spannungsverhältnis, das, wie sich in der Rückschau festhalten lässt, für viele postmoderne Romane im Gefolge von *London Fields* wegweisend ist.

3. Nach *London Fields*: Der englische spät-postmoderne Roman der 1990er Jahre

In den 1990er Jahren vollzieht sich im experimentellen Erzählen in England eine Rückbesinnung auf traditionelle Anliegen, allerdings im postmodernen Gewand (vgl. Zerweck 2001: 279ff.). Die Literatur der späten englischen Postmoderne zeugt von der zentralen Einsicht sowohl in die diskursive Konstruiertheit von Realität als auch in die ‚realen' Konsequenzen solch einer in Diskursen geschaffenen Wirklichkeit für das einzelne Individuum. Beispiele für diese Verbindung von postmodernen Ansichten mit gesellschaftlichen Anliegen finden sich in einer Vielzahl (post-?)postmoderner englischer Romane der 1990er Jahre, die viele experimentelle Erzählformen nutzen und zugleich zentrale gesellschaftskritische und ethische Anliegen haben. Diese Werke umfassen neben den späteren Romanen von Martin Amis (*The Information*, 1995) und Julian Barnes (*England, England*, 1998) Erzähltexte von Autoren wie Fay Weldon (*Splitting*, 1995), J.G. Ballard (*Cocaine Nights*, 1996), Peter Ackroyd (*English Music*, 1992), Iain Banks (*Whit*, 1995), Kazuo Ishiguro (*The Unconsoled*, 1995), Barry Unsworth (*Losing Nelson*, 1999) und selbst Salman Rushdie (*The Ground Beneath Her Feet*, 1999). Hinzu kommen junge Autorinnen und Autoren, die mittlerweile einen festen Platz im englischen Literaturbetrieb einnehmen und postmoderne Erzählverfahren wie selbstverständlich zur Inszenierung sowohl ontologischer als auch ethischer Fragestellungen einsetzen. Führend sind hier die ‚Popstars' des englischen Literaturbetriebs, Will Self (*Great Apes*, 1997; *The Book of Dave*, 2006) und Irvine Welsh (*Trainspotting*, 1993; *Filth*, 1998). Selbst Autoren wie Stephen Fry (*Making History*, 1996), Tibor Fischer (*The Thought Gang*, 1994; *The Collector Collector*, 1997) und Lawrence Norfolk (*Lemprière's Dictionary*, 1991; *The Pope's Rhinoceros*, 1996), deren experimentelle Darstellungsverfahren noch am ehesten an das Spielerische der Hoch-Postmoderne erinnern, lassen das Subjekt und seine prekäre Situation nicht außen vor.

Ist der postmoderne Roman damit an sein Ende gekommen? In der Tat scheint mit dem Ende des Millenniums und der Renaissance ethischer Fragen (vgl. Nünning/Zerweck 2003: 224) auch die radikale Postmoderne auszuklingen. Die Gegensätze, die in den genannten spätpostmodernen Romanen zu Tage treten, verweisen auf die entscheidende, letztlich nicht zufriedenstellende Ambivalenz der Postmoderne. Einerseits ist diese durch radikale Freiheit und eine „drastische Pluralisierung der religiösen, ethischen, politischen und ästhetischen Wertsetzungen" (Zima 2001 [1997]: 11) gekennzeichnet. Andererseits führt gerade diese Pluralisierung – als „Kehrseite der pluralistischen Medaille" (ebd.: 12) – dazu, dass „Wertsetzungen von der großen Mehrheit [...] für partikular, willkürlich, unverbindlich und austauschbar gehalten werden" (ebd.:

11). Die grenzenlose Freiheit erzeugt somit aufgrund des ihr inhärenten Moments der Indifferenz gleichzeitig ein Gefühl der Orientierungslosigkeit. Dieser Gegensatz führt aufgrund der Gefährdung von Stabilität und Kontinuität zu einer Sinnkrise von Individuen und kollektiven Gruppen. Romane wie *London Fields* führen uns mit innovativen Erzählverfahren zwar einerseits postmoderne Wahrheiten vor Augen; zugleich verdeutlichen sie jedoch genau dadurch die existentielle Orientierungslosigkeit des scheinbar radikal befreiten Individuums. In der Konsequenz suchen die Autorinnen und Autoren am Ende der Postmoderne deshalb erneut nach Wegen für das durch Indifferenz bedrohte Subjekt aus dem postmodernen Irrgarten des *anything goes*.

Literatur

Werke

Ackroyd, Peter. 1992. *English Music*. London: Hamish Hamilton.
Amis, Martin. 1990 [1989]. *London Fields*. Harmondsworth: Penguin.
——. 1995. *The Information*. London: Flamingo.
Ballard, J.G. 1996. *Cocaine Nights*. London: Flamingo.
Banks, Iain. 1995. *Whit or Isis amongst the Unsaved*. London: Little, Brown.
Barnes, Julian. 1998. *England, England*. London: Jonathan Cape.
Fischer, Tibor. 1994. *The Thought Gang*, Edinburgh: Polygon.
——. 1997. *The Collector Collector*. London: Secker & Warburg
Fry, Stephen. 1996. *Making History*. London: Hutchinson.
Ishiguro, Kazuo. 1995. *The Unconsoled*. London: Faber.
Norfolk, Lawrence. 1991. *Lemprière's Dictionary*. London: Sinclair-Stevenson.
——. 1996. *The Pope's Rhinoceros*. London: Sinclair-Stevenson.
Rushdie, Salman. 1999. *The Ground beneath Her Feet*. London: Jonathan Cape.
Self, Will. 1997. *Great Apes*. London: Bloomsbury.
——. 2006. *The Book of Dave*. London: Viking.
Unsworth, Barry. 1999. *Losing Nelson*. London: Hamish Hamilton.
Weldon, Fay. 1995. *Splitting*. London: Flamingo.
Welsh, Irvine. 1993. *Trainspotting*. London: Secker & Warburg.
——. 1998. *Filth*. London: Jonathan Cape.

Ausgewählte Fachliteratur

Bertens, Hans. 1995. *The Idea of the Postmodern: A History*. London: Routledge.

Verständliche Einführung in die Grundlagen und Themen der verschiedenen Erscheinungsformen und Theorien der Postmoderne.

Diedrick, James. 2004 [1995]. *Understanding Martin Amis*. Columbia: South Carolina University Press.

Das Standardwerk zu Martin Amis, gegliedert nach Werken.

Finney, Brian. 1995. „Narrative and Narrated Homicides in Martin Amis's *Other People* and *London Fields*." In: *Critique* 37.1: 3-15.

Essay zu den Hauptthemen und -darstellungsformen von *Other People* und *London Fields* und v.a. zur narrativen Inszenierung von Mord.

Maack, Annegret. 1984. *Der experimentelle englische Roman der Gegenwart*. Darmstadt: Wissenschaftliche Buchgesellschaft.

Knappe Überblicksdarstellung zu verschiedenen experimentellen Autoren der 1960er und 1970er Jahre.

McHale, Brian. 1987. *Postmodernist Fiction*. New York, London: Methuen.

Untersuchung postmoderner Erzähltexte anhand verschiedener ontologischer Fragestellungen.

—. 1992. *Constructing Postmodernism*. New York, London: Routledge.

Weitere Ausarbeitung des Paradigmas von McHale 1987, das postmoderne Literatur als ontologisch ausgerichtete experimentelle Texte definiert.

Nünning, Ansgar & Bruno Zerweck. 2003. „Indifferente Postmoderne? Konstruktivistische Thesen zu Verbindungen aus Modernismus und Postmoderne, Gesellschaftskritik und Experiment in englischen Romanen der Gegenwart." In: Jan Alber & Monika Fludernik (Hgg.). *Moderne/Postmoderne*. Trier: Wissenschaftlicher Verlag Trier. 215-39.

Entwurf eines Modells postmoderner britischer Erzählliteratur zwischen den Polen radikalen Experiments und traditioneller Fragestellungen.

Tredell, Nicolas (Hg.). 2000. *The Fiction of Martin Amis*. Cambridge: Icon.

Hilfreiche Sammlung und Kommentierung ausgewählter, gekürzter Artikel zu den Werken von Martin Amis.

Waugh, Patricia. 2001. „Postmodernism." In: Christa Knellwolf & Christopher Norris (Hgg.). *The Cambridge History of Literature. Vol. IX: Twentieth-Century Historical, Philosophical and Psychological Perspectives*. Cambridge: Cambridge University Press. 289-309.

Prägnante Darstellung der Formen, Themen und philosophischen Hintergründe postmoderner Literatur.

Zima, Peter V. 2001 [1997]. *Moderne/Postmoderne*. Gesellschaft, Philosophie, Literatur. Tübingen, Basel: A. Francke.

Verständliche, wegweisende Darstellung von Moderne und Postmoderne auf soziologischer, philosophischer und literarischer Ebene.

Weitere zitierte Literatur

Amis, Martin. 1984. „Before Taste Was Outlawed: Review of *Diversity and Depth in Fiction* by Angus Wilson." In: *Atlantic* May 1984, 112-15.

Bradbury, Malcolm. 1994 [1993]. *The Modern British Novel: With a New Afterward from the Nineties*. Harmondsworth: Penguin.

Dern, John A. 2000. *Martians, Monsters and Madonna: Fiction and Form in the World of Martin Amis*. New York: Lang.

Edmondson, Elie A. 2001. „Martin Amis Writes Postmodern Man." In: *Critique* 42.2, 145-54.

Genette, Gérard. 2004 [1982]. *Palimpseste: Die Literatur auf zweiter Stufe*. Frankfurt a.M.: Suhrkamp.

Holmes, Frederick. 1996. „The Death of the Author as Cultural Critique in London Fields." In: Ricardo Miguel Alfonso (Hg.). *Powerless Fictions? Ethics, Cultural Critique, and American Fiction in the Age of Postmodernism*. Amsterdam: Rodopi. 53-62.

Hutcheon, Linda. 1988. *A Poetics of Postmodernism: History, Theory, Fiction*. New York/London: Routledge.

Nünning, Ansgar. 1998. *Der englische Roman des 20. Jahrhunderts*. Stuttgart: Klett.

Stokes, Peter. 1997. „Martin Amis and the Postmodern Suicide: Tracing the Postnuclear Narrative at the Fin de Millennium." In: *Critique* 38.4, 300-11.

Taylor, D.J. 1993. *After the War: The Novel and English Society since 1945*. London: Chatto & Windus.

Zerweck, Bruno. 2001. *Die Synthese aus Realismus und Experiment: Der englische Roman der 1980er und 1990er Jahre aus erzähltheoretischer und kulturwissenschaftlicher Sicht*. Trier: Wissenschaftlicher Verlag Trier.

5.

Historiographische Metafiktion: Salman Rushdie

Bernd Hirsch

1. Bedeutungsverlust und Renaissance des historischen Romans

Zweieinhalb Dekaden vor Francis Fukuyamas allzu eilfertigem Befund eines posthistorischen Zeitalters hatte Michel Foucault bereits 1967 der Überzeugung Ausdruck verliehen, dass Geschichte zwar „[d]ie große Obsession des 19. Jahrhunderts“ (1990: 34) gewesen sei, im Zuge der Ablösung des Zeit- durch das Raum-Paradigma aber diskursiv ausgedient habe. Tatsächlich schien diese Diagnose aus anglistisch-literaturwissenschaftlicher Perspektive nicht zuletzt darin ihre Bestätigung zu finden, dass die Gattung des historischen Romans in Großbritannien sukzessive an Bedeutung verloren hatte und spätestens in den 1960er Jahren als „hardly more of a living form than the epic poem“ (Aldridge 1984: 677) galt. Allen Abgesängen zum Trotz erwies sich das vermeintliche Auslaufmodell jedoch nicht nur als bemerkenswert langlebig, sondern avancierte gar zu einer der populärsten Erzählsparten englischer Gegenwartsliteratur. Davon zeugt neben der Auflagenhöhe zahlreicher Texte, „in denen narrative Sinnbildung über Zeiterfahrung im Zentrum steht“ (Nünning 1995a: 122), auch die Vielzahl filmischer Adaptionen sowie die überproportional häufige Nominierung für den begehrten Booker Prize. Dass letzterer in der Hälfte der Fälle an einen historischen Roman verliehen wurde und die Wahl der Booker-of-Booker-Juroren, denen im 25. Jahr der Preisvergabe die Kürung des bedeutsamsten aller bis dato prämierten Werke oblag, 1993 auf Salman Rushdies *Midnight's Children* aus dem Jahr 1981 fiel, darf als Indiz für die ausgesprochene Vitalität eines bereits totgesagten Genres gelten.

Grundlegend für die kaum zu erwartende Renaissance war ein beträchtliches Maß an formaler Anpassungsfähigkeit, das im Verbund mit inhaltlichen Akzentverlagerungen zur typologischen Ausdifferenzierung vermittels neu entstandener oder wiederentdeckter Varietäten führte (vgl. Nünning 1995b: 256-91). Im Unterschied zu den lange vorherrschenden dokumentarisch-realistischen Spielarten des historischen Romans geht dessen revisionistische, metahistorische und vor allem mefiktional-historiographische Ausprägung (vgl. Hutcheon 1988: 87ff.) einher mit der im Kontext der Postmoderne überfälligen Dissoziierung von einem positivistischen Geschichtsverständnis und den damit verbundenen mimetischen Darstellungsmustern in der Nachfolge Walter Scotts. Zwar lassen sich derlei Konventionsverstöße etwa auch schon bei Virginia Woolf oder im Frühwerk William Goldings und John Fowles' (vgl. Kap. 3 in diesem Band) ausmachen, doch kann von einer Trendwende im Sinne einer systematischen Gattungserneuerung legitimerweise erst ab den 1970er Jahren die Rede sein.

2. Innovative Tendenzen: Verzeitlichung des Raumes und Darstellungen weiblicher Alltagsgeschichte

Eine der seither zu verzeichnenden Neuerungen betrifft die durch jüngere geschichtswissenschaftliche Ansätze inspirierte Auslotung erzählerisch vormals kaum thematisierter Aspekte von Historizität. Diese im weiteren Sinne als revisionistisch zu bezeichnende Tendenz ist dadurch gekennzeichnet, dass die überkommene Fixierung auf gesellschaftliche Eliten ebenso durchbrochen wird wie die ereignisgeschichtliche Ausrichtung. Narrativ manifestiert sich dieser Trend u.a. in der Verzeitlichung des Raumes, der bisweilen von der bloßen Kulisse zum eigentlichen Erzählgegenstand aufgewertet wird. Exemplarisch für diese lokal- und insbesondere stadthistorische Orientierung lässt sich Maureen Duffys *Capital: A Fiction* (1975) anführen, das die Geschichte der britischen Metropole bis in die frühen 1970er Jahre nachzeichnet. Weitere Beispiele liefern im Ansatz Peter Ackroyds London-Romane (vgl. Kap. 6 in diesem Band) und ganz entschieden, wiewohl literarisch weniger ambitioniert, die Bestseller Edward Rutherfurds.

Mit der Indienstnahme von Städten und Landschaften als Zeichenträgern von Geschichte geht die Darstellung sozial- und kulturgeschichtlicher Phänomene einher, die im innovativen historischen Roman deutlich prononcierter erfolgt als im traditionellen Gattungstypus und sich häufig der „Perspektive historischer Verlierer" (Nünning 1995b: 5) bedient. Mit feministischen Gegenentwürfen fiktionaler Geschichtsschreibung warten u.a. Zoë Fairbairns, Pat Barker und Eva Figes auf. Das von Fairbairns selbst im Vorwort als „family saga with a feminist background" (7) charakterisierte *Stand We at Last* (1983) etwa schildert über fünf Generationen hinweg und aus der Sicht von insgesamt zwölf Protagonistinnen das schichtenübergreifende Aufbegehren gegen etablierte Weiblichkeitskonzepte. Während die politisch bedeutsamen Ereignisse der von 1855 bis in die frühen 1970er Jahre reichenden erzählten Zeit im Roman randständig bleiben, rücken Alltagserfahrungen von Frauen im sozial- und mentalitätsgeschichtlichen Wandel in den Mittelpunkt der Darstellung. Durch diese Fokusverschiebung gebührt Fairbairns narrativ wenig experimentierfreudigem Werk das Verdienst, dem historischen Roman britischer Provenienz stofflich neue Impulse geliefert zu haben.

Zeitlich wie räumlich deutlich komprimierter als *Stand We at Last* nimmt sich Pat Barkers fiktive Biographie *The Century's Daughter* (1986) aus, die seit 1996 als *Liza's England* firmiert. Indes bleibt dem Leser auch ohne die Titeländerung schwerlich verborgen, dass Liza Jarrets retrospektiv erzählte Lebensgeschichte untrennbar mit der Historie ihres Heimatlandes verbunden ist. Deutet darauf bereits der 1. Januar 1900 als symbolträchtiges Geburtsdatum der Protagonistin hin, so unterstreicht die wiederholte Parallelisierung individual- und kollektivgeschichtlicher Ereignisse, dass Liza als Figur konzipiert ist, deren über Gesprächssequenzen und Bewusstseinsinhalte vermittelte Wahrnehmung des 20. Jahrhunderts stellvertretend auf die Erfahrungen einer ganzen Generation englischer Arbeiterfrauen verweist. Entsprechend gilt das historische Interesse erneut nicht politischen Großereignissen, Wirtschaftskrisen oder militärischen Konflikten an sich, sondern deren alltäglicher Bewältigung unter den Vorzeichen geschlechts- und schichtenspezifischer Benachteiligungen.

Dem Muster einer fiktionalen Biographie entspricht zwar auch Eva Figes' *The Tree of Knowledge* (1990), doch wird dort mit Deborah Clarke, der jüngsten Tochter John Miltons, eine historisch verbürgte Figur als Ich-Erzählerin bemüht. Komplementär zur Tristesse der im frühen 18. Jahrhundert situierten Erzählgegenwart gewähren Deborahs monologisch dargebotene Lebenserinnerungen Einblicke in eine familiäre Vorgeschichte, die in die erste Hälfte des 17. Jahrhunderts zurück ragt und sich aus weiblicher Sicht als nicht minder bedrückend erweist. In Figes' Lesart gerät Milton zum selbstsüchtigen Patriarchen, der seinen Ehefrauen und Töchtern keinerlei Entfaltungsfreiraum zugesteht, sondern sie zur bedingungslosen Unterordnung zwingt. Folgerichtig erschöpft sich die Erziehung Deborahs und ihrer Schwestern darin, dass die Mädchen auf „household tasks, hard labour and child bearing" (*The Tree of Knowledge*, 24) vorbereitet werden. Symptomatisch für eine Gesellschaft, die Frauen das Recht auf Bildung aberkennt, ist der Umstand, dass Milton seine Töchter zwar die korrekte Aussprache nicht-englischer Texte lehrt, damit sie nach seiner Erblindung als Vorleserinnen fungieren können, ihnen aber eine Übersetzung und damit eine Teilhabe an seinem Herrschaftswissen konsequent verweigert. Mit dieser Misogynie paart sich ein gerütteltes Maß an politischer Heuchelei, die zu der wohl bewusst als transepochal gültig ausgewiesenen Erkenntnis führt: „Men who cry liberty of speech silence their wives and daughters without a thought, and those who serve them." (72)

3. Mentalitätsgeschichte und Gattungshybridisierungen

Eine ideologiekritische Stoßrichtung liegt ersichtlich auch Barry Unsworths zwischen 1752 und 1765 angesiedeltem Roman *Sacred Hunger* (1992) zugrunde. Dessen historischer Revisionismus manifestiert sich sowohl in der die Opferperspektive einbeziehenden Umschreibung der britischen Verstrickung in den Sklavenhandel als auch in der Konfrontation des Lesers mit egalitären Gesellschaftsmodellen, die realgeschichtlich kaum erprobt wurden. Im Ergebnis zeichnet *Sacred Hunger* einerseits das „Bild einer mentalitätsgeschichtlichen Schwellensituation" (Nünning 1995b: 64), die durch die Gleichzeitigkeit restriktiver und emanzipatorischer Tendenzen geprägt ist und ihre personelle Zuspitzung im Konflikt zwischen Erasmus Kemp und seinem libertären Cousin Matthew Paris findet. Komplementär dazu erzählt Unsworth die fiktive Gegengeschichte einer Fraternisierung zwischen den Besatzungsmitgliedern eines englischen Sklavenschiffs und den an Bord befindlichen westafrikanischen Gefangenen. Obwohl sich das visionäre Projekt eines gleichberechtigten Zusammenlebens in Florida als eher kurzlebig erweist, offeriert Unsworth so „versions of the past that might be [more] tolerable to [our] imagination" (*Sacred Hunger*, 159).

Analog zu *Sacred Hunger* dient auch in Joseph O'Connors *Star of the Sea* (2002) die Beschreibung einer Atlantiküberquerung der kolonialgeschichtlichen Neuperspektivierung. In diesem Fall ist der zeitliche Referenzrahmen der Romanhandlung allerdings das mittlere 19. Jahrhundert und das Erzählthema die im kulturellen Gedächtnis Irlands bis heute sehr präsente Hungersnot, die zu einer in den 1840er Jahren rasant ansteigenden Auswanderung in die USA führte. Der entscheidende Unterschied zu Unsworth liegt jedoch darin, dass sich die perspektivische Auffächerung bei O'Connor mit einem montagehaften Präsentationsverfahren verbindet, in das intertextuell und intermedial Briefpassagen, Zeitungsartikel, Liedtexte, Karikaturen und andere nichtfiktionale Dokumente eingewoben werden. Darüber hinaus integriert *Star of the Sea* in wahrhaft polyphoner Manier typische Stilelemente von „gothic and picaresque, history and biography, thriller and adventure story" (Eagleton 2003) und damit Charakteristika ehemals distinkter Genres.

Die Einebnung von Gattungsgrenzen ist auch für Graham Swifts Roman *Waterland* (1984) konstitutiv, der punktuell auf phantastische und kriminalgeschichtliche Erzählkonventionen rekurriert, vor allem aber die kategoriale Differenz von Fakten und Fiktionen in Frage stellt. Im Mittelpunkt des eher handlungsarmen Episodenromans stehen die von metahistoriographischen Reflexionen durchdrungenen Unterrichtsgespräche sowie familien- und regionalhistorischen Erinnerungen des Geschichtslehrers Tom Crick, der Anfang der 1980er Jahre seiner vorzeitigen Entlassung aus dem Schuldienst entgegensieht und gleichzeitig die Einweisung seiner Frau in eine psychiatrische Klinik zu verarbeiten sucht. Dass die nicht nur in diesem Zusammenhang vom Ich-Erzähler formulierte, sondern für den gesamten Roman leitmotivische Frage nach dem „Warum" trotz aller Erklärungsversuche letztlich unbeantwortet verhallt, unterstreicht den in *Waterland* vermittelten epistemologischen Skeptizismus, der sich aus der Überzeugung von der Unzulänglichkeit simpler Ursache-Wirkungs-Schemata speist.

4. Subjektivierung und Leseraktivierung

Konsequenterweise betonen historiographisch-metafiktionale Romane denn auch explizit die Subjektivität und damit den Konstruktcharakter retrospektiver Sinnstiftungsversuche. So gelangt nicht nur Crick zu der Erkenntnis, „[that] we can find whatever meaning we like in history" (*Waterland*, 140). Ebenso hat sich die todkranke Protagonistin in Penelope Livelys *Moon Tiger* (1987) vom traditionellen Wissenschaftlichkeitsanspruch ihrer Profession losgesagt, wenn sie zu Beginn des Romans freimütig einräumt: „I'm writing a history of the world [...] as selected by Claudia: fact and fiction, myth and evidence, images and documents." (1) Dieses Credo fortschreibend, wird dem Leser von Julian Barnes' *History of the World in 10½ Chapters* (1989) versichert: „History isn't what happened. History is just what historians tell us. [...]

[I]t is a tapestry, a flow of events, a complex narrative, connected, explicable. [...] We make up a story to cover the facts we don't know or can't accept" (242).

Flankierend zu solchen Erzählerkommentaren schlägt sich die für historiographische Metafiktion charakteristische Absage an das historistische Prinzip der Vereinsinnigung auch in der literarischen Form nieder. Statt historische Ereignisse kohärent darzulegen, bieten die Romane von Swift, Lively oder Barnes lückenhafte, wenn nicht gar in sich widersprüchliche Deutungsmuster an. Da die Erzähler überdies nicht nur selbstreflexiv, sondern häufig auch ostentativ unzuverlässig sind und illusionsdurchbrechende, anachronisch-digressive Präsentationsverfahren bevorzugen, fällt den Leserinnen und Lesern hier ein deutlich aktiverer Part zu als beim „üblichen historischen Roman" (Geppert 1976: 1).

5. Salman Rushdies *Midnight's Children* (1981) als Modellfall historiographischer Metafiktion

5.1 Die Verschränkung von individueller und kollektiver Historie

Nach eigenem Bekunden ist Saleem Sinai, der Ich-Erzähler von *Midnight's Children*, seit seiner Geburt 1947 in Bombay „mysteriously handcuffed to history" (9). Erst die dreißig Jahre später in Benares durchgeführte Zwangssterilisierung durch das Regime einer an Indira Gandhi gemahnenden „Black Widow" habe seiner beispiellosen geschichtlichen Gebundenheit ein jähes Ende bereitet. Tatsächlich suggeriert die immer wieder hervorgehobene Gleichzeitigkeit von individuellen und kollektiven Schlüsselereignissen eine untrennbare Verknüpfung der National-, mitunter gar Weltgeschichte mit der Historie der Aziz-Sinais: So bekommt Saleems Stiefgroßvater Dr. Aadam Aziz das Gesicht seiner zukünftigen Frau Naseem, deren muslimischer Vater bis dato auf der strikten Einhaltung der Konvention des *purdah* bestanden hatte, erstmals an dem Tag zu sehen, als im fernen Europa der Erste Weltkrieg endet. Kurz darauf verzögert ein von Mahatma Gandhi im Rahmen der Unabhängigkeitskampagne landesweit proklamierter Streiktag die Übersiedelung des Ehepaars Aziz von Kaschmir nach Agra, so dass Aadam im April 1919 Zeuge des Massakers britischer Soldaten an der Zivilbevölkerung von Amritsar wird, das er auf wundersame Weise überlebt. Im Sommer 1945 lässt Aziz gegenüber seiner die Geburt des ersten Enkelkindes ungeduldig erwartenden Frau just zu dem Zeitpunkt die Bombe platzen, dass die gemeinsame Tochter Mumtaz nach zweijähriger Ehe noch Jungfrau ist, als in Hiroshima ein bekanntlich höchst realer Sprengkörper detoniert. Zwei Jahre später erfolgt die Geburt Saleems, der aus der Liaison eines Engländers mit einer Inderin hervorgeht, aber noch im Krankenhaus mit dem leiblichen Sohn von Ahmed und Mumtaz Sinai vertauscht wird, zeitgleich mit dem Inkrafttreten der staatlichen Souveränität Indiens, nämlich am 15. August 1947 um 0.00 Uhr. Und ebenso, wie der Romanheld seine telepathischen Fähigkeiten am 21. November 1962 einbüßt, als ein unerwarteter Waffenstillstand das Ende des chinesischen Blitzkrieges gegen Indien markiert, fällt sein 18. Geburtstag auf den Ausbruch des ersten pakistanisch-indischen Krieges. Angesichts solcher Korrespondenzen nimmt es nicht Wunder, dass die Geschichte Indiens für Saleem rückblickend den Charakter einer Familienchronik hat.

5.2 Zyklisches versus teleologisches Geschichtsverständnis

Über die „konsequente [...] Durchdringung des Öffentlichen und Privaten" (A. Nünning 1995b: 334) hinaus ist die Geschichtsdarstellung in *Midnight's Children* durch scheinbar fast gesetzmäßige Wiederholungen geprägt. Diese manifestieren sich sowohl in Form von generationenübergreifenden und keineswegs auf die Familie des Ich-Erzählers beschränkten physiognomischen Besonderheiten als auch als wiederkehrende Verhaltensmuster. So findet Aadams erklärtermaßen letzter Kniefall vor einer göttlichen oder menschlichen Autorität anno 1915 in Kaschmir ein spätes Echo in der gleichen Geste seines Stiefenkels, der dadurch ein halbes Jahrhundert später in Rawalpindi seiner Trauer über den Verlust zahlreicher Verwandter Ausdruck verleiht, die einem indischen Bombenangriff auf Pakistan zum Opfer gefallen sind. Ein weiterer Kreis schließt sich, indem die ‚eigentliche' Erzählhandlung mit der Geburt Saleems beginnt, um auf den Tag genau 31 Jahre später ihren Abschluss zu finden. Verstärkt wird der Eindruck einer sich wiederholenden Geschichte durch zahlreiche Verweise auf mythologische Prätexte. Zusätzlich zu den jeweils aufschlussreichen spezifischen Implikationen stellt sich durch die Fülle intertextueller Bezüge ein Déjà-vu-Effekt ein, so dass das Romangeschehen von der Ebene des Singulären gleichsam auf die des Universell-Zeitlosen verlagert wird.

Aus dieser Konzeption jedoch ein literarisches Plädoyer des gebürtigen Inders Rushdie für die Rückbesinnung auf vormoderne, d.h. transzendental-zirkuläre Zeit- und Geschichtsvorstellungen abzuleiten, wäre verkürzt. So darf mit Blick auf den zyklischen Charakter des dargestellten Geschehens eben nicht übersehen werden, dass sich Saleem Sinai – auch darin Tristram Shandy, der als sein literaturgeschichtlicher Ahnherr auszumachen ist, durchaus ebenbürtig – als höchst unzuverlässiger Chronist, ja geradezu als Prototyp des unglaubwürdigen Erzählers erweist. Gleich mehrfach verstrickt er sich in logische Inkonsistenzen und chronologische Fehler, auf die er den unaufmerksamen oder mit der Historie des Subkontinents weniger vertrauten Rezipienten in metafiktionalen Sequenzen selbst hinweist. Beispielsweise räumt Saleem ein, in seiner Geschichtsversion sowohl der Ermordung Mahatma Gandhis als auch der landesweiten Parlamentswahl 1957 ein falsches Datum zugrunde gelegt zu haben.

Eine Ursache für Saleems unverhohlene Missachtung der historiographischen Sorgfaltspflicht deutet sich im Hinweis auf die in Indien als „myth-ridden nation" (*Midnight's Children*, 200) beinahe obsessive Tendenz an, „[s]imiliarities between [...] apparently unconnected things" (300) zu identifizieren. Ein weiteres Motiv liefert das in eine rhetorische Frage des Ich-Erzählers gekleidete Eingeständnis der eigenen Geltungssucht: „Am I so far gone, in my desperate need for meaning, that I'm prepared to distort everything – to re-write the whole history of my times purely in order to place myself in a central role?“ (166) Gleichwohl nimmt sich Saleems „attempt at rearranging history“ (260) verglichen mit der im Auftrag der indischen Regierung betriebenen Geschichtsklitterung eher harmlos aus:

> Die offizielle […] Geschichte – im Roman als „collective dream“ Indiens [112] bezeichnet – stellt sich als eine einzige success story dar: mehrere gewonnene Kriege, Bau einer Atombombe, Steigerung der industriellen und landwirtschaftlichen Produktion usw. [...] Diese sich als Wirklichkeit ausgebende Geschichte indes ist [...] letztlich Fiktion, denn angesichts immer schlimmerer politischer, sozialer und ökonomischer Zustände, deren Erwähnung der offizielle politische Diskurs [...] verbietet, ist sie von phantastischer Realitätsunangemessenheit. (Reckwitz 1986: 153f.)

Damit offeriert *Midnight's Children* in metahistorischer Hinsicht zwei genuin unterschiedliche Deutungsmuster: einerseits die Vorstellung von Geschichte als teleologisch-progredienter Entwicklung, also jene „chronological view of history […] passed on by the ruling British and now part of the Indian national consciousness“ (Srivastava 1991: 66) und andererseits „a more ephemeral, [...] mythical view of history, properly and traditionally Indian, but suppressed by more ‚progressive‘ ideas about history and its relations to time“ (ebd.).

5.3 Erinnerung als Konstituens von Geschichte

Wenn der nach dem traumatischen Verlust nahezu sämtlicher Familienmitglieder vorübergehend unter Amnesie leidende Saleem sich als „stripped of past present memory time“ (*Midnight's Children*, 343) und „seceding from history“ (351) charakterisiert, so verweist dies ex negativo auf den Nexus von Geschichte und Gedächtnis, mithin den Umstand, dass Geschichte stets der Erinnerung bedarf. Auf empirischer Basis, nämlich gleichsam im Selbstversuch gelangt der Ich-Erzähler dabei zu der Erkenntnis, dass das menschliche Gedächtnis kaum jener objektive, zuverlässige und unbestechliche Speicher von Erinnerungen ist, für den es irrtümlicherweise lange gehalten wurde: „[M]emory has its own special kind [of truth]. It selects, eliminates, alters, exaggerates, minimizes, glorifies, and vilifies also; but in the end it creates its own reality, its heterogeneous but usually coherent version of events“ (211). Wenn aber das Gedächtnis nicht als verlässliches epistemologisches Werkzeug funktioniert, dann ist Erinnerung keineswegs das bloße Abrufen einmal gespeicherter Daten, sondern ein kreativer Prozess, als dessen Resultat notwendig eine Kombination aus Realität und Fiktion entsteht. Zur Veranschaulichung dieser Erkenntnis dient Rushdie der Vergleich zwischen der von Saleem Sinai amateurhaft betriebenen Historiographie und der beruflichen Tätigkeit seiner Gefährtin Padma als Chutney-Köchin. Für die „chutnification of history“ (459) respektive das „pickling of time“ (ebd.) gilt ebenso wie für das Herstellen tatsächlicher Pickles und Chutneys: „[D]istortions are inevitable [...]. We must live [...] with the shadows of imperfection.“ (ebd.) Mit anderen Worten: Der Kampf gegen die metaphorisch als „corruption of the clocks“ (38) bezeichnete Vergänglichkeit, dem sich Saleem als Angehöriger einer „nation of forgetters" (37) nachdrücklich verschrieben hat, ist nur um den Preis der irreversiblen Veränderung des zu Konservierenden zu gewinnen – seien es nun kulinarische Zutaten oder historische Ereignisse. Unweigerlich ist deshalb „Geschichte [...] abhängig von der ‚Rezeptur' oder Geschichtsauffassung des Chutney-Kochs bzw. Historikers" (Reckwitz: 152) und damit subjektiv. Eben deshalb gibt es „as many versions of India as Indians" (*Midnight's Children*, 269).

Die Aufdeckung der Partikularität etablierter Geschichtsversionen erfolgt bei Rushdie nicht zuletzt dadurch, dass solchen vermeintlichen historischen Gewissheiten in revisionistischer Manier „alternative versions of the world" (*Midnight's Children*, 217), nämlich „different but equally meaningful constructions of past reality" (Hutcheon: 96) gegenübergestellt werden. Beispielhaft manifestiert sich diese Erzählstrategie in den inkompatiblen Lesarten, mit denen indische und pakistanische Regierungsvertreter aufwarten, um 1965 die militärische Zuspitzung des Grenzkonflikts um Kaschmir zu erklären:

> One week before my eighteenth birthday, on August 8th, did Pakistani troops in civilian clothing cross the ceasefire line in Kashmir and infiltrate the Indian sector, or did they not? In Delhi, Prime Minister Shastri announced ‚massive infiltration ... to subvert the state'; but here is Zulfikar Ali Bhutto, Pakistan's Foreign Minister, with his riposte: ‚We categorically deny any involvement in the rising against tyranny by the indigenous people of Kashmir.' If it happened, what were the motives? Again, a rash of possible explanations: the continuing anger which had been stirred up by the Rann of Kutch; the desire to settle, once-and-for-all, the old issue of who-should-possess-the-Perfect-Valley? ... Or one which didn't get into the papers: the pressures of international political troubles in Pakistan – Ayub's government was tottering, and a war works wonders at such times. This reason or that or the other? (338f.)

Systematisch wird marginalisierten Geschichtserfahrungen dadurch Ausdruck verliehen, dass Repräsentanten gesellschaftlicher Eliten als Randfiguren eine untergeordnete Rolle spielen, wohingegen Vertreter minoritärer Positionen und die in der ereignisgeschichtlich ausgerichteten Historiographie konturenlos bleibenden ‚einfachen Leute' in den Mittelpunkt der Darstellung rücken. Nachgerade stilbildend für den innovativen historischen Roman rekonstruiert *Midnight's Children* so „the histories (in the plural) of the losers as well as the winners, of the regional (and colonial) as well as the centrist, of the unsung many as well as of the much sung few, and […] of women as well as men." (Hutcheon 1989: 66)

5.4 Vom historischen Revisionismus zur historiographischen Metafiktion

Durchaus im Einklang mit Mengels Befund, „dass sich das Geschichtsverständnis eines Autors nicht nur […] im Gehalt [s]eines Werkes zeigt, sondern auch in die poetische Konzeption eingeht, sich hier sozusagen kristallisiert" (1986: 14), korrespondieren Saleem Sinais geschichtsphilosophische und metahistoriographische Reflexionen mit einem spezifischen Modus der narrativen Vermittlung. Diskursiv nimmt die Subvertierung historischer Faktizität durch den ausdrücklichen Hinweis auf die Fiktionalität historiographischer Darstellungen in *Midnight's Children* breiten Raum ein. Führt dessen autodiegetischer Erzähler die Konstrukthaftigkeit jedweder Geschichtsschreibung vornehmlich auf die fehlerhafte Erinnerung von Zeitzeugen und bewusste Manipulationen historischer Akteure zurück, so bestätigen seine eigenen Versuche autobiographischer Sinnstiftung überdies eindrücklich Hayden Whites These von der „ineluctably poetic nature of the historical work" (1973: xi): Kausale Beziehungen sind historischen Ereignissen nicht immanent, sondern werden durch den Rekurs auf belletristische Erzählmuster nachträglich hergestellt. Von zentraler Bedeutung ist in diesem Zusammenhang das faktische Primat erzählerischer Kohärenz und Konsistenz, das sich in der für Saleem geradezu leitmotivischen „fear [of] absurdity" (9) ausdrückt. Dadurch gerät die Authentizität gegenüber der Plausibilität des Erzählten deutlich ins Hintertreffen: „[A]s in all literature, what actually happened is less important than what the author can manage to persuade his audience to believe …" (270f.) Diese Einstellung wird auch durch die Erwartungshaltung von Saleems unmittelbarer Adressatin Padma befördert, die den konventionellen Typus der impliziten Leserin repräsentiert. Um die Erkenntnis zu veranschaulichen, dass die narrative Verknüpfung des historiographischen ‚Rohmaterials' unweigerlich mit subjektiven Akzentuierungen einhergeht, bemüht Saleem einmal mehr die kulinarische Metapher der „chutnification of history": „To pickle is to give immortality [...]; a certain alteration, a slight intensification of taste, is a small matter, surely? The art is to change the flavour in degree, but not in kind; and above all [...] to give it shape and form – that is to say, meaning." (461) Im gleichen Maß, wie die retrospektive Sinnstiftung auf das Nachzeichnen von Kausalketten als vermeintlich ureigener Funktion der Historiographie reduziert wird, gewinnt das Selektivitätsprinzip in bedenklicher Weise an Bedeutung. Ungeachtet der vermeintlichen „benefits of hindsight" (236) geraten Historiker, die einen lückenlosen Nachweis geschichtlicher Notwendigkeiten antreten wollen, aufgrund der „few clues [...] given" (427) unweigerlich zu bloßen „jugglers-with-facts" (326). Überdies bleibt bei dieser Form von Geschichtsschreibung die Möglichkeit disparater Wirkungen oder eben auch historischer Zufälle unterbelichtet bis gänzlich ausgeblendet. Entsprechend ist Saleems augenscheinlich absurde Selbstbezichtigung, für die bundesstaatliche Teilung Bombays und den Tod Nehrus verantwortlich zu sein, nicht nur Ausdruck eines schier grenzenlosen Geltungsbedürfnisses, sondern gleichermaßen ein ironischer Hinweis Rushdies auf die Fragwürdigkeit tradierter Kausalitätsvorstellungen.

Dass das Ursache-Wirkungs-Schema der Komplexität des Beziehungsgeflechts zwischen einer Vielzahl heterogener historischer Faktoren nicht annähernd gerecht wird, schlägt sich auch in Saleems Erkenntnis nieder, dass die „narrow one-dimensionality of a straight line" (150) als narratives Organisationsprinzip unangemessen ist: „The different parts of my somewhat complicated life refuse, with a wholly unreasonable obstinacy, to stay neatly in their separate compartments." (187) Die daraus resultierende episodisch-diskontinuierliche Erzählstruktur erweist sich in zahllosen

Rückwendungen und Vorausgriffen wie auch in Saleems narrativen Digressionen, die nicht Abschweifungen im eigentlichen Sinne sind, sondern zum „konstitutive[n] Darstellungsverfahren“ (Nünning 1995b: 335) werden.

5.5 Zwischen Postmodernismus und Postkolonialismus

Aus eurozentrischer Perspektive liegt es nahe, *Midnight's Children* als Paradebeispiel postmodernen Erzählens zu begreifen. So erweist sich die für diese Schreibweise typische Verzahnung von Hoch- und Populärkultur bei Rushdie im fortgesetzten und nicht-hierarchisierenden Zugriff auf Prätexte nahezu jeglicher Provenienz. Mythen, Märchen, Comics, Schlager, Werbeslogans, politische Reden und Essays, Teile des europäischen Literaturkanons wie auch extrakanonisch-subkulturelle Werke werden in *Midnight's Children* aufgerufen, um die zwangsläufige Einbindung des Romans in ein intertextuelles Netzwerk produktiv umzumünzen. Parallel dazu können Hinweise auf die Subjektivität und Unzuverlässigkeit des Vertextungsvorgangs sowie fragmentarisch-anachronische Präsentationsverfahren als Ausdruck postmoderner epistemologischer Skepsis und der Aufgabe auktorialer Autoritätsansprüche gegenüber dem Rezipienten gedeutet werden. Damit verbunden ist das metafiktionale Eingeständnis, dass der Zugang zur Vergangenheit unwiederbringlich versperrt ist – „past and present [...] are divided by an unbridgeable gulf“ (351). Die Kluft zwischen historischer Realität und narrativer Mimesis tritt umso deutlicher hervor, je mehr zeitgenössische Ereignisse zur Darstellung gelangen:

> Reality is a question of perspective; the further you get from the past, the more concrete and plausible it seems – but as you approach the present, it inevitably seems more and more incredible. Suppose yourself in a large cinema, sitting at first in the back row, and gradually moving up, row by row, until your nose is almost pressed against the screens. Gradually the stars' faces dissolve into dancing grains; tiny details assume grotesque proportions; the illusion dissolves – or rather, it becomes clear that the illusion itself is reality ... (165f.)

Im Sinne einer für postmoderne Literatur charakteristischen Leseraktivierung lassen sich auch Saleems selbstreflektive Einlassungen zur Beliebigkeit der Kapitelüberschrift „Alpha and Omega“ oder die gleichermaßen illusionsdurchbrechende Entschuldigung des Erzählers für den antiklimatischen Romanausklang interpretieren.

Andererseits verweisen gerade die formalen Besonderheiten von *Midnight's Children* auf eine Verwurzelung in der in Indien bis heute lebendig gebliebenen Tradition des mündlichen Erzählens. Für diese sind nämlich ebenfalls eine episodische Struktur, ein hohes Maß an Digressivität, eine ausgeprägte Anachronie sowie die Einbindung des Adressaten kennzeichnend. Letztere spiegelt sich darin wider, dass Saleems Zuhörerin durch ihre mimisch-gestischen Reaktionen Einfluss auf die narrative Handlungsentwicklung nimmt. Entsprechend konzediert der Ich-Erzähler:

> I am learning to use Padma's muscles as my guides. When she's bored, I can detect in her fibres the ripples of uninterest; when she's unconvinced, there is a tic which gets going in her cheek. The dance of her musculature helps to keep me on the rails (270).

Weiterhin drängt sich die genealogische Verortung von *Midnight's Children* im Kontext des mündlichen Erzählens durch die Prozesshaftigkeit eines Romans auf, dessen Erzähler gleich zu Beginn ins Stocken gerät, um sich dann selbst zu korrigieren. Auch die intertextuellen Verweise auf vormals nur mündlich überlieferte Inhalte des kulturellen Gedächtnisses können im Sinne eines bewussten Anknüpfens an eine nichtliterarische Erzählkultur präkolonialen Ursprungs gedeutet werden. Dazu zählen die Nationalepen *Mahabharata* und *Ramayana* ebenso wie die gleichfalls indische Textsammlung *Kathasaritsagara* und die ihrem Ursprung nach transkulturelle Sammlung der Erzählungen aus den Tausendundein Nächten, auf die *Midnight's Children* immer wieder rekurriert. Dieser Bezug wird nicht nur in dem analog zum Scheherazade-Syndrom gestalteten Freikauf-Motiv sichtbar, das dem von „too much history" (37) körperlich gezeichneten, gegen seinen Tod anschreibenden Saleem zum zentralen Organisationsprinzip wird, sondern auch im literarischen Recycling der Figur des Haroun Al-Rashid und der Verwendung der märchenhaften Einleitungsformel des „once upon a time" (9).

Die Inklusion des Phantastischen zeigt sich in *Midnight's Children* auch in höchst unwahrscheinlichen Geschehnissen, wie etwa der beispiellosen Glückssträhne von Saleems Mutter bei Pferdewetten. Daneben manifestiert es sich in Vorgängen nach dem Muster der „jungle's tricks" (367), die als Halluzinationen bzw. Träume kenntlich gemacht sind. Schließlich tritt es noch in solchen Handlungselementen in Erscheinung, die sich rational nicht nachvollziehen lassen und Naturgesetzmäßigkeiten außer Kraft setzen, wie nicht zuletzt die übersinnlichen Fähigkeiten der 1001 ‚Mitternachtskinder'. Das daraus resultierende „commingling of the improbable and the mundane" (9), das als konstitutiv für die primär mit lateinamerikanischen Autoren assoziierte Stilform des magischen Realismus gilt, trägt zur Unterminierung logozentrischer Ordnungsmodelle bei. Unweigerlich verliert die Grenze zwischen Realität und Imagination, historischer Faktizität und Fiktionalität so an Trennschärfe.

Darüber hinaus zeitigt der magische Realismus Verfremdungseffekte, die aus einer Doppelstrategie resultieren: Manifestiert sich die Banalisierung des vermeintlich Exzeptionellen in *Midnight's Children* auf der einen Seite darin, dass wundersame Begebenheiten eher beiläufig erzählt und rationale Erklärungsversuche zumeist verwiegert werden, so entspricht dem auf der anderen Seite eine nicht minder wirkungsvolle Exotisierung dessen, was dem Leser vertraut ist. Sei es, dass metaphorische Redewendungen auf der Handlungsebene ihre wörtliche Bedeutung entfalten, indem etwa das von der indischen Regierung gegen Muslime verfügte „freezing of [...] assets" (135) auch durch die vorübergehende Impotenz von Saleems Vater sinnfällig gemacht wird; oder sei es, dass orientalistische Stereotypen gegen die Kolonialherren gewendet werden, indem beispielsweise Saleems Mutter das Klischee europäischer Reinlichkeit durch einen Hinweis auf westliche Hygienestandards konterkariert, die nach ihren Maßstäben gänzlich inakzeptabel sind: „I never believed, but it's true, my God, they wipe their bottoms with paper only!" (96) Komplementär zu dem postkolonialistischen Anliegen, im Sinne einer Emanzipation der ‚Peripherie' vom ‚Zentrum' „den […] unterdrückten Stimmen Gehör zu verschaffen" (Reckwitz 1993: 226), zeugt *Midnight's Children* allerdings auch von einer profunden Desillusionierung, die mehr als drei Dekaden nach dem Ende der Fremdherrschaft und angesichts diverser Kriege, Wahlmanipulationen und Menschenrechtsverletzungen in der Erkenntnis mündet, „that ‚India' can act as abominably as the British did" (Brennan 1989: 27).

6. Resümee

Vor nicht allzu langer Zeit als Gattung bereits mehr oder minder abgeschrieben, erfreut sich der historische Roman in der englischen Gegenwartsliteratur wieder einer beträchtlichen Wertschätzung. Ursächlich für die Revitalisierung eines vermeintlich nicht mehr zeitgemäßen Genres waren sowohl thematische Akzentverschiebungen als auch eine erzähltechnische Experimentierfreude. Beide Neuerungen, die revisionistische Schwerpunktbildung ebenso wie die metahistoriographische Ausrichtung, lassen sich geradezu modellhaft in Salman Rushdies Indien-Roman *Midnight's Children* nachweisen, der die eliten- und ereignishistorische Fokussierung zugunsten einer alltagsgeschichtlichen Perspektive überwindet, durch ein hohes Maß an fiktionaler Markiertheit, subjektiver Gebrochenheit und Fragmentarität geprägt ist, mit Geschichtsversionen aufwartet, die von etablierten Lesarten abweichen und darüber hinaus historiographische Rekonstruktionsverfahren selbstreflektiv erörtert. Die geschichtstheoretische Weiterentwicklung des zeitgenössischen historischen Romans dürfte auch dem biographischen Umstand geschuldet sein, dass mit Barker, O'Connor, Swift, Lively und eben Rushdie einige der namhaftesten Repräsentanten des Genres durch ein Studium der Geschichtswissenschaft in besonderer Weise für methodische Probleme retrospektiver Sinnstiftung sensibilisiert wurden.

Die Bedeutung Rushdies für den zeitgenössischen historischen Roman zeigt sich auch in seinen späteren Werken, in denen er sich erneut als Trendsetter erweist. Von *The Satanic Verses* (1988) bis zum zuletzt publizierten *Shalimar the Clown* (2005) werten Rushdies Romane die Figuren- und Handlungsdimension gegenüber der Ebene der narrativen Vermittlung wieder deutlich auf. Gleichzeitig stellen nicht nur seine Erzähler kaum noch Überlegungen zur „Ereignislogik, Chronologie, Kohärenz […] und Rekonstruierbarkeit eines vergangenen Geschehens" (Nünning 1995a: 230) an. Auch die Romane jüngerer Autoren wie Joseph O'Connor oder Zadie Smith (vgl. Kap. 8) legen den Eindruck nahe, dass historiographische Metafiktion ihren Zenit zwar einstweilen überschritten hat, die Bedeutung des Geschichtsromans in der englischen Gegenwartsliteratur aber ungebrochen ist.

Literatur

Werke

Barker, Pat. 1986. *The Century's Daughter*. London: Virago.

Barnes, Julian. 1990 [1989]. *A History of the World in 10½ Chapters*. London: Picador.

Duffy, Maureen. 1984 [1975]. *Capital: A Fiction*. London: Methuen.

Fairbairns, Zoë. 2002 [1983]. *Stand We at Last*. London: Virago.

Figes, Eva. 1990. *The Tree of Knowledge*. London: Sinclair-Stevenson.

Lively, Penelope. 1988 [1987]. *Moon Tiger*. Harmondsworth: Penguin.

O'Connor, Joseph. 2003 [2002]. *The Star of the Sea*. London: Vintage.

Rushdie, Salman. 1982 [1981]. *Midnight's Children*. London: Picador, Pan Books.

—. 1988. *The Satanic Verses*. London: Viking.

—. 2005. *Shalimar the Clown*. London: Jonathan Cape.

Swift, Graham. 1992 [1984]. *Waterland*. Picador.

Unsworth, Barry. 1992. *Sacred Hunger*. Harmondsworth: Penguin.

Ausgewählte Fachliteratur

Fletcher, D.M. (Hg.). 1994. *Reading Rushdie: Perspectives on the Fiction of Salman Rushdie*. Amsterdam/Atlanta, GA: Rodopi.

Facettenreiche Zusammenstellung von Aufsätzen zu den zentralen Aspekten von Rushdies Erzählwerk bis einschließlich *Haroun and the Sea of Stories*.

Geppert, Hans Vilmar. 1976. *Der ‚andere' historische Roman: Theorie und Strukturen einer diskontinuierlichen Gattung*. Tübingen: Niemeyer.

Dem Autor gebührt das Verdienst, Abweichungen vom Scott-Lukácsschen Gattungstypus als Ausdruck einer eigenständigen Tradition zu identifizieren.

Hirsch, Bernd. 2001. *Geschichte und Geschichten: Zum Verhältnis von Historizität, Historiographie und Narrativität in den Romanen Salman Rushdies*. Heidelberg: Winter.

Systematisch-vergleichende Analyse von vier als Erzählzyklus begriffenen Romanen (*Midnight's Children*, *Shame*, *The Satanic Verses*, *The Moor's Last Sigh*), die vor allem unter dem Aspekt struktureller Zusammenhänge zwischen Geschichtsbildern und literarischen Präsentationsformen betrachtet werden.

Hutcheon, Linda. 1988. *A Poetics of Postmodernism: History, Theory, Fiction*. London/New York: Routledge.

Grundlegend für alle späteren Untersuchungen zur historiographischen Metafiktion.

Nünning, Ansgar. 1995a. *Von historischer Fiktion zu historiographischer Metafiktion. Bd. I: Theorie, Typologie und Poetik des historischen Romans*. Trier: Wissenschaftlicher Verlag Trier.

—. 1995b. *Von historischer Fiktion zu historiographischer Metafiktion. Bd. II: Erscheinungsformen und Entwicklungstendenzen des historischen Romans in England seit 1950.* Trier: Wissenschaftlicher Verlag Trier.

Die bislang umfassendste und argumentativ bei weitem überzeugendste Gattungsuntersuchung; neo-strukturalistisch angelegt.

Reckwitz, Erhard. 1993. „Britain's Other Islanders: Multikulturalismus im englischen Roman." In: Annegret Maack & Rüdiger Imhof (Hgg.). *Radikalität und Mäßigung: Der englische Roman seit 1960.* Darmstadt: Wissenschaftliche Buchgesellschaft. 208-29.

Arbeitet als Teil eines in Gänze empfehlenswerten Sammelbandes nicht zuletzt anhand von Rushdie-Romanen Übereinstimmungen wie auch Unterschiede zwischen postmodernistischen und postkolonialistischen Erzählverfahren heraus.

Weitere zitierte Literatur

Aldridge, A. Owen. 1984. „Some Aspects of the Historical Novel after Lukács." In: Joseph P. Strelka (Hg.). *Literary Theory and Criticism: Festschrift Presented to René Wellek in Honour of His Eightieth Birthday. Part II: Criticism.* Frankfurt a.M./Bern: Peter Lang. 677-87.

Brennan, Timothy. 1989. *Salman Rushdie and the Third World: Myths of the Nation.* Houndmills, Basingstoke/London: Macmillan.

Eagleton, Terry. 2003. „Another Country". Rezension von Star of the Sea von Joseph O'Connor. In: *The Guardian* 25. Januar.

Foucault, Michel. 1990 [1967]. „Andere Räume". In: Karlheinz Barck et al. (Hgg.). *Aisthesis: Wahrnehmungen heute oder Perspektiven einer anderen Ästhetik.* Leipzig: Reclam. 34-46.

Hutcheon, Linda. 1989. *The Politics of Postmodernism.* London/New York: Routledge.

Mengel, Ewald. 1986. *Geschichtsbild und Romankonzeption: Drei Typen des Geschichtsverstehens im Reflex der Form des englischen historischen Romans.* Heidelberg: Winter.

Reckwitz, Erhard. 1986. „Der Roman als Metaroman: Salman Rushdie, *Midnight's Children*; Kazuo Ishiguro, *A Pale View of Hills*; John Fowles, *Mantissa*." In: *Poetica* 18: 140-64.

Srivastava, Aruna. 1991. „‚The Empire Writes Back': Language and History in *Shame* and *Midnight's Children*." In: Ian Adam & Helen Tiffin (Hgg.). *Past the Last Post: Theorizing Post-Colonialism and Post-Modernism.* New York/London: Harvester Wheatsheaf. 65-78.

White, Hayden. 1973. *Metahistory: The Historical Imagination in Nineteenth-Century Europe.* Baltimore/London: Johns Hopkins Press.

6.

Fiktionale Biographien und Metabiographien: Peter Ackroyd

Ansgar Nünning

1. Zum Aufschwung biographischer Genres in der Gegenwartsliteratur

Seit geraumer Zeit haben autobiographische und biographische Genres in vielen Nationalliteraturen Hochkonjunktur. Galten Biographien in den Dekaden nach dem Zweiten Weltkrieg eher als „hoffnungslos antiquierte Form einer personalisierten Geschichtsbetrachtung“, wie es in einem langen Artikel in der Wochenzeitschrift *Die Zeit* (04.04.2007, 51) über die als die „schwierige Königsdisziplin“ betitelte Gattung der Biographie heißt, so haben biographische Genres seit den 1980er Jahren eine bemerkenswerte Renaissance erlebt. Sowohl in der Sparte der Sachbücher, in der sich historische Biographien oft auf den Bestsellerlisten finden, als auch im Bereich fiktionaler Gattungen erfreuen sich auto/biographische Genres sehr großer Beliebtheit. Dies gilt in besonderer Weise für die englische Literatur, in der Biographien schon immer einen hohen Stellenwert besaßen und in der sich in den letzten Dekaden innovative Formen fiktionaler Biographien und Autobiographien herausgebildet haben. Ebenso wie biographische Genres haben auch die Themen ‚Geschichte‘ und ‚kulturelle Erinnerung‘ sowie die literarischen Genres, in denen diese Sujets im Zentrum stehen, seit etwa zwei Jahrzehnten regelrecht Hochkonjunktur.

Die enorme Popularität fiktionaler Biographien zeigt sich nicht nur in der Literatur selbst, und zwar sowohl im Bereich des Romans (vgl. Maack 1993) als auch des Dramas (vgl. Kramer 1999), sondern sie wird auch durch eine Reihe literaturwissenschaftlicher Publikationen zur fiktionalen Biographie (vgl. Schabert 1990; Middeke/Huber 1999), Dichterbiographie (vgl. von Zimmermann 2000), und Metabiographie (vgl. A. Nünning 2000; Nadj 2006) sowie ein Nachschlagewerk wie das *Encyclopedia of Life Writing: Autobiographical and Biographical Forms* (Jolly 2001) nachhaltig dokumentiert. Der Aufschwung, den diese Genres im Literaturbetrieb und in der Literaturwissenschaft erlebt haben, geht einher mit einem wiedererwachten Interesse an der Theorie und Praxis der Biographie (vgl. Epstein 1991; Batchelor 2005), der biographischen Literaturkritik und den Problemen der Biographik (vgl. Klein 2002). Daher kann man inzwischen getrost von einer Renaissance der etwas voreilig als obsolet angesehenen (fiktionalen) Biographie in der zeitgenössischen Literatur, Kultur und Literaturwissenschaft sprechen.

Allerdings ist unverkennbar, dass die Beliebtheit der Genres der fiktionalen Biographie (und Autobiographie) sowie das wiedererwachte Interesse an der Theorie und Praxis der Biographie weder auf Nostalgie beruhen noch als Indiz für einen Rückfall in faktengläubigen Positivismus oder Historismus zu sehen sind. Vielmehr haben sich sowohl die vorherrschenden theoretischen Auffassungen von Biographie als auch die Praxis dieses Genres, d.h. die Formen und Funktionen (literarischer) Lebensbeschreibungen, so grundlegend gewandelt, dass man durchaus von einem Paradigmenwechsel in der Biographik und der fiktionalen Biographie sprechen kann. Einige dieser innovativen Tendenzen lassen sich am besten mit einem Zitat aus Virginia Woolfs Essay „The Art of Biography" umreißen, dessen Bildhaftigkeit die fragmentarische Struktur und die experimentellen Darstellungsverfahren innovativer Ausprägungen vieler fiktionaler Biographien und Autobiographien treffend charakterisiert:

> Then again, since we live in an age when a thousand cameras are pointed, by newspapers, letters, and diaries, at every character from every angle, he [the biographer] must be prepared to admit contradictory versions of the same face. Biography will enlarge its scope by hanging up looking glasses at odd corners. (Woolf 1981 [1942]: 124f.)

Woolfs Metapher gibt Aufschluss über einige der thematischen und formalen Besonderheiten, durch die sich viele neuere fiktionale Biographien auszeichnen: Anstatt im Medium der Fiktion eine mehr oder weniger konventionelle Darstellung des Lebenslaufes einer historischen Persönlichkeit zu liefern, lenken die Autoren und Autorinnen fiktionaler Biographien in jüngster Zeit die Aufmerksamkeit vielfach auf die Probleme des Biographen und der Biographik. Woolfs bildhaft ausgedrückte Devise, das Genre der Biographie könne seinen Bereich ausdehnen, indem es Spiegel in sonderbaren Ecken oder geheimen Winkeln aufhänge, fungiert in vielen neueren fiktionalen Biographien geradezu als dominantes Kompositionsprinzip. Innovative Erscheinungsformen dieses Genres wie Julian Barnes' hybrider Montageroman *Flaubert's Parrot* (1984), eines der Musterbeispiele einer selbstreflexiven fiktionalen Metabiographie in der englischen Literatur, tendieren dazu, verschiedene Facetten des Lebens von Dichtern in einer Vielzahl unterschiedlicher Spiegel, Texte und Perspektiven zu reflektieren. Dies hat zur Folge, dass dem Rezipienten nicht *ein* autoritatives Bild der biographierten Person präsentiert wird, sondern „contradictory versions of the same face".

Durch eine veränderte Themenselektion und experimentelle Darstellungsverfahren haben innovative Gattungsausprägungen der fiktionalen Biographie und Autobiographie außerdem dazu beigetragen, herkömmliche Vorstellungen von – literarischen und wissenschaftlichen – Darstellungen eines Lebenslaufes, von Erinnerung und von Identität nachhaltig in Zweifel zu ziehen. Verkürzt formuliert: Das Schreiben von Biographien – fiktionalen wie auch nicht-fiktionalen – ist in der zeitgenössischen Literatur selbst zum Problem geworden, wie Malcolm Bradbury in *Mensonge* (1987), einer parodistischen Satire auf den Poststrukturalismus im Medium einer unkonventionellen fiktionalen Metabiographie mit ironischer Zuspitzung bemerkt:

> Alas, what with the Death of the Author and the Disappearance of the Subject, even an ordinary biography is bound to be a problem these days. Biographies are said to be fictions revealing more about the biographer than they do about their subjects, who of course do not exist anyway. (Bradbury 1993 [1987]: 29)

2. Fiktionale Biographien, Autobiographien und Metabiographien: Peter Ackroyds biographische Werke

Überblickt man das breite Spektrum innovativer Erscheinungsformen fiktionaler Biographien, so liegt es auf der Hand, dass herkömmliche Definitionen dieser Gattung durchkreuzt werden. In ihrem aufschlussreichen Standardwerk über die fiktionale Biographie definiert Ina Schabert (1990: 4) dieses Genre so: „FICTIONAL BIOGRAPHY is engaged in the comprehension of real historical individuals by means of the sophisticated instruments of knowing and articulating knowledge that contemporary fiction offers." Der hybride Charakter der fiktionalen Biographie beruht darauf, dass der literarische Entwurf der Lebensgeschichte einer historischen Persönlichkeit eindeutig als Fiktion gekennzeichnet ist, aber zugleich auf das Geschichtswissen des Lesers bezogen bleibt, wobei das gesicherte Datenmaterial aufgrund der Privilegien der Fiktion frei ergänzt und literarisch umgeformt werden kann. Diese Definition wird jedoch gerade neuen Gattungsausprägungen nicht mehr ganz gerecht.

Anstatt das Genre der fiktionalen Biographie vorschnell normativ einzuengen, sollte eine zeitgemäße Gattungsdefinition von der Mehrdeutigkeit des Begriffs ‚Geschichte' ausgehen. Dieser bezeichnet bekanntlich nicht nur in der Vergangenheit liegende Ereignisse, sondern auch deren retrospektive Rekonstruktion und sprachliche Darstellung sowie die entsprechende wissenschaftliche Disziplin. Dementsprechend sollte das Genre der fiktionalen Biographie nicht auf Werke eingeschränkt werden, die die Lebensgeschichte einer Person im Medium der Fiktion darstellen. Vielmehr sind auch solche Gattungsausprägungen zu berücksichtigen, die die Tätigkeit des Biographen sowie die Probleme, die sich bei der Rekonstruktion und Darstellung von Lebensgeschichten ergeben, ins Zentrum stellen.

Dadurch rückt ein breites Spektrum von lange vernachlässigten biographischen Romanen in das Blickfeld der Gattungstheorie und Gattungsgeschichte. Stellvertretend für viele andere Werke seien etwa biographische Romane englischsprachiger Autoren und Autorinnen wie Peter Ackroyds *Chatterton* (1987) und *Milton in America* (1996), Julian Barnes' *Flaubert's Parrot* (1984), Antonia S. Byatts *The Biographer's Tale* (2000) sowie die Werke Michael Ondaatjes genannt. Romane wie diese illustrieren den generellen Trend von der fiktionalen Biographie hin zur expliziten und impliziten fiktionalen Metabiographie, der die 1980er und 1990er Jahre kennzeichnete (zum biographischen Roman nach 2000 vgl. Kap. 16).

Darüber hinaus verbinden selbstreflexive Romane diese thematische Orientierung am Biographischen vielfach mit experimentellen Erzählverfahren, metafiktionalen Elementen sowie mit Reflexionen über Probleme des Schreibens von Biographien. Viele der innovativen Ausprägungen fiktionaler Biographien und Autobiographien der letzten zwei Dekaden des 20. Jahrhunderts zeichnen sich dadurch aus, dass sie den Akzent von der Darstellung einer Lebensgeschichte auf die Metaebene der biographischen Rekonstruktion verlagern: Sie beleuchten die Möglichkeiten und Grenzen des Versuchs, das Leben einer historischen Person literarisch darzustellen. Worin die zentrale Besonderheit solcher postmoderner Spielarten der fiktionalen Metabiographie liegt, hat Ina Schabert prägnant umrissen: „Postmoderne Geschichten über historische Figuren erzählen statt einer biographischen Geschichte die Geschichte dessen, der auszieht, um die biographische Geschichte zu erkunden, und sich damit in die doppelte Auflösungsdynamik hineinbegibt." (Schabert 1995: 224)

Angesichts dieser Vielfalt innovativer Gattungsausprägungen bedarf es einer typologischen Differenzierung verschiedener Erscheinungsformen der fiktionalen Biographie, ein Genre, das eine bemerkenswerte Bandbreite neuer Erscheinungsformen hervorgebracht hat. Allein schon ein Blick auf die oben genannten (meta-)biographischen Romane lässt erkennen, wie breit das Spektrum von Möglichkeiten ist, Lebensgeschichten im Medium der Fiktion darzustellen.

Will man die Entwicklungen im Bereich dieses Genres zu einigen Haupttendenzen bündeln, so lassen sich diese – in stichwortartiger Verkürzung – mit den Begriffen ‚revisionistische fiktionale Biographien' und ‚metabiographische Selbstreflexion' zusammenfassen. Zum einen kommen in den für neuere fiktionale Auto/biographien typischen Grenzüberschreitungen zwischen Fakten und Fiktionen, Historie und Legende sowie kollektiver und individueller Geschichte revisionistische Geschichtsauffassungen zum Ausdruck. Diese verlagern den Akzent vom Öffentlichen auf das Private, messen der Wahrnehmung des historischen Geschehens im Bewusstsein der Figuren größere Bedeutung bei, dezentrieren das große historische Geschehen und erzählen oftmals Gegengeschichten, die nicht mit herkömmlichen Geschichtsbildern übereinstimmen. Zum anderen ziehen innovative Erscheinungsformen dieser Genres vielfach die Grundannahmen positivistischer Historiographie und Biographie in Zweifel, indem sie sich in Form von metabiographischen Reflexionen mit den Problemen geschichtlicher Erkenntnis und den Prozessen historischer und biographischer Sinnbildung auseinandersetzen.

Im Gegensatz zu der vorherrschenden Tendenz, heterogene Erscheinungsformen der fiktionalen Biographie unter einem einheitlichen Etikett zu subsumieren, erscheint es sinnvoll, diesen Veränderungen des Genres auch begrifflich Rechnung zu tragen. Daher sind solche innovativen Gattungsausprägungen von traditionellen Formen der fiktionalen Biographie zu unterscheiden und als ‚biographische Metafiktion' bzw. ‚fiktionale Metabiographie' zu bezeichnen (vgl. Faber 1980; A. Nünning 1998; 2000; Nadj 2006). Diese Begriffe signalisieren, dass sich die Aufmerksamkeit in solchen fiktionalen Biographien von der *Darstellung von* Ereignissen aus dem Leben einer historischen Persönlichkeit auf die Metaebene der *Reflexion über* deren Aneignung, Rekonstruktion und Repräsentation im Medium der Biographie verlagert. Sie setzen sich, oft metafiktional, mit epistemologischen, methodischen oder darstellungstechnischen Problemen der Rekonstruktion und narrativen Wiedergabe eines Lebenslaufes auseinander. Nicht das Leben der biographierten Person – also das ‚Objekt' der biographischen Darstellung – steht somit im Mittelpunkt, sondern die Tätigkeit des Biographen als forschendem und schreibendem Subjekt. Fiktionale Metabiographien zeichnen sich daher durch ein hohes Maß an literarischer, historiographischer und biographischer Selbstreflexivität aus.

Für eine weitergehende skalierende Differenzierung verschiedener Typen von fiktionalen Biographien bieten sich verschiedene Kriterien – z. B. die Selektionsstruktur, der dominante Zeitbezug, die Relationierung und Gestaltung der Erzählebenen sowie der variable Wirklichkeitsbezug – an. Den einen Pol bilden solche fiktionalen Biographien, die sehr heteroreferentiell sind und in denen historisch belegte Ereignisse aus dem Leben einer Person den dominanten Referenzbereich bilden. Die Geschichtsdarstellung konzentriert sich bei diesem Typus weitgehend auf die diegetische Kommunikationsebene, auf der das Leben der biographierten Person im Zentrum steht. Hingegen dient die extradiegetische Ebene primär zur neutralen Vermittlung des Geschehens, ohne Aufmerksamkeit auf die Erzählinstanz oder die Prozesse der narrativen Strukturierung zu ziehen. Am entgegengesetzten Ende der Skala sind fiktionale Biographien angesiedelt, deren Selektionsstruktur primär autoreferentiell ist und eine ausgeprägte Dominanz der fiktionalen und metafiktionalen Elemente gegenüber Aspekten der außertextuellen Realität aufweist. In solchen Romanen, deren Fiktionalität meist durch eine hohe Zahl und Streubreite metafiktionaler Elemente markiert ist, stellen nicht geschichtliche Ereignisse, sondern Fragen der Biographie- und Geschichtstheorie den primären Referenzbereich dar. Diese Verlagerung auf metafiktionale Komponenten und Reflexionen über biographische Probleme geht oft einher mit einem hohen Grad an Explizität der erzählerischen Vermittlung, die nicht mehr als ein transparentes Medium fungiert, sondern so auffällig gestaltet ist, dass sie gegenüber der Ebene des Geschehens in den Vordergrund rückt.

Im Hinblick auf die Möglichkeiten, Probleme der Biographie literarisch zur Anschauung zu bringen, sind grundsätzlich zwei Darstellungsmodi zu unterscheiden. Metabiographische Fragestellungen können entweder explizit von einer fiktionalen Sprecherinstanz (von einer Figur oder einer Erzählinstanz) thematisiert bzw. sogar im Figurendialog erörtert oder mit Hilfe der Semantisierung literarischer Darstellungsverfahren strukturell und implizit vermittelt werden. Im zweiten Fall trägt die Semantisierung literarischer Darstellungsverfahren (z.B. die multiperspektivische Auffächerung des erzählten Geschehens) dazu bei, historiographische oder biographische Fragen strukturell zu reflektieren. Mit dem Begriff der expliziten fiktionalen Metabiographie bzw. expliziten biographischen Metafiktion werden jene selbstreflexiven Gattungsausprägungen bezeichnet, in denen die Schilderung des Lebens einer historischen Persönlichkeit zugunsten eines argumentativen Diskurses über die Bedingungen biographischer Erkenntnis sowie über die Methoden und den Status der Darstellung eines Lebenslaufes in den Hintergrund tritt. Hingegen bezieht sich der Begriff der impliziten fiktionalen Metabiographie auf selbstreflexive Gattungsausprägungen, in denen Probleme der Biographie durch literarische Techniken formal reflektiert werden.

Eine zentrale Funktion fiktionaler Metabiographien bzw. biographischer Metafiktion besteht darin, die Paradoxien von ‚Bio-graphien' bloßzulegen. Um welche Paradoxie(n) es sich dabei vor allem handelt, lässt sich anhand eines Zitats von Michel de Certeau zum Begriff der Historiographie verdeutlichen: „Historiography (that is, ‚history' and ‚writing') bears within its own name the paradox – almost an oxymoron – of a relation established between two antinomic terms, between the real and discourse. Its task is one of connecting them and, at the point where this link cannot be imagined, of working *as if* the two were being joined." (de Certeau 1988: xxvii) Eine wesentliche Aufgabe jeder Biographie und Autobiographie ist es ebenfalls, diese entgegengesetzten Bereiche, den der Wirklichkeit und den der sprachlichen Darstellung, zu verbinden und dort, wo die Verbindung schwer herzustellen oder gar unvorstellbar ist, so zu tun, als ob sie dennoch möglich wäre.

Anknüpfend an de Certeau kann argumentiert werden, dass es sich bei den Begriffen Biographie und Autobiographie ebenfalls um Paradoxe – fast schon um Oxymora – handelt. Während das Ziel einer konventionellen Biographie und Autobiographie – sei diese faktual oder fiktional – darin besteht, Leben und Schreiben bzw. Selbst (*auto*), Leben (*bios*) und Schreiben (*graphia*) miteinander zu verknüpfen und an den Punkten, wo dies unmöglich ist, so zu *tun*, als seien diese miteinander verknüpft, ist es das hervorstechende Merkmal von metabiographischen und metaautobiographischen Romanen, dass sie die Aufmerksamkeit gerade auf die Lücke zwischen Leben und Schreiben lenken. Autoren und Autorinnen fiktionaler Metabiographien verzichten bewusst darauf, im Stile einer herkömmlichen fiktionalen Biographie die Distanz, die zwischen dem Leben einer historischen Persönlichkeit und der Darstellung des Lebens im Medium der Fiktion liegt, zu überdecken. Vielmehr nutzen sie ein breites Spektrum von innovativen literarischen Darstellungstechniken, um die Unüberbrückbarkeit der Kluft zwischen der geschichtlichen Wirklichkeit und den Modellen der Biographie und Autobiographie offenzulegen.

Indem fiktionale Metabiographien das Verhältnis zwischen Geschichte (im Sinne eines vergangenen Ereigniszusammenhangs) und Literatur – zwischen einem vergangenem Leben und dessen sprachlicher Repräsentation in einer (fiktionalen) Biographie – problematisieren, übernehmen sie selbst aktive und produktive Funktionen als Medium der kulturellen Erinnerung, der biographischen Sinnstiftung, der metabiographischen Selbstreflexion und der Gattungskritik (vgl. Nadj 2006). Sie reflektieren nicht bloß die postmoderne Einsicht in die Textualität der historischen Überlieferung, sondern sie entwickeln selbst eigenständige Formen von fiktionaler Geschichtskonstruktion, die herkömmliche Ansichten von historischer Erkenntnis und traditionelle Modelle der Biographie in Zweifel ziehen, erweitern oder durch neue (seien es dekonstruktivistische oder konstruktivistische) Vorstellungen ersetzen können.

3. Peter Ackroyds fiktionale Biographien

Paradigmatisch für diese Tendenzen im Genre der fiktionalen Biographie sind die Romane Peter Ackroyds, der auch als Lyriker, Essayist, Rezensent, Herausgeber, Kulturkritiker und Biograph von T.S. Eliot und Charles Dickens hervorgetreten ist. Mit seinen Romanen hat Ackroyd vor allem der Gattung der fiktionalen Biographie bzw. Metabiographie wichtige Impulse verliehen. *The Last Testament of Oscar Wilde* (1983) ist als fiktionale, pastichehafte Autobiographie angelegt und wird aus der Perspektive des Titelhelden erzählt, der wenige Monate vor seinem Tod im Exil in Paris auf sein Leben zurückblickt. Bei Ackroyds drittem Roman, *Hawksmoor* (1985), handelt es sich insofern um eine fiktionale Doppelbiographie, als die Biographie des Architekten Nicholas Dyer, eines fiktiven Doppelgängers des berühmten Nicholas Hawksmoor (1661-1736), alternierend mit den vergeblichen Versuchen des Kommissars Hawksmoor erzählt wird, eine mysteriöse Serie von Mordfällen im London der 1980er Jahre aufzuklären. Durch die montagehafte und anachronische Struktur des Romans, die Durchdringung der Geschichten auf den beiden Zeitebenen und die Häufung fiktiver Doppelungen kommt es zu einer Auflösung der Grenze zwischen Vergangenheit und Gegenwart.

Die fiktionalen und nicht-fiktionalen Biographien Peter Ackroyds zählen zu jenen Werken, die durch die Thematisierung und Inszenierung von Problemen jeder Biographie das Bewusstsein dafür schärfen, dass die geschichtliche Welt dem Historiker und Biographen nicht direkt zugänglich ist, sondern nur in sprachlich vermittelter Form von perspektivisch gebrochenen, durch Genrekonventionen geprägten und subjektiv gefärbten Beschreibungen. In seinen Romanen wird deutlich, dass Quellen keinen direkten Zugang zu Fakten liefern und kein transparentes Medium sind, das einen unverzerrten Blick auf die Vergangenheit ermöglicht. Seine fiktionalen Metabiographien zeigen, dass Biographen bereits durch die Auswahl und narrative Anordnung des Materials ihre Objekte selbst konstruieren. Demzufolge erweisen sich auch biographische Werke als sprachliche Konstrukte, die narrative Darstellungsmuster verwenden.

Da in Ackroyds Romanen traditionelle und postmoderne Darstellungskonventionen in gleichem Maße verwendet werden, widersetzt sich sein Romanwerk einer eindeutigen Kategorisierung. Während sich die antimimetische Konzeption des postmodernen Romans, der in seiner anglo-amerikanischen Ausprägung überwiegend zur Metafiktion geworden ist, vor allem durch Selbstreflexivität auszeichnet, verbindet Ackroyd eine ausgeprägte metafiktionale Rückbezüglichkeit mit jener Vorliebe für das Erzählerische, die als typisch für die realistische englische Romantradition gilt. Im Kontext der sogenannten ‚Angelsächsischen Postmoderne' nimmt Ackroyd daher eine ambivalente Position ein: Einerseits verbindet ihn das Interesse an philosophischen und epistemologischen Fragen sowie die spannende Erzählweise mit der Tradition der großen englischen Romanautoren des 18. und 19. Jahrhunderts. Andererseits finden sich in seinen Romanen viele der typischen Kennzeichen postmodernen Erzählens wie der Wechsel von Fiktionsebenen, die Zirkularität der Struktur, das offene Ende, die

Auflösung des festen Charakters, die selbstreflexive Thematisierung von Literaturproduktion und der hohe Grad an intertextuellen Bezügen. Die Besonderheit seiner hybriden Romane beruht somit auf einer Verbindung traditioneller, moderner und postmoderner Erzählverfahren zu einer neuartigen Synthese.

4. Peter Ackroyds *Chatterton* als Paradigma der fiktionalen Biographie

Auch in *Chatterton*, der 1987 für den Booker Prize nominiert wurde, stellt Ackroyd eine historische Persönlichkeit in das Zentrum, denn der Roman kreist um das tragische Leben und umstrittene Werk von Thomas Chatterton (1752-1770), jenem frühreifen *marvellous boy* (Wordsworth), um den sich in der Romantik ein Kult entwickelte, der noch bis in das 20. Jahrhundert reicht. Ackroyd erzählt in *Chatterton* jedoch nicht eine traditionelle fiktionale Biographie des Titelhelden, sondern er macht das Schicksal dieses im Alter von 17 Jahren unter ungeklärten Umständen verstorbenen Dichters, der seine Gedichte als Originale des fiktiven mittelalterlichen Mönchs Thomas Rowley ausgab, bevor sie als Fälschungen entlarvt wurden, zum Gegenstand biographischer Nachforschungen und Spekulationen.

Die bereits durch den Titel signalisierte Zugehörigkeit des Romans zum Genre der fiktionalen Biographie bzw. Metabiographie ergibt sich daraus, dass Ackroyd auch in *Chatterton* verschiedene Handlungsstränge auf unterschiedlichen Zeitebenen verknüpft, die alle um eine historische Persönlichkeit kreisen. Verbunden werden die drei Handlungsstränge des Romans, die im 18., 19. und 20. Jahrhundert angesiedelt sind, durch das Leben des Dichters Chatterton, der auf allen drei Zeitebenen, wenn auch in unterschiedlicher Weise – mal als Protagonist, mal als Gegenstand eines Bildnisses und mal als Objekt biographischer Spekulationen – im Mittelpunkt steht. Während die Haupthandlung, die im London der Gegenwart situiert ist, das Rätsel um Chattertons Tod zum Gegenstand hat, schildert ein zweiter Handlungsstrang die Entstehung des Gemäldes *The Death of Chatterton* (1856) von Henry Wallis, bei dem der viktorianische Dichter George Meredith, dessen Frau ihn später dieses Malers wegen verließ, Modell saß und das maßgeblich zum Weiterleben der Chatterton-Legende beigetragen hat. Der im 18. Jahrhundert angesiedelte dritte Handlungsstrang besteht aus Fragmenten einer Autobiographie Chattertons, die als stilistisches Epochenpastiche angelegt ist. Diese fiktive Autobiographie fungiert ebenso als Kontrastfolie für die biographischen Mutmaßungen der Figuren auf den beiden anderen Zeitebenen wie die der eigentlichen Handlung vorangestellte Kurzbiographie des Dichters und die im letzten Teil des Romans wiedergegebene Biographie, eine fiktionalisierte Darstellung seines Todestages, der zufolge sein früher Tod kein Selbstmord war, sondern die Folge einer missglückten Kur einer Geschlechtskrankheit.

Bereits die Struktur des Romans verdeutlicht somit, dass es sich bei *Chatterton* weniger um eine fiktionale Biographie als um eine Metabiographie handelt: Anstatt den Lebenslauf des sagenumwobenen Dichters der Frühromantik mit mehr oder weniger konventionellen fiktionalen Mitteln zu schildern, lenkt Ackroyd die Aufmerksamkeit von Beginn an auf die Probleme der Biographen. Im Haupthandlungsstrang erwirbt der erfolglose Dichter Charles Wychwood, dessen Frau Vivien als Sekretärin in der Galerie der bizarren Kunsthändler Cumberland und Maitland den Lebensunterhalt für ihn und ihren frühreifen Sohn Edward verdient, in einem Antiquitätenladen ein Porträt, das sogleich eine große Faszination auf ihn ausübt. Sein Freund Philip Slack, ein Bibliothekar mit literarischen Ambitionen, bringt ihn auf die Idee, dass es sich bei dem abgebildeten Mann um Thomas Chatterton handeln könnte, der jedoch über dreißig Jahre vor der mutmaßlichen Entstehung des Gemäldes verstarb. Daraufhin bemühen sie sich gemeinsam, das Rätsel des Porträts zu lösen. Ihre Nachforschungen führen sie nach Bristol, Chattertons Geburtsort, wo Charles von einem skurrilen Nachfahren von Chattertons Verleger Joynson Manuskripte erhält, die vermeintlich aus der Hand des Dichters stammen. Aus diesen bekenntnishaften Aufzeichnungen, die in Form eines virtuosen Pastiche wiedergegeben werden, geht hervor, dass Chatterton auf Rat seines Verlegers seinen Selbstmord bloß vorgetäuscht hat, um unbemerkt unter dem Namen berühmter Dichter zu publizieren. Charles' Absicht, mit der Publikation dieser literaturgeschichtlichen Sensation an die Öffentlichkeit zu treten, wird dadurch vereitelt, dass er plötzlich an einem Gehirntumor stirbt. Daraufhin bringt die satirisch überzeichnete Romanautorin Harriet Scrope, die den ersten Erfolg ihrer Karriere einem unentdeckten Plagiat verdankt und die Charles zeitweise als Privatsekretär für die Abfassung ihrer Memoiren beschäftigt, das Porträt und die Papiere durch eine List in ihren Besitz, um selbst mit deren Veröffentlichung Furore zu machen.

Die für viele fiktionale (Meta-)Biographien charakteristische Durchdringung von Kunst und Leben, die auf allen drei Zeitebenen wiederkehrt, prägt auch das Geschehen des Handlungsstrangs auf der zweiten historischen Ebene, die sich ebenfalls mit dem Thema ‚Biographie' beschäftigt. In dessen Mittelpunkt steht insofern wiederum Chatterton, als er das Sujet von Henry Wallis' Gemälde ist. Darüber hinaus erörtert der Maler mit seinem Modell wiederholt das tragische Schicksal des Dichters. Dem als Dandy dargestellten George Meredith, der ebenso wie Wychwood zu Chattertons Doppelgänger wird, fällt während der Arbeit an dem Bild nicht auf, dass sich seine Frau Mary von ihm abwendet. Eingeleitet werden die viktorianischen Sequenzen mit Zitaten aus Merediths lyrischem Versroman *Modern Love* (1862), in dem er die Erfahrungen seiner unglücklichen Ehe verarbeitete.

Ist Chatterton für die Figuren im 19. und 20. Jahrhundert Gegenstand ihrer Recherchen und Reflexionen, so fungiert er in seiner fiktiven Autobiographie als Erzähler und als Hauptfigur. Die fiktionalisierte Version des letzten Tages im Leben Chattertons, die im dritten Teil des Romans alternierend mit dem Geschehen nach Charles' Tod erzählt wird, entzieht der Verklärung des Genies, das einen Märtyrertod für die Dichtung starb, den Boden. Die revisionistische Darstellung seines qualvollen Todes gestaltet in literarischer Form die in den Kontroversen um die Todesursache entstandene These, dass der Dichter nicht Selbstmord beging, sondern unter unglücklichen Umständen an der Überdosis eines Medikaments gegen eine Geschlechtskrankheit starb.

Dieser knappe Abriss der Handlung verdeutlicht bereits, dass *Chatterton* zentrale Merkmale der fiktionalen Metabiographie (vgl. Nadj 2006) aufweist. Die Haupthandlung wird in Gang gebracht und vorangetrieben durch das Bemühen der Figuren, das Rätsel um Chattertons mysteriösen Tod aufzuklären. Sie schlüpfen dabei in die Rolle des Biographen, der im Stile eines Detektiven nach Dokumenten und Quellen fahndet, aus denen die ‚Wahrheit' über das Leben und den Tod des von den Romantikern bewunderten jungen Dichters hervorgeht. Diese Suche nach der historischen und biographischen Wahrheit läuft aber insofern ins Leere, als sowohl die Figuren als auch die Leserinnen und Leser am Ende mit mehreren Versionen der Biographie konfrontiert werden, die nicht in Einklang zu bringen sind. Am Ende entpuppen sich das magische Porträt und einige weitere Bilder ebenso als Fälschungen wie die vermeintlichen Manuskripte Chattertons.

Wie in vielen fiktionalen Biographien und in der historiographischen Metafiktion ist es auch in *Chatterton* zunehmend schwer, zwischen historischer Wahrheit und Fiktion zu unterscheiden. So laufen die strukturelle Durchdringung der drei Zeitebenen und die Verwendung von Intertextualität als Medium poetologischer Selbstreflexion insgesamt auf eine Umdeutung und Auflösung der Dichotomie real vs. fiktiv hinaus. Dass es sich um eine Tendenz handelt, die in unterschiedlichen kulturellen Bereichen – von der Erkenntnistheorie bis hin zum Musikvideo – zu beobachten ist, erklärt sicher zum Teil die enorme Popularität von Ackroyds fiktionalen Biographien. Mit der Reflexion über die Selbstreferentialität von Kunst und die Konstruktivität von Geschichtsvorstellungen thematisiert und inszeniert Ackroyd in *Chatterton* zugleich zentrale kulturelle Fragen der Gegenwart.

Anstatt sich darauf zu beschränken, metabiographische Fragen in metafiktionalen Einschüben explizit zu erörtern, hat Ackroyd poetologische Selbstreflexion in *Chatterton* auch in Form eines dichten intertextuellen Bezugsfeldes erzählerisch umgesetzt, das die Textualität der geschichtlichen Überlieferung zur Anschauung bringt. Intertextuelle Echos, Nachbildungen und Nachdichtungen sind in diesem Roman so allgegenwärtig, dass es für die Figuren wie für den Leser schwierig ist, den Unterschied zwischen „what is real and what is unreal" (35) auszumachen. Eine Analyse der Formen und Funktionen intertextueller Bezüge sowie der metafiktionalen Thematisierung ästhetischer und geschichtstheoretischer Fragen in *Chatterton* gibt daher nicht nur Aufschluss über innovative Formen der fiktionalen Biographie, sondern auch über die (nicht nur) in diesem Roman implizierte Ästhetik und Poetologie (vgl. Maack 1991, 1993: 177ff.; A. Nünning 1994) sowie über die Paradoxien des *life-writing* und die Dekonstruktion des romantischen Kults der Originalität (vgl. A. Nünning 1999). So ist es etwa kennzeichnend für die fiktionale Metabiographie, dass Ackroyd in *Chatterton* den Akzent vom historischen Geschehen auf den Prozess der imaginativen Rekonstruktion des Lebens einer berühmten Person und auf die metafiktionale Auseinandersetzung mit den Problemen der Biographik verlagert.

In inhaltlicher Hinsicht werden die Handlungsstränge durch den in vielen metabiographischen Romanen im Mittelpunkt stehenden Versuch verbunden, in der Vergangenheit liegende Geheimnisse zu lüften. Schon die leitmotivische Wiederkehr von „mystery" (vgl. 17f., 55, 208) und „secret" (vgl. 45, 59f., 97) hebt hervor, dass der Handlungsverlauf auf der Gegenwartsebene nach dem Muster einer „quest" (45) und „pilgrimage" (49) aufgebaut ist. Neben der Identität des auf dem Porträt dargestellten Mannes bildet das Schicksal Chattertons das zentrale Rätsel, um dessen Aufklärung sich die Figuren bemühen.

Verstärkt wird die metabiographische Dimension des Romans noch dadurch, dass er mittels thematischer und struktureller Gattungsreferenzen Merkmale der fiktionalen Biographie mit denen des historischen Romans und des Detektivromans verbindet. Vor allem der Rückgriff auf Konventionen des Kriminalromans, der durch Anspielungen auf Sherlock Holmes (vgl. 18) noch verstärkt wird, verlagert den Akzent vom tatsächlichen Handlungsverlauf auf dessen Rekonstruktion und Interpretation. Wie sehr das Bemühen der Figuren in der Gegenwart darauf gerichtet ist, das Rätsel um Chatterton zu lösen, verdeutlicht etwa die Bemerkung von Charles, man wolle den Dichter und sein Schicksal entziffern: „‚And then we'll decode Chatterton.'" (57) Durch die thematische Akzentuierung des Entdeckens kommt es in vielen Szenen zu einer realistisch motivierten Verknüpfung der drei Handlungsstränge, die in den meisten Fällen auf dem Fund von Texten oder anderen kulturellen Objekten beruht.

Typisch für viele Metabiographien ist auch die montagehafte Struktur des Romans. Formal wird die enge Verbindung zwischen den nur scheinbar völlig getrennten Handlungssträngen durch das montagehafte und analytische Konstruktionsprinzip des Romans unterstützt, in dem Chattertons Lebensgeschichte, der Handlungsstrang um Wallis und das Ehepaar Meredith sowie Wychwoods Recherchen alternierend und unvermittelt nebeneinander gestellt werden. Obwohl es stets eindeutig möglich ist, zwischen dem Gegenwartsgeschehen und den durch den archaisierenden Sprachgebrauch abgesetzten Passagen aus dem 18. und 19. Jahrhundert zu unterscheiden, kommt es durch eine Vielzahl von kohärenzstiftenden Elementen allmählich zu einer arabeskenhaften Verquickung der Geschichten. Zur Verknüpfung der drei Handlungsstränge tragen neben der Duplizität von Ereignissen, Träumen und Visionen auch die Schauplätze, Entsprechungen zwischen den Figurenkonstellationen, wiederkehrende Szenen, Themen und Motive sowie vor allem die Vielzahl der intertextuellen Bezüge bei.

Die Bedeutung von Intertextualität für die Struktur von *Chatterton* und für dessen metabiographische Qualität schlägt sich auch darin nieder, dass eines der wichtigsten kohärenzerzeugenden Mittel die Wiederkehr von Hauptthemen ist, die aus der Weltliteratur hinlänglich bekannt sind. Zu den zentralen Themen des Romans, die auf allen drei Ebenen von Bedeutung sind, zählen der Gegensatz zwischen der Sterblichkeit des Individuums und der Unvergänglichkeit von Kunst, das Verhältnis zwischen dem

Leben und Werk eines Autors und dessen Überlieferung sowie der Topos des Künstlers als verkanntes Genie. Die Vorstellung, dass der Künstler durch seine Werke weiterlebt, wird nicht bloß im Figurendialog thematisiert (vgl. 77, 148, 161), sondern auch als Stoff literarischer Werke eingeführt.

Verstärkt werden die metafiktionale Rückbezüglichkeit und die Dichte des intertextuellen Bezugsfeldes noch dadurch, dass sich diese Themen in *Chatterton* mit wiederkehrenden Motiven verbinden. Dazu zählen etwa das Motiv des missverstandenen und scheiternden Künstlers, der nicht mehr schreiben kann, und das des magischen Porträts, das an Oscar Wildes *The Picture of Dorian Gray* (1891) erinnert. Zu den kohärenzstiftenden Motiven, die die Handlungsstränge verknüpfen, zählt außerdem die Vorstellung, von einer Idee, einer Person und der Vergangenheit besessen zu sein, die in A.S. Byatts hybridem Roman *Possession* (1990) im Mittelpunkt steht. Die kohärenzstiftende Wiederholung und Variation von Motiven und anderen Erzählelementen verleiht dem Roman nicht nur eine Struktur, durch die „the phenomenon of *déjà vu*" (69) in die erzählerische Praxis umgesetzt wird, sondern auch jenen hohen Grad an Rückbezüglichkeit, der metafiktionale, metabiographische und metahistoriographische Romane generell auszeichnet.

Gesteigert wird diese literarische Selbstbezüglichkeit in *Chatterton* durch ein breites Spektrum von Einzeltext- und Gattungsreferenzen. Neben einer großen Streubreite von intertextuellen Fremdverweisen auf Werke von Shakespeare, Marvell, Blake, Wordsworth, Dickens, Wilde, T.S. Eliot und zahlreiche andere Autoren und Autorinnen finden sich auch viele Selbstverweise, d.h. markierte und unmarkierte Zitate von Chatterton und Meredith, die dem Roman einen hohen Grad an Metatextualität und Rückbezüglichkeit verleihen. Dabei stellt sich die Frage, inwiefern die Verwendung von intertextuellen Anspielungen Einblick in die dem Roman zugrundeliegende Ästhetik – insbesondere in die implizierten Vorstellungen von Biographie sowie vom Verhältnis zwischen Fiktion und Wirklichkeit, Mimesis und Poiesis, Original und Nachbildung – vermitteln.

Gleich am Anfang des Romans wird das Problem der Unterscheidung zwischen Original und Fälschung eingeführt, als Charles das vermeintliche Porträt von Chatterton gegen zwei Bände von James Macpherson eintauscht, der seine Veröffentlichungen bekanntlich als Übersetzungen von Werken des gälischen Barden Ossian ausgab, die Macpherson im entlegenen schottischen Hochland gefunden haben wollte. Ohne sich dessen bewusst zu sein, bringt Charles eine Fälschung, die er für echt hält, in seinen Besitz, indem er sich von den Werken eines Fälschers trennt, dessen Nachahmungen eine Zeitlang als Originale galten. Ebenso wie die Frage der Echtheit der (nie aufgefunden) Originaltexte und der Glaubwürdigkeit von Macphersons Nachdichtungen von Anfang an strittig war, wird auch die Authentizität des Bildes von Beginn an durch seine mysteriöse Herkunft und durch die Skepsis verschiedener Figuren in Zweifel gezogen; Charles altkluger Sohn Edward stellt nach einem flüchtigen Blick auf das Porträt sogleich fest: „,It's a fake.'" (14, 16)

Die Frage nach der Authentizität stellt sich auch im Falle von Chattertons fiktiver Autobiographie, die Charles in Bristol von einem skurrilen Nachfahren von Chattertons Verleger erhält. Nachdem Charles seinem Freund Philip die Autobiographie Chattertons vorgelesen hat, fragt dieser ihn, „‚Is it real?‘“ (93), was Charles nachdrücklich bejaht, um sogleich präzisierend anzufügen, dass das Exemplar, aus dem er gerade vorgelesen hat, eine vorsorglich angefertigte Kopie sei. Je mehr sich die Figuren darum bemühen, die Echtheit und den Wahrheitsgehalt der Quelle festzustellen, desto weniger erweist es sich als möglich, eindeutig zwischen Kopien und Originalen zu differenzieren. Besonders deutlich wird dieser Prozess etwa an den zahlreichen Paradoxien, die sich in den Figurendialog einschleichen: „‚There has to be a copy,‘ he said to Philip [...]. ‚How could we know that it was real without a copy? Everything is copied.‘“ (93) Wird aber die Kopie zum Maßstab des Wirklichkeitsbeweises, dann werden Original und Nachbildung ununterscheidbar.

Wenn Charles und Philip bei ihren Recherchen auf Texte wie Meyersteins Biographie *A Life of Chatterton* (125) zurückgreifen, müssen sie letztlich feststellen, dass auch diese bloß Versionen des Schicksals von Chatterton liefern und nicht endgültig zu dessen Aufklärung führen. Das Bemühen der Figuren, die Authentizität des Porträts und der Autobiographie zu ermitteln, wird fortwährend durch offenkundige Ungereimtheiten unterminiert. Während Charles anfangs über die Diskrepanzen zwischen verschiedenen Biographien und Dokumenten verärgert ist, gewinnt er zunehmend Einsicht in die Relativität von Wahrheit(en): „If there were no truths, everything was true.“ (127) Das aus solchen Unstimmigkeiten entstehende, unaufgelöste Spannungsverhältnis zwischen konkurrierenden Versionen und Schilderungen trägt in *Chatterton* dazu bei, die Fiktionalität von jeder Form von Geschichtsdarstellung freizulegen, die Probleme des Biographen in selbstreflexiver Weise zu beleuchten und die Repräsentationsbeziehung zwischen Quellen und historischen Ereignissen radikal in Zweifel zu ziehen. Durch das intertextuelle Bezugsnetz wird in *Chatterton* nicht nur die unhintergehbare Textualität der geschichtlichen Überlieferung betont und die Vorstellung von historischer und biographischer Wahrheit als Fiktion entlarvt, sondern auch der konstruktive Charakter jeder Darstellung von Geschichte und Lebensgeschichten hervorgehoben: „Why should historical research not also remain incomplete, existing as a possibility and not fading into knowledge?“ (213) Ebenso wie die Hauptfiguren in anderen fiktionalen Metabiographien müssen Charles und Philip in Ackroyds Roman letztlich feststellen, dass auch vermeintlich faktengetreue Biographien nur Versionen des Lebens von Chatterton darstellen, ohne sein Schicksal mit letzter Gewissheit aufklären zu können.

5. Ausblick: Fiktionale Biographien und Metabiographien seit 1990

Nicht nur Peter Ackroyd hat seit 1990 mit Romanen wie *The House of Doctor Dee* (1993), *Dan Leno and the Limehouse Golem* (1994) und *Milton in America* (1996) eine Reihe weiterer fiktionaler Biographien vorgelegt. Biographische Romane bzw. *biofictions* erfreuen sich vielmehr generell weiterhin sehr großer Beliebtheit. Vor allem die Dichter und neuerdings vereinzelt auch Dichterinnen der Romantik zählen zu den besonders beliebten Sujets solcher Romane (vgl. Middeke/Huber 1999). Judith Chernaik lenkt in *Mab's Daughters* (1991) den Blick etwa auf die Frauen des Shelley-Kreises.

Im Genre der fiktionalen Biographie lassen sich seit den 1990er Jahren zwei gegenläufige Tendenzen beobachten, von denen die eine bis etwa 2000 vorherrscht, während die andere seit der Jahrtausendwende stärker zu werden scheint. Auf der einen Seite lässt sich eine Fortsetzung der metabiographischen und metafiktionalen Tendenzen beobachten, für die Julian Barnes' *Flaubert's Parrot* (1984) und Ackroyds biographische Romane frühe Musterbeispiele sind. Exemplarisch für das Genre der fiktionalen Metabiographie sind etwa Romane wie Barry Unsworths *Losing Nelson* (1999) sowie die Romane der kanadischen Autorin Carol Shields (vgl. Nadj 2006). Den Höhepunkt dieser Entwicklung bildet Antonia S. Byatts hochgradig selbstreflexive fiktionale Metabiographie *The Biographer's Tale* (2000), die bereits durch den Titel eindeutig signalisiert, dass es sich um eine Geschichte des Biographen handelt, und die zu Recht als „Paradigma metabiographischer Selbstreflexivität" (Nadj 2006: 297) bezeichnet worden ist. Ein ähnlich selbstreflexives Pendant im Genre der fiktionalen Autobiographie bildet Dave Eggers' Roman *A Heartbreaking Work of Staggering Genius* (2000), der ein parodistisches Spiel mit den Konventionen der Autobiographie treibt (vgl. A. Nünning 2005).

Auf der anderen Seite sind im gleichen Zeitraum und verstärkt seit 2000 biographische Romane erschienen, die von einer Rückkehr zum Erzählen und von einer auch in anderen Genres zu beobachtenden Rückbesinnung auf modernistische Schreibweisen zeugen. Die explizite metabiographische Selbstreflexion tritt in solchen Romanen weitgehend in den Hintergrund zugunsten einer differenzierten, wenngleich oftmals revisionistischen Schilderung des Lebens einer historischen Persönlichkeit oder mehrerer. Beispielhaft wird diese Entwicklung deutlich, wenn man Julian Barnes' postmodernen Klassiker *Flaubert's Parrot* (1984), der geradezu ein „Paradigma historiographischer und biographischer Metafiktion" (A. Nünning 1998) darstellt, mit seinem neuesten Roman, der Doppelbiographie *Arthur & George* (2005), vergleicht, in deren Zentrum Sir Arthur Conan Doyle und George Edalji stehen und die die Doppelbödigkeit der viktorianischen Epoche mit modernistischer Behutsamkeit beschreibt. Auch David Lodges *Author, Author* (2004), eine fiktionale Biographie von Henry James, ist weitgehend frei von metabiographischer Selbstreflexivität und zeugt von einer Rückkehr zu traditionelleren und modernistischen Formen der Erzählung von Lebensgeschichte(n). Was hingegen die beiden gegenläufigen Entwicklungen verbindet, ist das Interesse an der Frage, wie aus menschlichem Leben Geschichten (vgl. Eakin 1999) werden und wie sich diese Geschichten im Medium der Fiktion erzählen lassen. Und da dies eine Frage ist, die offenbar für ein breites Lesepublikum von großem Interesse ist, dürften sich fiktionale (Meta-)Biographien wohl auch im 21. Jahrhundert weiterhin großer Beliebtheit erfreuen.*

Literatur

Werke

Ackroyd, Peter. 1984 [1983]. *The Last Testament of Oscar Wilde*. London: Abacus, Sphere Books.
—. 1988 [1984]. *T.S. Eliot*. London: Cardinal, Sphere Books.
—. 1986 [1985]. *Hawksmoor*. London: Abacus, Sphere Books.
—. 1988 [1987]. *Chatterton*. London: Abacus, Sphere Books.
—. 1990 [1989]. *First Light*. London: Abacus, Sphere Books.
—. 1990. *Dickens*. London: Sinclair-Stevenson.
—. 1992. *English Music*. Harmondsworth: Penguin.
—. 1993. *The House of Doctor Dee*. London: Hamish Hamilton.
—. 1995. *Blake*. London: Sinclair-Stevenson.
—. 1995 [1994]. *Dan Leno and the Limehouse Golem*. London: Minerva.
—. 1997 [1996]. *Milton in America*. London: Minerva.
—. 1998. *The Life of Thomas More*. London: Chatto & Windus.
Barnes, Julian. 1985 [1984]. *Flaubert's Parrot*. London: Picador.
—. 2005. *Arthur & George*. London: Jonathan Cape.
Bradbury, Malcolm. 1993 [1987]. *Mensonge*. Harmondsworth: Penguin.
Byatt, Antonia S. 2000. *The Biographer's Tale*. London: Chatto & Windus.
Chernaik, Judith. 1992 [1991]. *Mab's Daughters*. London: Pan.
Eggers, Dave. 2000. *A Heartbreaking Work of Staggering Genius*. London: Picador.
Lodge, David. 2005 [2004]. *Author, Author*. Harmondsworth: Penguin.
Unsworth, Barry. 2000 [1999]. *Losing Nelson*. Harmondsworth: Penguin.

Ausgewählte Fachliteratur

Klein, Christian (Hg.). 2002. *Grundlagen der Biographik: Theorie und Praxis des biographischen Schreibens*. Stuttgart/Weimar: Metzler.

Dieser Sammelband bietet eine grundlegende Darstellung der Theorie und Praxis der Biographie.

Kramer, Stephanie. 2000. *Fiktionale Biographie: (Re-)Visionen und (Re-)Konstruktionen weiblicher Lebensentwürfe in Dramen britischer Autorinnen seit 1970: Ein Beitrag zur Typologie und Entwicklung des historischen Dramas*. Trier: Wissenschaftlicher Verlag Trier.

Beste Gesamtdarstellung zu fiktionalen Biographien im Drama.

---

* Für die sorgfältige Durchsicht des Manuskriptes danke ich herzlich meinem Assistenten René Dietrich.

Maack, Annegret. 1993. „Das Leben der Toten Dichter: Fiktive Biographien.“ In: Dies. & Rüdiger Imhof (Hgg.). *Radikalität und Mäßigung: Der englische Roman seit 1960*. Darmstadt: Wissenschaftliche Buchgesellschaft. 169-88.

Einführender Überblicksartikel zum Genre fiktiver Biographien mit Kurzinterpretationen von Romanen von Peter Ackroyd, Julian Barnes, William Boyd, Anthony Burgess, A.S. Byatt und Robert Nye.

Middeke, Martin & Werner Huber (Hgg.). 1999. *Biofiction(s): The Rewriting of Romantic Lives in Contemporary Drama and Fiction*. Columbia, SC: Camden House.

Lesenswerte Aufsatzsammlung mit Beiträgen zu fiktionalen Biographien romantischer Autoren und Autorinnen im zeitgenössischen Roman und Drama.

Nadj, Julijana. 2006. *Die fiktionale Metabiographie: Gattungsgedächtnis und Gattungskritik in einem neuen Genre der englischsprachigen Erzählliteratur*. Trier: Wissenschaftlicher Verlag Trier.

Grundlegende gattungstheoretische und funktionsgeschichtliche Studie zum Genre fiktionaler Metabiographien mit ausführlichen Interpretationen von Romanen von u.a. Antonia S. Byatt, Steven Millhauser, Carol Shields und Barry Unsworth.

Nünning, Ansgar. 1994. „Die Kopie ist das Original der Wirklichkeit: Struktur, Intertextualität und Metafiktion als Mittel poetologischer Selbstreflexion in Peter Ackroyds *Chatterton*.“ In: *Orbis Litterarum* 49: 27-51.

Eine der ersten ausführlichen Interpretationen von *Chatterton*.

—. 1995. *Von historischer Fiktion zu historiographischer Metafiktion. Bd. II: Erscheinungsformen und Entwicklungstendenzen des historischen Romans in England seit 1950*. Trier: Wissenschaftlicher Verlag Trier.

Monographie zum historischen Roman und zur historiographischen Metafiktion mit dem Schwerpunkt auf dem englischen Roman seit den 1980er Jahren und Interpretationen von *Chatterton* sowie ca. 40 weiteren englischen Romanen der Gegenwart.

—. 1999. „An Intertextual Quest for Thomas Chatterton: The Deconstruction of the Romantic Cult of Originality and of the Paradoxes of ‚Life-Writing‘ in Peter Ackroyd’s Fictional Metabiography *Chatterton*.“ In: Martin Middeke & Werner Huber (Hgg.). *Biofiction(s): The Rewriting of Romantic Lives in Contemporary Drama and Fiction*. Columbia, SC: Camden House. 27-49.

Interpretation von *Chatterton* als fiktionale Metabiographie und kritische Auseinandersetzung mit dem romantischen Kult des Originalgenies.

—. 2000. „Von der fiktionalen Biographie zur biographischen Metafiktion.“ In: Christian von Zimmermann (Hg.). *Fakten und Fiktionen: Strategien fiktionalbiographischer Dichterdarstellungen in Roman, Drama und Film seit 1970*. Tübingen: Gunter Narr. 15-36.

Grundriss einer Gattungstypologie der verschiedenen Spielarten von fiktionalen Biographien.

Onega, Susanna. 1998. *Peter Ackroyd: The Writer and His Work*. Plymouth: Northcote House & The British Council.

Sehr gute Einführung in Ackroyds Werke bis 1996.

—. 1999. *Metafiction and Myth in the Novels of Peter Ackroyd*. Columbia, S.C.: Camden House.

Bislang beste Monographie zu Peter Ackroyd mit Interpretationen aller Romane von *The Great Fire of London* bis zu *Milton in America*.

Schabert, Ina. 1990. *In Quest of the Other Person: Fiction as Biography*. Tübingen: Francke.

Wichtigstes Standardwerk zum Genre der fiktionalen Biographie mit vielen erhellenden Interpretationen.

Wagner-Egelhaaf, Martina. 2000. *Autobiographie*. Stuttgart: Metzler.

Einführung und Standardwerk zur Gattung der Autobiographie.

Zimmermann, Christian von (Hg.). 2000. *Fakten und Fiktionen: Strategien fiktionalbiographischer Dichterdarstellungen in Roman, Drama und Film seit 1970*. Tübingen: Gunter Narr.

Aspektreicher komparatistischer Sammelband zu fiktionalen Dichterbiographien in verschiedenen Nationalliteraturen.

Zwierlein. Anna Julia. 2000. „‚Bless The Thief for He Lightens Your Burden': Fälschung und Subjektkonstitution in Peter Ackroyd's *Chatterton* (1987) und Alan Walls *Bless the Thief* (1997)." In: *Poetica* 32: 499-526.

Sehr guter Aufsatz zum Problem der Fälschung und Subjektkonstitution in *Chatterton*.

Weitere zitierte Literatur

Batchelor, John (Hg.). 1995. *The Art of Literary Biography*. Oxford: Clarendon Press.

Certeau, Michel de. 1988. *The Writing of History*. New York: Columbia University Press [Orig. franz. *L'écriture de l'histoire*].

Eakin, Paul John. 1999. *How Our Lives Become Stories: Making Selves*. Ithaca/London: Cornell University Press.

Epstein, William H. (Hg.). 1991. *Contesting the Subject: Essays in the Postmodern Theory and Practice of Biography and Biographical Criticism*. West Lafayette, IN: Purdue University Press.

Faber, Marion. 1980. „Wolfgang Hildesheimer's *Mozart* as Meta-Biography." In: *Biography* 3: 202-08.

Jolly, Margaretta. (Hg.). 2001. *Encyclopedia of Life Writing: Autobiographical and Biographical Forms*. Vol. 1: A-K; Vol. 2: L-Z. London/Chicago: Fitzroy Dearborn.

Maack, Annegret. 1991. „Charakter als Echo: Zur Poetologie fiktiver Biographien." In: Martin Brunkhorst, Gerd Rohmann & Konrad Schoell (Hgg.). *Klassiker-Renaissance: Modelle der Gegenwartsliteratur*. Tübingen: Stauffenburg. 247-58.

Nünning, Ansgar. 1998. „‚How do we seize the past?' Julian Barnes' fiktionale Metabiographie *Flaubert's Parrot* als Paradigma historiographischer und biographischer Metafiktion." In: *Literatur in Wissenschaft und Unterricht* 31.2: 145-71.

—. 2005. „Fictional Metabiographies and Metaautobiographies: Towards a Definition, Typology and Analysis of Self-Reflexive Hybrid Metagenres." In: Werner Huber, Martin Middeke & Hubert Zapf (Hgg.). *Self-Reflexivity in Literature*. Würzburg: Königshausen & Neumann. 195-209.

Schabert, Ina. 1995. „Die Postmoderne und danach: Geschichtserfahrung im englischen Roman der Gegenwart." In: Johann Holzner & Wolfgang Wiesmüller (Hgg.). *Ästhetik der Geschichte*. Innsbruck: Institut für Germanistik der Universität Innsbruck. 213-37.

Woolf, Virginia. 1981 [1942]. „The Art of Biography." In: Dies. *The Death of the Moth and Other Essays*. London: The Hogarth Press. 119-26.

7.

Fictions of Memory: Kazuo Ishiguro

Dorothee Birke

> *There is no escape from yesterday because yesterday has deformed us, or been deformed by us.*
> *(Samuel Beckett,* Proust, Three Dialogues*)*

1. Themen und Kennzeichen der *Fictions of Memory*

In den letzten drei Jahrzehnten ist innerhalb der Kulturwissenschaften ein gestiegenes Interesse an der Erinnerung und der Frage nach ihren Funktionen zu verzeichnen. Dabei hat sich die Aufmerksamkeit zunehmend auf die aktive Rolle des Erinnernden in der Gegenwart gerichtet, die auch in dem oben vorangestellten Zitat hervorgehoben wird: Beckett betont, dass Erinnerung nicht als fertiges Produkt zu sehen ist, mit dem Vergangenheit zu jeder Zeit unverändert abrufbar ist und das allenfalls einige Lücken aufweist, sondern als Prozess, der von der Gegenwart aus beeinflusst wird. Erinnerung wird immer auch maßgeblich von Bedürfnissen, Sichtweisen und Emotionen bestimmt, die nicht der erinnerten Vergangenheit, sondern dem Moment des Erinnerns angehören (vgl. Schacter 1996: 5). Erinnern stellt also immer eine Rekonstruktion von Vergangenem auf der Grundlage des gegenwärtigen Wissensstandes und der gegenwärtigen emotionalen Verfassung dar. Gleichzeitig wird anerkannt, dass die Erinnerung als ‚Rückgrat unserer Identitätsbildung' (Aleida Assmann) eine kaum zu überschätzende Rolle im Leben von Individuen spielt. Der amerikanische Kognitionspsychologe Daniel Schacter hat diese Problematik auf die einprägsame Formel ‚*memory's fragile power*' gebracht: „[E]ven though memory can be highly elusive in some situations and dead wrong in others, it still forms the foundation for our most strongly held beliefs about ourselves." (Schacter 1996: 7)

Es überrascht kaum, dass das komplexe Verhältnis von Identität und Erinnerung auch in zahlreichen zeitgenössischen Romanen zum Thema wird. Die Bezeichnung ‚*fictions of memory*' kann, wie Birgit Neumann (2005: 8) in ihrer gleichnamigen Studie konstatiert, inzwischen als „übergreifender Gattungsbegriff zur Bezeichnung von Romanen" verwendet werden, „die die konstitutive Interdependenz von Erinnerungen und Identitäten – sei es in der individuellen oder der kollektiven Dimension – inszenieren". Der Begriff lässt sich aber nicht nur als Zusammenfassung einer inhaltlichen Orientierung der Werke lesen (‚fiktionale Texte, die sich mit Erinnerung beschäftigen'), sondern auch als Verweis auf das eingangs zusammengefasste Verständnis von Erinnerung als einem (Re)Konstruktionsprozess, der ein verzerrtes oder verfälschtes Bild der Vergangenheit vermitteln kann (‚Fiktionen, die von der Erinnerung hervorgebracht werden'; vgl. A. Nünning 2003b: 5).

Romane, die als *fictions of memory* dem starken gesellschaftlichen Interesse an Erinnerung Rechnung tragen, weisen eine große Bandbreite an Formen und Funktionen auf. Birgit Neumann hat eine Differenzierung von verschiedenen Ausprägungen vorgeschlagen, die mit Hilfe zweier Begriffspaare vorgenommen werden kann: ‚Gedächtnis' vs. ‚Erinnerung' und ‚individuelles' vs. ‚kollektives' Erinnern. Danach lässt sich zum einen unterscheiden zwischen Romanen, die sich eher mit dem Produkt der Erinnerung beschäftigen (‚Gedächtnisromane') und solchen, die das Erinnern als Prozess in den Blick nehmen (‚Erinnerungsromane'). Zum anderen kann der Fokus entweder auf der Erinnerung aus der Perspektive einer einzelnen Figur liegen, oder aber auf der kollektiven Erinnerung einer Gruppe (vgl. Neumann 2005: 208-10).

Im Gegensatz zu Romanen, die sich bevorzugt kollektiven Erinnerungsprozessen widmen (vgl. Kap. 15 in diesem Band), geht es in *fictions of memory* um die Erinnerung einzelner Figuren. Die betreffenden Werke sind häufig in der ersten Person geschrieben und können als ‚quasi-autobiographische Ich-Romane' oder ‚fiktionale Autobiographien' bezeichnet werden (vgl. Löschnigg 2006: 3). Sie eignen sich in besonderer Weise dazu, einen Aspekt des Erinnerns als konstruktivem Prozess darzustellen, der von der Psychologie und der Autobiographieforschung immer wieder hervorgehoben wird: seine narrative Überformung. Erst die narrative Strukturierung von Erinnerung, so die These des Autobiographieforschers Paul John Eakin, erlaubt es uns, durch die Zeit hindurch das frühere und das jetzige Selbst als ein- und dasselbe Ich zu erleben und zu betrachten (vgl. Eakin 1999: 137). In Romanen, die Formen des autobiographischen Schreibens verwenden – die Ich-Form, die Trennung in Zeitebenen der Gegenwart und der Vergangenheit, die chronologische und kausale Verknüpfung von Episoden zu einer Geschichte – wird diese narrative Strukturierung zum Thema: Sie wird nachvollzogen, aber in manchen Werken auch modifiziert und in Frage gestellt.

Eine besondere Ausprägung der Ich-Erzählung ist in quasi-autobiographischen Erinnerungsromanen besonders häufig zu finden: die erzählerische Unzuverlässigkeit. In *fictions of memory*, die den Modus des unzuverlässigen Erzählens verwenden, wird der Leser im Lauf der Geschichte mit Ungereimtheiten konfrontiert, die die Idee nahe legen, dass es sich bei dem dargestellten Bild von der Vergangenheit nur um eine Version handelt, die in Frage gestellt werden könne oder müsse. So werden die Grenzen der Leistungsfähigkeit von Erinnerung thematisiert – in manchen Fällen wird aber auch die grundsätzliche Frage aufgeworfen, aufgrund welcher Kriterien Erinnerungen überhaupt als ‚wahr' oder ‚verfälscht' eingestuft werden können. Ein zentrales Spannungsfeld ergibt sich aus der Erkenntnis, dass Erinnerung zwar einerseits keinen direkten oder objektiven Zugriff auf Vergangenheit erlaubt, dass andererseits aber die Frage nach der Wahrheit von Erinnerung für die Identitätsfindung zentral ist. Mit Hilfe von unzuverlässigem Erzählen kann Erinnerung als Prozess dargestellt werden, der nicht als solcher gegeben ist, sondern in vielerlei Hinsicht ausgehandelt werden muss: zwischen verschiedenen Personen und Gruppen, aber auch im Hinblick auf widersprüchliche Bedürfnisse eines Individuums.

2. Der zeitgenössische Erinnerungsroman: Vorläufer und zentrale Vertreter

Ein Überblick über die Geschichte des zeitgenössischen Erinnerungsromans kommt an der Tatsache nicht vorbei, dass Erinnerung schon weit länger als dreißig Jahre ein zentrales Thema im englischen Roman ist. Aufgrund der langen Entwicklungsgeschichte können an dieser Stelle nur kurz einige zentrale Vorläufer des zeitgenössischen Erinnerungsromans genannt werden.

Ein wichtiger Meilenstein auf dem Weg zum zeitgenössischen Erinnerungsroman ist die fiktionale Autobiographie des 19. Jahrhunderts, wie besonders anschaulich am Beispiel von Charles Dickens' *The Personal History of David Copperfield* (1849/50) gezeigt werden kann. Der Roman, zu dem Martin Löschnigg (1999: 184) feststellt, dass „die Thematisierung des Phänomens Erinnerung nie zuvor in der englischen Literatur mit solcher Konsequenz erfolgte", zeichnet die Lebensgeschichte des titelgebenden Ich-Erzählers nach, der sich als erwachsener Mann an seine unglückliche Kindheit und seinen turbulenten Werdegang als Heranwachsender erinnert. Besonders kennzeichnend ist die Trennung zwischen einem ‚erlebenden' bzw. ‚erinnerten' Ich, dem jungen David, und einem ‚erzählenden' bzw. ‚erinnernden' Ich, das sich in einer nicht näher spezifizierten Gegenwart befindet und die Handlungen des erlebenden Ich aus der Distanz beurteilen und einordnen kann. Zahlreiche explizite Hinweise auf den Erinnerungsprozess („I remember", „I never shall forget" etc.) machen immer wieder deutlich, dass die Ebene der Vergangenheit von der Gegenwart aus vermittelt wird. Das erzählende Ich modelliert und interpretiert im Erinnern seinen eigenen Werdegang als einen Reifungsprozess. Die chronologische Ordnung und kausallogische Verknüpfung der erinnerten Episoden werden so als Leistungen eines Subjekts dargestellt, das in einem Sinnfindungsprozess begriffen ist. Auch wenn in der Dickens-Forschung keineswegs Einigkeit darüber herrscht, ob das Resultat dieses Sinnfindungsprozesses als ungebrochene Erfolgsgeschichte zu sehen ist, wird doch nicht in Frage gestellt, dass Erinnerung in dem Werk eine grundsätzliche sinnstiftende Funktion hat: In *David Copperfield* ist das erzählende Ich zu jeder Zeit Herr der Lage.

Während Erinnerung in fiktionalen Autobiographien wie Dickens' Roman als das Vermögen dargestellt wird, die Vergangenheit von einem festen Standpunkt in der Gegenwart aus Revue passieren zu lassen und als Lebensgeschichte in eine sinnstiftende narrative Form zu bringen, wird in Romanen des Modernismus, in denen das Thema ‚Erinnerung' ebenfalls Hochkonjunktur hat, eher die enge Verflechtung von Gegenwart und Vergangenheit inszeniert. ‚Erinnern' heißt in diesen Romanen nicht bewusste Rückschau, Werten und Einordnen von Vergangenem, sondern die Erfahrung, dass Gegenwart immer von Vergangenem durchdrungen ist, und dass bestimmte Erlebnisse und Sinneseindrücke in jedem Moment unerwartet Bilder der Vergangenheit heraufbeschwören können (vgl. Nalbantian 2003: 78). Als prominentes Beispiel für eine solche Darstellung von Erinnerung kann Virginia Woolfs Roman *Mrs Dalloway* (1925) gelten, in dem ein Tag im Leben einer Dame der gehobenen Londoner Gesellschaft beschrieben wird. Im Unterschied zu einem Roman wie *David Copperfield* scheint sich *Mrs Dalloway* auf den ersten Blick ganz auf die Gegenwart des einen beschriebenen Tages zu konzentrieren. Konstitutiver Teil dieses Tages sind allerdings Erinnerungen an die Vergangenheit, die vom gegenwärtigen Erleben der Figuren, von Sinneseindrücken und Emotionen ausgelöst werden und diese gleichzeitig mit prägen. Die Innenwelt der Charaktere wird nicht mit Hilfe der Ich-Erzählform dargestellt, sondern durch eine personale Erzählweise, die nahtlose Übergänge zwischen den Gedanken oder Gefühlen der verschiedenen Reflektorfiguren und den mehr oder weniger verdeckten Äußerungen der Erzählerinstanz erlaubt. Es werden keine klaren Trennungen zwischen einem ‚Ich' in der Gegenwart und einem ‚Ich' in der Vergangenheit vorgenommen. Im Vordergrund steht daher nicht eine Differenz zwischen den Zeitebenen, die einen Entwicklungsprozess verdeutlichen könnte, sondern deren enge Verwobenheit im subjektiven Empfinden.

Viele zeitgenössische *fictions of memory* beerben die modernistische Darstellungsweise von Erinnerung insofern, als sie häufig von einem starken Interesse an einer Ausarbeitung der Gegenwartsebene, am Erinnern selbst als Erleben, geprägt sind. Auch der enge Bezug zwischen den verschiedenen Zeitebenen spielt in zeitgenössischen Erinnerungsromanen eine große Rolle, wobei sich der Einfluss der Gegenwart auf das Erinnern nicht darauf beschränkt, dass Erlebnisse und Eindrücke über assoziative Prozesse zurück in die Vergangenheit führen. Vielmehr wird gezeigt, wie Erinnerungsinhalte selbst durch die Gegenwart beeinflusst werden. Gleichzeitig wendet sich der zeitgenössische Roman aber auch wieder einem Aspekt des Erinnerns zu, der in der fiktionalen Autobiographie des 19. Jahrhunderts im Mittelpunkt stand, in modernistischen Romanen nach der Manier von Woolf jedoch eher ausgeblendet wurde: dem Prozess der narrativen Sinnstiftung. Die ‚Rückkehr zum Erzählen' (vgl. Nünning 1998a: 160), die als eine wichtige Tendenz des zeitgenössischen Romans gilt, spielt für den Erinnerungsroman eine ganz besondere Rolle: Die narrative Überformung der Vergangenheit, also das Erzählen der eigenen Lebensgeschichte, rückt als Thema in den Mittelpunkt. Dieses besondere Interesse am Erzählen als solchem ist sicherlich ein Grund, warum zeitgenössische Erinnerungsromane besonders häufig in der Ich-Form geschrieben sind. Diese Erzählhaltung erlaubt es, den Prozess der narrativen Sinnstiftung darzustellen und mittels besonderer Verfahren wie dem unzuverlässigen Erzählen auch Fragen nach Grenzen, Problematik und Krisen der narrativen Überformung von Vergangenheit in den Blick zu nehmen.

Als eine der Pionierinnen und wichtigsten Vertreterinnen des zeitgenössischen Erinnerungsromans kann Penelope Lively gelten, die in vielen ihrer Romane das Thema ‚individuelle Erinnerung' behandelt. Immer wieder geht es um Figuren, die damit konfrontiert werden, dass sie Annahmen über ihre Vergangenheit, die sie bisher als selbstverständlichen Teil ihrer Erinnerung ansahen, revidieren müssen. In *The Road to Lichfield* (1977) etwa findet eine Frau erst nach dem Tod ihres Vaters heraus, dass dieser eine Geliebte und ein uneheliches Kind hatte, und erkennt, dass diese Informationen ihre eigenen Erinnerungen an ihn nachhaltig in Frage stellen. „I begin to see how slippery the past is" (91) ist ihr Fazit aus der Erfahrung, dass sich vermeintlich unumstößliches ‚Wissen' über das eigene Leben retrospektiv als trügerisch erweisen kann. Ähnliches geschieht in *Perfect Happiness* (1983) und in *The Photograph* (2003), in denen die Protagonisten jeweils nach dem Tod des Ehepartners neue Informationen über deren Vergangenheit erhalten, die ihr Leben in der Gegenwart nachhaltig erschüttern. Auf diese Weise schärfen Livelys Romane den Blick dafür, dass unsere Vorstellungen von der Vergangenheit nur scheinbar uns allein gehören und unverrückbar sind – sie sind stets aufs engste mit den Erinnerungen anderer Menschen verbunden.

Noch stärker tritt der Prozess des Erinnerns in den Erinnerungsromanen *Spies: A Novel* (2002) von Michael Frayn und *The Dandelion Clock* (1999) von Guy Burt in den Vordergrund, die sich ebenfalls mit Kindheitserinnerungen befassen. In beiden Romanen steht ein Ich-Erzähler im Mittelpunkt, der an den Ort zurückkehrt, an dem er aufwuchs, und sich dort mit Ereignissen konfrontiert sieht, die er verdrängt hatte. Das langsame Herantasten an die schmerzhaften Erlebnisse wird inszeniert, indem das erzählende Ich immer wieder bruchstückhafte Andeutungen über die Geschehnisse der Vergangenheit macht, die über die Darstellung der erinnerten Handlung erst nach und nach eingeholt und erklärt werden. Besonders komplex ist der chronologische Aufbau in Burts Roman, der auf vier verschiedenen Zeitebenen spielt – zum Teil mit so abrupten Übergängen, dass die Leserinnen und Leser eine Weile brauchen, um sich im Zeitgefüge des Romans zu orientieren. Beide Romane stellen das Verhältnis zwischen erzählendem und erlebendem Ich als ambivalent dar: Zum einen wird über die Erinnerung eine Kontinuität hergestellt zwischen dem ‚Ich' der Gegenwart und dem der Vergangenheit (oder, im Fall von Burt, den multiplen ‚Ichs' auf den verschiedenen Vergangenheitsebenen). Zum anderen erscheint das erlebende Ich vom erzählenden Ich dadurch getrennt, dass es zum damaligen Zeitpunkt den Gang der Ereignisse und die eigene Rolle darin nicht überblicken konnte. Das erlebende Ich glaubt in beiden Romanen in einer Kinderwelt zu agieren, und der Erzähler kann erst im Rückblick sehen, wie aus einem Spiel eine schuldhafte Verstrickung in die Belange der Erwachsenenwelt wurde. Mit dem Erinnern in diesen Romanen ist daher der Versuch verbunden, Brüche in der eigenen Lebensgeschichte aufzuarbeiten und das Ich der Gegenwart und das der Vergangenheit im Akt des Erzählens miteinander zu verbinden.

In den *new Gothic novels* (vgl. Kap. 11 in diesem Band) von Patrick McGrath ist es gerade diese narrative Erklärungsarbeit, die radikal in Frage gestellt wird. In *The Grotesque* (1989) und *Spider* (1990) stehen Ich-Erzähler im Mittelpunkt, deren körperliche Gebrechen als äußere Anzeichen einer grotesk verzerrten Weltsicht erscheinen. So versucht der Erzähler in *Spider*, sein aus dem Ruder gelaufenes Leben mit seiner unglücklichen Kindheit und insbesondere mit dem Mord des Vaters an seiner Mutter zu rechtfertigen. In seiner Erzählung tun sich jedoch immer mehr Widersprüche auf; zudem kommt es zu Vermischungen zwischen Vergangenheit und Gegenwart. Die Leserinnen und Leser kommen so schließlich zu dem Schluss, dass der hochgradig unzuverlässige Erzähler seine Mutter selbst getötet hat und die ausgeklügelte Lebensgeschichte ein Instrument der Verdrängung und Selbstrechtfertigung ist.

In den Romanen von Kazuo Ishiguro hat die Darstellung der individuellen Erinnerung und der komplexen Verstrickungen des Ich zwischen Vergangenheit und Gegenwart einen ihrer bisherigen Höhepunkte erreicht. Schon in seinen beiden ersten Werken *A Pale View of Hills* (1982) und *An Artist of the Floating World* (1986) verstricken sich zwei Ich-Erzähler in Widersprüche, die auf Akte der Verdrängung, aber auch auf Obsessionen mit Teilen ihrer Vergangenheit hinweisen. Allerdings fehlen dabei die grotesken Überzeichnungen, die für die neogotischen Werke McGraths kennzeichnend sind. Die Romane Ishiguros konzentrieren sich auf eine leisere, psychologisch stets nachvollziehbare Darstellung der Abgründe, die sich in der vordergründig unspektakulären Innenwelt der Protagonisten auftun. Mithilfe welcher Erzähltechniken der Erinnerungsprozess bei Ishiguro inszeniert und geradezu seziert wird, zeigt das folgende Kapitel am Beispiel seines wohl bekanntesten Romans, *The Remains of the Day* (1989).

3. *The Remains of the Day* als autobiographischer Erinnerungsroman

Kazuo Ishiguro, der als Kind mit seinen Eltern nach England kam und dort seine Schul- und Universitätsausbildung absolvierte, hat sich mit seinen inzwischen sechs Romanen als einer der renommiertesten englischen Gegenwartsautoren etabliert (vgl. z.B. Parkes 2001: 14). Ein Hauptthema in allen Romanen Ishiguros ist der enge Zusammenhang zwischen Identität und Erinnerung (vgl. Petry 1999: 5). Die Ich-Erzähler sind von ihrer eigenen Vergangenheit besessen und schwanken zwischen einer konsequenten Verdrängung unangenehmer Aspekte und dem Impuls, diese aufzuarbeiten (vgl. Marcus 2006: 135-136).

The Remains of the Day (1989), Ishiguros dritter und bis heute erfolgreichster Roman, der mit dem Booker Prize ausgezeichnet wurde, beginnt mit einem für Erinnerungsromane typischen Element: einer Reise. Wie in Frayns *Spies* und Burts *The Dandelion Clock* ist die Reise durch den Raum, auf die sich der Ich-Erzähler, der alternde Butler Stevens, begibt, zugleich eine Reise in die Vergangenheit. Stevens, der auf dem traditionsreichen Landsitz Darlington Hall – unlängst von einem reichen Amerikaner übernommen – für die Personalangelegenheiten zuständig ist, unternimmt im Auto seines neuen Arbeitgebers eine Urlaubsfahrt nach Cornwall. Er plant, sich dort mit der ehemaligen Haushälterin von Darlington Hall, Mrs Benn (ehemals Miss Kenton), zu treffen. Sein Ziel ist, sie dazu zu überreden, an ihre frühere Arbeitsstätte zurückzukehren und die zuletzt etwas vernachlässigte Hauswirtschaft zu ordnen.

Die Zeitstruktur des Romans – auch das ist typisch für zeitgenössische Erinnerungsromane – ist komplex: Die Gegenwartsebene, Stevens' Reise nach Cornwall, umfasst eine Woche im Sommer des Jahres 1956. Eingebettet in die Erzählung von den Erlebnissen der Reise sind Erinnerungen an Stevens' ‚große Zeit' als Butler in den 1920er und 1930er Jahren. Die Reihenfolge dieser Erinnerungen ist im Großen und Ganzen chronologisch – sie beginnen mit der Ankunft Miss Kentons in Darlington Hall im Jahr 1922 und enden mit ihrem Abschied etwa fünfzehn Jahre später. Allerdings erschließt sich diese chronologische Reihenfolge der Ereignisse auf der Vergangenheitsebene nicht auf den ersten Blick, da der Erinnerungsprozess nicht als bewusster Versuch des Ich-Erzählers dargestellt wird, eine fortlaufende Lebensgeschichte zu erzählen (wie etwa im Fall von *David Copperfield*). Vielmehr erscheinen die einzelnen Erinnerungen als Ergebnis von Assoziationsketten, die von gegenwärtigen Ereignissen ausgelöst werden. In einer Szene beispielsweise fährt Stevens an einem Ort vorbei, dessen Name ihn an das dort hergestellte Silberputzmittel erinnert. Dies wiederum ruft ihm zunächst allgemein die Tätigkeit des Silberputzens in Erinnerung und dann einen spezifischen Abend, an dem ein Gast den Butler für das perfekt polierte Silber lobte. Diese Art der Verknüpfung von Gegenwarts- und Vergangenheitsebene inszeniert das Erinnern als einen von der Gegenwart aus bestimmten Prozess, der nicht bewusst gesteuert, sondern von gegenwärtigen Erfahrungen und Emotionen bestimmt wird.

Die Komplexität der Zeitdarstellung in *The Remains of the Day* wird noch dadurch gesteigert, dass das erzählende Ich nicht von einem festen Punkt auf der Gegenwartsebene aus erzählt, sondern im Laufe der acht Teile des Romans jeweils einen oder einen halben Tag fortschreitet. Aus diesem Grund ist der Ausgang der Handlung – das Treffen mit Mrs Benn in Cornwall – dem Erzähler selbst zu Anfang des Romans noch nicht bekannt. Auch das erzählende Ich verfügt also nicht über einen kompletten Überblick über die gesamte Handlung, wodurch seine Privilegierung gegenüber dem erlebenden Ich geringer erscheint. Zudem wird durch die Verschiebung des ‚Jetztpunktes' durch den Roman deutlich, wie sich gegenwärtige Erlebnisse auf die Erinnerung auswirken. Stevens' jeweils unterschiedliche Stimmungslagen schlagen sich in seinen Assoziationsgängen nieder.

Der Mangel an Übersicht und Überlegenheit des erzählenden Ich wird mithilfe der Raummetaphorik bereits ganz zu Anfang des Romans in Szene gesetzt. Kurz nach dem Beginn seiner Reise, als Stevens die direkte Umgebung von Darlington Hall verlässt, übermannt ihn ein merkwürdiges Gefühl:

> [E]ventually the surroundings grew unrecognizable and I knew I had gone beyond all previous boundaries. [...] I must confess I did feel a slight sense of alarm – a sense aggravated by the feeling that I was perhaps not on the correct road at all, but speeding off in totally the wrong direction into a wilderness. (24)

Dieses Gefühl der Desorientierung am Anfang der Reise – die, wie gezeigt wurde, auch eine Erinnerungsreise ist – deutet darauf hin, wie ambivalent Stevens der bevorstehenden Auseinandersetzung mit seiner eigenen Vergangenheit gegenübersteht.

Der Grund für Stevens' ambivalente Haltung gegenüber der Vergangenheit kristallisiert sich im Laufe der fortschreitenden Handlung auf beiden Zeitebenen immer klarer heraus. Offenbar kommt Stevens vor allem mit zwei Aspekten seiner Vergangenheit im Nachhinein nur schwer ins Reine: Der eine betrifft sein Verhältnis zu Miss Kenton/Mrs Benn, mit der ihn, wie zwischen den Zeilen zu erahnen ist, mehr als nur eine professionelle Beziehung verband. Das andere Problem in Stevens' Vergangenheit ist sein Dienst bei Lord Darlington, der in den 1920er und 1930er Jahren intensive Kontakte zu deutschen Diplomaten und zu den Kreisen um den britischen Faschisten Oswald Mosley knüpfte und nach dem Zweiten Weltkrieg als Nazi-Sympathisant geächtet wurde.

Seine Beziehungen zu Lord Darlington und Miss Kenton stehen im Mittelpunkt von Stevens' Erinnerungen an eine Zeit, die ihm vor allem im Vergleich mit einer ernüchternden Gegenwart, in der er ein isoliertes Leben auf einem inzwischen gesellschaftlich unbedeutenden Landsitz führt, als glorreich erscheint. Allerdings ergeben sich sowohl innerhalb dieser Erinnerungen als auch in der Gegenüberstellung zwischen den Erinnerungen und Stevens' Verhalten in der Gegenwart Ungereimtheiten, die Stevens als unzuverlässigen Erzähler erscheinen lassen und den Leser dazu animieren, nach Erklärungen für diese Widersprüche zu suchen (zum Konzept des unzuverlässigen Erzählens vgl. Nünning 1998b).

In Bezug auf Stevens' Verhältnis zu Miss Kenton liegen die Ungereimtheiten in dem ungeheuren Aufwand, den Stevens betreibt, um darzulegen, dass sein Interesse an ihr rein beruflicher Natur war. Er bemüht sich nicht nur, Szenen, in denen eine erotische Spannung zwischen den beiden deutlich wird, auf Grenzüberschreitungen ihrerseits zurückzuführen (vgl. 174-77). Fast schon lächerlich erscheinen Stevens' Versuche, sein Interesse an Miss Kentons Privatleben zu erklären:

> I must admit, I found it hard to keep out of my mind the possibility that the purpose of these mysterious outings of Miss Kenton was to meet a suitor. This was indeed a disturbing notion, for it was not hard to see that Miss Kenton's departure would constitute a professional loss of some magnitude, a loss Darlington Hall would have some difficulty recovering from. Furthermore, I was obliged to recognize certain other little signs [...]. For instance, the collection of mail being one of my duties, I could not help noticing that Miss Kenton had started to get letters on a fairly regular basis [...] from the same correspondent [...]. I should perhaps point out here that it would have been well nigh impossible for me not to have noticed such things, given that throughout all her preceding years at the house, she had received very few letters indeed. (180)

Stevens beharrt mehrfach darauf, die Details aus dem Privatleben der Haushälterin hätten sich ihm ohne sein Zutun von selbst aufgedrängt, was ebenso bemüht wirkt wie der zweifache Versuch, die Angst davor, Miss Kenton zu verlieren, rein professionellen Motiven zuzuschreiben.

Dass sich die Widersprüche in Stevens' Darstellung seiner Beziehung zu Miss Kenton auf seine Erinnerung auswirken, zeigen zwei Passagen, in denen sich Stevens an die gleiche Szene zweimal erinnert – allerdings mit entscheidenden Unterschieden.

Die erste Erinnerung befasst sich mit einem Nachmittag, an dem Miss Kenton einen Brief mit der Nachricht vom Tod ihrer Tante erhält. Stevens zieht sich zurück, bleibt aber vor der Tür unschlüssig stehen und überlegt, ob er kondolieren sollte. Später ist er davon überzeugt, dass diese Erinnerung an die Szene im Korridor vor Miss Kentons Tür in Wahrheit aus einem anderen Kontext stammt: Sie sei dem Tag zuzuordnen, an dem Miss Kenton Stevens von ihren Hochzeitsplänen erzählte. Aus der Beschreibung des Wortwechsels zwischen den beiden ist herauszulesen, dass Miss Kenton versuchte, Stevens mit dieser Nachricht aus der Reserve zu locken und dazu zu bewegen, Gefühle zu zeigen. Stevens geht darauf nicht ein, findet sich aber später vor ihrer Tür wieder: „I remember being quite certain that were I to knock and enter, I would discover her in tears." (237) Statt dem Impuls nachzugeben, Miss Kenton anzusprechen, befasst sich Stevens jedoch lieber mit seinen Pflichten als Butler.

Stevens' Verwirrung darüber, welcher Szene die Erinnerung zuzuordnen sei, weist zunächst einmal wieder auf seinen Wunsch hin, sein Verhältnis zu Miss Kenton als rein professionell darzustellen. Im Gegensatz zur ersten Einbettung der ‚Korridor-Erinnerung' ist in der zweiten Szene Stevens' eigenes Verhalten der Grund für Miss Kentons Gefühlsausbruch (vgl. Phelan/Martin 1999: 104). Dieser Zusammenhang wird in der ersten Variante der Erinnerung unterdrückt. Mit dem Verzicht darauf, an die Tür zu klopfen, hat Stevens auch seine letzte Chance vertan, Miss Kenton seine Zuneigung zu offenbaren. Die erste Erinnerung erscheint so als Resultat einer Verdrängung von unbequemen Einsichten in die Vergangenheit.

Widersprüche kennzeichnen aber nicht nur Stevens' Erinnerung an seine Beziehung zu Miss Kenton, sondern auch die an seinen früheren Arbeitgeber Lord Darlington. Stevens betont in seinen Rückblicken ständig seine absolute Loyalität Lord Darlington gegenüber und bemüht sich, diesen als „gentleman of great moral stature" (132) ins beste Licht zu rücken. Gleichzeitig aber widerspricht sein gegenwärtiges Verhalten diesen Aussagen über die Vergangenheit: Bei zwei verschiedenen Gelegenheiten leugnet Stevens, dass er in Lord Darlingtons Haushalt angestellt gewesen sei. Dadurch zeigt er deutlich, was er in seinen expliziten Aussagen abstreitet: dass er keineswegs mehr uneingeschränkt stolz darauf ist, Butler des früheren Herrn von Darlington Hall gewesen zu sein.

Die Widersprüche in Stevens' gegenwärtigem und vergangenem Verhalten gegenüber Lord Darlington und Miss Kenton können allesamt auf Stevens' verzweifelten Versuch zurückgeführt werden, ein positives Bild seines eigenen Lebens als insgesamt erfolgreich und sinnvoll aufrechtzuerhalten. Nüchtern betrachtet ist Stevens in mehrfacher Hinsicht gescheitert: Er hat es weder geschafft, enge Beziehungen zu anderen Menschen aufzubauen, noch kann er mit seinen beruflichen Erfolgen soziale Achtung erlangen, da die Ächtung Lord Darlingtons als Nazi-Sympathisant auch auf ihn abfärbt. Dieser Bilanz des Scheiterns sucht Stevens dadurch auszuweichen, dass er seine Erinnerungen stark kontrolliert, unerwünschte Emotionen zensiert und Ereignisse wie etwa die Korridor-Szene neu konfiguriert.

Eine Schlüsselrolle bei der Konfiguration seiner Lebensgeschichte kommt dem Konzept der ,*dignity*' zu, die Stevens' selbst erklärtes Lebensideal ist. *Dignity*, die eng mit seiner Rolle als Butler verknüpft ist, wird von Stevens in einer Vielzahl von Passagen erklärt und mit Beispielen belegt. Danach besitzt derjenige *dignity*, der persönliche Emotionen und Meinungen zugunsten einer stets kontrollierten Fassade und absoluter Loyalität gegenüber seiner Herrschaft zurückstellt. *Dignity* erlaubt es dem Butler also, sowohl seine Unfähigkeit, mit seinen eigenen Emotionen und denen anderer umzugehen, positiv umzumünzen, als auch seinen unreflektierten Glauben an die Bedeutsamkeit der Aktivitäten seines Dienstherren. Dass das Konzept der *dignity* ultimativ als identitätsstiftendes Moment nicht trägt, zeigt sich allerdings bereits an Stevens' eigener Definition des Konzepts. Beispielsweise verstrickt er sich in Widersprüche angesichts der Frage, inwieweit die *dignity* eines Butlers an die Integrität seines Dienstherren gekoppelt sei. Einerseits erklärt Stevens die ,intelligente' Wahl des Arbeitgebers für entscheidend („if a butler is to be of any worth to anything or anybody in life, there must surely come [...] a time when he must say to himself: ,This employer embodies all that I find noble and admirable. I will thereafter devote myself to serving him'"; 210f.). Stevens betont mehrfach seine eigene „loyalty intelligently bestowed" (ebd.). Gegen Ende des Romans zeigen sich jedoch Risse in diesem Selbstbild, als er seine Vorstellung von *dignity* von der Wahl des Dienstherren zu lösen sucht:

> How can one possibly be held to blame […] because, say, the passage of time has shown that Lord Darlington's efforts were misguided, even foolish? Throughout the years I served him, it was he and he alone who weighed up evidence and judged it best to proceed in the way he did, while I simply confined myself, quite properly, to affairs within my own professional realm. [...] It is hardly my fault if his lordship's life and work have turned out today to look, at best, a sad waste – and it is quite illogical that I should feel any regret or shame on my own account. (211)

Wie groß die Widersprüche zwischen der positiven Beurteilung von Stevens' Erinnerungen mit Hilfe des Konzepts der *dignity* und der Wertung, die die Erzählung von einzelnen Episoden implizit nahe legt, werden können, zeigen zwei Passagen, in denen das erzählende Ich jeweils ein Ereignis kommentiert, dem es besondere Bedeutung für sein Leben zuweist. Die beiden Ereignisse sind zwei Konferenzen, eine im Jahr 1923, die andere Mitte der 1930er Jahre. In beiden Fällen wird Stevens sowohl in persönlicher als auch in professioneller Hinsicht auf die Probe gestellt: Während der ersten Konferenz, bei der es um eine Revision des Versailler Vertrages für Deutschland gehen soll, stirbt Stevens' Vater, der bis dahin noch als Bediensteter im Haus Lord Darlingtons gearbeitet hat. Stevens ist von der Konferenz so in Anspruch genommen, dass er sich keine Zeit nimmt, sich um den sterbenden Vater zu kümmern. Im Lichte dieses Ereignisse mag es merkwürdig anmuten, dass Stevens im Rückblick gerade diesen Tag nicht nur als einen „turning point in my professional development" (114) bezeichnet, sondern insgesamt überaus positiv als ,Triumph' bewertet (vgl. 115). Ähnlich verhält es sich mit dem zweiten Ereignis, das von außen betrachtet eigentlich einen vergleichbar (wenn nicht so gar noch stärker) niederschmetternden Effekt auf das erlebende Ich hätte haben müssen: den oben bereits erwähnten Abend Mitte der 1930er Jahre, an dem Miss Kenton ihre Heiratsabsicht verkündet. Am gleichen Abend wird Stevens von einem Gast des Hauses, dem jungen Reginald Cardinal, auf die fragwürdige Beziehung Lord Darlingtons zu den Nazis angesprochen und weicht dem Thema aus, indem er sich auf seine Loyalität und seinen Butlerstatus beruft. An einem Abend muss Stevens also sowohl den Angriff auf die Integrität seines Dienstherren (und damit auch seine eigene *dignity*) als auch den drohenden Verlust Miss Kentons verkraften. Wieder ist seine Beurteilung seiner Reaktion (oder vielmehr: seiner mangelnden Reaktion, also seines Ausweichens) im Rückblick geradezu euphorisch:

> At first my mood was – I do not mind admitting it – somewhat downcast. But then [...] a curious thing began to take place; that is to say, a deep feeling of triumph started to well up within me. [...] [A]s I stood there pondering the events of the evening [...] they appeared to me a sort of summary of all that I had come to achieve thus far in my life. I can see few other explanations for that sense of triumph I came to be uplifted by that night. (239)

Der fragwürdige ‚Triumph', den Stevens mit beiden Ereignissen assoziiert, zeigt, wie wichtig es für das erzählende Ich ist, die positive Interpretation seiner Lebensgeschichte im Rückblick zu bestätigen und zu bestärken.

Im Gegensatz zu autobiographischen Erinnerungsromanen wie *David Copperfield*, in denen das erzählende Ich einen klaren kognitiven Vorsprung gegenüber dem erlebenden Ich besitzt und die Deutungshoheit über vergangene Ereignisse beanspruchen kann, zeigt *Remains of the Day* einen unzuverlässigen Erzähler, dessen Bericht in Frage zu stellen ist. Man würde der Vielschichtigkeit des Romans jedoch nicht gerecht, wenn unerwähnt bliebe, dass Stevens die Art und Weise, wie ein Leben erinnert und gedeutet wird, im Laufe des Romans auch selbst hinterfragt. So könnte man die Widersprüche in seiner Selbstdarstellung als Zeichen dafür lesen, dass der Erzähler sich der positiven Deutung seiner Geschichte unsicher ist und sie deswegen umso heftiger rechtfertigen muss. Mit dem Versuch, diese Erklärungen anhand von Erinnerungen zu belegen, begibt er sich auf immer dünneres Eis, denn sie sind immer schwerer in das gewünschte Deutungsschema zu pressen. *Remains of the Day* inszeniert somit zum einen zwar die narrative Überformung von Erinnerung im Dienst eines von der Gegenwart aus gesteuerten Selbstkonzeptes, zeigt aber zum anderen auch die Grenzen, die die Komplexität des Erinnerungsprozesses solchen Kontrollversuchen setzt.

Am Ende des Romans trifft Stevens tatsächlich auf Miss Kenton, doch nur um festzustellen, dass diese sich inzwischen mit ihrem neuen Leben arrangiert hat und nicht beabsichtigt, nach Darlington Hall und damit zu Stevens zurückzukehren. Zum ersten und einzigen Mal im Text lässt sich das erzählende Ich zu einer unverbrämten Äußerung seiner Emotionen hinreißen: „Indeed – why should I not admit it? – at that moment, my heart was breaking." (252) Ähnlich offen gesteht Stevens am Ende des Romans den Verlust seines Glaubens an den Sinn seines Berufes ein: „All those years

I served him, I trusted I was doing something worthwhile. I can't even say I made my own mistakes. Really – one has to ask oneself – what dignity is there in that?" (256)

Der Schluss des Romans, der in diese Erkenntnis über sein Leben mündet – zum Teil Produkt einer neuen Betrachtung seiner eigenen Erinnerung, zum Teil Resultat von Ereignissen in der Gegenwart wie der Begegnung mit Mrs Benn – wird in der Literatur zu *Remains of the Day* ambivalent beurteilt. Während die einen das Ende positiv deuten und als Anfang einer Weiterentwicklung Stevens' sehen (vgl. Phelan/Martin 1999: 106-07), betonen die anderen eher die Tatsache, dass Stevens seinen emotionalen Ausbruch für sich behalten und Mrs Benn hat gehen lassen, und sehen im Ende eher wieder einen Rückfall in Stevens' alte Verdrängungsmechanismen (vgl. Shaffer 1998: 86-87). Klar ist jedoch, dass das, „was vom Tage übrig blieb" (um die deutsche Übersetzung des Titels zu zitieren) im Hier und Jetzt gelebt werden muss, und dass die Flucht in die vermeintlich glorreichere Erinnerung als Sackgasse entlarvt wurde.

Indem *The Remains of the Day* die enge Wechselwirkung zwischen Gegenwart und Vergangenheit in den Blick rückt und den Erinnerungsprozess als Bemühen um eine – allerdings stets prekäre – erzählerische Ordnung darstellt, erweist sich dieser Roman als typisches Beispiel für die inhaltlichen Schwerpunkte des zeitgenössischen Erinnerungsromans. Mit seinem innovativen Einsatz von *unreliable narration* als Herzstück einer ganzen Palette von erzählerischen Mitteln – wie z.B. der komplexen Verschachtelung von Zeitebenen und der Verzeitlichung des Raumes im Motiv der Reise – ist Ishiguros Roman gleichzeitig jedoch auch ein herausragendes Beispiel dafür, wie die Inszenierung von Erinnerung auch jenseits des Modernismus als Motor für eine Weiterentwicklung von Erzähltechniken fungiert.

4. *Fictions of Memory* im neuen Jahrtausend: Roman und Film

Die Vielzahl an Romanen, die sich auf inhaltlicher Ebene mit Prozessen des individuellen Erinnerns beschäftigt, zeigt den Stellenwert, den die Erinnerungsproblematik in der zeitgenössischen Auseinandersetzung mit Fragen der Identität einnimmt. Das hohe Interesse an der Erinnerungsthematik trägt dabei zum einen dazu bei, dass formale Innovationen sich in abgeschwächter Form auch im Mainstream wiederfinden. Ein Beispiel dafür ist der Kriminalroman *A Traitor to Memory* (2001) der amerikanischen Bestsellerautorin Elizabeth George, der passagenweise aus der Perspektive eines Mannes geschrieben ist, welcher aufgrund eines Kindheitstraumas Gedächtnislücken hat. Über Verschiebungen in der chronologischen Struktur des Romans werden der Informationsrückstand und die Verwirrung des Amnestikers inszeniert.

Zum anderen wirkt das Thema ‚Erinnerung' weiterhin als Antrieb für formale Experimente. So wird z.B in einem weiteren Roman Kazuo Ishiguros, *When We Were Orphans* (2000), die durch Brüche und Widersprüche charakterisierte Erzählstimme von surrealen Elementen ergänzt. Dies trägt zum Eindruck einer Vermischung von Vergangenheit und Gegenwart bei, mit deren Hilfe die Macht der Erinnerung über die

Gegenwart noch plastischer zur Darstellung kommt. Zudem setzt *When We Were Orphans* Gattungsmuster des Detektivromans ein, um den Leser selbst wie einen Detektiv auf die Fährte der Erinnerungsprobleme des Protagonisten zu setzen und schließlich ins Leere laufen zu lassen.

Der Stellenwert der Erinnerungsproblematik als Kulturthema lässt sich darüber hinaus daran ablesen, dass auch zeitgenössische Filme sich des Themas annehmen – ebenfalls zum Teil mit Hilfe innovativer Techniken. Ein besonders prominentes Beispiel dafür ist *Memento* (2000; Regie: Christopher Nolan), dessen Hauptfigur die Fähigkeit verloren hat, Informationen ins Kurzzeitgedächtnis aufzunehmen. Dieser Zustand wird über eine Umkehr der Chronologie des Films nachvollzogen, so dass die Zuschauerinnen und Zuschauer (ähnlich wie der Amnestiker) aus Mangel an Informationen über die Vorgeschichte der jeweiligen Szene zu falschen Schlussfolgerungen kommen, die sie im Laufe des Films erst nach und nach revidieren können. Weiter entfernt vom Mainstream anzusiedeln wären hingegen die Filme des Regisseurs David Lynch, der in Werken wie *Lost Highway* (1996) oder *Mulholland Drive* (2001) ein Kaleidoskop an ineinander verschobenen Realitäten inszeniert, bei denen die Grenzen zwischen Gegenwart, Erinnerung und Traum oft nicht mehr auszumachen sind.

Fictions of Memory – ob im Film oder im Roman – sind also auch im neuen Jahrtausend ein wichtiges Genre für die Erprobung von neuen Darstellungstechniken, die zum Teil auch ihren Weg in den Mainstream finden. In welcher Form sich auch zukünftige Erkenntnisse von Psychologie und Kognitionswissenschaft in Literatur und Film niederschlagen werden, kann mit Spannung abgewartet werden.

Literatur

Werke

Burt, Guy. 1999 [2000]. *The Dandelion Clock*. London: Black Swan [Neuausgabe unter dem Titel *A Clock Without Hands*].
Frayn, Michael. 2002. *Spies: A Novel*. New York: Metropolitan.
George, Elizabeth. 2001. *A Traitor to Memory*. London: Hodder & Stoughton.
Ishiguro, Kazuo. 1982. *A Pale View of Hills*. London: Faber & Faber.
——. 1986. *An Artist of the Floating World*. London: Faber & Faber.
——. 1996 [1989]. *The Remains of the Day*. London: Faber & Faber.
——. 2000. *When We Were Orphans*. London: Faber & Faber.
Lively, Penelope. 1977. *The Road to Lichfield*. London: Heinemann.
——. 1983. *Perfect Happiness*. London: Heinemann.
——. 2004 [2003]. *The Photograph*. London: Penguin.
McGrath, Patrick. 1990. *Spider*. New York: Vintage.
——. 1989. *The Grotesque*. London: Viking.

Ausgewählte Fachliteratur

Erll, Astrid & Ansgar Nünning (Hgg.). 2005. *Gedächtniskonzepte der Literaturwissenschaft: Theoretische Grundlegung und Anwendungsperspektiven*. Berlin/New York: de Gruyter.

Sammelband, der die Rolle von Gedächtnis und Erinnerung als literaturwissenschaftlich relevanten Kategorien systematisiert und beleuchtet.

Lewis, Barry. 2000. *Kazuo Ishiguro*. Manchester/New York: Manchester University Press.

Bis dato neueste Monographie zu Ishiguros Gesamtwerk, mit ausführlichen Interpretationen seiner ersten vier Romane und Ausblick zu *When We Were Orphans*.

Neumann, Birgit. 2005. *Erinnerung – Identität – Narration: Gattungstypologie und Funktionen kanadischer* Fictions of Memory. Berlin/New York: de Gruyter.

Erste systematische Studie über *fictions of memory* als Gattung, die eine ausgezeichnete Einführung in den komplexen Zusammenhang zwischen Erinnerung, Identität und Narration bietet und am Beispiel kanadischer Romane Formen und Funktionen der Gattung vorstellt.

Parkes, Adam. 2001. *Kazuo Ishiguro's* The Remains of the Day*: A Reader's Guide*. New York/London: Continuum.

Empfehlenswerte Gesamtinterpretation verschiedener Aspekte des Romans, mit Kapitel zur Verfilmung.

Pethes, Nicolas & Jens Ruchatz (Hgg.). 2001. *Gedächtnis und Erinnerung: Ein interdisziplinäres Lexikon*. Reinbek: Rowohlt.

Sehr nützliches Nachschlagewerk zu Konzepten und Personen aus den verschiedenen Disziplinen, die Erinnerungsphänomene untersuchen (Kulturwissenschaften, Medientheorie, Neurobiologie, Pädagogik, Philosophie, Psychologie).

Schacter, Daniel L. 1996. *Searching for Memory: The Brain, the Mind, and the Past*. New York: Basic.

Für Laien gut zugängliche Übersicht über neuere kognitionspsychologische Forschungen zur Erinnerung, mit vielen Beispielen.

Shaffer, Brian W. 1998. *Understanding Kazuo Ishiguro*. Columbia, SC: University of South Carolina Press.

Interessante Monographie mit psychoanalytischem Ansatz zu Ishiguros ersten vier Romanen.

Weitere zitierte Literatur

Assmann, Aleida. 2006 [1999]. *Erinnerungsräume: Formen und Wandlungen des kulturellen Gedächtnisses*. München: Beck.

Basseler, Michael & Dorothee Birke. 2005. „Mimesis des Erinnerns." In: Astrid Erll & Ansgar Nünning (Hgg.). *Gedächtniskonzepte der Literaturwissenschaft: Theo-*

retische Grundlegung und Anwendungsperspektiven. Berlin/New York: de Gruyter. 123-47.

Birke, Dorothee. 2007. *Memory's Fragile Power: Crises of Memory, Identity and Narrative in Contemporary British Novels*. Trier: Wissenschaftlicher Verlag Trier.

Eakin, Paul John. 1999. *How Our Lives Become Stories: Making Selves*. Ithaca/London: Cornell University Press.

Erll, Astrid, Marion Gymnich & Ansgar Nünning (Hgg.). 2003. *Literatur – Erinnerung – Identität: Theoriekonzeptionen und Fallstudien*. Trier: Wissenschaftlicher Verlag Trier.

Halbwachs, Maurice. 1966 [1925]. *Das Gedächtnis und seine sozialen Bedingungen*. Hgg. Heinz Maus & Friedrich Fürstenberg. Berlin/Neuwied: Luchterhand [Orig. franz. *Les cadres sociaux de la mémoire*].

Henke, Christoph. 2003. „Remembering Selves, Constructing Selves: Memory and Identity in Contemporary British Fiction." In: *Journal for the Study of British Cultures* 10.1: 77-100.

Löschnigg, Martin. 1999. „‚The Prismatic Hues of Memory': Autobiographische Modellierung und die Rhetorik der Erinnerung in Dickens' *David Copperfield*." In: *Poetica* 31: 175-200.

Löschnigg, Martin. 2006. *Die englische fiktionale Autobiographie: Erzähltheoretische Grundlagen und historische Prägnanzformen von den Anfängen bis zur Mitte des neunzehnten Jahrhunderts*. Trier: Wissenschaftlicher Verlag Trier.

Marcus, Amit. 2006. „Kazuo Ishiguro's *The Remains of the Day*: The Discourse of Self-Deception." In: *Partial Answers* 4.1: 129-50.

Nalbantian, Suzanne. 2003. *Memory in Literature: From Rousseau to Neuroscience*. Basingstoke: Palgrave Macmillan.

Nünning, Ansgar (Hg.). 1998a. *Unreliable Narration: Studien zur Theorie und Praxis unglaubwürdigen Erzählens in der englischsprachigen Literatur*. Trier: Wissenschaftlicher Verlag Trier.

—. 1998b. *Der englische Roman des 20. Jahrhunderts*. Stuttgart: Klett.

— (Hg.). 2003a. *Fictions of Memory: Journal for the Study of British Cultures* 10.1.

—. 2003b. „Editorial: New Directions in the Study of Individual and Cultural Memory and Memory Cultures." In: *Journal for the Study of British Cultures* 10.1: 3-9.

Nünning, Ansgar, Marion Gymnich & Roy Sommer (Hgg.). 2006. *Literature & Memory: Theoretical Paradigms – Genres – Functions*. Tübingen: Gunter Narr.

Petry, Mike. 1999. *Narratives of Memory and Identity: The Novels of Kazuo Ishiguro*. Frankfurt a.M.: Lang.

Phelan, James & Mary Patricia Martin. 1999. „The Lessons of ‚Weymouth': Homodiegesis, Ethics, and *The Remains of the Day*." In: David Herman (Hg.). *Narratologies: New Perspectives on Narrative Analysis*. Columbus, OH: Ohio State University Press. 88-109.

Vorda, Allan & Kim Herzinger. 1991. „An Interview with Kazuo Ishiguro." In: *Mississippi Review* 20: 131-54.

Wall, Kathleen. 1994. „*The Remains of the Day* and its Challenges to Theories of Unreliable Narration.“ In: *Journal of Narrative Technique* 24: 18-41.
Wong, Cynthia. 2000. *Kazuo Ishiguro*. Tavistock: Northcote House.

8.

FAMILIEN- UND ‚GENERATIONENROMANE': ZADIE SMITH

ASTRID ERLL

1. Merkmale und Geschichte eines wenig beachteten Genres

In einer Familie aufzuwachsen und sich in die Abfolge der Generationen einzufügen – zwischen den Großeltern und Eltern auf der einen Seite und den eigenen Kindern auf der anderen – gehört zu den menschlichen Grunderfahrungen. Daher ist es wenig verwunderlich, dass die Themen ‚Familie' und ‚Generationen' auch in der Literatur eine zentrale Rolle spielen. Tatsächlich zieht sich durch die Geschichte des englischen Romans ein Korpus von Texten, das sich in erster Linie mit diesen Bereichen beschäftigt, und für das viele verschiedene Gattungsbezeichnung gefunden wurden – „family chronicle, family saga, *chronique de famille*, *Familiensaga*, *Generationen-* or *Stammbaumroman*" (Humphrey 2004: 383). In den Rang eines zentralen Genres der englischen Literatur wurde diese Textgruppe, die im Folgenden als ‚Familien- und Generationenroman' bezeichnet werden soll, jedoch noch nicht gehoben.

Eine besondere Herausforderung stellt die Eingrenzung des Genres dar. Nicht bei jedem Roman, in dem familiäre Beziehungen dargestellt werden oder Vertreter verschiedener Generationen vorkommen, handelt es sich schon um einen ‚Familien- und Generationenroman' – denn diese Erzählgegenstände kann kaum ein literarisches Werk vermeiden. Das ausschlaggebende Kriterium ist vielmehr eine spezifische Schwerpunktsetzung: Erstens muss die Familien- und Generationenthematik auf der Handlungsebene deutlich ausgestaltet sein. Es werden mehrere Generationen dargestellt, Familienbeziehungen und Generationenkonflikte nehmen viel Raum ein, explizite Reflexionen der Erzählinstanz oder der Figuren richten sich auf die Abfolge von Generationen und auf die Familiengeschichte. Zweitens sind Familien- und Generationenromane meist Zeit- und Zeitgeschichtsromane zugleich. Sie zeichnen sich durch ihre Darstellung der jeweiligen Gegenwart und der jüngeren Vergangenheit aus. Ihr Personal umfasst in der Regel drei bis vier Generationen, und die erzählte Zeit erstreckt sich damit auf etwa 80-100 Jahre – auf das, was in der kulturwissenschaftlichen Gedächtnisforschung als Zeithorizont des ‚kommunikativen Gedächtnisses' bezeichnet wird. Die fiktionalen Familienmitglieder fungieren nicht selten als Repräsentanten ihrer jeweiligen Generation und bieten der Leserschaft damit auch einen imaginativen Zugang zu verschiedenen historischen Epochen. Auf diese Weise wird Geschichte ‚von unten' dargestellt, die in begrenzten, familiären Kontexten gelebte Geschichte – im Gegensatz zur offiziellen, politischen Geschichte ‚von oben'. Um schließlich das dritte Merkmal des Familien- und Generationenromans zu erläutern – seine kritische

Reflexion auf die Themen ‚Generationalität' und/oder ‚Genealogie' – bedarf es eines kurzen Exkurses in die Generationsforschung.

‚Generation' ist ein lebensweltliches Konzept, das ein scheinbar natürliches und damit universales Phänomen beschreibt und so intersubjektive Verständlichkeit impliziert. Doch die Evidenz des Generationen-Begriffs täuscht. Als wissenschaftliches Konzept zeichnet er sich durch eine außerordentlich große Reichweite und sehr unterschiedliche Verwendungsweisen aus. ‚Generation' ist eine Grundkategorie zur Beschreibung biologischer Zyklen in der Anthropologie, der Biologie und der Genetik; es ist ein Ordnungskonzept zur Periodisierung im Rahmen der Kultur-, Literatur- und Wissenschaftsgeschichtsschreibung; es ist ein wichtiger Differenzbegriff für die mit Erfahrung und Identität beschäftigte Kultursoziologie und Sozialgeschichte sowie für andere kulturwissenschaftliche Fächer. Zunächst einmal sind zwei grundlegende Bedeutungsdimensionen des Begriffs ‚Generation' zu unterscheiden: ‚Generation' bezeichnet erstens ein „*Zeitmaß* im Reproduktionsprozeß der menschlichen Gattung" und zweitens eine „*soziale Gruppe*, die sich während eines bestimmten Zeitraums in diesem Prozess als eine von anderen Gruppierungen unterscheidbare anthropologisch-historische Einheit herausprofiliert" (Riedel 1974: 274). Die erste Dimension des Begriffs eröffnet eine diachrone Sicht: Es geht um die Abfolge verschiedener Generationen. Sigrid Weigel (2002) nennt diesen Aspekt ‚Genealogie'. Die zweite Dimension des Begriffs wird in der Geschichtswissenschaft als ‚Generationalität' bezeichnet. Der Aspekt der Generationalität bezieht sich auf eine synchrone Betrachtungsweise. Es geht um die ‚Generation' als Bezugsgröße für kollektive Erfahrung und Identität. Die Kriegsgeneration, die Generation der 1968er oder die ‚Generation Golf' sind Beispiele für solche Generationalitätskonstrukte. Entwickelt wurde dieses synchrone Verständnis von ‚Generation' als einer Alters- und Erfahrungsgemeinschaft, deren Vertreter bestimmte Einstellungen, Verhaltensweisen und Mentalitäten teilen, in der Zeit zwischen etwa 1875 und 1930 – mit Wilhelm Dilthey und Karl Mannheim als einflussreichsten Theoretikern.

Generationen- und Familienromane richten – und dies ist nun das dritte Kriterium des Genres – ihren kritischen Blick häufig gleichermaßen auf die synchrone wie auf die diachrone Dimension von ‚Generation': auf die spezifische Lebensweise und Identitätsbilder bestimmter Altersgruppen *und* auf genealogische Aspekte, d.h. auf die Bedeutung von biologischer Herkunft und von Stammbäumen sowie auf deren Funktion als kulturelle Kategorie für den Umgang mit Zeiterfahrung – also auf das, was Tobin (1978) den „genealogischen Imperativ" nennt. In diesem Zusammenhang findet seit den 1990er Jahren zunehmend auch der Aspekt der Genetik Beachtung.

Die Wurzeln des Familien- und Generationenromans sind bis zur Entstehung der Gattung ‚Roman' im 18. Jahrhundert zurückzuverfolgen, einer Zeit, in der sich zugleich ein bürgerliches Konzept von Familie herausbildete. Richard Humphrey (2003), der das Genre unter dem Begriff der ‚Familienchronik' kartiert hat, begreift Maria Edgeworths *Castle Rackrent* (1800) als seinen ersten Vertreter. Doch bereits in

Lawrence Sternes *Tristram Shandy* (1759) werden Vorstellungen von Genealogie ironisch hinterfragt. Im 19. Jahrhundert stellen Jane Austen, Emily Brontë und George Eliot familiäre Strukturen in den Vordergrund ihrer Werke; vor allem aber findet sich der Familienroman zu dieser Zeit in der ‚Trivialliteratur', wie etwa bei Anthony Trollope. Seine erste wirkliche Blüte erfährt das Genre in dem oben vorgestellten Sinne am Beginn des 20. Jahrhunderts, mit dem literarischen Modernismus.

In etwa zeitgleich mit dem Aufkommen eines Begriffs von ‚Generation' als kollektive Identitäten stiftende Kategorie und mit einer für die klassische Moderne kennzeichnenden Erfahrung von Fragmentierung – auch familiärer Strukturen – ist der Familien- und Generationenroman um 1900 zu einem zentralen Genre vieler Nationalliteraturen geworden (vgl. Yi-ling 1992). In der englischen Literatur des Modernismus ragen Werke wie John Galsworthys *The Forsyte Saga* (1906-21), D.H. Lawrences *The Rainbow* (1915/26) und Virginia Woolfs *The Years* (1937) heraus. In der postmodernen britischen Literatur finden sich bitter-sarkastische Familienportraits, wie in Kate Atkinsons *Behind the Scenes at the Museum* (1995) oder tiefgreifende psychologische Explorationen familiärer Beziehungen, wie in Graham Swifts *Out of This World* (1988).

Sehr viel stärker als in der englischen Literatur ist das Genre allerdings – als eine Art nationale Hauptgattung – in der amerikanischen Literatur vertreten: von William Faulkners *Absalom! Absalom!* (1936) über Vladimir Nabokovs *Ada or Ardour: A Family Chronicle* (1969) bis hin zu Philip Roths *American Pastoral* (1997) (vgl. Sollors 1988). Die bekanntesten Vertreter des Genres jedoch stammen aus dem Bereich der lateinamerikanischen Literaturen: Gabriel Garcia Marquez' *Cien Años de Soledad* (*Hundert Jahre Einsamkeit*, 1967) und Isabel Allendes *La Casa de los Espíritus* (*Das Geisterhaus*, 1982). Blickt man aus dieser Perspektive wiederum auf die *black British literature* und den indischen Roman auf Englisch – z.B. auf Salman Rushdies *Midnight's Children* (1981) und Amitav Ghoshs *The Glass Palace* (2000) – dann wird deutlich, dass das Genre des Familien- und Generationenromans im 20. Jahrhundert insbesondere der literarischen Sinnstiftung in multikulturellen und postkolonialen Gesellschaften zu dienen scheint.

Dies ist aber nur eine Dimension eines hochgradig multifunktionalen Genres: Der Familien- und Generationenroman kann auch der feministischen Konstruktion von Generationalität und Genealogie dienen (vgl. Kap. 9 in diesem Band), wie etwa Sara Maitlands *Three Times Table* (1990) und Anita Brookners *Family and Friends* (1985), und/oder zeitgeschichtliche Erfahrung aufarbeiten. Während es bei Brookner um eine jüdische Familie im Zweiten Weltkrieg geht, wird der Fokus in Zoë Fairbairns Familien- und Generationenroman *Stand We at Last* (1983) beispielsweise auf das Viktorianische Zeitalter und den Ersten Weltkrieg gerichtet.

Bei der Hauptfunktion des Familien- und Generationenromans, welche die beispielhaft genannten und zunächst höchst disparat erscheinenden Themenbereiche – Postkolonialismus, Multikulturalität, Feminismus, Geschichtserfahrung – miteinander verknüpft, handelt es sich um dieselbe Funktion, die Generationenkonstrukten allgemein zukommt: Es geht um die identitätsstiftende Verortung sowohl diachron im Verlauf der Zeit, als auch synchron im Horizont von immer differenzierter und komplexer werdenden Gesellschaftssystemen. Der Roman eröffnet dabei im Gegensatz zu anderen Generationsdiskursen eine Doppelperspektive auf das Thema: Er ist nicht nur ein Medium der Konstruktion von Genealogien und generationellen Identitäten sondern dient häufig zugleich der kritischen Beobachtung solcher Konstruktionsprozesse.

Zadie Smiths Bestseller *White Teeth* (2000) stellt ein einschlägiges Beispiel für aktuelle Tendenzen des englischen Familien- und Generationenromans dar. Obgleich dieser Roman auch ein wichtiger Vertreter der aktuellen *fictions of migration* ist (vgl. Kap. 10 in diesem Band) und zudem Merkmale der *historiographic metafiction* (vgl. Kap. 5) sowie der *fictions of memory* (vgl. Kap. 7) aufweist, wird die folgende Interpretation zeigen, dass die Themen Multikulturalität, Geschichte und Erinnerung bei Zadie Smith im Modus des Familien- und Generationenromans zusammengeführt und dadurch auf eine ganz bestimmte Weise perspektiviert werden.

2. Zadie Smiths *White Teeth* (2000) als Familien- und Generationenroman

Zadie Smiths *White Teeth* war gleich am Beginn des 21. Jahrhunderts *die* literarische Sensation Großbritanniens. Bereits im Jahr 1997, nach der Lektüre von etwa achtzig Seiten, zahlte der Verlag Hamish Hamilton ein Vorabhonorar von schätzungsweise 250 000 Pfund an die Autorin. Doch nicht nur diese für den literarischen Betrieb geradezu astronomische Summe, sondern auch Zadie Smiths damals jugendliches Alter (sie ist Jahrgang 1975) und ihre ‚ethnische' Abstammung lenkten die Aufmerksamkeit der Presse schon lange vor seinem Erscheinen auf den Roman. Durch eine gezielte Marketing-Kampagne wurde *White Teeth* als ‚literarisches Ereignis der Jahrtausendwende' inszeniert, als ein Roman, der das multikulturelle London der Gegenwart repräsentiert und der mit seiner optimistischen, oft politisch unkorrekten Darstellungsweise als Ausdruck einer neuen Phase des britischen Multikulturalismus begriffen werden konnte – als „multiculturalism for the millenium" (Head 2003). Eine Begründung für die Wahl des Genres ‚Familien- und Generationenroman' gibt Zadie Smith, Tochter einer Afro-Jamaikanerin und eines weißen englischen Vaters, selbst: „When you come from a mixed-race family, it makes you think a bit harder about inheritance and what's passed on from generation to generation." (Merrit 2000)

Im Zentrum des Romans stehen Kindheit und Jugend dreier Briten der sogenanten ‚zweiten Einwanderergeneration': Irie Jones, Tochter der afro-karibischen Immigranin Clara und des Engländers Archie Jones, sowie Magid und Millat, Zwillinge, deren Eltern Samad und Alsana Iqbal aus Bangladesch kommen. Dabei geht es um die so genannte ‚Hybridität' jener Generation. ‚Hybridität' ist eine aus dem Bereich der Genetik stammende biologistische Metapher für Formen der Kulturmischung – heute spricht man in diesem Zusammenhang immer häufiger von ‚Transkulturalität' (vgl.

Sommer 2001). Der Roman durchleuchtet diese Metapher auf kritisch-ironische Weise, indem er am Beispiel von Irie das Thema der ‚genetischen Hybridität' auslotet und anhand von Magid und Millat das Phänomen der ‚soziokulturellen Hybridität', die Mischung westlicher und östlicher Einflüsse, ergründet. Dazu wird der Blick ausgeweitet auf die Eltern- und Großelterngeneration der Protagonisten, auf entfernte Vorfahren und Stammbäume sowie auf die Familiengeschichten, welche die postkoloniale Gegenwart mit der imperialen Vergangenheit verknüpfen. Auf komplexe Weise ist *White Teeth* so mit all jenen Themen befasst, durch die sich das Genre des Familien- und Generationenromans auszeichnet.

Als Leitmotiv des Romans dient eine *dental imagery*, die auf zwei zentralen, miteinander verknüpften sprachlichen Bildern basiert: erstens auf der Metapher der *teeth*, den Zähnen als äußerlich sichtbaren Merkmalen des Menschen, und zweitens auf der Metapher der *root canals*, den unsichtbaren, oft gewundenen und tiefgehenden ‚Wurzeln' (bzw. ‚Wurzelkanälen') kultureller Herkunft. Aus dem dazugehörigen Bildeld speisen sich zahlreiche Kapitelüberschriften (z.B. „Teething Trouble", „Canines", „The Ripping Teeth" und „Molars") sowie einzelne Episoden auf der Handlungsebene, z.B. die Geschichte von Claras Verlust ihrer Zähne just in dem Moment, als sie sich von ihrer afro-karibischen Mutter und deren religiöser Indoktrination löst. Äußerlich sind solche ethnischen und religiösen Zugehörigkeiten oder Entwurzelungen zunächst nicht eindeutig erkennbar, denn dass Clara falsche Zähne trägt, bemerkt ihre Tochter Irie jahrelang nicht. Der titelgebende Begriff der *white teeth* schließlich verweist zum einen auf die offensichtliche Gleichheit aller Menschen, zum anderen aber auf die Konstruktion von ethnischer Differenz: Ein rassistisches und essentialistisches Stereotyp besagt, dass Afrikaner strahlend weiße Zähne haben. Auf der Handlungsbene erzählt tatsächlich ein alter Mann den jungen Protagonisten von seinem Kriegseinsatz im Kongo: „[T]he only way I could identify the nigger was by the whiteness of his teeth." (171) Nicht zuletzt impliziert ‚white teeth' schlicht ‚Lächeln' und – wie die deutsche Übersetzung des Titels hervorhebt – *Zähne zeigen*. Die Metapher der ‚weißen Zähne' verweist damit auch auf den britischen Multikulturalismus, der in dem literarischen Text ebenso humorvoll wie selbstbewusst repräsentiert wird.

Schon eine kurze Übersicht über die im Roman dargestellten, außerordentlich weit verzweigten Familienstrukturen – die in einer ebenso komplexen Figurenkonstellation zum Ausdruck kommen – vermittelt einen Einblick in die Bedeutung von Generationalität und Genealogie in *White Teeth*. Im Zentrum der Geschichte stehen drei Familien und ihre verschiedenen Generationen: die Joneses, die Iqbals und die Chalfens.

Irie Jones' Vater Archibald ist ein der Arbeiterklasse entstammender Engländer. Mutter Clara, eine geborene Bowden, ist Afro-Jamaikanerin. Sie kommt im Jahr 1972 zusammen mit ihrer energischen Mutter Hortense (einer Zeugin Jehovas) nach England – sehr viel später als geplant, denn Claras willensschwacher Vater Darcus, der Jahre zuvor als Arbeitsmigrant nach England ausgewandert war, hatte eigentlich versprochen, seine Familie so bald wie möglich nachzuholen. Großmutter Hortense kam

1907, während des Erdbebens in Kingston, auf die Welt, nachdem deren Mutter, Ambrosia, von dem englischen Kolonialbeamten Captain Charlie „Whitey“ Durham verführt worden war. Die junge Protagonistin Irie – 1975 geboren – erscheint damit deutlich als matrilinearer Abstammung. Männer spielen in ihrer Familie nur untergeordnete Rollen: Sie sind arrogant (Durham), lethargisch (Darcus) oder gutmütig-einfältig (Archie).

Die Iqbals sind aus Bangladesch stammende Moslems. Samad und Alsana kommen 1973 nach England und ziehen bald in das multikulturelle Arbeiterviertel Willesden Green im Nordwesten Londons, wo auch Samads einziger englischer Freund – Archie – wohnt. Im Jahr 1975 kommen die Zwillinge Magid und Millat zur Welt. Magid wächst zu einem intelligenten Jungen heran, der stets bestrebt ist, sich an die englische Kultur anzupassen (so nennt er sich bei seinen Freunden im Schachverein „Mark Smith“, 151). Millat hingegen ist von Anfang an rebellisch und der Rockmusik und Gangsterfilmen zugeneigt. Großeltern im engeren Sinne erscheinen nicht, dafür aber – als Kristallisationspunkt eines patrilinear konstruierten Stammbaums – ein sagenumwobener ‚Vorfahr‘: Mangal Pande, Held des indischen Aufstands gegen die Briten von 1857/58, den Samad als seinen „great-grandfather“ bezeichnet.

Die Chalfens gehören der ‚weißen‘ englischen *middle-class* an. Mutter Joyce Chalfen stammt aus einer katholischen, Vater Marcus Chalfen einer jüdischen Familie. Sohn Joshua ist in Irie verliebt. Die Familie der Chalfens ist sehr viel satirischer und stereotypisierender gezeichnet als die beiden Einwandererfamilien, die das eigentliche Zentrum des Romans darstellen. Sie dient als Kontrastfolie zu den Joneses und den Iqbals, zu denen sie in ein doppelt hierarchisches Verhältnis – in Bezug auf *class* und *race* – gesetzt wird. Aus Iries Perspektive sind sie „more English than the English“ (328), aber tatsächlich sind auch die Wurzeln der Chalfens in der komplexen Migrationsgeschichte des 20. Jahrhunderts zu suchen: „The *purity* of it. It didn’t occur to her that the Chalfens were, after a fashion, immigrants too (third generation, by way of Germany and Poland, née Chalfenowski).“ (ebd.) Eine weitere wichtige Funktion jener dritten Familie besteht darin, das Thema ‚Genetik‘ nicht nur als Bewusstseinsinhalt vieler Figuren, sondern auch als konkretes Element der Handlungsebene einzuführen: Vater Marcus Chalfen ist Genetiker und arbeitet an dem Projekt „FutureMouse©“, einer genmanipulierten Maus.

Ein auffallendes formales Merkmal von *White Teeth* ist seine komplexe erzählerische Vermittlung. Eine allwissende Erzählinstanz führt die Leserschaft in das umfangreiche Personal des Romans ein, wechselt mühelos zwischen London und den anderen Handlungsorten, zwischen der Gegenwart, früheren Epochen und der Zukunft hin und her und weiß über das Innenleben aller Figuren Bescheid. Dabei zeichnet sie sich durch ein außerordentliches Maß an Explizitheit aus: Häufig wird der Verlauf der Handlung durch die – zumeist ironischen – Kommentare, Wertungen und Digressionen der Erzählinstanz stillgestellt. Zumeist geht es dabei um die Themen Multikulturalismus, Familie, Identität und Generationalität. Als Irie zum Mittagessen bei der Familie Chalfen eingeladen wird und Mutter Joyce bemerkt, dass „brown strangers really stimulating“ (326) seien, unterbricht die Erzählinstanz die Handlung und weitet den Blick aus auf die Geschichte der Immigration und des Multikulturalismus im 20. Jahrhundert:

> This has been the century of strangers, brown, yellow and white. This has been the century of the great immigrant experiment. It is only this late in the day that you can walk into a playground and find Isaac Leung by the fish pond, Danny Rahman in the football cage, Quang O'Rourke bouncing a basket-ball, and Irie Jones humming a tune. Children with first and last names on a direct collision course. Names that secrete with them mass exodus, cramped boats and planes, cold arrivals, medical checks. (326)

Dieser Erzählerkommentar ist zugleich ein Beispiel für den durchgängig komisch-ironischen Modus des Romans, der von warmherzigem Humor und sanft-wohlwollender Ironie bei der Repräsentation der multikulturellen Realität Londons über eine Sitcom-Ästhetik bei der Darstellung von Identitätskonflikten der jungen Generation bis hin zur Farce und bitteren Satire bei dem Umgang mit Rassismus oder dem als Xenophilie getarnten Neoimperialismus der Chalfens reicht. Aufgrund der vor allem über geistreiche Bemerkungen der Erzählinstanz erzeugten Komik herrscht im Roman ein versöhnlicher Ton vor, der den Ernst des Themas ‚Multikulturalismus‘ jedoch nie vergessen lässt.

Die Erzählinstanz ist allerdings nicht die einzige Stimme im Roman. Im Gegenteil zeichnet sich *White Teeth* durch eine besondere Polyphonie (d.h. Vielstimmigkeit) aus. In zahlreichen Dialogen werden Varianten der englischen Sprache, die nicht nur verschiedene Ethnien, sondern auch Generationen markieren, dargestellt: jamaikanisches Patois, Indian English, Jugendsprache, Cockney und Standard English. Bei *White Teeth* handelt es sich um einen multiperspektivischen Roman, der die Gedanken, Erinnerungen und Gefühle beinahe aller Figuren durch verschiedene Verfahren der Innenweltdarstellung ausführlich repräsentiert. Besonders auffällig ist dabei das Spiel mit der erlebten Rede als *double voiced discourse:* Die Denkweisen der Figuren werden zwar dargestellt, aber stets durch die vermittelnde Erzählinstanz perspektivisch gebrochen. Auf diese Weise wird eine oft tiefgreifend empathische Darstellung des Schicksals der Einwanderer mit erzählerischer Ironie und Komik verknüpft:

> But it makes an immigrant laugh to hear the fears of the nationalist, scared of infection, penetration, miscegenation, when this is small fry, *peanuts*, compared to what the immigrant fears – dissolution, *disappearance*. Even the unflappable Alsana Iqbal would regularly wake up in a puddle of her own sweat after a night visited by visions of Millat (genetically *BB*, where B stands for Bengali-ness) marrying someone called Sarah (aa where ‚a‘ stands for Aryan), resulting in a child called Michael (*Ba*), who in turn marries somebody called Lucy (aa), leaving Alsana with a legacy of unrecognizable great-grandchildren (Aaaaaa!), their Bengali-ness thoroughly diluted, genotype hidden by phenotype. (327)

Diese Passage ist nicht nur ein Beispiel für das in *White Teeth* häufig angewandte Verfahren einer scherzhaft-pseudowissenschaftlichen Überformung des von den Figuren

Gedachten (bzw. Geträumten) durch die Stimme der Erzählinstanz. Sie verweist zugleich bereits auf die Allgegenwart genealogischer Denkfiguren und des dazugehörigen Vokabulars der Genetik.

Die eingangs genannten Merkmale des Familien- und Generationenromans kommen in *White Teeth* auf geradezu exemplarische Weise zum Ausdruck: Erstens erscheint Familiengeschichte hier als ‚Zeitgeschichte von unten', als eine höchst subjektiv gefärbte kollektive Erinnerung, die gleichwohl Licht auf die Epochen des britischen Kolonialismus und Postkolonialismus wirft. Zweitens stehen Generationalität und intergenerationelle Konflikte im Mittelpunkt des Romans. Sie werden – in für *black British literature* charakteristischer Weise (vgl. Stein 2004) – dargestellt als hybridisierte kollektive Identität und als interkulturelle Konflikte. Drittens gehören ‚Genealogie' und ‚Genetik' zu den Leitmotiven des Romans. Über sie wird das Verhältnis von *nature* und *nurture*, genetischer und soziokultureller Prägung, biologischer Vorbestimmung und Kontingenz (d.h. Nicht-Notwendigkeit, Zufall) untersucht.

White Teeth ist in vier Teile unterteilt, die nach den Hauptfiguren benannt sind: „Archie 1974, 1945", „Samad 1984, 1857", „Irie 1990, 1907" und „Magid, Millat and Marcus 1992, 1999". Wie die jeweils erstgenannten Jahreszahlen in den Kapitelüberschriften andeuten, schreitet die Erzählung zunächst chronologisch voran. Ganz im Sinne eines Zeit- und Gesellschaftsromans werden die Schicksale dreier Familien von den 1970er Jahren bis in die frühen 1990er Jahre beschrieben. Die nachgestellten Jahreszahlen verweisen jedoch auf Anachronien. In den ersten drei Teilen werden diese durch ausgedehnte Rückgriffe (Analepsen) erzeugt, die den Leser an verschiedene Orte und in unterschiedliche Epochen führen: nach Bulgarien im Zweiten Weltkrieg (1945), nach Indien während der Kolonialherrschaft der Briten (1857) sowie nach Jamaika, das um 1900 ebenfalls ein Teil des britischen Empire war (1907). Im vierten Teil markiert die nachgestellte Jahreszahl einen Vorgriff (Prolepse): Die Basiserzählung des Romans kommt am Silvesterabend des Jahres 1992 zu ihrem großen Finale, aber auf der letzten Seite des Romans wird ein kurzer Blick auf die Zukunft der Protagonisten geworfen, auf ihre Situation an der Jahrtausendwende.

Familiengeschichte als ‚Zeitgeschichte von unten' wird in *White Teeth* über diese anachronische Zeitstruktur dargestellt. Der Roman zeichnet sich durch einen für seine Sub-Gattung typischen synchron-diachron bzw. horizontal-vertikal angelegten Plot aus: Auf der Ebene der erzählten Gegenwart geht es um netzwerkartige Familienbeziehungen. Durchsetzt ist die Gegenwartshandlung jedoch mit Bezügen auf die Vergangenheit, die dazu dienen, die Tiefendimension dieser Netzwerke – ihre Genealogien – zu rekonstruieren. Die drei historischen Kapitel verbinden die Handlung im postimperial-multikulturellen London der Gegenwart mit der imperialen Vorgeschichte. Sie stellen – wie ihre Kapitelüberschriften ankündigen – die *root canals*, die ‚Wurzeln' der Familien dar.

Das Kapitel „The Root Canals of Alfred Archibald Jones and Samad Miah Iqbal" spielt während des Zweiten Weltkriegs. An der bulgarischen Front treffen Samad und

Archibald als junge Soldaten des britischen Empire aufeinander. Eine Freundschaft entsteht, die jahrzehntelang durch ein gemeinsames Geheimnis genährt wird: die von Samad forcierte und von Archie (allerdings nur vorgeblich) durchgeführte Hinrichtung des faschistischen Wissenschaftlers und Kriegsverbrechers ‚Dr. Sick'.

In dem Kapitel „The Root Canals of Mangal Pande" geht es um den Urgroßvater von Samad, Mangal Pande, einen – historisch belegten – Rebellen, der sich 1857 gegen die britische Kolonialherrschaft auflehnte und damit am Anfang des indischen Freiheitskampfes steht. Samads wiederholte Versuche, seinen Vorfahr in London als Helden zu ehren, offenbaren die typischen Prozesse der Kolonialgeschichtsschreibung: Während der Rebell für viele Inder ein Nationalheld ist, wird er im hegemonialen britisch-imperialen Diskurs als gefährlicher Fanatiker dargestellt – diese Version der Geschichte kennt Archie noch aus dem Schulunterricht. Dass Samad ein Nachfahre Mangal Pandes sein soll, ist allerdings eher unwahrscheinlich und trägt zur Ironie des Romans bei, denn Samad entstammt einer muslimischen Familie Bengalens, Pande hingegen war ein nordindischer Brahmane. Diese imaginierte Genealogie verweist jedoch auf die Funktion des Erinnerns an Familiengeschichte: Die Rückwendung zu den – realen oder nur vorgestellten – Vorfahren ermöglicht Selbstverortung und Identitätsstiftung. Ein Urgroßvater, der gegen die Briten kämpfte, ist angesichts der vielfältigen Erniedrigungen, die Samad als Immigrant in London hinnehmen muss, eine sinnstiftende und ermächtigende Erinnerung.

Zentraler Erzählgegenstand des in Jamaika spielenden Kapitels „The Root Canals of Hortense Bowden" ist das Erdbeben von 1907, während dessen Ambrosia ihre Tochter Hortense zur Welt bringt. Dabei kommt ihr die Erleuchtung, dass Gott sie besser zu führen weiß, als der Kolonialherr und biologische Vater ihres Kindes, Durham: „[F]rom that day forth no Bowden woman took lessons from anyone but the Lord." (363) Seitdem sind die weiblichen Familienmitglieder der Bowdens Zeuginnen Jehovas – eine Tradition, die erst durch Ambrosias Enkelin Clara in Großbritannien gebrochen werden wird.

In den *root canals*-Kapiteln werden die Geschichten multikultureller Familien zu Bausteinen einer Kolonialgeschichte ‚von unten'. Alle drei Kapitel drehen sich um interkulturelle Begegnungen in Zeiten des britischen Empire. Interessanterweise stehen dabei zwei Beispiele des interkulturellen Konflikts und des kolonialen Widerstands (der indische Aufstand und Ambrosias Tausch englischer ‚Erziehung' gegen Gottes Führung) einem Beispiel interkultureller Verbrüderung (Archie und Samad im Zweiten Weltkrieg) gegenüber. Die identitätsstiftenden ‚Wurzelkanäle' beziehen sich also nicht nur auf die biologische Herkunft, sondern auch auf die *gemeinsame* Erfahrung von Angehörigen verschiedener Familien und Ethnien. Sie bilden das Fundament einer multikulturellen Gesellschaft.

Die multiperspektivische Struktur von *White Teeth*, die zahlreichen Dialoge und die Formen der Innenweltdarstellung tragen insbesondere dazu bei, Generationenkonflikte darzustellen – jene Konflikte zwischen „*fatherssons, oldyoung, borntherebornhere*

here“ (219), die ein Hauptgegenstand des Romans sind. Dabei sind zunächst einmal die üblichen Probleme bei der Kommunikation über die Generationen hinweg feststellbar: Archies und Samads Kriegserinnerungen will keiner in der Familie hören. Das gilt nicht nur für die Kinder, sondern – in einer Verknüpfung von Geschlecht und Generation – auch für die Ehefrauen, die beide beinahe 30 Jahre jünger als ihre Männer sind und erst nach dem Zweiten Weltkrieg geboren wurden.

Auch der Rassismus hat in *White Teeth* eine deutlich generationelle Komponente, denn es sind die Vertreter der englischen ‚weißen‘ Großelterngeneration, die die Protagonisten mit den krudesten Stereotypisierungen konfrontieren – wie etwa der alte Mr. Hamilton, der Millats und Magids Vater einen „wog“ (d.h. ‚Kaffer‘, ‚Kanake‘) nennt oder eine Gruppe von Alten im Bus, die in Gegenwart von Irie, Magid und Millat laut tönen: „*they should all go back to their own …*“ (163). Dem ‚altbackenen‘ englischen Rassismus wird an dieser Stelle jedoch ein junger, vitaler Multikulturalismus entgegengesetzt, denn die Erzählinstanz fährt folgendermaßen fort: „But this, the oldest sentence in the world, found itself stifled by the ringing of bells and the stamping of feet, until it retreated under the seats with the chewing gum.“ (ebd.)

Die wichtigste Form des Generationenkonflikts ist in *White Teeth* allerdings jener zwischen den Eltern als Immigranten der ‚ersten Generation‘ und ihren Kindern als in Großbritannien geborene und bi-kulturell sozialisierte ‚zweite Generation‘ – der intergenerationelle Konflikt als interkultureller Konflikt also. Typisch dafür ist Samads Einschätzung der ‚zweiten Generation‘:

> – all their children are nothing but trouble. They won't go to mosque, they don't pray, they speak strangely, they dress strangely, they eat all kinds of rubbish, they have intercourse with god knows who. No respect for tradition. People call it assimilation when it is nothing but corruption. Corruption! (190)

Tatsächlich ist Samad zum Zeitpunkt dieser Aussage mindestens genauso ‚korrumpiert‘ wie seine Kinder. Hin- und hergerissen zwischen den Kulturen, zwischen seiner Rolle als Moslem einerseits und seiner Vorliebe für Schweinefleisch, Alkohol und die Musiklehrerin seiner Söhne, Poppy Burt-Jones, andererseits, plagt ihn stets ein schlechtes Gewissen. Samads Versuch, zumindest einen seiner Söhne – Magid – zu ‚retten‘, indem er ihn nach Bangladesch schickt, um ihm eine traditionelle Erziehung zu gewähren, ist nicht nur eine als „choice of *morality*“ (189) bemäntelte Kindesentführung, sondern erscheint auch als eine Projektion des eigenen Verlusts kultureller Werte auf die jüngere Generation.

Samads private Generationen-Theorie und seine Hoffnung darauf, dass *nurture* – Sozialisation – das Allheilmittel gegen die Korruption durch den Westen sei, wird jedoch konterkariert durch den Verlauf der Handlung. Magid kehrt zurück als formvollendeter Engländer, der „Queen's fucking English“ spricht, allein an die Rationalität des Menschen glaubt und sich *bacon sandwiches* bestellt. Währenddessen entwickelt sich Millat, der im Einflussbereich der westlichen Gesellschaft geblieben war, zu einem gewaltbereiten muslimischen Fundamentalisten (vgl. das Kapitel „The Trouble with Millat“). Millat fühlt sich in seiner Londoner Umgebung nicht als gleichwertiger Brite anerkannt, sondern als ‚Paki‘ abgewertet. Sein Ärger mischt sich mit – vor allem amerikanischen Gangster-Filmen entspringenden – Vorstellungen von Gewalt, die ‚sexy‘ ist: „the first into battle come jihad, cool as fuck in a crisis, a man of action, like Brando, like Pacino, like Liotta.“ (445) Millats Islamismus erscheint damit als *re-branding* eines nach Identität, Gemeinschaft und *coolness* suchenden Jungen. Während durch die Hervorhebung von Kinofilm-Versatzstücken in Millats Gedankenwelt klar die Bedeutung von westlicher Mediensozialisation für seine islamistische Rebellion akzentuiert wird, sieht Samad den Sohn als „simply a follower by genetic predisposition“ (217), und auch die Erzählstimme nimmt diesen Gedanken ironisch auf, wenn sie Millats Entschluss, ein Attentat zu begehen, deutet als „an imperative secreted in the genes […]. He's a Pandy deep down.“ (525f.)

Iries Konflikt mit der Elterngeneration bezieht sich – anders als Magids und Millats Suche nach soziokultureller Identität – explizit auf genetische Faktoren. Ihr pubertärer Selbsthass äußert sich in der Ablehnung ihrer afro-jamaikanischen Herkunft: „There was England, a gigantic mirror, and there was Irie, without reflection. A stranger in a stranger land.“ (266) Die sichtbaren körperlichen Zeichen ihrer jamaikanischen Vorfahren machen Irie zu schaffen: Sie mag ihren ausladenden Körper nicht, den sie von der Großmutter Ambrosia geerbt hat – „that swollen enormity, the Jamaican posterior“ (265) – und sie hasst ihr krauses Haar und träumt von „straight straight long black sleek flickable tossable shakeable touchable finger-through-able wind-blowable hair. With a fringe“ (273). Irie ist „intent upon transformation, intent upon fighting her genes“ (ebd.). Beide Beispiele für den Kampf gegen ihre ‚Gene‘ – eine Wunder-Diät und ein traumatischer Besuch beim Frisör, der mit allerlei schmerzenden Chemikalien die Glättung ihres Haares in Angriff nimmt – werden im Kapitel „The Miseducation of Irie Jones“ beschrieben.

Eine idealisierte Alternative zur verhassten biologischen Abkunft ist für Irie die selbstgewählte, soziale Familie der Chalfens: „[S]he *wanted* to merge with the Chalfens, to be of one flesh; separated from the chaotic, random flesh of her own family and transgenically fused with another.“ (342) Konfrontiert mit der prestigeträchtigen, weit zurückreichenden Ahnentafel der Chalfens muss Irie zugeben, dass das Wissen über ihre jamaikanische Herkunft in erster Linie auf „rumour, folk-tale and myth“ (338) basiert. In für den Roman typischer schein-wissenschaftlicher Manier wird sogleich Iries bruchstückhafter Stammbaum abgebildet, und es wird ihm folgende Legende beigegeben:

> Key
> & = copulated with
> % = paternity unsure
> ? = child's name unknown
> G = brought up by grandmother (338)

Iries Stammbaum ist zu entnehmen, dass Great Uncle P. „& God knows how many women“, und dass Great Auntie Patricia „& some no-good raggamuffins“. Resultat ist ein genealogisches ‚Chaos‘: Die auf Patricia folgende Generation kann nur noch mit „3 kids % ? G“ beschrieben werden (ebd.). Das Hauptargument für Marcus Chalfens Genforschung ist die Eliminierung solcher Kontingenz: „[I]f you *re-engineer* the actual genome [...], then you're no longer dealing with the *random*.“ (340) In Iries Familie ist der Zufall jedoch Programm: Neben der jamaikanischen Genealogie gehören dazu die zufällige Rettung Archies vor dem Selbstmord, das zufällige Treffen der Eltern auf einer Hippie Party sowie Archies Gewohnheit, bei jeder wichtigen Entscheidung eine Münze zu werfen.

Im großen Finale, bei der Präsentation der FutureMouse© am Silvesterabend 1992, werden die verschiedenen Erzählstränge und Protagonisten – Millat als potentieller Attentäter, Magid als Chalfens Schüler, Hortense als christliche Mahnerin usw. – zusammengeführt. Auch die Geschichte des ersten *root canals*-Kapitels kommt mit dem Ende des Romans zu ihrem Schluss; bei der Präsentationsveranstaltung taucht Chalfens Mentor auf – ein ältlicher französischer Wissenschaftler namens Perret, der sich als ‚Dr. Sick‘ entpuppt. Damit wird Chalfens Gen-Projekt im Umkreis faschistischer Rassenideologie verortet, und jegliches Reinheits- und Perfektionsdenken – auch das im neuen Gewande der Genforschung – erscheint als veraltet und faschistoid. Samad muss erkennen, dass Archie Dr. Sick im Zweiten Weltkrieg nicht getötet hat, ihre jahrelange Freundschaft also auf einer Lüge basiert. Doch nach der ersten Enttäuschung hat Samad eine blitzhafte Einsicht: „*This incident alone will keep us two old boys going for the next forty years.*“ (533) Das plötzliche Auftauchen von Dr. Sick ist ein weiteres Element gemeinsamer Geschichte, das erzählt und wieder erzählt werden will. Für Archie und Samad – und, so lässt sich schließen, auch für die unterschiedlichen Gruppen einer multikulturellen Gesellschaft – geht es also nicht in erster Linie um Essenz (historische Fakten, biologische Verwandtschaft und genealogische ‚Reinheit‘), sondern um die Konstruktion von Gemeinschaft über biologische, ethnische, kulturelle und geschichtliche Differenzen hinweg.

Im Chaos, das durch Millats Schuss ausgelöst wird, kann die genmanipulierte Maus entfliehen – „through the hands of those who wished to pin it down“ (542). Trotz aller Vorbestimmungsversuche geht die FutureMouse© am Ende ihrer eigenen Wege. Und das gilt auch für die ‚zweite Generation‘: Irie entscheidet sich für die biologische Kontingenz. Sie hat kurz nacheinander Sex mit beiden Zwillingen und wird schwanger. Ihr Kind wird nie herausfinden, wer der Vater ist: „In a vision, Irie has seen a time [...] when roots won't matter any more because they can't because they mustn't because they're too long and they're too tortuous and they're just buried too damn deep. She looks forward to it.“ (527) Tatsächlich scheint der abschließende kurze Blick auf das Jahr 1999 Iries Vision zu bestätigen: Irie, Joshua, Hortense und „Irie's fatherless little girl“ (541) sitzen glücklich in der Karibik. Dies ist ein optimistischer, ja utopischer Schluss für den britischen Multikulturalismus, für das im Roman oft ironisch-abwertend erwähnte ‚Happy Multicultural Land', der allerdings sogleich wieder vorsichtig zurückgenommen wird mit der Bemerkung der Erzählinstanz über „the myth, the wicked lie, that the past is always tense and the future, perfect." (ebd.)

Durch die Exploration von ‚Wurzeln' – biologischer, soziokultureller, historischer und familiengeschichtlicher – auf verschiedenen Ebenen des Generationen- und Familienromans zeigt *White Teeth*, dass Zufall und Determiniertheit, Chaos und Ordnung, Vermischung und Reinheit keine Alternativen sind, zwischen denen tatsächlich zu wählen wäre. Alsana bringt diese Einsicht auf den Punkt: „[Y]ou go back and back and back and it's still easier to find the correct Hoover bag than to find one pure person, one pure faith, on the globe. Do you think anybody is English? Really English? It's a fairy-tale!" (236)

3. Zusammenfassung und Ausblick

Neben den eingangs bereits genannten konstitutiven Merkmalen des Familien- und Generationenromans sind bei der Analyse und Interpretation von *White Teeth* weitere formale und semantische Merkmale sichtbar geworden, die in der ein oder anderen Form auch für andere Vertreter des Genres gelten:

Erstens stehen im Familien- und Generationenroman in der Regel keine einzelnen Protagonisten im Mittelpunkt, sondern Kollektive: Familienverbünde, mehrere Angehörige einer Generation usw. Insofern ist das Genre von Bildungs- und Erziehungsroman abgrenzbar, in welchem der Fokus per definitionem auf ein Individuum gerichtet ist. Auf diese Weise kann *White Teeth* beispielsweise von dem paradigmatischen Genre der multikulturellen Literatur Großbritanniens – dem *black British bildungsroman* – unterschieden werden (vgl. Kap. 10 in diesem Band).

Zweitens ist eine Reihe von Erzählverfahren für das hier vorgestellte Genre charakteristisch (ohne dass allerdings alle Vertreter notwendigerweise sämtliche Merkmale aufweisen würden). Dazu gehören eine außerordentlich komplexe Figurenkonstellationen, eine multiperspektivische Anlage, welche mehrere generationelle und familiäre Sichtweisen zum Ausdruck kommen lässt, sowie eine ‚vertikal-horizontale' Plotstruktur, anhand derer die Wurzeln der dargestellten Gegenwart über den Rekurs auf Familiengeschichte rekonstruiert werden.

Drittens schließlich ist zu vermuten, dass auch die durchgängige Komik von *White Teeth* zumindest teilweise generischen Konventionen geschuldet ist. Die Darstellung der ‚kleinen' Welt der (aus sozial niederen Schichten stammenden) Familie und der Modus des Komischen sind in der englischen Komödie schon seit Jahrhunderten auf das Engste miteinander verknüpft. In der Gegenwartsliteratur ermöglicht gerade der Fokus auf die Familie, ernste und ‚große' Themen wie ‚Identität' und ‚Geschichte' in einem alltäglichen Rahmen zu verhandeln, sie damit zu domestizieren und potentiell auch durch Komik zu relativieren.

Nach seinem Erscheinen wurde *White Teeth* von Kritikern sogleich mit anderen berühmten Vertretern der *black British Literature*, etwa den Romanen Salman Rushdies und Hanif Kureishis, verglichen. Tatsächlich sind thematische und sprachliche Ähnlichkeiten auffällig. Die Deutung von *White Teeth* als Familien- und Generationenroman lässt jedoch zugleich andere Verbindungslinien erkennen, die Zadie Smiths Werk als Teil der britischen und internationalen Literatur ausweist: So teilt *White Teeth* mit Kate Atkinsons *Behind the Scenes at the Museum* (1995) neben dem hochgradig komisch-ironischen Modus der Darstellung etwa den kritischen Blick auf die Institution ‚Familie', die archäologische Suche nach Wurzeln und die Frage nach der Rolle des Zufalls in Familiengeschichten. Und wie in Michel Houellebecqs *Les particules élémentaires* (*Elementarteilchen*, 1998), einem ebenfalls mit Ironie durchsetzten Familienroman, in dessen Mittelpunkt ungleiche Brüder stehen, finden sich auch in *White Teeth* an zentraler Stelle Reflexionen über die Rolle von Genealogie und Genetik in der modernen Gesellschaft. Richtet man den Blick schließlich auf den aktuellen Boom des Familien- und Generationenromans in der deutschen Literatur, so scheint tatsächlich vieles darauf hinzudeuten, dass das Genre um die Jahrtausendwende – ganz ähnlich wie am Beginn des 20. Jahrhunderts – zu einem international herausragenden literarischen Phänomen geworden ist.*

Literatur

Werke

Atkinson, Kate. 1995. *Behind the Scenes at the Museum*. London: Doubleday.
—. 1997. *Human Croquet*. London: Doubleday.
Brookner, Anita. 1985. *Family and Friends*. London: Jonathan Cape.
Ghosh, Amitav. 2000. *The Glass Palace*. London: Harper Collins.
Fairbairns, Zoë. 1983. *Stand We at Last*. London: Virago.
—. 1991. *Daddy Girls*. London: Methuen.
Maitland, Sara. 1990: *Three Times Table*. London: Chatto & Windus.
Rushdie, Salman. 1981. *Midnight's Children*. London: Cape.
—. 1995. *The Moor's Last Sigh*. London: Jonathan Cape.
Smith, Zadie. 2001 [2000]. *White Teeth*. London: Penguin.
Swift, Graham. 1988. *Out of This World*. London: Viking.

Ausgewählte Fachliteratur

Humphrey, Richard. 2004. „The Caravan Crossing the Desert – the Family Chronicle as Family Re-Memberer in Modernism and Post-Modernism." In: Hans Sauer, Sebastian Domsch & Christoph Bode (Hgg.). *Anglistentag 2003 München: Pro-*

* Ich danke Jan Rupp für die Diskussion des Themas ‚Familienroman' und Marion Gymnich für Literaturtipps.

ceedings of the Conference of the German Association of University Teachers of English. Trier: Wissenschaftlicher Verlag Trier. 383-96.

Dieser sehr lesenswerte Artikel bietet auf konzise Weise einen Überblick über die Entwicklung der Gattung ‚Generationenroman' (bzw. *family chronicle*) in der englischen Literatur des 20. Jahrhunderts.

Sollors, Werner. 1988. „First Generation, Second Generation, Third Generation ...: The Cultural Construction of Descent." In: Werner Sollors. *Beyond Ethnicity: Consent and Descent in American Culture.* New York/Oxford: Oxford University Press. 208-36.

In dieser schon etwas älteren Studie geht es zwar um U.S.-amerikanische Literatur, aber die Darstellung des Konzepts der ‚Generation' und seiner Implikationen für die Betrachtung von Literatur ist immer noch – und auch für andere Nationalliteraturen – äußerst relevant.

Stein, Mark. 2004. *Black British Literature: Novels of Transformation.* Columbus, OH: Ohio State University Press.

Eine sehr empfehlenswerte Einführung in die Geschichte der *black British literature*, in der auch auf die Generationenproblematik eingegangen wird.

Sommer, Roy. 2001. *Fictions of Migration: Ein Beitrag zur Theorie und Gattungstypologie des zeitgenössischen interkulturellen Romans in Großbritannien.* Trier: Wissenschaftlicher Verlag Trier.

Eine ebenfalls sehr empfehlenswerte, narratologisch ausgerichtete Einführung in die aktuelle interkulturelle Literatur Großbritanniens. Die Debatte um die Schlüsselbegriffe ‚Interkulturalität', ‚Multikulturalität' und ‚Transkulturalität' wird verständlich erläutert, und es wird zwischen verschiedenen Gattungsausprägungen der *black British literature* differenziert.

Squire, Claire. 2002. *Zadie Smith's* White Teeth*: A Reader's Guide.* New York/ London: Continuum.

Eine knappe, gut lesbare und umfassende Einführung in Zadie Smiths Roman *White Teeth.*

Weitere zitierte Literatur

Gross, Oliver. 2003. „Finding Brown Strangers Really Stimulating: Xenophobia and the Second Generation in Zadie Smith's *White Teeth*." In: Klaus Stiersdorfer & Monika Gomille (Hgg.). *Xenophobic Memories: Otherness in Postcolonial Constructions of the Past.* Heidelberg: Winter. 39-49.

Head, Dominic. 2003. „Zadie Smith's *White Teeth*: Multiculturalism for the Millennium." In: Richard J. Lane, Rod Mengham & Philip Tew (Hgg.). *Contemporary British Fiction.* Oxford: Polity Press.

Korte, Barbara. 1999. „Söhne und Töchter des Empire: Generationen und Geschlechter in der ‚eingewanderten' Kultur Britanniens." In: Eveline Kilian (Hg.). *Ge-*

Narrationen: Variationen zum Verhältnis von Generation und Geschlecht. Tübingen: Attempo. 49-71.

Merritt, Stephanie. 2000. „She's young, Black, British – and the First Publishing Sensation of the Millenium." *Observer*. 16. Januar 2000. http://books.guardian.co.uk/print/0,,3951111-99930,00.html (20.05.2007).

Moss, Laura. 2003. „The Politics of Everyday Hybridity: Zadie Smith's *White Teeth*." *Wasafiri* 39: 11-17.

Riedel, Manfred. 1974. „Generation." In: Joachim Ritter (Hg.). *Historisches Wörterbuch der Philosophie. Bd. III*. Basel/Stuttgart: Schwabe. 274-77.

Ru, Yi-ling. 1992. *The Family Novel: Toward a Generic Definition*. New York: Lang.

Rupp, Jan. 2006. „Memorial Culture in Transformation: The Postcolonial Tradition and Second-Generation ‚Hy-Brits' in Zadie Smith's *White Teeth*." In: Ansgar Nünning, Marion Gymnich & Roy Sommer (Hgg.). *Literature and Memory: Theoretical Paradigms – Genres – Functions*. Tübingen: Gunter Narr. 293-303.

Thompson, Molly. 2005. „‚Happy Multicultural Land'? The Implications of an ‚excess of belonging' in Zadie Smith's *White Teeth*." In: Kadija Sesay (Hg.). *Write Black, Write British: From Post Colonial to Black British Literature*. Hertford: Hansib. 122-40.

Tobin, Patricia Drechsel. 1978. *Time and the Novel: The Genealogical Imperative*. Princeton: Princeton University Press.

Weigel, Sigrid. 2002. „Generation, Genealogie, Geschlecht: Zur Geschichte des Generationenkonzepts und seiner wissenschaftlichen Konzeptualisierung seit dem Ende des 18. Jahrhunderts." In: Lutz Musner & Gotthard Wunberg (Hgg.). *Kulturwissenschaften: Forschung – Praxis – Positionen*. Wien: WUV. 161-90.

9.

Frauenromane: Jeanette Winterson

Marion Gymnich

1. Der britische Frauenroman der Gegenwart: Begriff und Entwicklungsphasen

Für den ebenso häufig gebrauchten wie notorisch unscharfen Terminus ‚Frauenroman' lassen sich im Wesentlichen zwei konkurrierende, unterschiedlich weit gefasste Begriffsbestimmungen ansetzen. Geht man von einer weiten Definition des Frauenromans aus, dann können im Prinzip alle von Frauen verfassten Romane unter dieser Bezeichnung subsumiert werden. Einen erheblich größeren Erkenntnisgewinn verspricht freilich eine engere Definition, die sich nicht allein auf weibliche Autorschaft stützt, sondern die darüber hinaus auch inhaltliche Gesichtspunkte als Kriterien für die Kategorisierung eines literarischen Textes als Frauenroman heranzieht. Gemäß einer solchen Bestimmung, die auch den folgenden Ausführungen zugrunde gelegt werden soll, werden mit dem Begriff Romane „von Frauen über Frauen" (Nünning 1998: 119) bezeichnet, d.h. Romane von Autorinnen, in denen spezifische Aspekte der weiblichen Lebenssituation (z.B. die von Frauen traditionell verwirklichten Rollenmuster, typisch weibliche Sozialisationsprozesse oder auch weibliche Identitätsbildung) entweder eindeutig im Mittelpunkt stehen oder doch zumindest einen sehr hohen Stellenwert einnehmen. Die Mehrzahl der so definierten britischen Frauenromane aus den letzten Jahrzehnten setzt sich mit der zeitgenössischen Lebenssituation von Frauen auseinander; d.h. die Handlung der meisten Texte ist in der Gegenwart angesiedelt, wenn auch oft ergänzt durch Ausblicke auf die Erfahrungen der Generation der Mütter. Daneben finden sich jedoch zahlreiche historische Romane weiblicher Autoren, so etwa Pat Barkers *The Century's Daughter* (1986) und Eva Figes' *The Seven Ages* (1987), die sich mit Aspekten der Frauengeschichte, mit spezifisch weiblicher Geschichtserfahrung oder auch mit den historischen Voraussetzungen gegenwärtiger gesellschaftlicher Benachteiligung von Frauen beschäftigen (vgl. Nünning 1999).

Romane, die einer engen Begriffsbestimmung zufolge als Frauenroman kategorisiert werden können, machen einen beträchtlichen Teil der britischen Gegenwartsliteratur aus. Zu den wichtigsten Vertreterinnen des britischen Frauenromans der Gegenwart zählen Autorinnen wie Doris Lessing, Margaret Drabble, Fay Weldon, Angela Carter, Anita Brookner, Michèle Roberts, Penelope Lively und nicht zuletzt Jeanette Winterson, die im zweiten Teil des vorliegenden Artikels mit einem ihrer bekanntesten literarischen Werke im Mittelpunkt stehen soll. Der Boom, den der Frauenroman seit den 1960er Jahren erlebt hat, wurde durch verschiedene soziale und institutionelle Faktoren begünstigt. Die zweite Frauenbewegung, die sich in Großbritannien unter dem Einfluss des amerikanischen *women's movement* in den späten 1960er Jahren formierte, stellte einen zentralen Impuls für die Auseinandersetzung mit der gesellschaftlichen Stellung der Frau in unterschiedlichen Diskursen dar und steigerte auch das Interesse an Literatur von Frauen über Frauen. Im Zuge dieser Bewegung wurden in Großbritannien durch die Gründung von Verlagen wie Virago (1973) und The Women's Press (1978), die auf Frauenliteratur spezialisiert sind, sowie der auf lesbische Literatur ausgerichteten Onlywomen Press (1974) sehr gute institutionelle Voraussetzungen für die Literaturproduktion von Frauen geschaffen. Eine weitere Folge der zweiten Frauenbewegung ist die Institutionalisierung der *Women's Studies* an vielen britischen Universitäten, wodurch ebenfalls ein günstiges Umfeld für die Rezeption von Frauenliteratur geschaffen wurde.

Der Einfluss der Frauenbewegung schlägt sich in der Romanproduktion von Autorinnen zudem offenkundig darin nieder, dass viele Texte ein dezidiert feministisches Funktionspotential erkennen lassen. Vor allem Frauenromane aus den 1960er und 1970er Jahren nutzten – ebenso wie von Frauen verfasste Dramen und Gedichte aus dieser Zeit – den fiktionalen Freiraum, um die Erkenntnis der Frauenbewegung umzusetzen, dass „Weiblichkeit in ihrer Andersheit [...] an spezifische Sozialisationsprozesse, an den weiblichen Körper, an die historisch konkreten Lebenssituationen von Frauen gebunden" (Schabert 2006: 303) sei. Doris Lessings Roman *The Golden Notebook* (1962), der den Entwicklungsprozess der Protagonistin Anna Wulf nachzeichnet, ist bisweilen geradezu als Manifest der zweiten Frauenbewegung betrachtet worden – eine Einschätzung des Romans, von der Lessing selbst sich freilich in einem später verfassten Vorwort nachdrücklich distanziert hat.

Im britischen Frauenroman der letzten Jahrzehnte zeichnen sich insgesamt recht klare Merkmale ab, die es zulassen, seine Entwicklung zumindest grob in zwei Phasen zu unterteilen, die sich hinsichtlich ihrer inhaltlichen Schwerpunkte und ihrer ideologischen Ausrichtung wie auch im Hinblick auf die dominant zum Einsatz kommenden Darstellungsverfahren voneinander unterscheiden. Einschränkend muss allerdings eingeräumt werden, dass sich einige Werke britischer Autorinnen nicht ohne weiteres in diese beiden Phasen einordnen lassen. Dies trifft vor allem auf die Romane Brigid Brophys zu, die in zeitlicher Hinsicht der ersten Phase des britischen Frauenromans der Gegenwart zuzuordnen sind. Brophys hochgradig avantgardistische Werke, die bislang seitens der anglistischen Literaturwissenschaft nur sehr wenig Aufmerksamkeit gefunden haben, nehmen jedoch in vielfältiger Weise sowohl inhaltliche als auch formal-ästhetische Merkmale vorweg, die eher als typisch für Frauenromane aus der zweiten Phase anzusehen sind. Die Mehrzahl der britischen Frauenromane lässt sich jedoch in einer der beiden im Folgenden zu erläuternden Entwicklungsphasen des britischen Frauenromans der Gegenwart verorten.

Die erste Phase des britischen Frauenromans der Gegenwart, die sich von den 1960ern bis in die 1980er Jahre erstreckt, kann als gynozentrisch-feministische Phase charakterisiert werden. Die Romane aus dieser Phase zeigen vielfach sehr deutlich den

Einfluss der Zweiten Frauenbewegung und ihrer politischen Forderungen, weisen also oft eine eindeutig feministische ideologische Ausprägung auf. Zudem richten sie ihr Augenmerk primär auf den besonderen Charakter der weiblichen Lebenssituation und inszenieren häufig Vorstellungen von einer (wieder zu entdeckenden) genuin weiblichen Identität. Auch in der Betonung von Geschlechtsunterschieden nehmen sie tendenziell eine bewusst gynozentrische Perspektive ein, d.h. sie privilegieren eine spezifisch weibliche Erfahrungswirklichkeit. Dies schlägt sich auch in den Erzählverfahren nieder, denn zumeist wird „[d]as Geschehen [...] entweder aus der Sicht von intelligenten, oft auch beruflich erfolgreichen weiblichen Figuren erzählt, oder diese fungieren als Reflektorfiguren" (Nünning 1998: 119).

In Frauenromanen aus der gynozentrisch-feministischen Phase steht wirkungsästhetisch zumeist die Kritik an einer traditionellen gesellschaftlichen Rollenverteilung im Vordergrund. So demonstrieren etwa Doris Lessings *The Summer before the Dark* (1973), Fay Weldons *Down Among the Women* (1971), *Female Friends* (1975) und *Praxis* (1978), Margaret Drabbles *The Millstone* (1965) und *The Middle Ground* (1980) oder auch Eva Figes' *The Seven Ages* an den weiblichen Hauptfiguren exemplarisch die negativen Auswirkungen herkömmlicher Rollenmuster auf die weibliche Psyche. Frauenromane wie die soeben genannten kritisieren insbesondere die emotionalen und auch finanziellen Abhängigkeitsverhältnisse, die mit den klassischen weiblichen Rollen der Ehefrau, Mutter und Hausfrau einhergehen können. Sowohl die negativen Auswirkungen dieser Rollen auf die weibliche Lebensgestaltung als auch die psychischen und sozialen Prozesse, die es Frauen mitunter erheblich erschweren, sich gesellschaftlichem Rollendruck zu widersetzen oder zu entziehen, werden häufig durch die Gegenüberstellung verschiedener weiblicher Schicksale in besonders plakativer Weise dargestellt.

Viele Frauenromane aus der ersten Phase tendieren zur Inszenierung essentialistischer Konzepte von Männlichkeit und Weiblichkeit, was sich auch auf die Charakterisierung der Beziehungen unter den Figuren auswirkt. Das Verhältnis zwischen den Geschlechtern wird im Frauenroman häufig als (unauflöslicher) Konflikt dargestellt, in dem unvereinbare Interessen aufeinanderprallen und der bestimmt ist durch divergierende psychische Dispositionen, diskrepante Erfahrungen und gegensätzliche Bedürfnisse. Heterosexuelle Liebesbeziehungen spielen angesichts des dominant als antagonistisch konzipierten Geschlechterverhältnisses vor allem in Frauenromanen aus den 1970er und frühen 1980er Jahren zumeist lediglich insofern eine Rolle, als sie als Hindernis für Ansätze zu einer weiblichen Emanzipation aus den Zwängen traditioneller Rollenmuster erscheinen. Im Gegensatz zu dem dominant negativ gezeichneten Verhältnis zwischen Männern und Frauen werden Beziehungen unter Frauen – seien es Freundschaften, lesbische Liebesbeziehungen oder das Verhältnis zwischen Müttern und Töchtern – oft als Meilensteine auf dem Weg zu weiblicher Emanzipation und als Voraussetzung für die Entfaltung genuin weiblicher Aspekte der Persönlichkeit charakterisiert.

Hinsichtlich der Darstellungskonventionen ist für die erste Phase des britischen Frauenromans der Gegenwart eine deutliche Dominanz realistischer Erzählverfahren zu konstatieren. Durch eine authentisch und psychologisch plausibel wirkende Darstellung weiblicher Entwicklungsprozesse wird Kritik an patriarchalisch geprägten gesellschaftlichen Strukturen geübt. Um die Benachteiligung von Frauen in der zeitgenössischen Gesellschaft hervorzuheben, beschränken sich Frauenromane oft nicht auf die Darstellung eines Einzelschicksals. Vielmehr stellen sie häufig mehrere Frauenfiguren einander gegenüber, deren individuelle Schicksale sich zu einem Bild des weiblichen Lebenszusammenhangs ergänzen. Der gemeinsame Fluchtpunkt der dargestellten Einzelschicksale besteht freilich zumeist darin, dass die Benachteiligung von Frauen angeprangert wird. So werden beispielsweise in Fay Weldons *Female Friends*, in Pat Barkers *Union Street* (1982) und Sara Maitlands *Three Times Table* (1990) Frauenfiguren aus unterschiedlichen Generationen und mit divergierenden Rollenmustern miteinander kontrastiert. Im Unterschied zu den soeben genannten Romanen betont Eva Figes' *The Seven Ages* Korrespondenzrelationen zwischen weiblichen Figuren auf der diachronen Achse, erzählt der Roman doch gleichsam eine Geschichte weiblicher Unterdrückung, die sich vom Mittelalter bis in die Gegenwart erstreckt. Der dominant realistische Erzählstil des britischen Frauenromans der Gegenwart hat, so argumentiert Ina Schabert (2006: 309), zur Folge, dass die Texte letztlich bei einer Bestandsaufnahme der bestehenden Verhältnisse stehen bleiben und keinen utopischen Gegenentwurf einer neuen Geschlechterordnung zu liefern vermögen. Freilich finden sich auch schon in der ersten Phase des britischen Frauenromans der Gegenwart einzelne Werke, die alternative Geschlechterkonzepte entwerfen und dabei von experimentellen Darstellungsverfahren Gebrauch machen. An erster Stelle ist in diesem Zusammenhang sicherlich Brophys Roman *In Transit* (1969) zu nennen, der in vielfacher Hinsicht Tendenzen vorwegnimmt, die erst in der zweiten Phase des britischen Frauenromans der Gegenwart in einer größeren Anzahl von literarischen Texten zum Tragen kommen. Dies wird weiter unten noch zu erläutern sein.

Die zweite Phase des britischen Frauenromans der Gegenwart, die gegen Ende der 1980er Jahre einsetzte, unterscheidet sich von der ersten vor allem hinsichtlich der vorherrschenden Konzeptionen von Männlichkeit und Weiblichkeit. Die Romane aus der zweiten Phase zeichnen sich insgesamt durch eine stärkere Auseinandersetzung mit dem Konstruktcharakter der Kategorie Geschlecht aus. Nicht zuletzt motiviert durch Veröffentlichungen wie Judith Butlers wegweisende Studien *Gender Trouble* (1990) und *Bodies that Matter* (1993) stellen Frauenromane zunehmend die vermeintliche Stabilität des biologischen Geschlechts in Frage: Werden in der ersten Phase oft essentialistische Vorstellungen von Geschlechtsidentität inszeniert, so wird nun betont, dass Vorstellungen von Weiblichkeit und Männlichkeit ebenso wie Körperkonzepte, Auffassungen von Geschlechterbeziehungen und Sexualität kulturell und historisch variabel sind. Aufgrund ihrer Tendenz zur kritischen Auseinandersetzung mit der Kategorie Geschlecht an sich kann die zweite Phase des britischen Frauenromans der

Gegenwart in Abgrenzung von der gynozentrisch-feministischen Phase als *gender*-orientiert bezeichnet werden. Wird das Geschlecht als soziales, diskursiv erzeugtes Konstrukt aufgefasst, dann erscheint weder die traditionelle Aufteilung in zwei Geschlechter noch die Norm der Heterosexualität notwendig oder unumstößlich gegeben; und damit ist der Entfaltung eines utopischen Potentials der Weg geebnet.

In den Werken Fay Weldons, Pat Barkers und nicht zuletzt Jeanette Wintersons lässt sich eine deutliche Entwicklung von der ersten, feministisch orientierten Phase des Frauenromans zur zweiten, *gender*-orientierten Phase erkennen, die sich vor allem in einer Verschiebung der Themenschwerpunkte niederschlägt, sich aber auch in einem verstärkten Auftreten experimenteller Erzählverfahren bemerkbar macht. Während britische Frauenromane sich in den 1960er bis 1980er Jahren vor allem mit Weiblichkeitsentwürfen beschäftigten, ist seit den 1990er Jahren vermehrt eine Auseinandersetzung mit Männlichkeitskonzepten und eine grundsätzliche Kritik an der Wirkmacht der Kategorie Geschlecht zu beobachten. Exemplarisch zeigt dies etwa die Entwicklung innerhalb des Romanwerks von Pat Barker. Deren Erstlingswerk *Union Street* konzentriert sich auf die Darstellung der weiblichen Lebenssituation, stellt Baker in diesem literarischen Text doch sieben Frauenfiguren aus der englischen Arbeiterschicht einander gegenüber, die geradezu paradigmatisch unterschiedliche Altersstufen und weibliche Schicksale repräsentieren. In Barkers späteren Romanen – etwa in der *Regeneration*-Trilogie (1991-1995) oder auch schon in *The Man Who Wasn't There* (1989) – werden hingegen verstärkt Männlichkeitsentwürfe im Hinblick auf deren Abhängigkeit von Faktoren wie Generation, soziale Schicht und sexuelle Orientierung problematisiert. Seit den 1990er Jahren erfreuen sich in britischen Frauenromanen zudem experimentelle Darstellungsverfahren zunehmender Beliebtheit. Vor allem die Einsicht, dass das Geschlecht lediglich „Fiktion, Maskerade, Zitat, Performanz" (Schabert 2006: 299) ist, kann sich in den Erzählweisen niederschlagen, wie im Folgenden an Wintersons Roman *Written on the Body* exemplarisch gezeigt werden soll.

2. Jeanette Wintersons *Written on the Body* (1992) als Paradigma des *gender*-orientierten Frauenromans der 1990er Jahre

An den Romanen von Jeanette Winterson wird der oben skizzierte Wandel von der ersten, gynozentrisch-feministischen zur zweiten, *gender*-orientierten Phase des britischen Frauenromans der Gegenwart gut ersichtlich. Bei Wintersons Erstlingswerk, dem stark autobiographisch geprägten Roman *Oranges Are Not the Only Fruit* (1985), handelt es sich um einen weiblichen Entwicklungsroman, in dem die Emanzipation der Hauptfigur aus traditionellen weiblichen Rollenmustern im Mittelpunkt steht. Die Darstellung des lesbischen *coming out* der Protagonistin Jeanette folgt weitgehend realistischen Erzählkonventionen, umfasst jedoch auch einige surreal-phantastische Elemente, etwa in Form von eingeschobenen märchenartigen Episoden oder auch in Gestalt eines *orange demon*, der an einem entscheidenden Wendepunkt in der Entwicklung der Hauptfigur auftaucht. In den späteren Romanen Wintersons rückt im Vergleich zu ihrem Erstlingswerk eine kritische Auseinandersetzung mit der historischen Variabilität und kulturellen Determiniertheit der Kategorie Geschlecht in den Mittelpunkt. Zudem nehmen Wintersons Romane in der Beschäftigung mit der diskursiven Konstruktion von Geschlecht, Körperlichkeit, Sexualität und auch von dem Konzept der Liebe oft auf philosophische und/oder naturwissenschaftliche Diskurse Bezug. Diese Tendenzen deuten sich bereits in Wintersons historischen Romanen *The Passion* (1987) und *Sexing the Cherry* (1989) an, kommen aber in noch größerer Deutlichkeit in *Written on the Body* und auch in *Gut Symmetries* (1998) zum Tragen.

Bei *Written on the Body* handelt es sich auf den ersten Blick um eine klassische melodramatische Liebesgeschichte, eine Romanze zwischen der als homodiegetische Erzählinstanz fungierenden Hauptfigur und einer verheirateten Frau namens Louise. Die Dreiecksbeziehung zwischen der Hauptfigur, Louise und deren Ehemann Elgin droht einen tragischen Verlauf zu nehmen, als Louise an Krebs erkrankt. Elgin, ein erfolgreicher Arzt, nutzt diese Situation, um die Hauptfigur zu zwingen, die Liebesbeziehung zu Louise zu beenden. Als Druckmittel verwendet Elgin seine beruflichen Verbindungen; er droht, sich nicht dafür einzusetzen, dass Louise die bestmögliche medizinische Behandlung zugänglich gemacht wird, solange sie an der außerehelichen Liebesbeziehung festhält. Nach einer schmerzvollen Zeit der Trennung, Trauer und Angst um das Leben der Geliebten, deren Darstellung durch die Erzählinstanz den Kern des Romans bildet, kommen die Liebenden aber letztlich doch wieder in einem traditionellen Happy End zusammen.

Mit der Privilegierung der Liebesgeschichte greift *Written on the Body* das Plotmuster der „bei Feministinnen verpönte[n] Romanze mit ihrem heterosexuellen Glücksversprechen" (Schabert 2006: 306) auf, wandelt dieses klassische Plotmuster jedoch in mehrfacher Hinsicht signifikant ab. Die Art und Weise, in der die Beziehung zwischen der Hauptfigur und Louise dargestellt wird, steht zweifellos in einigen Aspekten völlig in Einklang mit den Konventionen der Romanze, sind doch die Liebesszenen immer wieder durch romantisch-idealisierende Visionen von völliger körperlicher und emotionaler Harmonie gekennzeichnet. Ein romantisches Liebesideal wird etwa ersichtlich, wenn die Erzählinstanz die Beziehung zu Louise an einer Stelle wie folgt charakterisiert: „Louise and I were held by a single loop of love. The cord passing round our bodies had no sharp twists or sinister turns. Our wrists were not tied and there was no noose about our necks." (88) Es stellt sich jedoch die Frage, ob die Romanze in *Written on the Body* tatsächlich ein ‚heterosexuelles Glücksversprechen' beinhaltet oder ob es nicht vielmehr eine homosexuelle Romanze ist, die in Wintersons Roman erzählt wird.

Dass diese Frage letztlich nicht eindeutig beantwortet werden kann, resultiert daraus, dass das Geschlecht der Hauptfigur bis zum Ende des Romans unbestimmt bleibt. Die subversive Strategie der Maskerade – der spielerischen Annahme einer Geschlechtsidentität, die nicht an ein biologisch determiniertes Geschlecht gebunden ist,

– wird in *Written on the Body* nicht, wie sonst oft in der Literatur, durch ein *cross dressing* inszeniert. Vielmehr manifestiert sie sich ausschließlich auf der Ebene der erzählerischen Vermittlung, spielt die Erzählinstanz doch immer wieder mit den Vorannahmen der Leserinnen und Leser über Geschlechtsattribute. Indem die Leserinnen und Leser durch vermeintlich widersprüchliche Informationen dazu provoziert werden, über das Geschlecht der Erzählinstanz und Hauptfigur zu spekulieren, können ihnen die Mechanismen der Geschlechtszuweisung bewusst gemacht und zugleich problematisiert werden. Im Text erfolgt keine eindeutige Kategorisierung der Hauptfigur als männlich oder weiblich; selbst an den (eher wenigen) Stellen, an denen explizit auf den Faktor Geschlecht Bezug genommen wird, entzieht sich das biologische Geschlecht der Erzählinstanz einer klaren Zuordnung, wie die folgende Textstelle exemplarisch zeigt: „She nodded. ‚When I saw you two years ago I thought you were the most beautiful creature male or female I had ever seen.'" (84) Was sich jedoch im Handlungsverlauf abzeichnet, ist, dass die Hauptfigur in der Vergangenheit wiederholt sexuelle Beziehungen zu Männern wie auch zu Frauen hatte. Damit wird erstens die gesellschaftliche Norm der Heterosexualität unterminiert, und zweitens ist es den Leserinnen und Lesern dadurch schlicht unmöglich, aus dem Geschlecht der Sexualpartner Schlussfolgerungen auf das biologische Geschlecht der Hauptfigur zu ziehen.

Die Bedeutung, die der Faktor Geschlecht generell für die Kategorisierung von Individuen wie auch von (Liebes-)Beziehungen herkömmlich besitzt, wird in *Written on the Body* dadurch offen gelegt und zugleich ad absurdum geführt, dass die Leserinnen und Leser das biologische Geschlecht der Erzählinstanz und Hauptfigur nicht bestimmen können. Die Unbestimmtheit des biologischen Geschlechts der Hauptfigur fungiert somit als Leerstelle, die durchgängig zu Spekulationen einlädt – gerade weil Liebesbeziehungen im Mittelpunkt des Romans stehen. Die Ungewissheit in Bezug auf das Geschlecht der Hauptfigur, die bis zum Ende des Romans nicht aufgelöst wird, ist jedoch auf die Rezeption beschränkt, wie Helga Quadflieg (1997: 110) betont: „Within the story itself, the narrator embarking on her/his sexual relationships with both men and women is a character who appears to be quite sure of her/his sexual identity." Daraus, dass den Leserinnen und Lesern die Möglichkeit genommen wird, die Erzählinstanz und damit die Hauptfigur in die Geschlechterdichotomie einzuordnen, entsteht eine Verunsicherung, die zugleich auf eine Utopie der Liebe jenseits der traditionellen Geschlechterordnung verweist, wie auch Daphne Kutzer (1994: 144) hervorhebt: „Winterson's resistance to naming the gender of the narrator [...] is an attempt at escaping the most central of all pairs, Male and Female, in order to look at the truly human." Die intensive und detaillierte Darstellung der Emotionen der Hauptfigur lädt ungeachtet der Unbestimmtheit des biologischen Geschlechts zu einer Identifikation mit der Figur ein und eröffnet damit ein potentiell geschlechterübergreifendes oder geschlechtsunabhängiges Identifikationspotential.

Indem *Written on the Body* eindeutige Geschlechtszuordnungen durch die Strategie der Maskerade unterminiert, knüpft er an einige Frauenromane älteren Datums an.

Ein Vorläufer von Wintersons Roman ist beispielsweise in Virginia Woolfs *Orlando* (1928) zu sehen. In Woolfs Roman steht eine Figur im Mittelpunkt, die eine simple, dichotome Geschlechtszuweisung unmöglich erscheinen lässt, ist die Titelfigur doch zunächst ein Mann, durchläuft dann jedoch eine (natürliche) Geschlechtsmetamorphose, eine biologische Verwandlung in eine Frau. In Angela Carters *The Passion of New Eve* (1977) dagegen wird der männliche Protagonist gegen seinen Willen von einer Gruppe radikaler Feministinnen einer operativen Geschlechtsumwandlung sowie einer Art von Gehirnwäsche unterworfen und so in eine attraktive Frau verwandelt. Während *Orlando* und *The Passion of New Eve* die Vorstellung einer *konstanten* biologischen Geschlechtszugehörigkeit in Frage stellen, aber das biologische Geschlecht der jeweiligen Hauptfigur doch zugleich ins Zentrum rücken, inszeniert Brigid Brophys Roman *In Transit* – ähnlich wie *Written on the Body* – die Unmöglichkeit, das biologische Geschlecht zu bestimmen. Wie in Wintersons Roman ist die Erzählinstanz auch bei Brophy zugleich die Hauptfigur. Evelyn Hilary O'Rooley, genannt Pat, leidet unter einem eigentümlichen Dilemma: Sie kann sich aufgrund einer ‚Geschlechtsamnesie' nicht erinnern, ob sie ein Mann oder eine Frau ist. Die zunehmend absurd wirkenden und letztlich ergebnislos bleibenden Versuche Pats, sich Klarheit über das eigene biologische Geschlecht zu verschaffen, machen den größten Teil der Handlung aus und lenken die Aufmerksamkeit der Leserinnen und Leser immer wieder auf die Kontingenz von (vermeintlichen) Geschlechtsindikatoren wie Namen, Kleidung, Frisur und sozialem Verhalten.

Die Abweichungen von der klassischen Romanze erschöpfen sich in *Written on the Body* keineswegs in der Inszenierung der Unbestimmtheit des Geschlechts und der Unterminierung normativer Heterosexualität. Besonders deutlich tritt der innovative Charakter von Wintersons Umgang mit den Konventionen der Romanze auch darin hervor, dass das Konzept der Liebe an sich problematisiert wird, erscheint es doch stets als Resultat von Diskursen und Klischees, in denen das Individuum gefangen bleibt. Gerade dieser Aspekt ist es, der *Written on the Body* zur Metaromanze macht, motiviert er doch eine kritische Distanzierung vom romantischen Liebesideal. Zwar finden sich in diesem Roman, wie bereits betont, zahlreiche äußerst romantisch-idealisierend anmutende Szenen, aber die Erzählinstanz stellt auch gleich zu Beginn programmatisch fest: „‚I love you' is always a quotation." (9) Intertextuelle Bezüge zu literarischen Werken wie auch zu anderen Textsorten unterstreichen, dass jegliche Aussage über die Liebe ein diskursives Konstrukt ist. Ebenso suggeriert die Bezugnahme auf in Redensarten und Sprichwörtern kondensiertes Alltagswissen in der folgenden Litanei klischeehafter Aussagen, dass die Liebe ein gesellschaftliches Konstrukt ist: „Love makes the world go round. Love is blind. All you need is love. Nobody ever died of a broken heart." (10) Solche Zitate lassen die Annahme von Liebe als authentischem Gefühl letztlich als Illusion – wenn auch zweifellos als äußerst wirkmächtige Illusion – erscheinen. Die Vorstellung von der diskursiven Produktion von Liebe klingt am Ende des Romans erneut an, wenn die Erzählinstanz mit den Worten schließt: „I don't know if this is a happy ending but here we are let loose in open fields.“ (190) Romantische Klischees, die ‚extasy of the word‘ (Shiffer 2004) und die Einsicht in das *happy ending* als Kurzformel, mittels derer komplexe Beziehungen und Situationen stark vereinfachend erfasst werden, sind untrennbar miteinander verbunden. Dennoch, und hierin wird das Bekenntnis zur Tradition der Romanze ersichtlich, wird die Liebe von der Erzählinstanz auch als Mysterium betrachtet, das sich letztendlich allen wissenschaftlich-rationalen Erklärungsversuchen entzieht: „No-one knows what forces draw two people together. There are plenty of theories; astrology, chemistry, mutual need, biological drive.“ (96)

Auch um die geliebte Louise zu beschreiben, greift die Erzählinstanz immer wieder auf intertextuelle Bezüge zurück, wie etwa die folgende Textstelle verdeutlicht: „She was more of a Victorian heroine than a modern woman. A heroine from a Gothic novel, mistress of her house, yet capable of setting fire to it and fleeing in the night with one bag.“ (49) Das kulturelle Wissen über die Konventionen des viktorianischen Romans und speziell der viktorianischen *Gothic fiction* stellt Konzepte bereit, mittels derer die Erzählinstanz ihren Eindruck von Louise in Worte zu fassen vermag. Auch auf Shakespeares Dramen, die in der postmodernen Literatur immer wieder zum Gegenstand intertextueller Bezugnahmen werden, referiert sie in *Written on the Body* wiederholt, um ihre Eindrücke zu artikulieren. So beschreibt die Erzählinstanz etwa an einer Stelle Louise mit den Worten „She looked like Puck sprung from the mist.“ (85) Diese intertextuellen Referenzen erfüllen eine doppelte Funktion: Erstens bieten sie ein Ausdrucksrepertoire angesichts des für die Postmoderne kennzeichnenden Dilemmas, Eindrücke in Worte zu fassen. Zweitens erfolgt durch die intertextuellen Verweise eine semantische Aufladung der Darstellung. Diese speist sich nicht nur aus dem Bezug auf den Text, dem die Referenzen entstammen, sondern wird darüber hinaus auch durch den Status der literarischen Klassiker, insbesondere von Shakespeares Werken, als zentralem Kulturgut angereichert.

Intertextuelle Bezüge werden in zahlreichen britischen Frauenromanen der Gegenwart zur Problematisierung von Geschlechterkonzepten oder Geschlechterbeziehungen genutzt. So dienen etwa in Michèle Roberts' Romanen *The Book of Mrs Noah* (1987) und *The Visitation* (1983) Verweise auf die Bibel, speziell zum Alten Testament, dazu, patriarchalisch geprägte Geschlechterkonzeptionen aufzurufen, zu kritisieren und ironisch zu unterminieren. In Wintersons Erstlingsroman *Oranges Are Not the Only Fruit* spielen ebenfalls intertextuelle Bezüge zum Alten Testament eine prominente Rolle, entsprechen doch z.B. die Kapitelüberschriften den ersten acht Büchern des Alten Testaments. Neben Verweisen auf die Bibel als kultureller *master narrative* finden sich oft auch Referenzen auf Klassiker der englischen Literatur, insbesondere auf Werke von Autorinnen, so etwa auf Romane von Jane Austen, George Eliot und vor allem immer wieder auf Charlotte Brontës *Jane Eyre* (1847). Durch intertextuelle Bezugnahme auf die Werke von Autorinnen des 19. Jahrhunderts verorten sich die Gegenwartsromane zum einen in einer weiblichen literarischen Tradition, üben aber zum anderen oft zugleich auch Kritik an den Vorannahmen über Weiblichkeitsentwürfe oder Geschlechterbeziehungen, die den älteren Texten eingeschrieben sind. Im Sinne eines feministischen *writing back* werden Annahmen über die Geschlechterbeziehungen, die den Prätexten inhärent sind, in Frage gestellt. *Oranges Are Not the Only Fruit* etwa tritt in einen produktiven Dialog mit *Jane Eyre*, stellt einige der Annahmen über die Geschlechterbeziehungen in dem älteren Roman in Frage und beruft sich gleichzeitig auf das rebellische Potential, das auch für die Titelheldin Jane Eyre kennzeichnend ist.

Eine explizite Auseinandersetzung mit dem Körper und mit Sexualität, wie sie schon durch den Titel von Wintersons Roman angedeutet wird, ist auch in vielen anderen britischen Frauenromanen der Gegenwart anzutreffen. Bereits in Werken aus der ersten, gynozentrisch-feministischen Phase des britischen Frauenromans werden der weibliche Körper und weibliche Sexualität oft sehr offen, mit „eine[r] ganz neue[n] verbale[n] Direktheit" (Schabert 2006: 307) dargestellt. Geschlechtsverkehr, aber auch Menstruation, Schwangerschaft und Geburt gehören zu jenen Themen, denen sich der Frauenroman immer wieder widmet. Damit reagiert die Literatur auf die Forderung nach einem offenen Umgang mit diesen Themen, die im Kontext der zweiten Frauenbewegung und im Zeichen der zunehmenden sexuellen Freizügigkeit der 1960er Jahre erhoben wurde. In Fay Weldons Roman *Puffball* (1980) beispielsweise werden die physiologischen Veränderungen im Körper der schwangeren Protagonistin Liffey in zehn Kapiteln mit dem Titel „Inside Liffey" detailliert beschrieben und der äußeren Handlung kontrapunktisch gegenübergestellt. In zahlreichen Werken werden zudem die sexuellen Bedürfnisse weiblicher Figuren offen thematisiert.

Ein wiederkehrendes Thema im britischen Frauenroman der Gegenwart ist die Dichotomie zwischen Körper und Geist, das Problem also, eine Balance zwischen *body* und *mind* herzustellen und den weiblichen Körper zu akzeptieren. So stellt etwa die homodiegetische Erzählerin von Margaret Drabbles Roman *The Waterfall* (1969) fest: „I am always so ill at ease in my body, so estranged from it, always nervously approaching it and withdrawing from it, unable to take it calmly." (61) Der weibliche Körper erscheint in Frauenromanen aus der ersten Phase vielfach als mit Ängsten besetzt, die aus der kulturellen Ablehnung und Verdrängung von Körperlichkeit insgesamt und des weiblichen Körpers im Besonderen resultieren. In der *gender*-orientierten Phase finden sich hingegen vermehrt positive Erfahrungen von weiblicher wie auch männlicher Körperlichkeit. Dies trifft auch auf *Written on the Body* zu, in dem der Körper ein zentrales Thema darstellt.

Die Auseinandersetzung mit dem Körper erschöpft sich in *Written on the Body* jedoch nicht in der Darstellung der körperlichen Aspekte der Liebesbeziehung. Vielmehr wird abermals der Rahmen der Romanzenkonventionen gesprengt, wenn die Erzählinstanz über die physiologischen Aspekte von Louises Krebserkrankung reflektiert. In der zweiten Hälfte des Romans finden sich Reflexionen über verschiedene Aspekte des Körpers, beginnend mit „The Cells, Tissues, Systems and Cavities of the Body" (113-20). Daran schließen sich Überlegungen zu „The Skin" (121-25), „The

Skeleton" (127-32) und „The Special Senses" (133-39) an. In diesen Kapiteln wird eine enge Verbindung des medizinisch-biologischen Diskurses mit dem Diskurs der romantischen Liebe hergestellt. Die Gedanken über die anatomische Beschaffenheit und die organischen Funktionsweisen des Körpers, die den Eindruck wissenschaftlicher Exaktheit vermitteln, sind zum einen Versuche seitens der Erzählinstanz, Louises Krebserkrankung zu verstehen; zum anderen stellen sie aber auch eine Liebeserklärung an Louises Körper dar. Der Körper wird einerseits als Objekt des Begehrens, andererseits aber auch als durch Krankheit und Tod gefährdet betrachtet.

Mit den Grenzen, die Geschlecht und Körperlichkeit dem Individuum setzen, und mit der Überwindung dieser Grenzen spielen solche Frauenromane, die groteske oder gar monströse Körper entwerfen. So erscheint etwa die geflügelte Trapezkünstlerin Fevvers in Angela Carters *Nights at the Circus* (1984) als „most powerful image of liberation and transformation in the novel" (Palmer 1987: 199) und lässt die männliche Hauptfigur des Romans, den Journalisten Jack Walser, durchschnittlich und blass aussehen. Auf ihren Flügeln gründet für die Protagonistin eine positive Wahrnehmung des eigenen Körpers als „abode of limitless freedom" (41) sowie ein Gefühl von Einzigartigkeit. Für Fevvers, wie auch für die anderen weiblichen Freaks in Carters *Nights at the Circus*, bietet die physische Außergewöhnlichkeit nicht zuletzt eine Möglichkeit, ihre Autonomie gegen die männliche Umgebung zu verteidigen. So gelingt es der Protagonistin, mit Hilfe ihrer Fähigkeit zu fliegen einem fanatischen Frauenhasser, der an ihr einen Ritualmord begehen will, zu entkommen (vgl. Kap. 11 in diesem Band). Auch in Jeanette Wintersons historischem Roman *Sexing the Cherry* wird mit der *dog woman* eine weibliche Figur gezeichnet, deren monströs wirkende Statur mit großer körperlicher Kraft sowie individueller Autonomie verknüpft wird.

Für *Written on the Body* ist insgesamt eine postmoderne Schreibweise kennzeichnend. Diese resultiert zum einen aus den zahlreichen intertextuellen Bezügen, zum anderen aber auch aus dem fragmentarischen Erzählstil und dem Wechsel der Darstellungsmodi. Letzterer ist beispielsweise zwischen erzählenden Passagen und den bereits erwähnten dominant diskursiven Abschnitten, die über Struktur und Funktionen verschiedener Komponenten des Körpers reflektieren, zu verzeichnen. Aber auch etwa eine kurze Szene zwischen zwei Liebenden, die im Modus eines Filmdrehbuchs dargestellt wird (14f.), ist ein Beispiel für den innovativen Umgang mit Erzählweisen. Der Wechsel zum Darstellungsmodus des Drehbuchs generell und insbesondere Regieanweisungen wie „Cut to en suite bathroom. The lover is crying. End scene." (15) tragen dazu bei, eine gewisse Distanzierung von der dargestellten Szene und den in dieser zum Tragen kommenden Emotionen zu erzeugen. Zugleich wird der konventionalisierte Charakter der in der Szene evozierten Bilder deutlich. Auch die Formen der Anrede der fiktiven Adressaten im Romanverlauf tragen zur postmodernen Schreibweise bei. Die Erzählinstanz wendet sich wiederholt explizit an die fiktiven Adressaten und reflektiert dabei über das eigene Verhalten sowie über die Zuverlässigkeit ihrer Darstellung, wie die beiden folgenden Beispiele illustrieren: „You think I'm trying to wriggle out of my responsibilities?" (16); „I can tell by now that you are wondering whether I can be trusted as a narrator." (24) Während die soeben zitierten Textstellen die tatsächlichen Leserinnen und Leser einladen, sich angesprochen zu fühlen, finden sich auch Textstellen, an denen die Erzählinstanz offensichtlich die abwesende, verloren geglaubte Louise anspricht. Letztere Formen der Leseranrede verleihen dem Text passagenweise einen hermetischen Charakter, betonen aber zugleich abermals die für die Romanze konstitutive Beziehung der Liebenden zueinander.

3. Vom *gender*-orientierten Frauenroman zur Problematisierung der Kategorie Geschlecht in Romanen weiblicher und männlicher Autoren

Die skizzierte Entwicklung des britischen Frauenromans von der ersten, gynozentrisch-feministischen Phase zur zweiten, *gender*-orientierten Phase, die in den späten 1980er Jahren einsetzte, zeichnet sich durch eine deutliche Verschiebung hinsichtlich der Themenschwerpunkte und insbesondere hinsichtlich der Konzepte von Männlichkeit und Weiblichkeit aus. Eine radikale Infragestellung der Kategorie ‚Geschlecht', wie sie in britischen Frauenromanen seit den späten 1980er Jahren zunehmend zu beobachten ist, wird, wie dies auch in Wintersons *Written on the Body* der Fall ist, vielfach durch einen experimentellen Umgang mit den Darstellungsverfahren inszeniert. Insbesondere die erzählerische Vermittlung bietet Möglichkeiten, die vermeintliche Stabilität der Kategorie Geschlecht zu unterminieren. Während in *Written on the Body* das Geschlecht der Erzählinstanz bis zum Ende des Romans unbestimmt bleibt, ist es in Weldons Roman *Splitting* das Auftreten konkurrierender, verschiedene Komponenten der Persönlichkeit repräsentierender – weiblicher und männlicher – Erzählinstanzen, das die Uniformität und Stabilität von Geschlechtszuschreibungen ironisch in Frage stellt.

Seit den 1990er Jahren finden sich nicht nur vermehrt Romane von Autorinnen, in denen neben einer Auseinandersetzung mit der weiblichen Lebenssituation auch eine kritische Beschäftigung mit Männlichkeitsvorstellungen erfolgt oder in denen die Kategorie ‚Geschlecht' in grundsätzlicher Weise thematisiert und unterminiert wird. Zunehmend setzen sich auch Romane männlicher Autoren (z.B. von Graham Swift oder Nick Hornby) in kritischer Weise mit dieser Kategorie auseinander – und stellen dabei oft sehr ähnliche Fragen wie die Autorinnen von *gender*-orientierten Frauenromanen. So lässt sich über den *gender*-orientierten Frauenroman hinaus für den britischen Gegenwartsroman tentativ eine Kategorie des *gender*-orientierten Romans ansetzen, die vom Geschlecht des Verfassers oder der Verfasserin unabhängig ist.

Literatur

Werke

Barker, Pat. 1982. *Union Street*. London: Virago.
——. 1986. *The Century's Daughter*. London: Virago.
——. 1989. *The Man Who Wasn't There*. London: Virago.
Brophy, Brigid. 1969. *In Transit: A Heroi-Cyclic Novel*. London: Macdonald.
Carter, Angela. 1977. *The Passion of New Eve*. London: Gollancz.
——. 1984. *Nights at the Circus*. London: Chatto & Windus.
Drabble, Margaret. 1965. *The Millstone*. London: Weidenfeld & Nicolson.
——. 1971 [1969]. *The Waterfall*. Harmondsworth: Penguin.
——. 1980. *The Middle Ground*. London: Weidenfeld & Nicolson.
Figes, Eva. 1987. *The Seven Ages*. London: Flamingo.
Lessing, Doris. 1962. *The Golden Notebook*. London: Michael Joseph.
——. 1983 [1973]. *The Summer before the Dark*. New York: Vintage.
Maitland, Sara. 1991 [1990]. *Three Times Table*. London: Virago.
Roberts, Michèle. 1983. *The Visitation*. London: The Women's Press.
——. 1987. *The Book of Mrs Noah*. London: Methuen.
Weldon, Fay. 1971. *Down Among the Women*. London: Heinemann.
——. 1975. *Female Friends*. London: Heinemann.
——. 1978. *Praxis*. London: Hodder & Stoughton.
——. 1980. *Puffball*. London: Hodder & Stoughton.
——. 1995. *Splitting*. London: Flamingo.
Winterson, Jeanette. 1991 [1985]. *Oranges Are Not the Only Fruit*. London: Vintage.
——. 1987. *The Passion*. London: Bloomsbury.
——. 1989. *Sexing the Cherry*. London: Bloomsbury.
——. 2001 [1992]. *Written on the Body*. London: Vintage.
——. 1998. *Gut Symmetries*. London: Vintage.
Woolf, Virginia. 1928. *Orlando*. London: Hogarth Press.

Ausgewählte Fachliteratur

Butler, Judith. 1990. *Gender Trouble: Feminism and the Subversion of Identity*. New York: Routledge.
——. 1993. *Bodies That Matter: On the Discursive Limits of ‚Sex'*. New York: Routledge.

Bei den beiden Büchern von Butler handelt es sich um zwei der einflussreichsten Werke im Bereich der *Gender Studies*, welche die diskursive Konstruktion und den performativen Charakter der Kategorie Geschlecht darlegen.

Kilian, Eveline. 2004. *GeschlechtSverkehrt: Theoretische und literarische Perspektiven des gender-bending*. Königstein: Ulrike Helmer.

Fundierte Auseinandersetzung mit der Infragestellung der Kategorie Geschlecht und dem Überschreiten von Geschlechtergrenzen in literarischen Texten und theoretischen Ansätzen.

Schabert, Ina. 2006. *Englische Literaturgeschichte des 20. Jahrhunderts: Eine neue Darstellung aus der Sicht der Geschlechterforschung*. Stuttgart: Kröner.

Informiert nicht nur über die Entwicklung der Frauenliteratur, sondern auch über Männlichkeitskonzepte in der englischen Literatur.

Würzbach, Natascha. 1996. „Der englische Frauenroman vom Modernismus bis zur Gegenwart (1890-1990): Kanonrevision, Gattungsmodifikationen, Blickfelderweiterung." In: Ansgar Nünning (Hg.). *Eine andere Geschichte der englischen Literatur: Epochen, Gattungen und Teilgebiete im Überblick*. Trier: Wissenschaftlicher Verlag Trier. 195-211.

Knapper Überblick über die Entwicklung des englischen Frauenromans im 20. Jahrhundert.

Weitere zitierte Literatur

Finney, Brian. 2002. „Bonded by Language: Jeanette Winterson's *Written on the Body*." In: *Women and Language* 25.2: 23-31.

Fludernik, Monika. 1999. „The Genderization of Narrative." *Publication des Groupes de Recherches Anglo-Américaines de l'Université François Rabelais de Tours* [GRAAT] 21: 153-75.

Grice, Helena & Tim Woods. 1998. *‚I'm Telling You Stories': Jeanette Winterson and the Politics of Reading*. Amsterdam: Rodopi.

Gymnich, Marion. 2000. *Entwürfe weiblicher Identität im englischen Frauenroman des 20. Jahrhunderts*. Trier: Wissenschaftlicher Verlag Trier.

Kutzer, M. Daphne. 1994. „The Cartography of Passion: Cixous, Wittig and Winterson." In: Jürgen Kleist & Bruce Butterfield (Hgg.). *Re-Naming the Landscape*. New York: Lang. 133-45.

Maassen, Irmgard & Anna Maria Stuby (Hgg.). 1997. *(Sub)Versions of Realism: Recent Women's Fiction in Britain*. Heidelberg: Winter.

Nünning, Ansgar. 1998. *Der englische Roman des 20. Jahrhunderts*. Stuttgart: Klett.

—. 1999. „‚Herstory' als ‚History': Bausteine für eine (noch zu schreibende) Geschichte des historischen Frauenromans." In: Andrea Gutenberg & Ralf Schneider (Hgg.). *Gender – Culture – Poetics: Zur Geschlechterforschung in Literatur- und Kulturwissenschaft*. Trier: Wissenschaftlicher Verlag Trier. 277-312.

Onega Jaén, Susana. 2006. *Jeanette Winterson*. Manchester: Manchester University Press.

Palmer, Paulina. 1987. „From ‚Coded Mannequin' to Bird Woman: Angela Carter's Magic Flight." In: Sue Roe (Hg.). *Women Reading Women's Writing*. Brighton, Sussex: The Harvester Press. 179-205.

Quadflieg, Helga. 1997. „Feminist Stories Told on Waste Water: Jeanette Winterson's Novels." In: *Anglistik & Englischunterricht* 60: 97-111.

Rubinson, Gregory J. 2001. „Body Languages: Scientific and Aesthetic Discourses in Jeanette Winterson's *Written on the Body*." In: *Critique* 42.2: 218-32.
Shiffer, Celia. 2004. „‚You See, I Am No Stranger to Love': Jeanette Winterson and the Extasy of the Word." In: *Critique* 46.1: 31-52.

10.

FICTIONS OF MIGRATION: HANIF KUREISHI

ROY SOMMER

1. Multikulturelle Erzählliteratur in Großbritannien

Seit den 1950er Jahren hat sich das Erscheinungsbild der britischen Literatur nachhaltig verändert: multi- und transkulturelle Erzähltexte zählen heute nicht nur zu den innovativsten, sondern auch zu den kommerziell erfolgreichsten Werken. Historisch gesehen ist die Entstehung einer multikulturellen Literatur in Großbritannien eine Folge der Dekolonisierung, also der Auflösung des British Empire. Diese Entwicklung begann in der Nachkriegszeit mit der Unabhängigkeitserklärung der Kronkolonie Indien (1947) und der Teilung von Indien und Pakistan, und setzte sich in den 1960er Jahren mit den Unabhängigkeitserklärungen weiterer Kolonien wie z.B. Nigeria (1960), Jamaika (1962) und Simbabwe (vormals Rhodesien, 1965) fort.

Aus den Staaten des ehemaligen Kolonialreichs, die im British Commonwealth weiter miteinander kooperierten, kamen in der Folge zahlreiche Zuwanderer nach Großbritannien, in das ‚Mutterland' des ehemaligen Kolonialreichs. Als Beginn der Immigration gilt die Ankunft der Empire Windrush am 22. Juni 1948 aus Jamaika. Dieses Schiff gab den Einwanderern der ersten Generation ihren Namen – *Windrush Generation* – und steht heute symbolisch für die multiethnische und multikulturelle Pluralisierung der britischen Gesellschaft und Kultur in der zweiten Hälfte des 20. Jahrhunderts. Die offizielle Anerkennung der Leistung der Immigranten anlässlich der 50-Jahr-Feier im Jahr 1998 – u.a. durch Prince Charles, der sich in einer Festrede dazu bekannte, stolz auf das multikulturelle Großbritannien zu sein – darf nicht darüber hinwegtäuschen, dass den ersten Immigranten unverhohlener Rassismus entgegenschlug.

Die meisten der weitgehend mittellosen Windrush-Passagiere wurden zunächst in einem ehemaligen Luftschutzbunker am Rande des Londoner Stadtteils Brixton untergebracht. Brixton wurde daher bald zu einer der zentralen Anlaufstellen für Einwanderer aus der Karibik. Bei der Arbeitssuche zeigte sich schnell, dass der Traum vom besseren Leben im ‚Mutterland' Großbritannien weit von der Realität entfernt war. Wenn die Neuankömmlinge überhaupt Arbeit fanden, dann nur in Bereichen, in denen es keine englischen Mitbewerber gab – etwa im Transportwesen, im Dienstleistungssektor oder in der Industrie.

Im Prozess der Dekolonisierung änderte sich auch das Verhältnis der intellektuellen Eliten in den ehemaligen Kolonien zu Großbritannien. Das neue Selbstbewusstsein manifestiert sich nicht zuletzt im Entstehen der sogenannten *new English literatures*, postkolonialer Literaturen in englischer Sprache, deren Vertreter häufig eine

Doppelrolle als Vermittler zwischen den Kulturen und Kritiker des kolonialen Diskurses einnehmen. Als richtungsweisend erscheint aus der Retrospektive ein Artikel von Salman Rushdie in der Tageszeitung *The Times* vom 3. Juli 1982, dessen vielzitierter Titel „The Empire Writes Back with a Vengeance" programmatischen Charakter hat: Das postkoloniale Anschreiben gegen den kolonialen Diskurs, das Umschreiben (*rewriting*) der Kolonialgeschichte aus der Perspektive der ehemaligen Kolonien und die Konstruktion eigener kultureller Identitäten in der Auseinandersetzung der ‚Peripherie' mit dem ‚Zentrum' zählen seither zu den zentralen Anliegen der neuen englischsprachigen Literaturen. Manche Kritiker gehen sogar so weit, der postkolonialen Literatur die Funktion einer neuen Weltliteratur zuzuschreiben, die im interkulturellen Dialog zwischen europäischen und außereuropäischen kulturellen Traditionen vermittelt. Fest steht, dass Autorinnen und Autoren wie V.S. Naipaul, Salman Rushdie, Ben Okri, Vikram Seth, Amitav Ghosh, Arundhati Roy und Rohinton Mistry, um nur einige Beispiele zu nennen, einige der einflussreichsten englischsprachigen Romane des ausgehenden 20. Jahrhunderts publizierten.

Daneben entstand in Großbritannien selbst eine neue multikulturelle Literatur der Einwanderer der ersten, zweiten und schließlich dritten Generation. Anglo-karibische, anglo-asiatische oder anglo-afrikanische Autorinnen und Autoren prangerten Rassismus, gesellschaftliche Ausgrenzung und Stereotypisierung an, thematisierten das problematische Verhältnis zwischen alter und neuer Heimat und thematisierten anhand der Erfahrungen der Protagonisten ihrer Kurzgeschichten und Romane die Konstitution von ‚Bindestrich-Identitäten' (*hyphenated identities*). Darunter ist die kontinuierliche Auseinandersetzung zwischen ethnischer und kultureller Zugehörigkeit auf der einen, und nationaler Identität auf der anderen Seite zu verstehen, die zur Ausbildung neuer Selbstbilder führt und in Anlehnung an Homi Bhabha (1994) als kulturelle Hybridität (*hybridity*) oder ‚dritter Ort' (*third space*) beschrieben wird.

Der Wandel des kollektiven Selbstbilds Großbritanniens lässt sich an der politischen Rhetorik ablesen: Die Vorstellung einer am homogenisierenden Ideal der *Englishness* orientierten Monokultur wird zunehmend durch die Akzeptanz der Realität einer multikulturellen Gesellschaft ersetzt, der dynamische, pluralistische Konzepte von *Britishness* zugrunde liegen. Allerdings muss dabei beachtet werden, dass sich in der Multikulturalitätsdebatte seit den Selbstmordattentaten auf Londoner U-Bahnen und einen Bus im Juli 2005 sowie den vereitelten bzw. fehlgeschlagenen Anschlägen vom Juli 2007 in London und Glasgow die kritischen Stimmen mehren, die die britische Politik der Anerkennung von ethnischer Differenz kritisieren (eine Kopftuchdebatte wie in Deutschland ist bislang in Großbritannien undenkbar).

Versucht man, die mittlerweile über fünfzigjährige Geschichte der multikulturellen Literatur in Großbritannien abrissartig zu skizzieren, stellt sich die Frage nach den Darstellungsprinzipien und möglichen Ordnungskriterien. Mittlerweile hat sich als grobe Orientierungshilfe die Unterscheidung zwischen der ersten Generation der Immigranten (1950er-1970er) und der zweiten Generation der in Großbritannien geborenen und aufgewachsenen Angehörigen ethnischer Minderheiten (seit den 1980er Jahren) auch in der Literaturgeschichtsschreibung durchgesetzt. Die Unterscheidung verweist auf unterschiedliche generische und thematische Schwerpunkte: Während die erste Generation das Genre des Migrationsromans nutzt, um eigene Migrationserfahrungen literarisch zu (re)inszenieren, kann der Bildungsroman mit seinem Fokus auf die Selbstfindung des Individuums in der Auseinandersetzung mit der Gesellschaft als paradigmatisches Genre der zweiten Generation gelten (vgl. Sommer 2001; Stein 2004).

Der erste namhafte Vertreter der britischen *fictions of migration* (zu dieser Bezeichnung vgl. Sommer 2001: 5ff.) ist Sam Selvon, dessen Romane aus den 1950er und 1960er Jahren das Schicksal der karibischen Einwanderer fiktional nachempfinden. Als Repräsentant der ersten Welle von Intellektuellen und Schriftstellern aus dem Commonwealth – darunter George Lamming, Buchi Emecheta, V.S. Naipaul und Wilson Harris – fungierte er als Wegbereiter für die literarische Multikultur der 1980er und 1990er, die von Autorinnen und Autoren wie Farrukh Dhondy, Hanif Kureishi, Andrea Levy, Joan Riley, Meera Syal, Caryl Phillips, Victor Headley, Diran Adebayo, Courttia Newland, Zadie Smith und Monica Ali geprägt ist.

Besonders bekannt geworden ist der Migrationsroman *The Lonely Londoners* (1956). Dieses Werk, das in karibischem *creole* verfasst ist und damit auch die Dominanz des British English als Literatursprache in Frage stellt, ist der erste Teil der sogenannten Moses-Trilogie, die durch die Romane *Moses Ascending* (1975) und *Moses Migrating* (1983) komplettiert wird. Selvons Protagonist Moses Aloetta, ein karibischer Immigrant, schildert mit einer eindringlichen Mischung aus Humor und Ironie, aber auch Verzweiflung das triste Schicksal der Windrush-Generation. In den Straßen und Arbeitsämtern des durch unverhohlenen Rassismus geprägten London zerbricht für die meisten Einwanderer der Traum von der besseren Zukunft: Die aus den Schulbüchern des Empire und den Klassikern der englischen Literatur scheinbar so vertraute ‚Heimat' verweigert den Neuankömmlingen die angestrebte Integration. Ein diasporisches Gemeinschaftsgefühl und die damit verbundene Ghettobildung sind die unvermeidliche Konsequenz.

Selvons Roman ist nicht nur einer der Gründungstexte der *black British literature*, sondern gilt auch als Vorreiter des interkulturellen Migrationsromans in Großbritannien. Dieses Genre, das sich bei Autorinnen und Autoren sowie beim Publikum nach wie vor großer Beliebtheit erfreut, lässt sich durch eine Reihe gattungsspezifischer Merkmale charakterisieren. Dazu zählen die Fokussierung auf eine Hauptfigur, das chronologische Erzählen (eine Ausnahme ist hier Caryl Phillips' Roman *The Final Passage* [1987], dessen Handlungs- und Zeitstruktur durch Rückblicke gekennzeichnet ist), eine pessimistische Schlussgebung, die meist auf die Desillusionierung der Migrantinnen und Migranten angesichts der unüberwindlichen Schwierigkeiten hinausläuft, sowie die leitmotivische Konfrontation von alter und neuer Heimat. Ein rekurrentes Thema der Migrationsromane ist das Gefühl des nicht Dazugehörens, das in dem Titel von

Joan Rileys Roman *The Unbelonging* (1985) programmatisch zum Ausdruck gebracht wird.

2. Hanif Kureishi als Wegbereiter des multikulturellen Bildungsromans

Während in den genannten Werken von Selvon, Riley und Phillips die Erfahrungen von Migrantinnen und Migranten der ersten Generation im Vordergrund stehen, kann Hanif Kureishi als der zentrale Vertreter und Mitbegründer eines Genres gelten, das die Literatur der zweiten Generation prägt: des multikulturellen Bildungsromans. Mit seinen Drehbüchern (u.a. zu *My Beautiful Launderette*, *Sammy and Rosie Get Laid*), Romanen und Kurzgeschichten hat der „postcolonial storyteller" (Kaleta 1998) Kureishi seit Anfang der 1980er Jahre maßgeblich zur Etablierung des multikulturellen Erzählens in Großbritannien beigetragen.

Wesentliche Themen von Kureishis Erzählwerk werden bereits in seinem Roman *The Buddha of Suburbia* (1990) behandelt, der nicht nur mit dem Whitbread-Preis für das beste Erstlingswerk ausgezeichnet, sondern auch 1993 in vier Teilen von der BBC verfilmt und in zahlreiche Sprachen übersetzt wurde. Der jugendliche Protagonist und Ich-Erzähler Karim Amir ist als Kind einer britischen Mutter und eines pakistanischen Vaters in England geboren. In einer viel zitierten Passage zu Beginn des Romans reflektiert er sein Verhältnis zu England und kommt zu dem Schluss, dass sein Aufwachsen mit (oder zwischen) zwei Kulturen – in der Literaturwissenschaft und Kulturtheorie oft als kulturelle Hybridität bezeichnet – sein Selbstbild maßgeblich bestimmt:

> My name is Karim Amir, and I am an Englishman born and bred, almost. I am often considered to be a funny kind of Englishman, a new breed as it were, having emerged from two old histories. But I don't care – Englishman I am (though not proud of it), from the South London suburbs and going somewhere. Perhaps it is the odd mixture of continents and blood, of here and there, of belonging and not, that makes me restless. (3)

Diese ‚merkwürdige Mischung' unterschiedlicher kultureller Einflüsse wird durch die Figurenkonstellation des Romans unterstrichen, denn Karim wächst in drei Familien auf, die divergierende Weltanschauungen vertreten. Während sein Onkel und seine Tante an der traditionellen ‚orientalischen' Lebensweise festhalten, vermarktet Karims Vater als ‚Vorstadtbuddha' seine Herkunft: Er verkauft den von der buddhistischen Tradition faszinierten Engländern spirituelle (Pseudo-)Einsichten. Die englische Familie von Eva Kay, mit der Karims Vater ein Verhältnis hat, vervollständigt die Skala unterschiedlicher Welten, zwischen denen Karim hin- und herpendelt.

Die Heterogenität des Personals wird durch eine innere Ambivalenz der Figuren ergänzt: Die Differenz zwischen dem, was sie anstreben und dem, was sie tatsächlich erreichen, ist nicht zu übersehen. Die um sozialen Aufstieg bemühte Eva sowie ihr konsumfixierter Sohn Charlie, vor allem aber der angehende Schauspieler Karim und sein den Erleuchteten mimender Vater bewegen sich in der Scheinwelt des materiellen, spirituellen und künstlerischen Erfolgs. Der offene Schluss erlaubt unterschiedliche

Deutungen, die vom Scheitern konventioneller Identitätskonzepte bis hin zum Entstehen neuer Identitäten in einer pluralistischen, multikulturellen Gesellschaft reichen (vgl. Schöneich 1999: 281).

3. Hanif Kureishis *The Black Album* (1995)

Die in *The Buddha of Suburbia* erprobte literarische Inszenierung des multikulturellen Sowohl-als-auch findet ihre Fortsetzung in dem 1995 veröffentlichten Roman *The Black Album*, der im Jahr der sogenannten Rushdie-Affäre spielt. Nach dem Erscheinen von Rushdies Roman *The Satanic Verses* (1988) verhängte der damalige iranische Revolutionsführer, Ayatollah Khomeini, 1989 eine *fatwa* gegen den Schriftsteller, in der gläubige Muslime weltweit aufgerufen wurden, Rushdie zu töten, der seither unter Personenschutz steht und im Untergrund lebt. *The Black Album* erzählt die Geschichte des jungen britisch-pakistanischen Studenten Shahid, der zwischen dem aktionistischen Fundamentalismus einer militanten Gruppe muslimischer Kommilitonen und dem dekadenten Säkularismus der freiheitsliebenden Literaturdozentin Deedee Osgood hin- und hergerissen ist.

Noch deutlicher als in *The Buddha of Suburbia* wird hier anhand der Identitätssuche des Protagonisten der Zusammenprall eigentlich unvereinbarer Werte in der britischen Gesellschaft thematisiert: „Kureishi [...] depicts the social pathology of one forced to inhabit a London and its suburbs where the belief in the immutability and universality of the values of the Enlightenment is repeatedly and violently questioned." (Ray 1998: 225) Für Shahid kommt das Studium in London einer Befreiung aus dem tristen Alltag als Angestellter im Reisebüro seiner Familie in Sevenoaks, Kent, gleich. Dort hat er nach seinem schlechten Schulabschluss, einer unglücklichen Affäre, rassistischen Anwandlungen – ‚killing nigger fantasies' (11) – sowie dem Tod des Vaters ziellos und unmotiviert ausgeholfen. Mit dem Neuanfang in der Großstadt will er einen Schlussstrich unter seine Vergangenheit ziehen. In einem indischen Restaurant vertraut er seinem Zimmernachbarn, dem Jurastudenten und religiösen Aktivisten Riaz, an, er wolle sich aktiv zu seiner ethnischen Herkunft bekennen und neue ‚asiatische' Freunde finden, um endlich ‚dazuzugehören': „[T]here had to be ways in which he could belong." (16)

Der charismatische Riaz will Shahid als neues Mitglied für seine Gruppe muslimischer Studierender gewinnen, die sich offen und eindeutig zu ihrer ethnischen und religiösen Identität bekennen. Rhetorisch geschickt motiviert er Shahid:

> ‚Naturally you are hard-working. We all are who come here. But you are also dedicated to something serious.' ‚Am I?' [...] ‚You see, it's not just your college work I was referring to here. You are searching for something.' ‚I'm not sure,' said Shahid pensively. ‚But you could be right.' (4f.)

Damit ist gleich zu Beginn des ersten Kapitels das Motiv der Suche eingeführt, das auf das Genre des Bildungsromans verweist.

Riaz ist eine lokale Berühmtheit. Er spricht sonntags in der Moschee, hält wöchentlich Sprechstunden ab, in denen er den Mitgliedern der *Asian community* kostenlos Rechtsbeistand leistet (vgl. 35ff.), und arbeitet an einer Sammlung politisch-religiöser Gedichte, die den Titel „The Martyr's Imagination" trägt (67) und von ihm selbst als „God's work" (68) bezeichnet wird. Auch wenn er in der Öffentlichkeit rhetorisch geschickt den Anschein vermeidet, allzu radikal zu sein, ist er seiner ehemaligen Dozentin Osgood zufolge von religiösem Eifer getrieben:

> ‚Riaz was kicked out of his parents' house for denouncing his own father for drinking alcohol. He also reprimanded him for praying in his armchair and not on his knees. He told his friends that if one's parents did wrong they should be thrown into the raging fire of hell.' (109)

Noch fanatischer ist sein treuester Gefolgsmann, der geläuterte Ex-Junkie Chad, der als Kind von einer weißen englischen Familie adoptiert wurde, eigentlich Trevor Buss heißt und erst später seinen Namen in Muhammad Shahabuddin Ali-Shah hat ändern lassen. Er lehnt Popmusik und fiktionale Literatur strikt ab, da Unterhaltung seiner Meinung nach den Blick auf das wirkliche Leben verstellt. Aus diesem Grund versucht er sogar, Shahid zum Verzicht auf dessen Plattensammlung – darunter das *Black Album* von Prince, eine sorgsam gehütete Rarität, die dem Roman den Titel gibt – zu bewegen: „‚I am not sure you're a real brother! Get clean! Gimme those Prince records!' ‚Don't touch those! Some of them are imports!' Shahid found himself struggling with Chad. ‚We are slaves to Allah,' Chad cried." (80)

Deedee Osgood, Shahids Literaturdozentin am College, fungiert im Roman als ‚westliches' Gegenstück zu Riaz, Chad und deren Freunden. Die Wände ihres Büros sind mit Postern behängt, darunter einem Plakat, das Oscar Wilde zeigt und die Aufschrift „All limitations are prisons" trägt. Dieser Spruch entspricht ihrer Lebensauffassung, die in ihrem anti-autoritären Verhalten gegenüber den Studierenden und ihrer liberalen Einstellung zur Ehe zum Ausdruck kommt: „‚We've got one rule – we don't bring our lovers to the house.'" (55) Ebenso unreglementiert wie die Ehe mit ihrem Mann Andrew ist Deedees akademischer Ansatz: „She and other postmodern types encouraged their students to study anything that took their interest, from Madonna's hair to the history of the leather jacket." (26)

Shahid ist von Deedee fasziniert und lässt sich auf ein Verhältnis mit ihr ein. Er bemerkt nicht, dass sie im Grunde eine unsichere Frau ist, die wie Eva Kay in *The Buddha of Suburbia* Angst vor dem Älterwerden hat, sondern sieht in ihr nur die begehrenswerte, gebildete und beliebte Literaturdozentin, deren Aufmerksamkeit ihm schmeichelt. Sie flirtet mit Shahid, bietet ihm Drogen an, nimmt ihn mit zu einer Disco und einer Party und verführt ihn schließlich. Für Shahids Freund Chad verkörpert Deedee als Repräsentantin der intellektuellen Oberschicht jedoch jene kosmopolitische Dekadenz, der die Gruppe um Riaz den Kampf angesagt hat: „‚They are existing at the lowest level! And we think we want to integrate here! But we must not assimilate, that way we lose our souls. We are proud and we are obedient. What is wrong with that? It's not we who must change, but the world!'" (81)

Shahid ist fortan zwischen den beiden Welten des „brother business" (78) – so bezeichnet Chad die antirassistischen bzw. pro-muslimischen Aktivitäten der Freunde – und des künstlerisch-dekadenten Lebens mit Deedee hin- und hergerissen. Die transnationale Gemeinschaft der muslimischen Studenten, deren kollektive Identität in Chads Selbstdefinition „‚No more Paki. Me a Muslim'" (128) zum Ausdruck kommt, fungiert als Gegenmodell zur westlichen säkularen Gesellschaft, deren Mitglieder im Drogenrausch Halt suchen und in der ein Gemeinschaftsgefühl nur in Ausnahmesituationen, etwa in den angstvollen Stunden nach den Bombenattentaten der IRA, entstehen kann (103). Die muslimische Religion erscheint vordergründig als positiv besetzter Gegenpol zum sinnentleerten Individualismus, die Moschee als Hort der Gemeinschaft, an dem Klassenschranken überwunden und Unterschiede in der Herkunft aufgehoben sind:

> Men of so many types and nationalities – Tunisians, Indians, Algerians, Scots, French – gathered there, chatting in the entrance, where they removed their shoes and then retired to wash, that it would have been difficult, without prior knowledge, to tell which country the mosque was in. Here race and class barriers had been suspended. There were businessmen in expensive suits, others in London Underground and Post Office uniforms; bowed old men in slawar kamiz fiddled with beads. Chic lads with ponytails, working in computers, exchanged business cards with young men in suits. (132)

Die religiöse Gemeinschaft, die nicht auf rationale Argumente, sondern die Hinwendung zum Glauben gegründet ist – „believing wasn't so much a matter of truth or falsity, of what could be shown and what not, but of joining" (133) – wird von Shahid gegenüber Deedee verteidigt: „‚I don't always want to be on the outside of everything. [...] I want to follow the rules.' ‚Even if they're foolish?' ‚There must be a reason for them. Those rules have been followed by millions of people for hundreds of years.'" (161) Im Grunde ist er aber nicht wirklich bereit, der von Riaz und Chad verkündeten Vorstellung des „pure living" (129) zuliebe auf Studium und Literatur, Alkohol und Drogen sowie sexuelle Abenteuer zu verzichten.

Bei der freizügigen Deedee kann er seinen Leidenschaften freien Lauf lassen: Er sieht ihr bei der Analstimulation und Masturbation zu, lässt sich von ihr als Frau schminken und sich eine ‚wank list' pornographischer Literatur empfehlen. Durch diese ‚Perversionen' distanziert er sich von seinen Freunden, deren radikale Einstellung zu ‚unnormalem' Sexualverhalten ihm genau bekannt ist: „Riaz had [...] said that God would burn homosexuals for ever in hell, scorching their flesh in a furnace [...]. Riaz's hatred had been so cool, so certain. Shahid had wanted to mention it to Deedee but was nervous it might distract her. Was Riaz not, though, his friend? If only Shahid could understand where such ideas came from." (119)

Beide Seiten versuchen, ihn zu vereinnahmen, doch Shahid will sich weder von Deedee noch von den Freunden kontrollieren und bevormunden lassen. Während er ihr gegenüber die religiösen Moslems verteidigt, setzt er sich bei diesen gegen die Abwertung des Künstlerischen und Literarischen zur Wehr, etwa wenn er in der Auseinandersetzung mit Riaz darauf besteht, dass es nicht die eine Wahrheit, sondern eine Vielzahl unterschiedlicher, aber gleichwertiger Standpunkte gibt. Sein anstrengendes Doppelleben zwischen den Fronten hat zur Folge, dass seine anfängliche Unsicherheit noch verstärkt wird: „How many warring selves were there within him? Which was his true, natural self? Was there such a thing? How would he know it when he saw it? Would it have a guarantee attached to it?" (147)

Diese auf das individuelle Selbstverständnis bezogenen Fragen werden in für den Bildungsroman typischer Manier mit grundlegenden epistemologischen Fragen korreliert. Kureishi inszeniert Shahids Suche nach sich selbst vor dem Hintergrund der Auseinandersetzungen um Rushdies Roman *The Satanic Verses*, die durch die *fatwa* des Ayatollah Khomeini in nie dagewesenem Ausmaß die Differenzen zwischen fundamentalistischen und westlichen Kunstauffassungen auch in der britischen Gesellschaft deutlich zutage treten ließen. Im Jahr 1989 kam es sogar zu öffentlichen Verbrennungen von Rushdies Roman durch aufgebrachte Muslime in Bradford.

Rushdies Roman ist in *The Black Album* in zweifacher Hinsicht präsent. Zum einen orientiert sich die Story von Kureishis Roman explizit an dem „fathwa business" (169). Die Gruppe um Riaz verurteilt Rushdie, „that other writer, the one who slags the religion" (43), denn „this time he's gone too far" (9). Die Situation eskaliert, als Riaz und seine Anhänger auf dem Gelände des College im Rahmen einer antirassistischen Demonstration Rushdies Buch verbrennen. Als Deedee Osgood versucht, mit den aufgebrachten Studierenden ins Gespräch zu kommen, wird sie von Riaz zurückgewiesen: „He interrupted: ‚Are the white supremacists going to lecture us on democracy this afternoon? Or will they permit us, for once, to practice it?'" (224) Während Chad das an einem Besenstiel befestigte Buch anzündet, ruft Osgood die Polizei, die jedoch die Bücherverbrennung nicht verhindern kann. Für Shahid ist damit der Wendepunkt gekommen. Er erkennt, dass er sich für eine der beiden Seiten entscheiden muss: „He wanted to appear neutral but knew that wasn't possible. It wasn't as if he felt nothing, like many of the people looking on. If anything, he felt ashamed." (225)

Die Rushdie-Affäre wird also durch Elemente der Story, wie die in der Bücherverbrennung gipfelnde Demonstration auf dem Universitätsgelände, explizit thematisiert. Darüber hinaus wird die Problematik der Rede- und Meinungsfreiheit in *The Black Album* auch narrativ inszeniert. Riaz beauftragt Shahid zu Beginn des Romans damit, die Manuskriptversion seiner religiös motivierten Gedichtsammlung abzutippen, an der er seit Jahren arbeitet. Shahid beginnt aus ästhetischen Gründen damit, das Original zu verbessern. Aus anfänglichen stilistischen Korrekturen werden massive inhaltliche Eingriffe, die dazu führen, dass der ursprüngliche Text schließlich kaum mehr zu erkennen ist: „He had begun typing Riaz's work in good faith. But there were certain words, then phrases and verses, he couldn't bring himself to transcribe. Once he'd begun not-transcribing, he'd got carried away. He'd been enjoying himself with Deedee; it seemed natural to express the puzzle of this wonder." (234)

Aus dem moralisierenden, anti-westlichen Traktat macht Shahid, ohne sich über die Konsequenzen dieses Eingriffs im Klaren zu sein, sukzessive ein pornographisches Werk. In der Zeit, in der er daran arbeitet, versucht er immer wieder, mit seinen Freunden über Literatur zu diskutieren, denn „[i]t was to discuss such subjects – the meaning and purpose of the novel, for example, its place in society – that he had come so keenly to college" (20). Mit seiner Auffassung von der epistemologischen Funktion fiktionaler Literatur stößt er jedoch nur auf Unverständnis und Ablehnung: „‚Surely literature helps us reflect on our nature?' Shahid said. ‚That is presumption and arrogance,' Riaz said." (183)

Als gläubige Moslems betrachten Riaz, Chad, Hat und die anderen Freunde Shahids die schriftlich im Koran fixierte Wahrheit als überzeitlich und unumstößlich und halten jede darüber hinausgehende Selbstreflexion für überflüssig, ja sogar schädlich und gefährlich: „‚Must we prefer this indulgence to the profound and satisfying comforts of our religion?'" (184) Letztlich scheitert die Verständigung daran, dass Riaz und die anderen Freunde im Gegensatz zu Shahid die Identitätssuche des Individuums ablehnen und stattdessen die kollektive Befriedigung im Sinnangebot der Religion befürworten: „‚But the individual voice is important, too, isn't it?' Shahid persisted, aware that the fervent note in his voice was seperating him from his companions." (184) Mit den religiösen Erzählungen seiner Freunde will sich der literatur- und filmbegeisterte Shahid nicht zufrieden geben:

> His friends told stories, in religious form, about the origin of everything, about how God wanted them to live, about what would happen when they died, and why, while alive, they were persecuted. [...] The problem was, when he was with his friends their story compelled him. But when he walked out, like someone leaving a cinema, he found the world to be more subtle and inexplicable. He knew, too, that stories were made up by men and women; they could not be true or false, for they were exercises in that most magnificent but unreliable capacity, the imagination, which William Blake called ‚the divine body in every man'. Yet his friends would admit no splinter of imagination into their body of belief, for that would poison all, rendering their conviction human, aesthetic, fallible. (133)

Die Kluft zwischen den religiösen und säkularen *master narratives* – auf der einen Seite der Glaube an eine überlieferte Wahrheit, auf der anderen die Skepsis gegenüber einfachen Wahrheiten und das romantische Vertrauen in die schöpferische Kraft der Vorstellung – lässt sich in Kureishis Roman nicht überwinden. Dies zeigt sich an den Konsequenzen von Shahids freier ‚Interpretation' der Gedichte von Riaz, die von den ehemaligen Freunden als beleidigende Provokation empfunden wird. Chad dringt mit einigen Getreuen in Deedees Haus ein, um sich an ihr dafür zu rächen, dass sie während der Bücherverbrennung die Polizei gerufen hat, und um den ‚Spion' Shahid zur Verantwortung zu ziehen: „‚Gotcha, and not too late,' he said. ‚There's the scum, as expected – holed up with his bitch. So obvious. Now brothers, hold on to the spy, the infidel!'" (265) Nur Shahids Bruder Chili, der Riaz mit einem Messer bedroht, kann eine Eskalation der Gewalt im letzten Moment verhindern.

Die Rushdie-Affäre wird in Black Album also nicht nur diskursiv thematisiert, sondern regelrecht ‚nachgespielt' oder re-inszeniert: In beiden Fällen verändert ein Schriftsteller – Shahid betätigt sich wie Rushdie als Autor – einen als unantastbar und heilig eingestuften Text (den Koran, bzw. Riaz' Gedichtsammlung) und wird dafür zur Verantwortung gezogen. Deutliche Parallelen bestehen zum einen in den Konsequenzen des Verstoßes gegen das Verbot jeder Interpretation göttlich inspirierten Schrifttums (wie Rushdie muss auch Shahid untertauchen) und zum anderen im scheinbar aussichtslosen Beharren auf der kreativen Freiheit der Fiktion.

Shahids Resümee am Ende seiner Identitätssuche zwischen College und Moschee, der antirassistischen Aktion der muslimischen Bruderschaft und dem erotischen Spiel mit Deedee erinnert an das ‚No limitations'-Plakat in Deedees Büro: „‚I'm sick of being bossed around, whether by Riaz or Chad or God himself. I can't be limited when there is everything to learn and read and discover.'" (272) Das *self-fashioning* endet für den Protagonisten mit der Entscheidung für ein weltliches Leben und mit der Erkenntnis, dass dieses keine einfachen Lösungen anbieten kann: „There was no fixed self; surely our several selves melted and mutated daily? There had to be innumerable ways of being in the world. He would spread himself out, in his work and in love, following his curiosity." (274)

Shahid entscheidet sich gegen den religiösen Fundamentalismus und damit gegen eine Auffassung von Alterität, die durch die Verabsolutierung bestimmter Werte und Normen bestimmt ist und unweigerlich auf eine Konfrontation mit anderen Lebensauffassungen innerhalb einer multikulturellen Gesellschaft hinausläuft. Allerdings lässt sich der offene Schluss auch nicht als ein Happy End deuten, denn der Roman endet nicht mit einer eindeutigen Hinwendung zum intellektuellen Kosmopolitentum, verkörpert durch Deedee, sondern mit einem Liebesgeständnis auf Zeit: „‚Until it stops being fun,' she said. ‚Until then,' he said." (276) Diese unentschiedene Haltung, die ein abwartendes, pragmatisches ‚Sowohl-als-auch' dem radikalen ‚Entweder-oder' (der religiösen Fundamentalisten, aber auch der selbstfixierten Intellektuellen) vorzieht, stellt eine Alternative zur negativen Schlussgebung vieler Migrationsromane dar, ohne einfache Lösungen zu suggerieren. Damit kann Kureishis Roman als paradigmatisch für das Genre des multikulturellen Bildungsromans gelten, der das typische Dilemma der zwischen kultureller Assimilation und Wahrung der eigenen Identität schwankenden zweiten Generation narrativ inszeniert.

4. Fazit

Seit dem Sensationserfolg von Zadie Smiths Debütroman *White Teeth* (2000), der nicht nur die Kritiker begeisterte, sondern auch ein internationaler Bestseller wurde, ist die multikulturelle Erzählliteratur in Großbritannien im Wandel begriffen. Neue Genres wie der Kriminalroman – etwa Courttia Newland's *Snakeskin* (2002) – und der historische Roman erweitern das Gattungsspektrum der *fictions of migration*. So liegt mit

Andrea Levys *Small Island* (2004) ein multiperspektivisch erzählter historischer Roman vor, der, in Anlehnung an Caryl Phillips' *The Final Passage* (1985), die Migrationserfahrungen der ersten Immigrantengeneration aus der Retrospektive literarisch nachempfindet. Zudem gibt es mit Nadeem Aslams Roman *Maps for Lost Lovers* (2004) erstmals einen pakistanisch-britischen Roman, der die Innenperspektive der britischen Muslime detailliert schildert und dabei den Facettenreichtum unterschiedlicher Haltungen und Einstellungen zur dominanten Kultur sichtbar macht. Der auffälligste Trend ist jedoch die Zunahme von Ironie und Komik in diesem Bereich der Erzählliteratur, der seine Themen bislang immer eher in ernster Weise verhandelt hat. Zadie Smith' in dieser Hinsicht wegweisende Romane *White Teeth* und *On Beauty*, Diran Adebayos Bildungsroman *Some Kind of Black* sowie insbesondere Bernadine Evaristos Verserzählung *The Emperor's Babe* (2001) erschließen sich durch ihre (Selbst-)Ironie neue Leserkreise.

Kommerziell erfolgreiche Kinoproduktionen wie der auf einem Theaterstück von Ayub Khan-Din beruhende Film *East is East* (1999) oder der Kassenschlager *Bend It Like Beckham* (2002), der den Lebenstraum seiner fußballbegeisterten Protagonistin in Hollywood-Manier Wirklichkeit werden lässt, sind Anzeichen für eine Popularisierung der Multikultur. Angesichts der Etablierung eines Sets typischer Erzählstrategien, rekurrenter (Generationen-)Konflikte (verständnislose Eltern der Einwanderergeneration vs. assimilierte Kinder) und konventionalisierter Handlungsstrukturen (die Renaissance des traditionellen *marriage plot* unter multikulturellen Vorzeichen) scheint sich *ethnicity* nun auch im Film und in der Literatur als Marketingstrategie und gewinnbringendes ‚Markenzeichen' durchzusetzen.

Romane wie Monica Alis *Brick Lane* (2003) oder Andrea Levys mit dem mit £ 30.000 dotierten „Orange Prize for Fiction" ausgezeichneter Roman *Small Island* (2004) profitieren von der Kommerzialisierung der *fictions of migration*, die mit Zadie Smiths Bestseller *White Teeth* (2000) einsetzte und mit *On Beauty* (2005), ebenfalls von Smith, ihren vorläufigen Höhepunkt erreicht hat: Der Roman wurde neben Ratgebern und Kochbüchern in den Läden der Supermarktketten Tesco und Woolworths verkauft und ist damit zu einer Ikone der Popkultur geworden. Auch wenn dieser Fall sicher nicht typisch ist, zeichnet sich insgesamt doch eine Auflösung der vormals festen Trennung zwischen literarischem Mainstream und marginaler Minoritätenliteratur ab. Die internationale Rezeption der *fictions of migration* stärkt das Selbstbewusstsein ihrer Autorinnen und Autoren, die sich selbst mittlerweile als Teil des Establishments betrachten. Charakteristisch für diese Haltung ist Kureishis Antwort in einem Interview mit Frederick Aldama (2001: 37) auf die Frage nach der Bedeutung von Autoren wie Julian Barnes und Martin Amis für die englische Literatur:

> „Well, there's a lot of different kinds of writers now, from Roddy Doyle, whom I really admire, to Zadie Smith and Meera Syal. I don't see Martin Amis and Julian Barnes at the center and all of us at the margins, you know? You go to Germany, France, or Italy and ask them, ‚Who are you reading?' They say, ‚We're reading Rohinton Mistry. We're reading Zadie Smith.' There's a real range of stuff coming out in the country now. And I

think the idea of being organized around the white guys was blown apart by Rushdie, you know, because he was a kind of international figure: Indian stroke British stroke Pakistani stroke International South-American-influenced writer. I mean the most important writer."

Literatur

Werke

Adebayo, Diran. 1997 [1996]. *Some Kind of Black*. London: Abacus.
Aslam, Nadeem. 2004. *Maps for Lost Lovers*. London: Faber & Faber.
Emecheta, Buchi. 1994 [1974]. *Second-Class Citizen*. Oxford: Heinemann.
Evaristo, Bernadine. 2001. *The Emperor's Babe*. London: Hamish Hamilton.
Kureishi, Hanif. 1990. *The Buddha of Suburbia*. London: Faber & Faber.
—. 1995. *The Black Album*. London: Faber & Faber.
Levy, Andrea. 1994. *Every Light in the House Burnin'*. London: Headline.
—. 1996. *Never Far From Nowhere*. London: Headline.
—. 2004. *Small Island*. London: Headline.
Newland, Courttia. 1997. *The Scholar*. London: Abacus.
—. 1999. *Society Within*. London: Abacus.
—. 2002. *Snakeskin*. London: Abacus.
Phillips, Caryl. 1995 [1985]. *The Final Passage*. London: Picador.
Riley, Joan. 1995 [1985]. *The Unbelonging*. London: The Women's Press.
Rushdie, Salman. 1992 [1988]. *The Satanic Verses*. Dover: The Consortium.
Selvon, Sam. 1997 [1956]. *The Lonely Londoners*. Harlow: Longman.
Smith, Zadie. 2000. *White Teeth*. London: Hamish Hamilton.
—. 2005. *On Beauty*. London: Hamish Hamilton.
Syal, Meera. 1996. *Anita and Me*. London: Harper Collins.

Ausgewählte Fachliteratur

Aldama, Frederick Luis. 2001. „The Pound and the Fury: A Postcolonial Conversation with Hanif Kureishi." In: *Poets & Writers* 29.5: 34-39.

Aufschlussreiches Interview mit Hanif Kureishi.

Arana, R. Victoria (Hg.). 2007. *‚Black' British Aesthetics Today*. Cambridge: Cambridge Scholars.

Betrachtet ‚schwarze' Literatur, Kunst und Kultur leitmotivisch aus einer ästhetischen Perspektive, die in der deutschsprachigen Forschung traditionell eine größere Rolle spielt. Die Beiträge behandeln ein breites Spektrum narrativer Formen, vom Roman über *performance poetry* bis hin zur Ausstellung „The West Indian Front Room" (Geffrye Museum, London).

Kaleta, Kenneth C. 1998. *Hanif Kureishi: Postcolonial Storyteller*. Austin: University of Texas Press.

Kategorisiert Kureishis Werke als ‚postkolonial'. Eignet sich aufgrund der gut verständlichen Analyse seines literarischen und filmischen Schaffens gut als Einführung in die Entwicklung von Kureishis Erzählwerk. Eine vergleichende Analyse unterschiedlicher (nicht publizierter) Versionen von *The Black Album* gewährt Einblick in den Entstehungsprozess des Romans.

Schöneich, Christoph. 1999. *Edmund Talbot und seine Brüder: Englische Bildungsromane nach 1945*. Tübingen: Gunter Narr.

Verfolgt die Entwicklung des englischen Bildungsromans von 1945 bis in die Gegenwart. Entwickelt Beschreibungskategorien und bietet detaillierte, sehr erhellende Einzelanalysen ausgewählter Romane.

Sommer, Roy. 2001. *Fictions of Migration: Ein Beitrag zur Theorie und Gattungstypologie des zeitgenössischen interkulturellen Romans in Großbritannien*. Trier: Wissenschaftlicher Verlag Trier.

Entwirft eine Typologie interkultureller Erzählliteratur, die sich an der hier eingeführten Unterscheidung zwischen Multi- und Transkulturalität orientiert. Außerdem unterscheidet Sommer dominante Subgenres (Migrationsroman, Bildungsroman, revisionistisch-historischer und transkulturell-hybrider Roman) und analysiert deren narrative Spezifika anhand von acht Fallbeispielen. Narratologisch fundierte Interpretationen und Ausblickskapitel mit zusätzlichen Literaturverweisen.

Stein, Mark. 2004. *Black British Literature: Novels of Transformation*. Columbus, OH: Ohio State University Press.

Am Beispiel der europäischen Romanform des Bildungsromans wird gezeigt, wie diasporische Literatur klassische Gattungen adaptiert und verändert. Führt für multikulturelle Bildungsromane den Begriff der ‚*novel of transformation*' ein. Zu den charakteristischen Merkmalen dieser Romane zählen radikale Generationenkonflikte, die Suche nach neuen Identitäten und die identitätspolitische Semantisierung des Raumes.

Wambu, Onyekachi (Hg.). 1999. *Empire Windrush: Fifty Years of Writing About Black Britain*. London: Phoenix.

Präsentiert einen repräsentativen Querschnitt durch die *black British literature*. Die Auszüge aus Romanen und Kurzgeschichten, u.a. von Selvon, Lamming, Emecheta, Okri und Kureishi, sowie theoretische Texte, u.a. von Stuart Hall, und essayistische Beiträge veranschaulichen die Vielfalt der multikulturellen Literatur und bieten sich als Einstiegslektüre an.

11.

New Gothic: Angela Carter

Stella Butter und Matthias Eitelmann

1. *New Gothic*: Begriffsbestimmung

Im Spektrum des englischen Gegenwartsromans nimmt der Schauerroman bzw. die *new Gothic novel* eine zentrale Stellung ein. Während die *Gothic novel* in der Nachkriegszeit der 1940er und 1950er Jahre in Großbritannien eher ein marginales Dasein fristete – mit den Werken von David Lyndsay, Mervyn Peakes *Gormenghast Trilogy* (1946, 1950, 1959) und David Storeys *Radcliffe* (1963) als Ausnahmen –, ist seit den späten 1960er Jahren ein beeindruckender Aufschwung dieses Genres sowie eine markante Verbreitung von *Gothic*-Motiven über Genregrenzen hinweg zu verzeichnen (vgl. Sage 1998: 89). Allerdings erschwert die Fortschreibung und innovative Weiterentwicklung des *Gothic* „compositional vocabulary (scenic and linguistic)" (Sage/Smith 1996b: 1) im Gegenwartsroman zunehmend den Versuch, *new Gothic* präzise zu definieren. Symptomatisch für diese Schwierigkeit sind die Heterogenität der Werke, die unter dem Begriff ‚(*new*) *Gothic*' zusammengefasst werden, und die zugleich eingeführten akribischen Differenzierungen als Ordnungsraster für diese Heterogenität. Die Unterscheidung in länderspezifische bzw. regionale Spielarten des *Gothic* (z.B. *Scottish Gothic*, *Welsh Gothic*) sowie in thematisch-stilistische Spielarten – wie etwa *Gothic horror*, *colonial/postcolonial Gothic*, *paranoid Gothic*, *cyberpunk Gothic* (vgl. Mulvey-Roberts 1998) – kann den Begriff letztlich nur bedingt konkretisieren.

Patrick McGrath, der den Begriff ‚*new Gothic*' in seiner mit Bradford Morrow herausgegebenen Anthologie *The New Gothic: A Collection of Contemporary Gothic Fiction* (1991) nachhaltig prägte, liefert in einem Interview eine Begriffsdefinition, die gleichermaßen erhellend und verdunkelnd wirkt:

> They are the strongest themes to the Old Gothic: transgression and decay. And here they are, in many writers who are working today, although their work doesn't look like the Old Gothic, without the creaky castles and the stormy nights. And I said: ‚This is the New Gothic'. (McGrath, zit. nach Falco 2001: 17)

Einerseits hebt McGrath hier den Zusammenhang zwischen der im 18. Jahrhundert gründenden Tradition der *Gothic novel* und dem *new Gothic* deutlich heraus und nennt mit der Überschreitung von Tabus und dem Phänomen des Verfalls zwei bedeutsame Motive, die einen gemeinsamen Nenner bilden. Andererseits sind die Kriterien ‚Tabubruch und Verfall' schlicht zu allgemein, als dass sie als alleinige genretypologisierende Merkmale herangezogen werden könnten.

Festzuhalten ist, dass – wie ja bereits der Name impliziert – das Genre des *new Gothic* als Referenzfolie explizit oder implizit das Genre der traditionellen *Gothic fiction* heranzieht: jene Tradition, die mit Horace Walpoles *The Castle of Otranto* (1764), dem ersten Schauerroman überhaupt, etabliert wurde. Dies impliziert, dass es, um der drohenden Begriffsunschärfe entgegenzuwirken, zunächst der Klärung dessen bedarf, was unter ‚*Gothic fiction*' zu verstehen sei. Die Handlung einer typischen *Gothic novel* ist oft an einem entfernten Ort angesiedelt und spielt zumeist im Mittelalter; hierauf weist bereits das Attribut *Gothic* hin, das im 18. Jahrhundert synonym mit ‚mittelalterlich', ‚fremd', ‚barbarisch' gebraucht wurde und all das bezeichnete, was der geordneten Regelhaftigkeit und der vernunftbestimmten Rationalität der Aufklärung entgegengestellt war. Konventionelle Versatzstücke von frühen Romanen sind ein entlegenes Schloss mit unterirdischen Geheimgängen, eine extreme Dichotomisierung der Protagonisten in Gut und Böse, die Verfolgung und Peinigung eines weiblichen Opfers (der ‚*damsel in distress*') durch einen lüsternen Schurken, hochgradig semantisierte Naturschilderungen sowie der Einbruch des Übernatürlichen (so bei Horace Walpole) bzw. des scheinbar Übernatürlichen (so bei Ann Radcliffe, bei der alles scheinbar Übernatürliche letztlich eine rationale Erklärung findet). Die Handlung geht besonders in *Gothic novels* des späten 18. und frühen 19. Jahrhunderts mit einer Fülle von Tabubrüchen (z.B. Inzest, Nekrophilie) und der Verwischung kultureller Grenzziehungen (z.B. tot/lebendig, männlich/weiblich) einher: „[D]ie gotische Literatur tendiert dahin, das hervortreten zu lassen, was aufgrund gesellschaftlicher Zwänge im Verborgenen gehalten, tabuisiert ist." (Imhof 1993: 75) Das für *Gothic novels* typische Moment der Transgression erklärt auch ihre Vorliebe für gesellschaftlich marginalisierte Themen wie Sexualität, Tod, Wahnsinn.

Wirkungsästhetisch zielen *Gothic novels* darauf ab, beim Rezipienten Grauen hervorzurufen, d.h. „eine Furcht, die sich auf Objekte richtet, die den Bereich möglicher Erfahrung – und damit Benennung – überschreiten" (Baumann 1989: 230). Eine wichtige Rolle für diesen grauenerzeugenden Effekt spielt die ästhetisch gestaltete Raum-Zeit-Erfahrung im Roman:

> For the Gothic effect to be attained, a tale should combine a fearful sense of inheritance in time with a claustrophobic sense of enclosure of space, these two dimensions reinforcing one another to produce an impression of sickening descent into disintegration. (Baldick 2001: xix)

Eine grundlegende Matrix für die konkreten Erscheinungsformen von *Gothic* bildet also Furcht vor der Rückkehr des Verdrängten, eine klaustrophobische Raumerfahrung und ein fataler Strudel von Auflösung und Zerfall. Die jeweils unterschiedlichen Konkretisierungen dieser Matrix können als symbolische Verarbeitung und Verhandlung zeitgenössischer Ängste gelesen werden.

Im Falle des *new Gothic* geht es nun um eine Erneuerung der literarischen Tradition der *Gothic fiction*. Das gegenüber der traditionellen *Gothic novel* Neue kann zwei verschiedene Anknüpfungsarten umfassen: entweder im Sinne einer bloßen Reproduktion oder im Sinne einer innovativen Fortschreibung der Gattungstradition. Bei der Reproduktion wird auf die literarische Tradition des *Gothic* rekurriert, ohne diese innovativ zu bereichern. Die Novität von *new Gothic* zeichnet sich in diesem Fall also schlichtweg dadurch aus, dass die in Frage kommenden *new Gothic novels* nicht während der Glanzzeit des Schauerromans, die gemeinhin zwischen 1764 und 1820 angenommen wird, produziert wurden und auch nicht im Laufe des späten 19. oder frühen 20. Jahrhunderts – einer Zeit, als dieses Genre gerade im amerikanischen Sprachraum erneut sehr beliebt war (davon zeugen etwa die Werke von Edgar Allan Poe und H.P. Lovecraft) –, sondern ab der zweiten Hälfte des 20. Jahrhunderts. Bei dieser Ausprägung könnte man auch von *contemporary Gothic* sprechen. Als Vertreterin dieser Spielart des *new Gothic* ist Susan Hill zu nennen, deren Werke das Genre der *Gothic novel* wiederaufleben lassen. So handelt es sich beispielsweise bei ihrem 1993 veröffentlichten Roman *Mrs. de Winter* um eine imitierende Fortsetzung von Daphne du Mauriers Roman *Rebecca* (1938), der mit dem Anwesen Manderley als *Gothic mansion* und der Haushälterin Mrs. Danvers als *Gothic villain* seinerseits voll und ganz in der *Gothic tradition* steht. Zu einer radikalen Umdeutung kommt es bei Susan Hill auch in ihren anderen Romanen (z.B. *The Woman in Black*, 1983, oder *The Mist in the Mirror*, 1992) indessen nicht.

Davon abzugrenzen sind solche in der Forschungsliteratur ebenfalls als *new Gothic* bezeichneten Romane, die sich nicht mit einer bloßen Reproduktion der Genrekonventionen begnügen, sondern eine Fortentwicklung des Genres anstoßen und das Genreraster innovativ ausfüllen. Das Sinn- und Funktionspotential der Literaturtradition des *Gothic* wird in diesem Fall neu ausgelotet, um zeitgenössische Ängste und Probleme zu thematisieren und zu inszenieren. So verstanden, beschreibt *new Gothic* Gegenwartsromane, die Traditionsbestände des Schauerromans innovativ variieren und damit gleichzeitig die *conditio humana* in der Zeit der Postmoderne reflektieren.

Wie die oben vorgenommene Unterscheidung zwischen den beiden Ausprägungsformen von *Gothic novels* der Gegenwartszeit zeigt, lassen sich *new Gothic novels* gemäß identifizierbaren ‚Strategien der Variation' (Herbert Grabes) skalieren. Während Hills Schauerromane mit ihrer platten Reproduktion von Genrekonventionen den einen Pol der Skala bilden, stellt Mark Z. Danielewskis *House of Leaves* (2000) ein gutes Beispiel für den entgegengesetzten Pol einer innovativ-experimentellen Fortschreibung der Gattung dar. Dieser postmoderne Roman aus dem amerikanischen Raum erlaubt einen geradezu einzigartigen, enzyklopädischen Einblick in Strategien der Variation, durch die Konventionen der *Gothic novel* weiterentwickelt und transformiert werden. Gleichzeitig veranschaulicht er, dass es sich bei *new Gothic* um ein transnationales Phänomen handelt.

Die experimentelle Schreibweise von *House of Leaves* umfasst neben einer Collage von unterschiedlichen Textsorten und Medien (z.B. Photos, Bilder, Comic) unter anderem einen hohen Grad an Metafiktionalität sowie ein Spiel mit der Materialität des Buches selbst. So wird beispielsweise das in Danielewskis Roman beschriebene

Zuschlagen von Türen in einem unheimlichen und gotisch anmutenden Labyrinth im Akt der Lektüre insofern ‚erfahrbar' gemacht, als auf fünf aufeinander folgenden Seiten (220-24) stets nur ein Wort auf einer Seite steht: Das schnelle Blättern, welches das Lesen erfordert, bildet eine Parallele zu dem Zuschlagen der Türen. Die Fülle an genretypischen Motiven und Elementen, die dieser Roman enthält – insbesondere das *Gothic house*, welches innen größer ist als außen, ein dunkles Labyrinth birgt und ein bedrohliches Eigenleben aufweist – werden in Form von metafiktionalen Kommentaren immer wieder thematisiert und reflektiert (so z.B. durch das Register von *House of Leaves*, das ‚*Gothic*' als eigenen Eintrag enthält). Die Auseinandersetzung mit Kulturthemen der Postmoderne in Form von *Gothic vocabulary*, die *House of Leaves* kennzeichnet, wird exemplarisch deutlich, wenn man sich bewusst macht, dass das Haus als „labyrinth of the digital" (Hansen 2004: 628) gelesen werden kann und somit epistemologische Konsequenzen der gegenwärtigen medialen Entwicklung veranschaulicht. Zwar ist eine solche kurze Beschreibung von *House of Leaves* aufgrund der hohen Komplexität des Romans zwangsläufig vereinfachend, doch kann diese Skizze zumindest einen ersten Eindruck von dessen vielfältigem Innovationsgehalt vermitteln.

Eine zentrale Strategie der Variation, die zur Weiterentwicklung der Gattung *Gothic* beiträgt, bilden Formen der Hybridisierung von *Gothic*. So werden gängige Konventionen mit Elementen anderer Genres – wie beispielsweise des Märchens oder des Detektivromans – verknüpft. Eine weitere dominante Form der Hybridisierung ist die Verbindung von Versatzstücken des *Gothic* mit dem Stilphänomen des magischen Realismus. Charakteristisch für diese Schreibweise ist „das Verschmelzen von zwei kategorial verschiedenen Ordnungs- und Repräsentationssystemen (eines magischen Wirklichkeitskonzepts mit den aufklärerisch-rationalen Denk- und Sprachstrukturen des Realismus) zu einem dritten, neuen Realitäts- und Darstellungsmodus" (Feldmann/ Jacobmeyer 2004: 416).

Ein kurzes Beispiel aus Iain Banks' *The Crow Road* (1992) vermag diese hybride Verknüpfung zu illustrieren (vgl. Armitt 2000: 305f.). Einerseits weist Banks' Roman typische gotische Motive auf, wie etwa ein aristokratisches Schloss und düstere, atmosphärische Landschafts- und Architekturbeschreibungen: „Above, on the hillside, stood the lattice forms of two electricity pylons, straddling the heather like grey gigantic skeletons wreathed in darkness. The black wind howled […]. Charlotte screamed again, and the child was born." (97) Andererseits finden sich wiederholt Elemente des magischen Realismus, etwa als Grandma Margot betont, dass sie aufgrund des Juckens ihrer Muttermale über die Familiengeschehnisse stets Bescheid wisse: „They itch when people are talking about me, or when something … remarkable is happening to the person." (13) Solche Vermischungen von schauerromantypischen Elementen mit Versatzstücken des magischen Realismus prägen eine Fülle von wieteren Gegenwartsromanen, angefangen von den Werken Angela Carters (z.B. *The Infernal Desire Machines of Dr. Hoffmann*, 1972; *Nights at the Circus*, 1984) über Emma Tennants *The Bad Sister* (1978) bis hin zu Salman Rushdies *Shame* (1983).

Um die bisher diskutierten Merkmale von *new Gothic* anschaulich darzustellen, soll die innovative Ausprägung dieser Gattung im Folgenden am Beispiel von Angela Carters *Nights at the Circus* (1984) näher beleuchtet werden. In Carters Romanen, die sich auch der Kategorie des ‚*gender*-orientierten Frauenromans' zuordnen lassen (vgl. Kap. 9 in diesem Band), spielt der Rückgriff auf Erzählkonventionen und Motive des Schauerromans eine bedeutende Rolle, um eine vielschichtige Kritik am patriarchalischen Geschlechterverhältnis zu inszenieren.

2. Angela Carter als Vertreterin von innovativem *New Gothic*

Angela Carter (1940-1992), eine der prägenden feministischen Autorinnen des 20. Jahrhunderts, deren Werke inzwischen zum literarischen Kanon gehören, hat mit ihrem Oeuvre bedeutende Debatten und Denkfiguren des Feminismus und der *gender*-Theorie der 1980er und 1990er Jahre vorweggenommen: erstens den Konstruktcharakter und die Performativität von Geschlechtsidentität und zweitens die Frage nach dem feministisch-emanzipatorischen und gesellschaftskritischen Potential von – wie sie es in ihrem kulturkritischen Essay *The Sadeian Woman* (1978) nennt – ‚moralischer Pornographie' (vgl. Bristow/Broughton 1997: 2). Drastische pornographische Darstellungen können, so Carter, im Medium der Literatur dazu genutzt werden, die Machtverhältnisse zwischen den Geschlechtern mit kritischem Gestus offenzulegen und die Aufmerksamkeit auf eine kulturelle Formierung von Sexualität zu lenken:

> A moral pornographer might use pornography as a critique of current relations between the sexes. His business would be the total demystification of the flesh and the subsequent revelation, through the infinite modulation of the sexual act, of real relations of man and his kind. (Carter 1997: 19f.)

Der Rekurs auf die literarische Tradition des Schauerromans dient Carter nicht zuletzt dazu, die Verstrickung des menschlichen Subjekts in Geschlechterstereotypen offenzulegen und deren gewaltsamen, ja zerstörerischen Charakter zu entlarven. Im Zentrum ihrer Kritik stehen dabei die Mechanismen, welche die männliche und weibliche Sexualität und Identität – und damit das Verhältnis zwischen den Geschlechtern – prägen.

Innovative Formen und revisionistische Funktionen von *new Gothic* lassen sich anschaulich anhand ihres 1984 veröffentlichten Romans *Nights at the Circus* illustrieren, der vom magischen Realismus geprägt ist und der sich besonders durch generische Hybridität auszeichnet, die sich aus seiner Verbindung von Elementen des Schauerromans, des Märchens, des Abenteuerromans sowie des Entwicklungsromans ergibt (vgl. Middecke 1998: 213). Im Mittelpunkt von *Nights at the Circus* steht die Trapezartistin und Vogelfrau Sophie, die den Künstlernamen Fevvers trägt und aufgrund ihrer Flügel am Rücken sowie ihrer erfolgreichen Selbstvermarktung mit dem Wahlspruch „Is she fact or is she fiction?" Weltberühmtheit erlangt hat. Der Roman, der im Jahre 1899 und damit zur Zeit des *fin de siècle* spielt, beginnt mit Fevvers' Schilderung ihrer Lebensgeschichte im Rahmen eines Interviews mit dem skeptischen amerikanischen

Journalisten Jack Walser, der zunächst danach trachtet, Fevvers als Fiktion bzw. als „Humbug" zu entlarven. Fevvers erzählt, dass sie wie Helena aus einem Ei geschlüpft sei und ihre Kindheit in einem Londoner Bordell verlebt habe, wo sie als *tableau vivant* ihren Unterhalt verdiente, bevor sie nach zahlreichen Abenteuern zum Zirkusstar wurde. Jack Walsers ausgeprägter Skeptizismus gegenüber Fevvers weicht einer Faszination, die ihn dazu veranlasst, Fevvers nach Russland zu folgen, indem er dem Zirkus inkognito als Clown beitritt. Die Zirkustournee führt nach Sankt Petersburg und Sibirien, wo der Zug von Geächteten in die Luft gesprengt wird. Die Geächteten nehmen Fevvers gefangen, weil sie glauben, dass diese in engem Kontakt mit den Herrscherhäusern stehe und für sie eine Begnadigung beim Zaren erwirken könnte. Durch den Anschlag werden Fevvers und Walser, der sein Gedächtnis verliert, getrennt; nach weiteren Abenteuern finden sie jedoch am Ende des Romans wieder zueinander.

Der Roman besticht durch eine Fülle an Ereignissen und inkorporierten Geschichten (d.h. Geschichten, die von Figuren im Roman erzählt werden) sowie durch komplexe Intertextualität und ein ästhetisch gestaltetes karnevaleskes Weltempfinden. Einen wesentlichen Bestandteil des magischen Realismus in *Nights at the Circus* bildet der Umstand, dass Fevvers tatsächlich eine Vogel-Frau ist, was im Laufe der Romanhandlung eindeutig etabliert wird. Die lange Liste an weiteren Elementen des magischen Realismus im Roman ließe sich fortführen. Zu nennen wären in diesem Zusammenhang etwa die Kindfrau aus Madame Schrecks düsterem Museum, die erzählt, dass sie, die Tochter eines Milchmädchens und des Königs der Feen, als Däumling zur Welt kam, oder die Tiger aus dem Zirkus, die bei dem Anschlag auf den Zug zu ihren eigenen Spiegelbildern erstarren (vgl. Carter 1994 [1984]: 206). Neben Elementen des magischen Realismus, des Abenteuerromans und des Schauerromans, der insbesondere durch Fevvers' Beschreibung von Madame Schrecks Museum for Women Monsters sowie den auf sie verübten Mordanschlag durch Christian Rosencreutz aufgerufen wird (s.u.), rekurriert *Nights at the Circus* zudem insofern auf die Folie des Entwicklungs- und Bildungsromans, als Walser, der beim ersten Zusammentreffen mit Fevvers u.a. als ungeformt („a kaleidoscope equipped with consciousness"; 10) beschrieben wird, erst eine tiefgreifende Entwicklung durchmachen muss, bevor er als Partner für Fevvers – „the pure child of […] the New Age in which no women will be bound to the ground" (25) – fungieren kann. In typischer Manier für den Entwicklungs- und Bildungsroman wird die Entwicklung bzw. ‚reconstruction' (292f.) von Walser dabei mit dem Reisemotiv verknüpft.

Die *Gothic*-typischen Elemente in *Nights at the Circus* können als Strategie gelesen werden, die Aufmerksamkeit der Leserinnen und Leser auf den Konstruktcharakter patriarchalischer Weiblichkeitsbilder sowie auf die gewaltsamen Momente patriarchalischer Geschlechterverhältnisse zu lenken. Fevvers' Beschreibung ihrer Zeit in Madame Schrecks Museum für Women Monsters könnte in weiten Teilen einer *Gothic novel* des 18. Jahrhunderts entnommen worden sein. Madame Schreck, deren *telling name* ihre Rolle als *Gothic villain* bereits impliziert, sammelt weibliche Kuriositäten der Natur, um mit ihnen gegen Bares die sexuellen Bedürfnisse männlicher Freier zu befriedigen. Das für *Gothic fiction* zentrale Element des Tabubruches nimmt im Museum for Women Monsters die Form perverser Sexualität an, wie z.B. Nekrophilie. Die für den Schauerroman typische klaustrophobische Raumerfahrung wird sowohl durch die Beschreibung des Museums als „vault" (61) und „crypt" (ebd.) aufgerufen, als auch von Fevvers explizit thematisiert: „Then it comes to me [...] that I have voluntarily incarcerated myself among the damned" (59).

Entscheidend ist, dass Madame Schrecks Museum als „lumber room of feminity" (69) ausgewiesen wird, in dem unter anderem typische patriarchalische Weiblichkeitsbilder als (*Gothic*) „spectacle" (62) inszeniert werden. So verkörpert Wiltshire Wonder mit ihrer kindlichen Statur in übersteigerter Form das patriarchalische Klischee von der Frau als kindlichem Wesen. Dadurch, dass Wonder schildert, wie sie unter der ihr zugeschriebenen Identität als *little woman* leidet, wird zugleich ein kritisches Licht auf dieses Weiblichkeitsklischee geworfen. Daneben wird das typisch patriarchalische Frauenbild durch eine weitere Figur, Sleeping Beauty, geradezu übererfüllt. Sleeping Beauty, die Tochter eines Kuraten, ist mit ihrer ersten Monatsblutung in einen Tiefschlaf gefallen, aus dem sie nur einmal am Tag kurz aufwacht, um Nahrung zu sich zu nehmen. Sleeping Beauty als wunderschöne „living corpse" (70) kann insofern als eine Übersteigerung des *angel in the house* gelesen werden, als dieses viktorianische Bild der selbstlosen Frau letztlich deren Tod impliziert: „the aesthetic cult of ladylike fragility and delicate beauty – no doubt associated with the moral cult of the angel-woman – obliged ‚genteel' women to ‚kill' themselves [...] into art objects: slim, pale, passive beings whose ‚charms' eerily recalled the snowy, porcelain immobility of the dead." (Gilbert/Gubar 1999: 601) Die mit diesem Weiblichkeitsbild einhergehende Entsexualisierung der Frau wird dadurch hervorgehoben, dass Sleeping Beauty ausgerechnet mit Beginn ihrer Pubertät, also der Phase des Übergangs vom Kind zur Frau, in den Schlaf verfiel und ihr „female flow" (Carter 1994 [1984]: 63) – als Zeichen ihrer Sexualität – im Zuge dessen wieder aufhörte. Die nekrophile Komponente dieses Weiblichkeitsbildes wird sowohl durch Sleeping Beautys Charakterisierung als „sleeping corpse" als auch durch Fevvers' Pose als „tombstone angel, [...] the Angel of Death" (70) am Kopfende von Sleeping Beauty betont.

Das Bordell als Handlungsort unterstreicht, dass Frauen im Zeichen patriarchalischer Geschlechterverhältnisse zum Objekt degradiert werden, da sie den (männlichen) Kunden als Verfügungsobjekte dienen und ihnen keine eigene Identität jenseits des inszenierten Spektakels eingeräumt wird. Die Leitung des Museums bzw. Bordells durch eine Frau veranschaulicht, dass es sich beim Patriarchat um gesellschaftliche Strukturen und Diskurse (*sensu* Foucault) handelt, zu deren Perpetuierung auch Frauen mit ihrem Handeln beitragen.

Die tödlichen Konsequenzen einer starren Festlegung des Anderen auf kulturelle Stereotypen und Identitätskategorien illustriert nicht zuletzt Christian Rosencreutz' Mordanschlag auf Fevvers. Rosencreutz, ein Kunde von Madame Schrecks Museum, kauft Fevvers der Bordellbesitzerin ab, weil er meint, dass es sich bei Fevvers um Azrael, den Engel des Todes, handelt. In der Absicht, Fevvers bzw. Azrael im Rahmen eines Rituals, das ihm Unsterblichkeit verleihen soll, zu töten, lässt Rosencreutz sie zu seiner „mansion in the Gothic style“ (74) bringen. Im Zentrum steht dabei vor allem Rosencreutz' Neigung, in Fevvers ausschließlich den „dark angel of many names“ (75) zu sehen, so dass er sie letztlich nur als passives Objekt für seine Bedeutungszuschreibungen wahrnimmt. Sein Versuch, Fevvers bzw. Azrael mit seinem Schwert – einem klassischen phallischen Symbol – umzubringen, zeigt drastisch die tödlichen Konsequenzen, wenn Frauen im Zuge ihrer Reduktion auf kulturelle Klischees ihre Individualität genommen wird. Pointiert wird die Kritik am patriarchalischen Geschlechterverhältnis dadurch, dass Fevvers die Gefahren von Rosencreutz' rigidem und geschlechtlich kodierten dichotomischen Denken (Mann vs. Frau, Geist vs. Körper usw.) aufzeigt – einem Denken, das eine lange Traditionslinie im westlichen Kulturraum hat.

Die kurze Skizze dieser zwei an die Tradition der *Gothic novel* angelehnten Episoden in *Nights at the Circus* erklärt zugleich, wieso revisionistische Romane – wie etwa feministische Werke, in denen das Patriarchat in Frage gestellt wird – häufig auf die Gattungstradition des *Gothic* rekurrieren. Entscheidend im Hinblick auf die für *Gothic fiction* typische Obsession mit „the dead-end of physical incarceration“ (Baldick 2001: xix) ist nämlich die prägnante Verknüpfung der Raumsemantik mit *gender*: „The imprisoning house of Gothic fiction has from the very beginning been that of patriarchy.“ (ebd.: xxii) Die Elemente des *Gothic* in Carters Roman unterstreichen, dass weibliche Erfahrungswirklichkeit in einer patriarchalischen Gesellschaft durch psychische und physische Gewalt geprägt ist, und rücken damit das herkömmliche Geschlechterverhältnis in ein kritisches Licht. Carter nutzt die Theatralität von *Gothic*, um die kulturellen Konstruktionsprozesse offenzulegen, durch die Individuen, insbesondere Frauen, in (lebende) Symbole und Ideen transformiert werden, z.B. Fevvers als „angel of death“ oder „Winged Victory“ (32; vgl. Neumeier 1996: 149).

In *Nights at the Circus* wird zwar auf klassische Genrekonventionen zurückgegriffen, allerdings nicht mit einem beklemmend-düsteren, sondern vielmehr mit einem komischen Effekt. Die Komik beruht sowohl auf der Offenlegung der Theatralität von *Gothic* sowie insbesondere auf der Zusammenführung von diskrepanten Elementen. Die Theatralität von Madame Schrecks Museum tritt besonders deutlich in Fevvers' nachfolgender Beschreibung zutage:

> When the client had donned the garments of his choice, the lights dimmed. Toussaint would scurry down below and take his place at the harmonium, which was concealed behind a pierced Gothic fold-screen. He'd start pumping out some heartening tune such as a nice *Kyrie* from some requiem. [...] Then the old hag herself comes tottering down the cellar like Lady MacBeth, ushering the happy client. There'd be a lot of clanking of chains, there being several doors to open [...]. She'd stop at random in front of one niche or another and she'd say: ‚Shall I open the curtain? Who knows what spectacle of the freakish and unnatural lies behind it!‘ (61f.)

Dass Fevvers den Alltag im Museum als eher prosaisch schildert, unterstreicht den theatralischen Charakter der *Gothic performance* umso mehr – das friedliche Backgammon-Spiel bildet einen deutlichen Kontrast zur düsteren musikalischen Untermalung des Stückes und zu den dramatischen Posen der Frauen. Auch der intertextuelle Vergleich von Madame Schreck mit einer Figur aus einem Drama, Shakespeares *Macbeth*, führt nicht nur dazu, dass die Leserinnen und Leser die Protagonistin als böse treibende Kraft wahrnehmen, sondern lenkt ihre Aufmerksamkeit zudem auf den Inszenierungscharakter des Dargebotenen. Die obige Passage illustriert zudem die Zusammenführung von diskrepanten Elementen mit komischem Effekt, wie die Kombination der Folie des Düster-Gotischen mit prosaischen Alltagshandlungen oder die scherzhafte Beschreibung der Totenmesse als „heartening tune".

Die komische Färbung der *Gothic*-Elemente in *Nights at the Circus* lässt sich als „Gothic-Carnivalesque" (Spooner 2006: 68) charakterisieren. Ein karnevalistisches Weltempfinden wird insofern bereits durch den Titel des Romans aufgerufen, als der Zirkus häufig als Symbol für eine alternative Welt fungiert, in der geltende soziokulturelle Normen oder gar Naturgesetze aufgehoben zu sein scheinen. Vereinfacht gesagt, versteht man unter einem ‚karnevalistischen Weltempfinden' in Anlehnung an Michail Bachtin die lachende Verspottung von dogmatischen Werten, Tabus und Autoritäten (vgl. Lachmann 1995: 9). Ein Kernelement des Karnevalesken bildet der groteske Körper, der der herkömmlichen Norm der klassischen Körperkonzeption, so wie sie exemplarisch in der griechischen Skulptur zum Tragen kommt, gegenübersteht (vgl. Fuß 2001: 75ff.). Während die klassische Körperkonzeption durch eine glatte Körperoberfläche und idealisierte Proportionen gekennzeichnet ist, wird beim Grotesken das normale Maß überschritten – etwa zugunsten von Asymmetrie –, und das Marginalisierte rückt ins Zentrum. Dies geschieht häufig durch eine Konzentration auf „Sexualität sowie Ausscheidungsprozesse und -produkte" (ebd.: 76), da diese in der „mitteleuropäischen Kultur dem Blick der Öffentlichkeit ent[zogen] und mit einem moralischen Verdikt belegt [werden]" (ebd.). Grundlegendes Merkmal des Grotesken ist somit die Transgression kultureller Normen.

Fevvers stellt in mehrfacher Hinsicht ein Paradebeispiel für das Groteske dar. Strukturell umfasst das Groteske eine Vermischung disparater Elemente, hierarchische Inversionen sowie Techniken der Verfremdung. Die für das Groteske typische Vermischung von Oppositionspaaren umfasst bei Fevvers sowohl die Mensch/Tier-Opposition (Fevvers als ‚*bird-woman*') als auch die polaren Weiblichkeitsbilder ‚Heilige' und ‚Hure' (Fevvers als ‚*virgin whore*'). Fevvers' penetranter Körpergeruch („something fishy about the Cockney Venus"; 8), ihre exzessive Vorliebe für Essen und Trinken sowie ihre am Romananfang zur Schau gestellte Neigung zu Rülpsen und Blähungen entspricht der grotesken Betonung von Körpervorgängen.

Fevvers' Sprengen kultureller Gegensatzpaare entspricht ihrem mythisch-utopischen Status als „New Woman" (281), die sich nicht durch patriarchalische Festlegungen einengen und zum Verfügungsobjekt machen lässt. Stattdessen erscheint Fevvers von Anfang an als Agens, indem sie die performative Qualität von (Geschlechts-)Identität steuernd nutzt, um Freiheits- und Emanzipationsräume zu gewinnen. So beeinflusst sie beispielsweise mit ihrem Wahlspruch und Werbeslogan „Is she fact or is she fiction?" aktiv die Art und Weise, auf welche die Öffentlichkeit sie wahrnimmt. Die Theatralität ihrer Darbietung als ‚Vogel-Frau' wird gleich zu Beginn des Romans in Szene gesetzt, als Fevvers nach ihrem Zirkusauftritt beschwingt ihr Make-up entfernt und Schönheitsprothesen wie falsche Wimpern, Fingernägel etc. ablegt, sich dabei jedoch zugleich (für Walser) wiederum bedacht als „the only fully-feathered intacta in the history of the world" (294) inszeniert. So wie der groteske Leib „*nie fertig* und *abgeschlossen*" (Bachtin 1995 [1965]: 358), sondern stets „*im Entstehen begriffen*" (ebd.) ist, so entzieht sich auch die groteske Vogel-Frau Fevvers rigiden identifikatorischen Festlegungen. In ihrem emanzipatorischen Potenzial erscheint Fevvers als „New Woman for the New Age" (vgl. 281).

Allerdings wirft die romantische Vereinigung von Fevvers und Jack Walser am Ende des Romans die Frage nach der Einlösbarkeit dieses emanzipatorischen Versprechens auf. Fevvers' Ersatzmutter Lizzie äußert deutlich Skepsis angesichts von Fevvers' begeisterter Vision ihrer Transformierung von Jack in einen „New Man [...] [as] fitting mate for the New Woman" (281): „I raised you up to fly to the heavens, not to brood over a clutch of eggs!" (282) Obwohl das Ende des Romans die Frage nach der Zukunft von Fevvers und Walser aufwirft, bleibt festzuhalten, dass Carter mit Fevvers eine „utopische Vision von Weiblichkeit" (Middeke 1998: 213) geschaffen hat, die sich von patriarchalischen Vereinnahmungs- und Objektivierungsversuchen erfolgreich abgrenzt, indem sie jegliche Festlegungsversuche durch die konsequente Nutzung der Performativität von Identität unterminiert. Bezeichnenderweise endet der Roman mit Fevvers' schallendem Gelächter, als sie zu ihrem Erstaunen feststellt, dass Walser ihre Behauptung, sie sei noch Jungfrau, geglaubt habe:

> Fevvers' laughter seeped through the gaps in the window-frames and cracks in the doorframes of all the houses in the village; [...] She laughed, she laughed, she laughed. [...] ‚To think I really fooled you!' she marvelled. ‚It just goes to show there's nothing like confidence.' (294f.)

Vor dem Hintergrund der karnevalesken Züge von Carters Roman erscheint Fevvers' schallendes Lachen als eine Fortsetzung ihrer transgressiven Unterminierung soziokultureller Machtstrukturen: „In the engulfment of uncontrollable laughter we lose a sense of who or what we are. [...] *Every pretension to mastery or superiority collapses and dissolves*." (Bennett/Royle 1999: 97f.; Hervorheb. d. Verf.)

3. *New Gothic Novels* zwischen ‚*Serious*' und ‚*Comic Gothic*'

Insgesamt liefert die vorangegangene Interpretation von *Nights at the Circus* wertvolle Anregungen für sowohl funktionsgeschichtliche als auch typologische Überlegungen zur *new Gothic novel*. Von funktionsgeschichtlicher Warte aus demonstriert Carters

Roman anschaulich, wie durch eine innovative ästhetische Gestaltung von Elementen des *Gothic* eine feministische Kritik an herrschenden sozio-kulturellen Identitätsmodellen und Machtstrukturen artikuliert sowie produktive Alternativentwürfe erprobt werden können. In typologischer Hinsicht legt die Lektüre von *Nights at the Circus* nahe, *new Gothic novels* grundsätzlich auf einer wirkungsästhetischen Skala zwischen ‚*serious Gothic*' (dem eine primär wirkungsästhetische Ausrichtung auf Furcht und Schauer zugeordnet werden kann) und ‚*comic Gothic*' anzusiedeln. Wie Avril Horner und Sue Zlosnik herausgearbeitet haben, besitzt das Phänomen *Gothic* nicht zuletzt aufgrund seiner Exzessivität von Anfang an ein ausgeprägtes komisches Potential: „[I]t is precisely because the Gothic is always liminal and poised on boundaries – and already halfway to sending itself up – that its characteristic features can easily be turned to comic effect." (2005: 17) Eine häufige Stilfigur des *comic Gothic* bildet dabei das Groteske – so auch in Carters Roman.

Auch Patrick McGraths innovative *new Gothic novels*, wie *The Grotesque* (1989) oder *Spider* (1990), schöpfen das komische Potential des Grotesken aus. Die komische Dimension seiner Werke zeigt sich prägnant an folgendem Auszug aus *Spider*:

> The dead souls [i.e. the other lodgers sitting at the kitchen table] pay me no attention. In stupefied, wordless abstraction they hungrily devour the porridge and slurp their tea, various small body sounds escaping from them as they do so, little farts and burps and so on. (15)

Der potentielle grotesk-komische Effekt beruht auf der Diskrepanz zwischen der unheimlichen Welt der Toten, die aufgerufen wird, und dem prosaischen Porridge-Essen mit den damit einhergehenden Geräuschen.

Während bei Carter insbesondere die weibliche Erfahrungsdimension im Zentrum steht, fokussiert McGrath in *The Grotesque* und *Spider* die Brüchigkeit moderner Männlichkeit in Form einer grotesken Komik. So verwandelt sich etwa in *The Grotesque* der unzuverlässige Ich-Erzähler Sir Hugo letztlich deshalb in eine groteske Figur, weil er u.a. unfähig ist, sich selbst seine homosexuellen Gefühle gegenüber seinem Butler Fledge einzugestehen, da diese sich nicht mit seinem (heterosexuellen) Männlichkeitsbild vereinbaren lassen. Eine groteske Komik ergibt sich nicht nur aus einer Fülle grotesker Elemente auf der Inhaltsebene des Romans (z.B. der Verwischung der Mensch/Tier-Grenze), sondern wird auch auf der *discourse*-Ebene evoziert. Jeder komische Effekt gründet in einem Moment der Inkongruenz, d.h. dem Zusammenbringen zweier normalerweise inkompatibler Elemente. In *The Grotesque* herrscht eine solche Inkongruenz zwischen Sir Hugos vornehmem und zum Teil lakonischem Erzählstil und dessen grenzüberschreitendem und schockierendem Inhalt (z.B. Mord und Kannibalismus). Insgesamt ist das ambivalente Lachen, das durch die groteske Figur Sir Hugos und seinen Erzählerdiskurs hervorgerufen wird, letztlich auch ein Lachen über Sir Hugos Mangel an Flexibilität: Gerade weil Sir Hugo starr an traditionellen Maskulinitätsnormen festhält und unfähig ist, sich mit der sich verändernden postmodernen Welt produktiv auseinanderzusetzen, erscheint er als groteske Gestalt.

Insgesamt lassen sich aus dem Bereich der *new Gothic novels* eine Fülle von Beispielen für *comic Gothic* anführen. Als weitere prominente Vertreter für *comic Gothic* gelten neben Angela Carter, Patrick McGrath und Iain Banks auch Muriel Sparks *The Ballad of Peckham Rye* (1960), Fay Weldons *Life and Loves of a She-Devil* (1983) und Hilary Mantels *Fludd* (1989) (vgl. Horner/Zlosnik 2005). Zwar unterscheiden sich *comic* und *serious new Gothic Novels* in ihrer wirkungsästhetischen Ausrichtung, doch greift für beide Ausprägungsformen von *new Gothic* häufig die von David Punter in *The Literature of Terror* (1996: 183ff.) erstellte inhaltliche Matrix von Paranoia, Barbarei und Tabu. Das Konzept ‚Paranoia' bezieht sich vereinfacht gesagt auf das ominöse Gefühl einer Bedrohung und Verfolgung seitens der Protagonisten in *Gothic novels*, aber auch auf deren spezifisches Wirkungspotential:

> [T]he ‚implicated' reader is placed in a situation of ambiguity with regard to fears within the text, and in which the attribution of persecution remains uncertain and the reader is invited to share in the doubts and uncertainties which pervade the apparent story" (ebd.: 183).

Barbarei als zweites Kriterium von Punters Matrix umfasst eine wörtliche oder atmosphärisch evozierte Gewalt; das dritte Element der Matrix, Tabu, ist bereits in den einleitenden Ausführungen zu *new Gothic novels* als zentrales Merkmal dieses Genres identifiziert worden. Durch Tabubrüche wird in *Gothic novels* die Nachtseite unserer scheinbar zivilisierten Gesellschaft erkundet.

Diese dreigliedrige Matrix kommt in McGraths *The Grotesque* – als Beispiel für *comic new Gothic* – und Patricia Dunckers *The Deadly Space Between* (2002) – als Beispiel für *serious new Gothic* – deutlich zum Tragen. In *The Grotesque* äußert sich die Paranoia Sir Hugos in seiner Überzeugung, das Objekt von Fledges Hass und teuflischen Intrigen zu sein. Barbarei zeigt sich in Sidneys Ermordung und dem anschließenden Kannibalismus. Nicht zuletzt steht neben dem Tabubruch des Kannibalismus insbesondere Homosexualität als tabuisiertes Begehren im Raum. In *The Deadly Space Between* – einer innovativen Auseinandersetzung mit dem Oedipuskomplex, die auf Freud, *Faust* und *Frankenstein* als zentrale Referenzfolien rekurriert – manifestiert sich die Paranoia des Protagonisten Toby Hawk in dessen Gefühl, von seinem unheimlichen Vater Roehm verfolgt zu werden: „An eerie knowledge of his presence persisted in my daily life, no matter how little he was present in the flesh." (Duncker 2002: 151) Entsprechend der Thematik des Oedipuskomplexes richten sich die Transgressionen in Dunckers Roman auf das Inzesttabu. Die Atmosphäre der Gewalt entlädt sich u.a. darin, dass Toby beinahe seine Mutter vergewaltigt und versucht, seinen Vater zu ermorden. Die Liste an Romanen, bei denen die Matrix greift, ließe sich beliebig lang fortsetzen – man denke nur an Ian McEwans *The Cement Garden* (1978) oder Iain Banks' *The Wasp Factory* (1984).

Die Tatsache, dass die Trias von Paranoia, Barbarei und Tabu sowohl in der traditionellen Schauerliteratur des 18. Jahrhunderts als auch in vielen *new Gothic novels* zu finden ist, verweist auf ein Moment der Kontinuität innerhalb der Gattungsentwicklung. Allerdings bedeutet dieses Kontinuitätsmoment – wie das Beispiel von *Nights at the Circus* belegt – nicht, dass ausnahmslos alle drei Elemente der Matrix erfüllt werden. So finden sich zwar in *Nights at the Circus* Tabubrüche (z.B. tabuisierte Sexualität) sowie Barbarei (vor allem in Form von Gewalt gegenüber Frauen), doch kann von einer ‚paranoiden Welterfahrung' der Lebenskünstlerin Fevvers nicht die Rede sein.

Die wirkungsästhetische Skalierung von Romanen zwischen den Polen *serious Gothic* und *comic Gothic* stellt lediglich ein mögliches Kriterium für eine Typologie des *new Gothic* dar. Weitere mögliche Kriterien wurden einleitend genannt. Die Typologisierung von *new Gothic* ermöglicht eine erste und grundlegende Orientierung auf diesem weiten Feld. Die eigentliche kulturelle Relevanz des literarischen Phänomens *new Gothic* rückt jedoch erst bei einer näheren Untersuchung der vielfältigen Funktionspotentiale von *new Gothic novels* in den Blick.

4. Funktionspotentiale des *New Gothic*

Die Lebendigkeit gotischer Tendenzen in der Gegenwartsliteratur wirft abschließend die Frage nach möglichen Gründen für die erneute Beliebtheit dieser Gattung auf. Sie lässt sich zumindest ansatzweise beantworten, indem man Parallelen zwischen virulenten Themenkomplexen der Postmoderne und typischen Gattungsmerkmalen des *Gothic* mit seinen epistemologischen Implikationen (vgl. Smith 1996) aufdeckt. So bildet etwa der Fokus auf „indeterminacy" (ebd.: 7) in *Gothic novels* eine Parallele zur postmodernen Dekonstruktion ‚großer Erzählungen' (Lyotard) und des männlichen Vernunftsubjekts. Dem aufklärerischen Glauben, dass die Lebenswelt rational durchdringbar ist, werden der Zerfall von Ordnungsstrukturen und die Kapitulation letztgültiger Erklärbarkeit entgegengesetzt. Der inhaltliche Schwerpunkt von *Gothic novels*, der auf „Criminality/the unspeakable/excess" (ebd.: 14) liegt, kommt ebenfalls der postmodernen literarischen Agenda mit ihrem Hang zum Marginalisierten entgegen: „Postmodernism draws from Gothic its […] opening up of tabooed realms and giving voice to the other, its embrace of the fragmentary, its use of paranoia." (ebd.: 15)

Die ausgeprägte Vorliebe für Motive und Skripte der *Gothic*-Tradition in der postmodernen Literatur mag auch mit der wirkungsästhetischen Affinität von *Gothic* sowohl zum Erschaudern als auch zur Komik zusammenhängen. Die Nähe zur Komik resultiert oft aus der Exzessivität, mit der die Gefühle und Erlebenswelten von Figuren dargestellt werden: „[T]he stylized theatricality of the Gothic device […] is always teetering on the edge of self-parody." (Horner/Zlosnik 2005: 12) Die beklemmende Welt von *Gothic novels* kann folglich als Mittel dienen, um der postmodernen Erfahrung einer fragmentarisierten und zugleich als unheimlich empfundenen Wirklichkeit ohne Sinn und Zusammenhalt ästhetisch Ausdruck zu verleihen. Im Gegensatz zum *serious Gothic* verweist *Gothic* in seiner komischen Ausprägung jedoch häufig zugleich auf die produktiven Perspektiven und Erfahrungsmöglichkeiten, welche die Pluralisierung und Ausdifferenzierung der Lebenswelt in der Postmoderne eröffnen (vgl. Horner/Zlosnik 2005: 9). So bleibt die Verfolgung ‚gotischer' Topographien im Gegenwartsroman mit ihren jeweiligen Funktionspotentialen eine lohnende literaturwissenschaftliche Herausforderung.

Literatur

Werke

Banks, Iain. 1998 [1992]. *The Crow Road*. London: Abacus.
Carter, Angela. 1994 [1967]. *The Magic Toyshop*. London: Virago Press.
—. 1994 [1984]. *Nights at the Circus*. London: Vintage.
Danielewski, Mark Z. 2000. *House of Leaves*. London: Anchor.
Duncker, Patricia. 2003 [2002]. *The Deadly Space Between*. London: Picador.
Hill, Susan. 1993. *Mrs de Winter*. London: Sinclair-Stevenson.
Mantel, Hilary. 1989. *Fludd*. London et al.: Viking.
McEwan, Ian. 1978. *The Cement Garden*. London: Cape.
McGrath, Patrick. 1989. *The Grotesque*. New York: Vintage.
—. 1990. *Spider*. New York: Vintage.
Rushdie, Salman. 1983. *Shame*. London: Cape.
Spark, Muriel. 1960. *The Ballad of Peckham Rye*. London et al.: Macmillan.
Tennant, Emma. 1978. *The Bad Sister*. London: Gollancz.
Weldon, Fay. 1983. *Life and Loves of a She-Devil*. London et al.: Hodder and Stoughton.

Ausgewählte Fachliteratur

Baldick, Chris. 2001 [1992]. „Introduction." In: Chris Baldick (Hg.). *The Oxford Book of Gothic Tales*. Oxford: Oxford University Press. xi-xxiii.

Die Einleitung vermittelt ein sehr gutes Verständnis dessen, was ‚gotische' Literatur kennzeichnet; die Anthologie selbst vereint britische und amerikanische Short Storys, die ganz und gar der *Gothic novel*-Tradition verpflichtet sind – entweder der traditionellen *Gothic fiction* oder dem *new Gothic*.

Botting, Fred. 1996. *Gothic*. London: Routledge.

Zeichnet die Ursprünge der *Gothic*-Literaturtradition nach unter Betonung der charakteristischen Merkmale der Transgression und des Exzesses; das Kapitel zu „Postmodern Gothic" fokussiert das innovative Fortschreiben der Literaturtradition ganz im Sinne des *new Gothic*.

Horner, Avril & Sue Zlosnik. 2005. *Gothic and the Comic Turn*. Basingstoke: Palgrave Macmillan.

Eingehende Analyse der je schon gegebenen Affinitäten von *Gothic* und Komik und ausführliche Besprechung des *comic Gothic* von der Spätromantik bis heute.

Imhof, Rüdiger. 1993. „Neo-gotische Tendenzen im zeitgenössischen Roman." In: Annegret Maack & Rüdiger Imhof (Hgg.). *Radikalität und Mäßigung: Der englische Roman seit 1960*. Darmstadt: Wissenschaftliche Buchgesellschaft. 74-93.

Reflektiert kritisch neo-gotische Parameter und weist diese paradigmatisch anhand von Textbeispielen (u.a. Iris Murdoch, Ian McEwan, John Fowles) nach.

Mulvey-Roberts, Marie (Hg.). 1998. *The Handbook to Gothic Literature*. London et al.: Macmillan.

Versammelt kurze Artikel zu *Gothic* und *new Gothic* Autoren, wichtigen *key-terms* sowie regionalen und thematisch-stilistischen Spielarten des *Gothic* und illustriert damit nicht zuletzt die Verbreitung gotischer Elemente in der Gegenwartsliteratur im Sinne des *new Gothic*.

Peach, Linden. 1998. *Angela Carter*. London et al.: Macmillan.

Überblick über Carters Gesamtwerk, *close readings* ihrer Romane; untersucht besonders die Funktionalisierung des *Gothic* und des Karnevalesken.

Punter, David. 1996. *The Literature of Terror. Volume 2: The Modern Gothic*. London/New York: Longman.

Fokussiert die Verortung der *Gothic*-Literaturtradition im jeweiligen sozio-historischen Kontext; wendet sich dem Phänomen des *modern Gothic* zu, angefangen bei den dekadent-gotischen Texten Oscar Wildes bis zur Literatur des ausgehenden 20. Jahrhunderts (u.a. Thomas Pynchon, William S. Burroughs, Angela Carter); besticht durch eine umfassende Bibliographie.

—. (Hg.). 2000. *A Companion to the Gothic*. Oxford: Blackwell.

Die Aufsatzsammlung beleuchtet neben den Ursprüngen der *Gothic*-Tradition bzw. dem *original Gothic* auch dessen ‚Transmutationen', wie sie aus der innovativen Fortschreibung im späten 19. und vor allem 20. Jahrhundert resultieren, etwa bedingt durch das Nebeneinander von *Gothic* und magischem Realismus.

Sage, Lorna. 1994. *Angela Carter*. Plymouth: Northcote House Publishers.

Kurze Einführung in Carters Werk (*fiction* sowie *non-fiction*); legt besonderen Fokus auf das feministisch-emanzipatorische Potential bzw. den Aspekt der kulturellen Formiertheit des Geschlechterverhältnisses.

Sage, Victor & Allan Lloyd Smith (Hgg.). 1996a. *Modern Gothic: A Reader*. Manchester/New York: Manchester University Press.

Aufsätze zum Phänomen des *contemporary Gothic*, analysieren die Affinität des *new Gothic* zur Postmoderne, identifizieren neo-gotische Tendenzen in den Romanen u.a. Toni Morrisons, Stephen Kings, Ramsay Campbells oder Angela Carters und verfolgen unterschiedliche Herangehensweisen wie der (post-)feministischen, postkolonialen, soziokulturellen oder psychoanalytischen Literaturwissenschaft.

Spooner, Catherine. 2006. *Contemporary Gothic*. London: Reaktion Books.

Untersucht die Reintegration und damit einhergehende Funktionalisierung von *Gothic* in Literatur, Film, Musik und bildender Kunst der zeitgenössischen *pop-culture* unter besonderer Berücksichtigung des Grotesk-Komischen.

Weitere zitierte Literatur

Armitt, Lucie. 2000. „The Magical Realism of Contemporary Gothic." In: David Punter (Hg.). *A Companion to the Gothic*. Oxford: Blackwell. 305-316.

Bachtin, Michail. 1999 [1965]. *Rabelais und seine Welt: Volkskultur als Gegenkultur*. Frankfurt a.M.: Suhrkamp.

Baumann, Hans D. 1989. *Horror: Die Lust am Grauen*. Weinheim: Beltz.

Beauvoir, Simone de. 2000 [1992]. *Das andere Geschlecht: Sitte und Sexus der Frau*. Reinbek bei Hamburg: Rowohlt.

Bennett, Andrew & Nicholas Royle. 1999 [1995]. *Introduction to Literature, Criticism and Theory*. London et al.: Prentice Hall.

Bristow, Joseph & Trev Lynn Broughton. 1997. „Introduction." In: Joseph Bristow & Trev Lynn Broughton (Hgg.). *The Infernal Desires of Angela Carter*. London/ New York: Longman. 1-23.

Carter, Angela. 1997 [1979]. *The Sadeian Woman: An Exercise in Cultural History*. London: Virago Press.

Falco, Magali. 2001. „The New Gothic in Patrick McGrath: An Uncanny Encounter." In: *The Western Journal of Graduate Research* 10.1: 15-26.

Feldmann, Doris & Hanna Jacobmeyer. 2004 [1998]. „Magischer Realismus." In: Ansgar Nünning (Hg.). *Metzler Lexikon Literatur- und Kulturtheorie: Ansätze – Personen – Grundbegriffe*. Stuttgart/Weimar: Metzler. 416.

Fiedler, Leslie. 1960. *Love and Death in the American Novel*. New York: Stein & Day.

Fuß, Peter. 2001. *Das Groteske: Ein Medium des kulturellen Wandels*. Köln: Böhlau.

Gilbert, Sandra & Susan Gubar. 1999 [1998]. „*The Madwoman in the Attic* [1980]." *Literary Theory: An Anthology*. Oxford: Blackwell. 596-611.

Hansen, Mark B.N. 2004. „The Digital Topography of Mark Z. Danielewski's *House of Leaves*." In: *Contemporary Literature* 45.4: 597-636.

Lachmann, Renate. 1995. „Vorwort." In: Michail Bachtin. *Rabelais und seine Welt: Volkskultur als Gegenkultur* [1965]. Frankfurt a.M.: Suhrkamp. 7-46.

Makinen, Merja. 1992. „Angela Carter's *The Bloody Chamber* and the Decolonization of Feminine Sexuality." In: *Feminist Review* 42: 2-15.

Middeke, Martin. 1998. „*Nights at the Circus*." In: Walter Jens (Hg.). *Kindlers Neues Literaturlexikon*. Frechen: Komet. 213-214.

Neumeier, Beate. 1996. „Postmodern Gothic: Desire and Reality in Angela Carter's Writing." In: Victor Sage & Allan Lloyd Smith (Hgg.). *Modern Gothic: A Reader*. Manchester/New York: Manchester University Press. 141-151.

Sage, Victor. 1989. „Gothic Novel." In: Marie Mulvey-Roberts (Hg.). *The Handbook to Gothic Literature*. London et al.: Macmillan. 81-89.

—— & Allan Lloyd Smith. 1996b. „Introduction." In: Victor Sage & Allan Lloyd Smith (Hgg.). *Modern Gothic: A Reader*. Manchester/New York: Manchester University Press. 1-5.

Smith, Allan Lloyd. 1996. „Postmodernism/Gothicism." In: Victor Sage & Allan Lloyd Smith (Hgg.). *Modern Gothic: A Reader*. Manchester/New York: Manchester University Press. 6-19.

12.

Neue Entwicklungen in der Populärliteratur: Nick Hornby

Jens Gurr

1. Zeitgenössische Populärliteratur: Definitionsprobleme, Texte, Themen

Für eine kulturwissenschaftlich orientierte Literaturwissenschaft, die mit Wertungen vorsichtig umgeht, erweist sich eine Definition des Genres ‚Populärliteratur' als problematisch, denn der notorisch unscharfe Begriff ‚Populärliteratur' impliziert traditionell, dass dieses Genre gegenüber ‚*literary fiction*' oder ‚Hochliteratur' ‚minderwertig' ist. Nicht zuletzt zeigt die historische Entwicklung solcher Wertungen, dass Texte, die einst als Trivialliteratur galten, inzwischen als Hochliteratur kanonisiert sind und umgekehrt. Angesiedelt zwischen ‚hoher Literatur' – einem Konzept, das selbst fragwürdig geworden ist – und der für schnellen und unkritischen Konsum bestimmten Trivialliteratur der *genre fiction* wie Western-Romanen, Abenteuerromanen und Liebesromanen, sind Texte der Populärliteratur im Allgemeinen leicht zu lesen und tendenziell nicht besonders lang, oft deutlich unter 300 Seiten, wobei es zahlreiche Zwischen- und Grenzformen gibt (vgl. Fiske 1989; Gelder 2005; Nusser 1991; Petzold/ Späth 1998).

Da ‚Populärliteratur' sich folglich nur schwer von ‚Hochliteratur' auf der einen und ‚Trivialliteratur' auf der anderen Seite abgrenzen lässt und die Zahl der einschlägigen Texte groß ist, bleibt jede Auswahl nahezu arbiträr. Dennoch seien hier exemplarisch einige Texte der letzten 20 Jahre genannt. Iain Banks' *The Wasp Factory* (1984) verweist als besonders eindrückliches Beispiel für die Problematisierung von Gender-Identitäten bereits auf die in den 1990er Jahren immer wieder diagnostizierte *crisis of masculinity*, wurde jedoch insbesondere wegen seiner drastischen Gewaltdarstellung kontrovers diskutiert. Obwohl der Autor unter dem Namen Ian M. Banks seit *The Wasp Factory* etwa zehn Romane *literary fiction* und ähnlich viele Science-Fiction-Romane – etwa *Feersum Endjinn* [sic] (1994) und *Excession* [sic] (1996) – veröffentlicht hat, ist dies sein am meisten diskutiertes Werk geblieben. Im Bereich der *literary science fiction* ist außerdem Jeff Noon mit Romanen wie *Vurt* (1993) oder *Pollen* (1995) zu nennen.

Der Ire Roddy Doyle, den Hornby sehr schätzt, ist mit seiner *Barrytown Trilogy* (1987-1991), insbesondere mit dem Musikroman *The Commitments* (1987) bekannt geworden, der wie die anderen Teile der Trilogie auch erfolgreich verfilmt wurde. 1993 erhielt Doyle den Booker Prize für seinen Roman *Paddy Clarke Ha Ha Ha*, der gänzlich aus der Perspektive eines zehnjährigen Dubliner Jungen erzählt wird. Auch Doyle ist damit ein gutes Beispiel für die fließenden Grenzen zwischen massentauglicher Populärliteratur und der *literary fiction* im gegenwärtigen englischsprachigen Literaturbetrieb.

Zusammen mit Will Self (*Cock & Bull*, 1992; *My Idea of Fun*, 1993; *Great Apes*, 1997) galt seit den frühen 1990er Jahren Irvine Welsh als *bad boy* der Gegenwartsliteratur. Insbesondere *Trainspotting* (1993) machte mit seiner schonungslosen Darstellung der Perspektivlosigkeit und Verrohung heroinabhängiger Jugendlicher Furore und war – unterstützt durch eine Theateradaption und eine Filmversion (1996) – weltweit ebenso kontrovers wie erfolgreich. Wegen der nicht offen wertenden Darstellung einer gewalttätigen Jugendkultur aus Sicht eines ihrer Protagonisten und des radikalen Einsatzes eines bisweilen schwer verständlichen – hier jedoch nicht fiktiven – Soziolekts ist *Trainspotting* oft als „legitime[r] Nachfolger von Anthony Burgess' *A Clockwork Orange*" für die 1990er Jahre gesehen worden (Nieragden 2000: 229).

Zu nennen ist schließlich noch Philip Pullmans *His Dark Materials* (1995-2000), eine vorgeblich für Kinder gedachte Fantasy-Trilogie, die jedoch nicht zuletzt wegen ihrer narrativen Verfahren, ihrer theologischen, philosophischen und ideologischen Implikationen und der zahlreichen intertextuellen Verweise inzwischen auch in der Forschung erhebliche Aufmerksamkeit erfahren hat. Daneben gehören in diesen Zusammenhang auch Jasper Ffordes *The Eyre Affair* (2001) und die Folgeromane der *Thursday Next*-Serie mit ihren zahlreichen intertextuellen und metafiktionalen Elementen, sowie außerdem Keith Lowes *Tunnel Vision* (2001), der einen Rekordversuch im Abfahren des Londoner U-Bahn-Netzes schildert. Nicht zuletzt sollte auch Mark Haddons ebenso unterhaltsamer wie nachdenklicher Roman *The Curious Incident of the Dog in the Night-Time* (2003) erwähnt werden, dessen Ich-Erzähler ein 15jähriger Junge ist, der an Autismus leidet.

Viele dieser Texte, obwohl Bestseller und durchaus der Populärliteratur zuzurechnen, sind literarisch ausgesprochen innovativ und experimentieren mit perspektivischen Erzähltechniken (Hornby, Haddon), sprachlichen Besonderheiten wie dem radikalen Gebrauch von Varietäten des Englischen (etwa *Edinburgh Scots* in *Trainspotting*) oder dem häufigen Gebrauch von Neologismen. Beliebt sind daneben auch Experimente mit suggestiven Schreibweisen, Portmanteau-Begriffen (Noon, Iain M. Banks) und mit typographischen Konventionen (Haddon, Welsh in *Filth*).

2. Nick Hornby im Kontext aktueller Populärliteratur

Nick Hornby gilt nicht nur aus deutscher Perspektive als der mit Abstand wichtigste und kommerziell erfolgreichste Autor der aktuellen britischen Populärliteratur. So wurden von *High Fidelity* und *About a Boy* schon innerhalb weniger Jahre jeweils über eine Million Exemplare verkauft, während selbst erfolgreiche, mit dem Booker Prize ausgezeichnete Romane bisweilen kaum ein Drittel davon erreichen. Stark befördert wurde dieser Erfolg sicher durch die erfolgreichen Verfilmungen beider Romane (vgl. Dettmar 2000; V. Nünning 2003). Auch von wissenschaftlicher Seite jedoch ist Hornby in den letzten Jahren großes Interesse entgegengebracht geworden.

Im Jahr 1957 in der Nähe von London geboren, studierte Hornby in Cambridge englische Literatur und arbeitete zeitweise als Englischlehrer, war aber bereits in den frühen 1980er Jahren auch als freier Journalist tätig. 1992 veröffentlichte er einen Band mit Aufsätzen über zeitgenössische amerikanische Autoren. Im gleichen Jahr folgte mit *Fever Pitch* die autobiographische Geschichte eines begeisterten Fußball-Fans, der sein ganzes Leben durch die Brille seiner beherrschenden Leidenschaft sieht. Kennzeichnend ist schon hier die ebenso unterhaltsame wie reflektierte Weise, in der Hornby Themen wie Männlichkeit, Klassenbewusstsein, Identität und Erwachsenwerden beleuchtet. *Fever Pitch*, das interessanterweise teilweise als *non-fiction*, teilweise als Roman bezeichnet wird, ist sogar zweimal sehr frei verfilmt worden. Neben einer britischen Verfilmung, für die Hornby selbst das Drehbuch schrieb (1997), wurde der Roman als Film auch einmal ‚amerikanisiert' und ins Baseball-Milieu verlegt (2005).

Nach *High Fidelity* (1995) und *About a Boy* (1998) erschien im Jahr 2000 *Speaking with the Angel*, eine von Hornby herausgegebene Sammlung von zwölf Kurzgeschichten etwa von Roddy Doyle, Helen Fielding, Irvine Welsh und Zadie Smith. Hornbys eigener Beitrag, „NippleJesus", thematisiert den Gegensatz von populärer und elitärer Kunst und lässt sich als Verteidigung der populären Kunst lesen. 2001 wurde mit *How to be Good* ein Roman über die unglückliche Ehe einer Ärztin veröffentlicht, deren zynischer und verbitterter Ehemann durch die Begegnung mit einem Guru plötzlich zum unerträglichen Gutmenschen mutiert – ein Roman, der sich auch als kritische Auseinandersetzung mit den Idealen und dem politischen Sendungsbewusstsein von Tony Blairs *New Labour* verstehen lässt (vgl. Stein 2003: 201-4). Dieser erstmals bei Hornby aus der weiblichen Perspektive erzählte Roman schaffte es – auch dies ein Anzeichen für Hornbys Aufnahme in die ‚Hochliteratur' – auf die *Longlist* für den renommierten Booker Prize. Hornbys vorerst letzter Roman, *A Long Way Down* (2005), ist die Geschichte von vier Menschen, die sich in der Neujahrsnacht auf einem Londoner Hochhaus kennenlernen, weil sie sich mit einem Sprung vom Dach das Leben nehmen wollen. Angesichts der Absurdität dieser Situation lassen sie von ihrem Vorhaben ab und gründen eine informelle Selbsthilfegruppe. Der Roman behandelt auf erzähltechnisch interessante Weise – jeweils abwechselnd homodiegetisch aus der Perspektive eines der vier Charaktere und ohne einen verbindenden heterodiegetischen Erzähler vermittelt – das Weiterleben der vier höchst unterschiedlichen Figuren und ihre teilweise absurden, tragikomischen Geschichten. Darüber hinaus veröffentlichte Hornby *31 Songs* (2003), persönliche Kommentare zu 31 seiner Lieblingssongs.

Im Jahr 2006 erschien mit *The Complete Polysyllabic Spree* eine Sammlung von Hornbys monatlichen „Stuff I've been reading"-Kolumnen. Hornby erweist sich hier als ebenso scharfsinniger wie witziger Kritiker, der populäre Krimis ebenso vorurteilslos und entschieden anti-intellektualistisch diskutiert wie etwa die neuesten Romane von Philip Roth oder Ian McEwan. Viele der sogenannten ‚anspruchsvollen' Romane seiner Zeitgenossen jedenfalls, so wird hier immer wieder deutlich, hält er offenbar für weltfremde Gedankenspiele (vgl. etwa Hornby 2006: 161). Die Bedeutung des alltäglichen Lebens in einer Welt, die für seine Leserinnen und Leser als ihre eigene erkennbar ist, betont Hornby – in Abgrenzung von „crafted English literary fiction" – in einem Interview:

> English authors are very content to write for a very small audience, and I think that shows. I like the [writers who are getting people] into bookshops that wouldn't normally – Irvine Welsh has done that, Roddy Doyle has done that; I like those two a lot. But the very sort of quiet, crafted English literary fiction by people who are very well-known doesn't really do an awful lot for anybody, and just seems very static and staid. It doesn't really deal with any world that I live in. (Joyce 1999: o.S.)

Hornbys Themen sind denkbar ‚lebensnah': Fußball und Fankultur, Popmusik, Lebens- und Beziehungskrisen; Single-Dasein, Ehe, Kern- oder Patchwork-Familie als Lebensentwürfe in der individualistisch-urbanen Gesellschaft Londons; Konsum, Gruppendruck und Mobbing; Identitätskonstruktion und Individualität im Spannungsfeld von egoistischer Selbstverwirklichung und dem Bedürfnis nach sozialer Akzeptanz und familiärer Geborgenheit. Die meisten seiner Figuren bieten dabei gerade in der Durchschnittlichkeit ihrer Bedürfnisse, Hoffnungen, Ängste und Krisen ein erhebliches Identifikationspotential. Daneben haben – bei aller Ernsthaftigkeit der Themen – Hornbys Humor und der meist zumindest hoffnungsvolle Ausgang der Romane zu seiner Beliebtheit beigetragen. Die Funktion von Literatur, so Hornby, sei „[f]irst and foremost to entertain" (zit. nach Knowles 2002: 13). In der Tradition von Dickens verbindet Hornby genaue Charakterzeichnung mit Humor und sozialer Realität. Dabei halten die Texte fast durchgehend die Balance zwischen Moralisieren und konventioneller *poetic justice* einerseits und Offenheit und Multiperspektivität andererseits: Auch Hornby selbst bezeichnet etwa *High Fidelity* als „sort of redemptive" und hat wiederholt auf die letztlich konventionelle moralische Haltung seiner Romane hingewiesen (Joyce 1999: o.S.).

Hornbys Romane setzen bei Leserinnen und Lesern kaum weniger kulturelles Wissen voraus als postmoderne Romane der ‚Hochliteratur', deren Reiz nicht zuletzt im Erkennen und Zuordnen intertextueller Verweise und Anspielungen liegt. Dies gilt für Hornbys Texte in durchaus vergleichbarer Form – nur bezieht sich dieses Wissen hier nicht auf den abendländischen Bildungskanon, sondern auf die zeitgenössische Popkultur. Insbesondere die musikalischen Referenzen sind auf ausgesprochen subtile Weise in seine Texte verwoben und erfüllen eine Vielzahl kommentierender, charakterisierender und text- wie handlungsstrukturierender Funktionen, wie in der folgenden Analyse von Hornbys Erstlingsroman *High Fidelity* deutlich werden wird.

3. *High Fidelity*: Triviale Unterhaltung oder postmodern-metanarrative Bestandsaufnahme der Populärkultur?

Obwohl *About a Boy* als quasi-kanonischer Text für die Schule noch weit mehr als dieser Roman zum Klassiker geworden ist, schreibt Mikko Keskinen zu Recht: „*High Fidelity* epitomizes [his] oeuvre“ (Keskinen 2005: 3). Wie kein anderer Roman hat dieser Text entscheidend dazu beigetragen, die Popkultur literaturfähig zu machen. Der Titel *High Fidelity* ist eine Anspielung auf einen gleichnamigen Song von Elvis Costello, in dem die für den Roman zentrale metaphorische Analogie zwischen Beziehungs- und Klangtreue bereits anklingt. Daran anknüpfend, etabliert der Roman eine weitere Analogie zwischen Musikformaten und Beziehungsformen: Single und Single-Dasein, Langspielplatte und Dauerbeziehung, Mixkassette und Promiskuität (vgl. ebd.: 3, 16, 19).

High Fidelity setzt mit dem Protagonisten, einem beziehungsgestörten und unreifen Mittdreißiger, dessen Leben von einer Leidenschaft – hier der Musik – beherrscht wird, das Grundthema von *Fever Pitch* fort. Im *confessional style* eines autodiegetischen Erzählers berichtet Rob Fleming über seine Musikobsession, über die Arbeit in seinem schlechtgehenden Plattenladen mit seinen beiden Angestellten und Freunden Dick und Barry, die noch stärker von ihrer Musikleidenschaft beherrscht werden als er, insbesondere aber über seine Beziehungen zu Frauen.

Es ist verschiedentlich darüber spekuliert worden, ob Männer und Frauen Hornbys Bücher vielleicht aus gänzlich unterschiedlichen Gründen goutieren – Identifikation für Männer, für Frauen eine Einsicht in das, was in Männern vorgeht (Knowles 2002: 14). Ein Rezensent empfahl den Roman geradezu als beziehungsrettendes Lehrbuch: „If you are male, you should read it and then make your partner read it, so that they will no longer hate you but pity you instead.“ (Enfield 1995) Seine zur Identifikation einladende Durchschnittlichkeit betont Rob selbst: „My genius, if I can call it that, is to combine a whole load of averageness into one compact frame.“ (22)

Musik und andere Produkte der Populärkultur haben in diesem Roman auf der Handlungs- wie der Diskursebene vielfältige Funktionen. Auf der Handlungsebene ist Musik für die Figuren zunächst Leidenschaft und Lebensinhalt mit wichtigen sozialen Funktionen. Rob hat einen geradezu manichäistisch-elitären Musikgeschmack: ‚Mainstream‘ und ‚kommerziell‘ – Tina Turner, Phil Collins, Elton John – ist schlecht; ‚rebellisch‘, ‚authentisch‘ und ‚unkommerziell‘ – Neil Young, Bob Dylan, The Clash – ist gut. Diese Kategorien werden nicht hinterfragt; die Komplexität des Verhältnisses von Mainstream und Gegenkultur und deren gegenseitige Durchdringung insbesondere in der populären Musik blendet Rob vollkommen aus. Auch ist sein Musikgeschmack einem fragwürdigen Verständnis von ‚Authentizität‘ verhaftet und weitgehend rückwärtsgewandt – schon der Titel *High Fidelity* und Robs antiquarische Leidenschaft für Vinyl-Platten in Zeiten der CD verweisen auf das antiquierte Analog-Zeitalter (vgl. Hallet 2004: 218). Die meiste aktuelle Musik lehnt er ab; der Britpop der 1990er Jahre kommt praktisch nicht vor. Stattdessen dominieren die Protestmusik der 1970er, der aufgesetzte *working class*-Rock eines Bruce Springsteen oder „black music for white consumption [...] Aretha Franklin and Marvin Gaye" (Knowles 2002: 46f.) sein Repertoire. Sein Musikgeschmack ist somit weniger Ausdruck von toleranter Kennerschaft, sondern in der Beschränkung auf britische und amerikanische ‚Klassiker' letztlich vielmehr nostalgisch und in der Ablehnung von *world music* geradezu engstirnig-reaktionär (56). Musik dient so, wie auch an Dick und Barry deutlich wird, zudem der Gruppenbildung und der Ausgrenzung von ‚Unwissenden'. Bemerkenswert ist dabei die für Dick und Barry jeweils unterschiedliche soziale Funktion von Musik: Während gemeinsamer Musikgeschmack für Dick auch ein Anknüpfungspunkt für soziale Beziehungen ist und für ihn somit die *verbindende* Funktion *gemeinsamer Rezeption* im Vordergrund steht, ist Barry in seiner Rezeptionshaltung ein „snob obscurantist" (114), der Musik als Mittel der Abgrenzung und Herabsetzung nutzt und eine Band gerade dann hochhält, wenn sein Gegenüber sie *nicht* kennt (vgl. Dettmar 2000: B11). Doch auch er lernt am Ende die Kunst des Kompromisses, als er bei Robs DJ-Nacht mit seiner Band konsensfähige Klassiker zum Besten gibt.

Verweise auf Musik und andere Produkte der Popkultur dienen jedoch – etwa wenn Frauen durch Listen ihrer Lieblingsmusiker, -songs oder -filme charakterisiert werden – auch als Mittel der Beschreibung von Figuren und Milieus. Dies setzt jedoch voraus, dass diese Verweise ‚richtig' verortet und bewertet werden können: Wenn man nicht erkennt, dass ein CD-Regal mit Tina Turner, Billy Joel und Meat Loaf eine „disaster area" (214) und Simply Red auf einer Mixkassette ein „war crime" (202) ist – beides entlarvt den Besitzer in den Augen der Musik-Aficionados als hoffnungslos unoriginell – verfehlt eine solche Liste ihre Wirkung als Mittel der Charakterisierung. Ähnlich verhält es sich mit den lokalen Referenzen, die – obwohl die zentralen Themen des Romans kaum ortsgebunden sind – sehr spezifisch und präzise sind, wenn man sie zu dekodieren versteht. Wenn Rob etwa über seine früher so unkritisch verklärte Exfreundin Charlie feststellt, sie lebe nun „in Ladbroke Grove, of course" (143), so deutet dieses in den 1990er Jahren ebenso teure und modische wie leicht bohemienhafte Viertel bereits einen ‚coolen' pseudo-künstlerischen Lebensstil an und legt eine Charakterisierung nahe, die sich bei Robs Besuch von Charlies Party bestätigt, wo sie als egozentrische, materialistische und pseudointellektuelle Schwätzerin entzaubert wird (148, 152). Indem Hornby kulturelle Referenzen oder die Topographie Londons so zum Mittel einer sehr genauen Zeichnung sozialer und kultureller Milieus und Lebensstile und zur verdichteten Darstellung der Alltagskultur einer bestimmten Zeit verwendet, macht er auch den Roman selbst zum Teil des kulturellen Archivs.

Musik, Filme, Fernsehserien und andere Produkte der Populärkultur haben für Rob selbst jedoch noch eine weit zentralere Funktion – sie dienen als Schemata des Weltverstehens, als Skripte der Lebensgestaltung und damit letztlich als Mittel der Identitätskonstruktion (vgl. Hallet 2004: 210-16). So konzeptualisiert Rob seine Erfahrungen ständig anhand von Musikstücken, Filmen oder Serien, und zwar retrospektiv (vgl. 17, 130f., 212f.), auf gegenwärtige Erfahrung bezogen (vgl. 59, 181, 190, 191), aber auch im Hinblick auf hypothetische oder zukünftige Situationen (vgl. 122, 139, 239). In mehreren Passagen werden Figuren und Handlungen so ganz wörtlich textualisiert und in Analogie zu Songtexten verstanden:

> It would take too long to explain about Marco and Charlie, and how they wrote Sarah, in a way, because without Marco and Charlie there would be no Sarah, and how Sarah and her ex [...] wrote me. [...] It's just that none of us had the wit or the talent to make them into songs. We made them into life, which is much messier. (103)

Diese Analogie geht so weit, dass Rob sich fragt, ob er sich selbstbestimmt die zu seiner Lebenssituation passende Musik wie einen Soundtrack auswählt, oder ob sich vielleicht das Leben der Musik anpasst und er nur ein von außen vorgegebenes Skript lebt: „What came first, the music or the misery? Did I listen to music because I was miserable? Or was I miserable because I listened to music?" (18f.)

Wenn Identität schon, wie in der Postmoderne ‚üblich', nicht mehr als stabil und gegeben, sondern als narrativ, instabil, intertextuell und selbstreflexiv konstruiert angenommen wird, dann sind auch die zur Identitätskonstruktion herangezogenen Intertexte keine ‚großen Erzählungen' im Sinne Lyotards mehr, sondern eben solche der ‚einfachen' und episodischen Form des Pop-Songs. Diese nämlich entspricht der als diskontinuierlich und fragmentiert wahrgenommenen Form der „episodischen Segmentier[theit] von Biographien" viel eher (Hallet 2004: 224, 228). Mit dieser Darstellung von Identitätskonstruktion als „Selbsterzählung" (Hallet 2004: 211-13, 223-25) durch Identifikation mit Texten der Populärkultur ist *High Fidelity* Ausdruck eines postmodernen Lebensgefühls. Am Ende jedoch scheint dieser letztlich unbefriedigende Ansatz bloßer Selbstkonstruktion durch Fremdtexte zugunsten weitgehend konventioneller Vorstellungen überwindbar. Das zentrale Ideal des traditionellen Bildungsromans – die Herausbildung einer stabilen Identität – ist in der Postmoderne suspekt oder illusionär geworden, scheint jedoch im Text immer wieder als Ideal auf und wird ganz am Ende gar als erreichbar angedeutet. Der Roman diagnostiziert damit auch das Unbehagen des Subjekts in der Postmoderne mit ihren Identitätskonzepten, die in ihrer Unverbindlichkeit eher als bedrohlich denn befreiend empfunden werden. Der Roman harmonisiert so insgesamt postmoderne Vorstellungen fluider, performativer und inszenierter Identität mit essentialistischen, theoretisch unhaltbaren, aber lebensweltlich wirksamen und ‚tröstlichen' Konzepten stabiler Identität (zum Roman als privilegiertem Medium der Erprobung solcher Mittelwege vgl. Horlacher/Glomb 2004).

Ein gutes Beispiel solcher ‚externer' Identitätskonstruktion und Selbstvergewisserung ist Robs Umsortierung seiner Plattensammlung nach autobiographischen Kriterien, in der Reihenfolge ihres Erwerbs: „[T]hat way I hope to write my autobiography, without having to do anything like pick up a pen [...] and when I've finished I'm flushed with a sense of self, because this, after all, is who I am. [...] I have made myself more complicated than I really am." (44; vgl. auch Hallet 2004: 211f.; Merbitz 2005: 192) Der Roman entwickelt hier implizit das Konzept einer ‚narrativen Identität' im Sinne Paul Ricœurs:

> Die Identität eines Individuums oder einer Gemeinschaft angeben, heißt auf die Frage antworten: *wer* hat diese Handlung ausgeführt, *wer* ist der Handelnde, der Urheber? [...] Die Antwort kann nur narrativ ausfallen. Auf die Frage ‚*wer?*' antworten, heißt [...] die Geschichte eines Lebens erzählen. (Ricœur 1991, III: 395)

Ein auffälliges und einflussreiches Merkmal von *High Fidelity* sind die allgegenwärtigen Top-Five-Listen, mit denen Rob seine kulturellen Präferenzen formuliert, seine Erfahrungen ordnet, ja sein Leben strukturiert. Diese Listen sind weit mehr als ein verkürzter Ausdruck musikalischer, literarischer oder filmischer Vorlieben: Sie dienen auch dazu – und dies nicht *nur* im Scherz –, anhand von Geschmacksübereinstimmungen die Kompatibilität mit möglichen Partnerinnen einzuschätzen (vgl. 22, 91). Abgesehen von ihrer Funktion für den Protagonisten auf der Inhaltsebene sind Listen aber auch auf der Erzählebene ein wichtiges Strukturelement: So orientieren sich die ersten 25 Seiten des Romans, wo die mit den genannten Namen verbundenen Beziehungsgeschichten erzählt werden, an der Top-Five-Liste der „most memorable split-ups" (1), mit welcher der Roman beginnt. Ein zweites Mal strukturiert diese Liste die Handlung, als Rob in einer Phase der Vergangenheitsbewältigung nacheinander alle fünf Ex-Freundinnen anruft und sich mit ihnen trifft (vgl. 127-54). Listen geben damit nicht nur die Struktur vor, sondern fungieren auch als selbstreflexives und intra- wie intertextuelles Meta-Element, da sie auf frühere Passagen im Roman sowie auf andere Texte verwiesen (vgl. Merbitz 2005) – sie sind „Thema und Schema" (Hallet 2004: 221; zu Listen als Organisationsprinzip vgl. auch Merbitz 2005 und Keskinen 2005).

Anhand einer Analyse von *High Fidelity* bietet Hallet die vielleicht beste Definition des Pop-Romans: „Dieser bietet seinen Lesern keine Erklärungsmuster und Reflexionen politologischer, psychologischer oder soziologischer (also: theoretischer) Art an, sondern er sucht für die Erfahrungen seiner Figuren nach Mustern in Texten der Alltags- und der Pop-Kultur, stellt sie in eine Reihe mit ihnen und bringt diese Textualisierungsverfahren zugleich narrativ zur Anwendung." (Hallet 2004: 222f.) Anders als etwa die von Hornby inspirierten deutschen Pop-Romane wertet und moralisiert *High Fidelity* jedoch recht offensichtlich, etwa wenn Rob gegen Ende des Romans erkennt, dass eine unoriginelle Plattensammlung eben doch nichts über den Wert eines Menschen aussagt – „it's not what you like but what you're like that's important" (214f.). Damit sind in *High Fidelity* zwar Themen, Lebenswelt und Schreibweisen popliterarisch geprägt, nicht jedoch die Wertorientierung: „Hornby bietet Halt, Übersicht, Ordnung, Entfaltung" (Winkels 1999: 609; vgl. auch V. Nünning 2003 und Baßler 2004). Dass der Text damit mehr als im Pop-Roman üblich wertet und moralisiert, hat seiner Wirkung als innovativer Roman, der dazu beigetragen hat, die Popkultur ‚literaturfähig' zu machen, keinen Abbruch getan (vgl. Baßler 2004: 271-73).

Zwar ist das Ende offen, doch zeichnet sich ein deutlicher Wandel in Robs Einstellung zu sich selbst, zu seiner Umwelt und insbesondere zu seiner Beziehung mit Laura ab. In der Darstellung seiner Entwicklung zu einem beziehungsfähigen und emotional zumindest reiferen und in seiner Identität deutlich gefestigteren Mann kann *High Fidelity*, obwohl Kindheit und Jugend nur episodisch und in Rückblenden eine

Rolle spielen und der Protagonist Mitte dreißig ist, durchaus als Variante des Bildungsromans betrachtet werden (vgl. Knowles 2002: 20-29). Erst am Ende gelingt es Rob, Lauras beruflichen Erfolg und ihre Unabhängigkeit, die er als liberaler und aufgeklärter Mann rational immer bejaht hat, emotional zu akzeptieren und zu einer stabilen männlichen Identität zu finden. Gerade dieses Ende, das es Rob auch erlaubt, seine Musikleidenschaft erfolgreich als DJ auszuleben und eine gemeinsame Zukunft mit Laura zu beginnen, ist bisweilen als etwas zu glatt und harmonisch kritisiert worden.

Wenn man *High Fidelity* als Populärliteratur bezeichnen will, dann nur deshalb, weil es eben ein ausgesprochen unterhaltsamer Roman ist, der in seinen intertextuellen Bezügen popkulturelles Wissen statt abendländisch-kanonischer Bildung voraussetzt. Er ist jedoch sicher kein Unterhaltungsroman im Sinne einer anspruchslosen ‚Machart' – zu komplex sind dafür die vielfach gebrochenen und gespiegelten Formen der Textualisierung der Lebenswelt, der metafiktionalen Thematisierung einer solchen Textualisierung sowie die inter- und intratextuellen Bezüge.

4. *About a Boy* als moderner Klassiker

Obwohl von den meisten Kritikern als Roman für schwächer als *High Fidelity* gehalten, ist *About a Boy* innerhalb weniger Jahre zum geradezu kanonischen Schulklassiker geworden, zu dem es inzwischen nicht nur eine auf etwa 80 Seiten gekürzte und sprachlich vereinfachter Lektüre-Version in der Reihe Penguin Readers gibt, sondern außerdem Lektürehilfen, annotierte Ausgaben und Unterrichtshandreichungen für den Englischunterricht in mehreren einschlägigen Reihen, die jedoch in der Regel für eine wissenschaftliche Beschäftigung unergiebig sind.

Wie schon in *High Fidelity* ist auch hier bereits der Titel ausgesprochen beziehungsreich. Er erinnert an den Nirvana-Song „About a Girl" (1989) und ist insofern mehrdeutig, als der Roman als doppelte *coming-of-age*-Geschichte gleichermaßen die Entwicklung von Will wie von Marcus behandelt. Der Titel kann somit neben Marcus ebenso gut auf Will bezogen werden, der über weite Strecken als emotional unreifer großer Junge erscheint. In Will setzt *About a Boy* Hornbys Beschäftigung mit diesem Typus des Mittdreißigers aus *Fever Pitch* und *High Fidelity* fort, weitet jedoch den thematischen Rahmen aus.

Will Freeman – offensichtlich ein *telling name*, der seine Lebenseinstellung beschreibt – ist, so glaubt er jedenfalls, ein freier Mann, der als kompromissloser Hedonist nur seinem eigenen Willen und seinen spontanen Bedürfnissen folgt. Die Tatsache, dass er sein sorgenfreies Leben den Tantiemen aus einem von seinem Vater komponiertem dümmlichem Weihnachtslied verdankt, unterstreicht seine emotionale Unreife und seine kindliche Ich-Bezogenheit.

Wills zynische Oberflächlichkeit wird deutlich, wenn er angesichts des Selbstmordversuchs von Fiona am *dead duck day* über den Unterhaltungswert dieser Ereignisse reflektiert: „However absorbing he was finding the evening's entertainment, he certainly didn't intend repeating it: this lot were just too weird." (68; vgl. auch 99) Auch Will hat – wenngleich ihn u.a. seine materielle Situation davon abhebt – Züge des *New Lad* der frühen 1990er Jahre; dazu zählen insbesondere seine Oberflächlichkeit, seine egoistischen, kurzlebigen Beziehungen zu Frauen, sein mangelnder Ehrgeiz sowie sein gänzlich fehlendes Verantwortungsgefühl und politisch-gesellschaftliches Bewusstsein.

Wills Gegenfigur ist der zwölfjährige Marcus, dessen Initiationsgeschichte der Roman erzählt, stellt doch der Suizidversuch seiner Mutter für ihn ein einschneidendes Erlebnis auf dem Weg zum Erwachsenwerden dar. Der Roman lässt sich jedoch auch als Initiationsgeschichte mit umgekehrten Vorzeichen verstehen, da Marcus – „the oldest-twelve-year-old in the world" (68) – zunächst lernen muss, ein Kind zu sein: „Sometimes Marcus sounded as though he were a hundred years old" (123).

Die gegenläufige Entwicklung, die sich aus dieser Konstellation ergibt – Will muss erwachsen werden, Marcus muss erst einmal ein Kind sein dürfen – kennzeichnet die Beziehung zwischen Will und Marcus, die sich in ihrer Entwicklung gegenseitig unterstützen: „Marcus needed help to be a kid, not an adult. And, unhappily for Will, that was exactly the kind of assistance he was qualified to provide." (164) Am Ende ist Will sensibler, Marcus dickfelliger geworden: „[Marcus] had developed a skin – the kind of skin Will had just shed." (306; vgl. auch 303)

Die Handlung umfasst die Zeit von Herbst 1993 bis Sommer 1994 und wird strukturell – wenngleich nicht erzähltechnisch – eher konventionell chronologisch entfaltet. Die Kapitel 1 bis 7 sind der Einführung der Hauptfiguren gewidmet. Die zunächst getrennt verlaufenden Geschichten von Will und Marcus werden ab Kapitel 8 verschränkt, wobei der Höhepunkt des *dead duck day* (Kap. 8-10) ungewöhnlich früh kommt und am Anfang der Beziehung zwischen den beiden steht. In den Kapiteln 19 und 24 kommen mit Ellie und Rachel zwei weitere prägende Figuren ins Spiel. Am Ende des Romans steht ein soziales Netz, das – wenngleich mit Abstrichen und nur angedeutet – geradezu moralistisch und ein wenig zu glatt das harmonische Bild einer erweiterten Großfamilie als Möglichkeit in der individualistischen Gesellschaft aufscheinen lässt.

Mit jedem Kapitel wechselt die Perspektive konsequent zwischen Will und Marcus, so dass das Geschehen jeweils aus der subjektiven Sicht einer der beiden Hauptfiguren fokalisiert wird. Nur an wenigen Stellen tritt der Erzähler mit Wertungen in Erscheinung, etwa wenn es über Will heißt: „Maybe if he had swallowed his pride [...] he could have saved himself an awful lot of trouble." (11) Wichtigstes Mittel zur Wiedergabe dieser Innenperspektive ist die erlebte Rede (vgl. V. Nünning 2003: 39). Wie konsequent Hornby das Prinzip der Fokalisierung umsetzt, wird im ersten Gespräch zwischen Marcus und Ellie deutlich: Als Marcus sie fragt, wer denn auf ihrem T-Shirt abgebildet sei, nennt sie ihm den Namen ihres Idols Kurt Cobain. Wiedergegeben ist der Name jedoch als „Kirk O'Bane" (154), weil dies der Name ist, den Marcus versteht (vgl. V. Nünning 2003: 40). Wiederum aus der anderen Perspektive, diesmal

Wills, erfolgt dann die Auflösung des Missverständnisses in einem längeren Gespräch zwischen Will und Marcus (vgl. 160-63). Diese stark subjektivierte Erzählhaltung ist ein wirkungsvolles Mittel der Sympathielenkung und lädt zur Identifikation mit der jeweils dominanten Perspektive ein.

Ein weiteres Ergebnis dieser Erzähltechnik sind auch die von erheblicher psychologischer Einsicht zeugenden Einblicke in die bisweilen komplexen Motivationslagen der Protagonisten und in deren taktische Finessen etwa in der Gesprächsführung. Ein Beispiel findet sich in einem Gespräch, in dem Marcus seine Mutter überzeugen will, ihn weiterhin Zeit mit Will verbringen zu lassen:

> He could give her a reason. It wouldn't be the right reason, and he'd feel bad saying it, and he was pretty sure it would make her cry. But it was a good reason, a reason that would shut her up, and if that was how you had to win arguments, then he'd use it. „Because I need a father". It shut her up, and it made her cry. It did the job. (137)

Die erhellenden Konsequenzen dieser Perspektivierungstechnik werden deutlich, als Fiona Will von diesem Gespräch erzählt und wir – nun aus seiner Perspektive – erfahren, dass er Marcus' Argument als typisch männliche Taktik durchschaut, womit auch noch eine weitere Parallele zwischen Marcus und Will erkennbar wird: „Will understood devious men. [...] ‚That's why he said it. Because he knew it would do the job. ... I expect he's been saving it. That was his nuclear option.'" (146)

Während es – wie Vera Nünning (2003) gezeigt hat – zu den Stärken des Romans gehört, dass jegliche Wertung und damit auch die Synthese einer akzeptablen moralischen Haltung zur Konsumgesellschaft – irgendwo zwischen weltfremder Totalverweigerung (Fiona) und konsumfreudiger Anpassung (Will) – dem Lesepublikum überlassen bleibt, wird diese Uneindeutigkeit gegen Ende des Romans zu der nicht mehr besonders originellen Lehre, dass im Leben eben alles zwei Seiten habe:

> But all three of them had to lose things in order to gain other things. Will had lost his shell and his cool and his distance, and he felt scared and vulnerable, but he got to be with Rachel; and Fiona had lost a big chunk of Marcus, and she got to stay away from the casualty ward; and Marcus had lost himself, and got to walk home from school with his shoes on. (306)

Charakteristisch auch für diesen Roman ist Hornbys Humor, der durchgängig auch bei ernsten Themen zum Tragen kommt, etwa als Will einige Tage nach ihrem Suizidversuch Fiona trifft: „‚Hi. I'm Will,' he said, ‚We've... Well, I...' But he obviously couldn't think of a polite way of saying that he'd seen her conked out on the sofa by a pool of her own sick the week before, so he stopped and just smiled." (90)

Auch in diesem Roman spielt Musik eine wichtige identitätsstiftende Rolle. Solange Marcus sich noch nicht von den Überzeugungen und Idealen seiner Mutter – einem späten Hippie – gelöst hat, identifiziert er sich mit der Musik, die *ihr* wichtig ist: Joni Mitchell und Roberta Flack stehen repräsentativ für diese Richtung. Von Will – der Musik nur hört, wenn sie ‚cool' ist – lernt er dann, sich auch musikalisch dem In-Geschmack seiner Altersgenossen anzupassen, und hört schließlich Hip-Hop und Nirvana. Dabei liegt eine gewisse Ironie darin, dass Nirvana in mancher Hinsicht als Fortsetzung der ursprünglich subversiv-unkommerziellen Musik der 1960er und 70er Jahre ebenso rebellisch war und – als Musterbeispiel für die Verquickung von Mainstream und Gegenkultur in der Musik – gerade deshalb schließlich kommerziell so erfolgreich wurde. Aus den musikalischen Referenzen ergibt sich ein dichtes Assoziationsgeflecht, das implizit vom „dark despair" und „I felt he found my letters" in „Killing me softly" zum Selbstmordversuch von Fiona und dem Selbstmord Kurt Cobains reicht.

Auch *About a Boy* bietet ‚Insidern' Gelegenheit zur Freude am Auflösen von Anspielungen. Dies können Verweise auf Texte der Populärkultur oder auch auf dramatische Skandal- und Klatschgeschichten sein. Ein Beispiel findet sich in der Beschreibung von Wills Besuch bei der SPAT-Gruppe, als ihm einige Teilnehmerinnen vorgestellt werden: „Moira, Will noted with interest, was wearing a Lorena Bobbitt T-shirt" (Hornby 1998: 39). Lorena Bobbitt, so weiß das mit der Populärkultur der 1990er Jahre vertraute Lesepublikum, war eine amerikanische Hausfrau, die im Sommer 1993 ihrem offenbar gewalttätigen Ehemann nachts den Penis abschnitt – ein Ereignis, das in den Medien weltweit auf gewaltiges voyeuristisches Interesse stieß und über Jahre in der Populärkultur nachwirkte. Auch wenn in *About a Boy* auf Literatur verwiesen wird, sind dies Texte wie Banks' *The Wasp Factory* (1984) oder Donna Tartts *The Secret History* (1992), deren Erscheinen erst wenige Jahre zurücklag und die beide zwischen ‚Hoch-' und ‚Populärliteratur' angesiedelt sind (vgl. Hornby 1998: 180, 245). Auch dieser Roman fungiert somit durch die Vielzahl der Anspielungen auf Musik, Mode, Filme und andere Elemente der zeitgenössischen Kultur als Momentaufnahme und Archiv der Populärkultur.

5. Fazit: Hornby als paradigmatischer Autor zeitgenössischer Populärliteratur?

Zwei zentrale und in der Sekundärliteratur häufig diskutierte Themen sollen hier dazu dienen, Hornby abschließend in den Kontext der zeitgenössischen britischen Populärliteratur einzuordnen: einerseits das Thema der Geschlechterverhältnisse und insbesondere der männlichen Identität in heutigen individualistisch-urban geprägten Gesellschaften, andererseits seine Behandlung der Populärkultur sowie die Stellung seiner Romane zwischen Hoch- und Unterhaltungsliteratur. Wie viele weitere Texte der Populärliteratur lassen sich auch *Fever Pitch*, *High Fidelity* und teilweise *About a Boy* als Ausdruck der vielfach diagnostizierten ‚Krise der Männlichkeit', der Diskussion um den *New Man* und des kompensatorischen *New Laddism* der 1990er Jahre lesen. Beispielhaft ist hier *High Fidelity*, wo der berufliche Erfolg seiner als Anwältin tätigen Freundin Laura den weitgehend erfolg- und antriebslosen Rob erheblich verunsichert. Als Rob über die Nachricht triumphiert, dass Laura noch nicht mit Ian im Bett war, heißt es: „I feel like a new man, although not very much like a New Man." (87)

Eine ganze Reihe von Romanen über das Dilemma der Männlichkeit im späten 20. und frühen 21. Jahrhundert, etwa Mike Gayles *My Legendary Girlfriend* (1998) und

Mr. Commitment (1999), Tim Lotts *White City Blue* (1999) oder Mark Barrowcliffes *Girlfriend 44* (2000) sind mit Hornbys Roman verglichen worden (vgl. Knowles 2002: 91), während Helen Fieldings *Bridget Jones's Diary* (1996) bisweilen als weibliches Gegenstück zu *High Fidelity* bezeichnet worden ist. Was die Einordnung in literarische Traditionen und Kategorien betrifft, so verbinden Hornbys Romane in einer für die Populärliteratur paradigmatischen – wenngleich verdichteten und subtilen Weise – verschiedene Traditionen und Erzählverfahren. Zum einen liegt diesen Romanen ein der realistischen Tradition verpflichtetes, recht konventionelles Verständnis von den Funktionen und dem Wirklichkeitsbezug des Romans, von Charakterzeichnung und erzählerischen Verfahren zugrunde. Sie verbinden diese leichte Lesbarkeit und Unterhaltsamkeit jedoch andererseits mit einer komplexen und subtilen Behandlung zeitgenössischer Fragen nach Geschlechterrollen, mit der narrativen und intertextuellen Konstruktion von Identität und auch mit zeitgenössisch-postmodernen Zügen – inhaltlich in der Darstellung einer urban-materialistischen Konsumkultur und in ihrer impliziten Aufwertung von Populärkultur als ‚literaturfähigem' Intertext; formal in ihrer Erzähltechnik, die subjektive und damit immer auch zu hinterfragende Sichtweisen gegenüber einer kommentierenden und wertenden Erzählinstanz privilegieren. Insbesondere in *High Fidelity* finden sich darüber hinaus auch die bei anderen zeitgenössischen Autoren anzutreffenden Anzeichen eines geradezu postmodernen Verständnisses von narrativ konstruierter Identität sowie Züge von metafiktionalem und intertextuellem Erzählen, das jedoch nicht stark illusionsstörend wirkt. Wenn es also Kennzeichen der Populärliteratur ist, gleichzeitig leicht lesbar, ja konsumierbar, und dennoch vielschichtig, anspielungsreich und teilweise selbstreflexiv sein zu können und dabei, seismographisch-sensibel auf Kulturphänomene reagierend, eine Zeit kulturdiagnostisch zu fassen und im Roman zu archivieren, so ist Hornby hierfür sicher das paradigmatische Beispiel. Auf einer Metaebene reflektiert etwa *About a Boy* diese Funktion der Popkultur als Instrument der Zeitdiagnose und seine eigene Funktion als Teil des kulturellen Archivs, wenn es über Alis Zimmer heißt: „Everything was there – the Ryan Giggs poster and the Michael Jordan Poster and the Pamela Anderson poster and the Super Mario stickers … A social historian of the future would probably be able to date the room to within a twenty-four-hour period." (217)

Im Rahmen der zahlreichen von der populären Kultur, insbesondere der Musik inspirierten Romane, die seit den 1990er Jahren erschienen sind – zu nennen sind hier Autoren wie Hanif Kureishi, Salman Rushdie, Roddy Doyle oder Alan Warner – nehmen Hornbys Werke eine wichtige Stellung ein (vgl. Viol 2006). Mit *High Fidelity* wurde Hornby zudem – trotz aller Unterschiede – auch Vorbild für den deutschen Pop-Roman der 1990er Jahre (vgl. V. Nünning 2003; Baßler 2004). Wenn es schließlich ein Kennzeichen der Postmoderne ist, die Unterscheidung von ‚Hochkultur' und ‚Popkultur' einzuebnen, dann ist Hornby außerdem auch noch ein postmoderner Autor, der mit einigen in kürzester Zeit kanonisierten Romanen die Möglichkeit der Verbindung von Unterhaltsamkeit und literarischer Vielschichtigkeit selbst vorführt.

Literatur

Werke

Banks, Iain. 1998 [1984]. *The Wasp Factory*. London et al.: Macmillan.
Doyle, Roddy. 1995. *The Barrytown Trilogy* [*The Commitments*, 1987; *The Snapper*, 1990; *The Van*, 1991]. London: Penguin.
—. 1993. *Paddy Clarke Ha Ha Ha*. London: Secker & Warburg.
Fforde, Jasper. 2001. *The Eyre Affair*. London: Hodder & Stoughton.
Haddon, Mark. 2003. *The Curious Incident of the Dog in the Night-Time*. London: Vintage.
Hornby, Nick. 2000 [1992]. *Fever Pitch*. London: Penguin.
—. 2000 [1995]. *High Fidelity*. London: Penguin.
—. 2000 [1998]. *About a Boy*. London: Penguin.
—. 2003. *31 Songs*. London: Penguin.
—. 2005. *A Long Way Down*. London: Penguin.
—. 2006. *The Complete Polysyllabic Spree*. London: Viking.
Lowe, Keith. 2001. *Tunnel Vision*. London: Heinemann.
Noon, Jeff. 1994 [1993]. *Vurt*. London: Pan.
—. 1996 [1995]. *Pollen*. London: Pan.
Pullman, Philip. 2001 [1995-2000]. *His Dark Materials*. London: Scholastic.
Welsh, Irvine. 1993. *Trainspotting*. London: Vintage.

Ausgewählte Fachliteratur

Baßler, Moritz. 2004. „Was ist Sache? Literarische ‚Arbeit in Gegenwart' am Beispiel von Nick Hornbys *High Fidelity*." In: Moritz Baßler & Ewout van der Knaap (Hgg.). *Die (k)alte Sachlichkeit: Herkunft und Wirkungen eines Konzepts*. Würzburg: Königshausen & Neumann. 263-74.

Sehr informativ zur Funktion von Pop-Literatur als Teil des kulturellen Archivs; zu Hornbys Vorbildfunktion für deutsche Pop-Literaten, aber auch zu wesentlichen Unterschieden.

Fiske, John. 1989. *Understanding Popular Culture*. London: Routledge.

Obwohl vielfach kritisiert, ein Klassiker der *cultural studies* neuerer Prägung; stärker theoretisches *companion volume* zu Fiskes *Reading the Popular*, das eher Modellanalysen bietet; betont den Prozess der kreativen und vielfach subversiven Aneignung von Produkten der Populärkultur entgegen älteren Ansätzen, die vielfach vom unkritischen Konsum ausgingen; zentral für ein Verständnis der Vieldeutigkeit und Offenheit von Produkten der Populärkultur; wichtig auch für ein Verständnis populärer Literatur, obwohl mit Phänomenen wie Musikvideos, Shopping Malls, Fernsehshows und moderner Architektur befasst.

Gelder, Kenneth. 2005. *Popular Fiction: The Logics and Practices of a Literary Field*. London: Routledge.

Aktuelle, recht knappe Diskussion von Definitionen, Geschichte, Ökonomie, Produktion und Rezeption der *popular fiction*, insbesondere von *romance*, *crime fiction*, *science fiction*; es folgen exemplarische Lesungen von John Grisham, Michael Crichton, Anne Rice, Jackie Collins und J.R.R. Tolkien.

Hallet, Wolfgang. 2004. „*(How) Can we close the gap?* Zum Verhältnis von Literatur, Kulturwissenschaften und Didaktik am Beispiel der Intertextualität und Nick Hornbys Roman *High Fidelity*." In: Lothar Bredella, Werner Delanoy & Carola Surkamp (Hgg.). *Literaturdidaktik im Dialog*. Tübingen: Gunter Narr. 207-38.

Methodisch und theoretisch höchst reflektierte Analyse aus literaturdidaktischer Perspektive; sehr gute Darstellung der Identitätskonstruktion durch Musik und der postmodernen Aspekte; eine der ergiebigsten Diskussionen dieses Romans.

Keskinen, Mikko. 2005. „Single, Long-Playing, and Compilation: The Formats of Audio and Amorousness in Nick Hornby's *High Fidelity*." In: *Critique: Studies in Contemporary Fiction* 47.1: 3-21.

Subtile Diskussion der vielfältigen Analogien zwischen Musikformaten und Beziehungsformen im Roman; erhellend zur Funktion von Musik.

Nünning, Vera. 2003. „Brit-Pop im literarischen Gewand? Erzählerische Vermittlung und die Inszenierung ethischer Fragen in Nick Hornbys *About a Boy*." In: *Literatur in Wissenschaft und Unterricht* 36.1: 31-49.

Diskussion von Hornby im Kontext der Pop-Literatur; erhellende Analyse der Erzählsituation und ihrer Funktion für die Rezeptionssteuerung; Darstellung der Ambivalenz in der Entwicklung beider Hauptfiguren; Vergleich von Roman und Verfilmung, der zeigt, wo und wie der Film vereindeutigt und simplifiziert.

Nusser, Peter. 1991. *Trivialliteratur*. Stuttgart/Weimar: Metzler.

Nicht mehr ganz aktuelle und stark auf den deutschen Kontext bezogene, jedoch noch immer hilfreiche Diskussion von Begriff, Produktion, Rezeption, Geschichte und Theorie der Trivialliteratur; knappe Darstellung verschiedener Ansätze zur Wirkungsforschung und zur Didaktik der Trivialliteratur.

Petzold, Dieter & Eberhard Späth (Hgg.). 1998. *Unterhaltungsliteratur der 80er und 90er Jahre*. Erlangen: Universität Erlangen-Nürnberg.

Eher exemplarisch und weniger theoretisch angelegte Aufsatzsammlung insbesondere zur anglo-amerikanischen Unterhaltungsliteratur; Beiträge u.a. zu Kriminalromanen, Gerichtsromanen, Comics, Vampirliteratur, Stephen King, Douglas Adams, Rosamunde Pilcher.

Weitere zitierte Literatur

Dettmar, Kevin J. H. 2000. „*High Fidelity*: The Use and Misuse of Music for Life." In: *Chronicle of Higher Education* 46.33: B11-B12.

Enfield, Harry. 1995. „Rezension von *High Fidelity*." In: *The Independent on Sunday*, 18.6.1995.

Glomb, Stefan & Stefan Horlacher (Hgg.). 2004. *Beyond Extremes: Repräsentation und Reflexion von Modernisierungsprozessen im zeitgenössischen britischen Roman*. Tübingen: Gunter Narr.

Joyce, Cynthia. 1999. „Litchat with Nick Hornby." http://www.salon.com/weekly/litchat961014.html (21.12.2006).

Knowles, Joanne. 2002. *Nick Hornby's* High Fidelity: *A Readers Guide*. New York/London: Continuum.

Merbitz, Anja. 2005. „The Art of Listing: Selbstreflexive Elemente in Nick Hornbys *High Fidelity*." In: Werner Huber, Martin Middeke & Hubert Zapf (Hgg.). *Self-Reflexivity in Literature*. Würzburg: Königshausen & Neumann. 179-94.

Nieragden, Göran. 2000. „‚Cynical Young Men' – ein neues Paradigma für den englischen Roman der 1990er Jahre (?): Christopher Brookmyre, Nick Hornby, Irvine Welsh." In: Vera Nünning & Ansgar Nünning (Hgg.). *Klassiker und Strömungen des englischen Romans im 20. Jahrhundert*. Trier: Wissenschaftlicher Verlag Trier. 221-41.

Stein, Thomas Michael. 2003. „Rewriting Tony Blair's ‚Vision of a Modern Britain': Fictions by Martin Amis, Julian Barnes, Nick Hornby and Fay Weldon." In: *Anglistik und Englischunterricht* 65: 193-206.

Viol, Claus-Ulrich. 2006. *Jukebooks: Contemporary British Fiction, Popular Music, and Cultural Value*. Heidelberg: Winter.

Winkels, Hubert. 1999. „Grenzgänger: Neue deutsche Popliteratur." In: *Sinn und Form* 51: 581- 610.

13.

Hybride Genres: Antonia S. Byatt

Ralf Schneider

1. Gattungshybridität: Ein Ausweg aus der Krise des Romans?

In den späten 1960er Jahren verbreitete sich die Skepsis an der Möglichkeit, Wirklichkeit verlässlich zu erfassen und auszudrücken, was für den realistischen Roman offensichtlich ein Problem darstellte. Über dessen weiteren Weg herrschte zudem angesichts einer nie dagewesenen Vielfalt von Stilen in allen Künsten und Medien erhebliche Unsicherheit. Wie der Romancier David Lodge in einem einflussreichen Essay (1971) feststellte, bewegte diese Situation Autoren dazu, entweder *non-fiction novels* zu schreiben, die einen realen Gegenstand – oft unter Einbeziehung autobiographischer Erfahrung – literarisch verarbeiten, oder auf *fabulation* gestützte Romane, die einen sehr gelassenen Umgang mit den Gesetzen der Wahrscheinlichkeit und Glaubwürdigkeit aufwiesen. Autoren, die sich keiner der beiden Alternativen verschrieben, konnten laut Lodge den Zweifel an der Vermittelbarkeit von Wirklichkeit in den Roman selbst verlagern, was in metafiktionalen Werken geschieht, welche ihren eigenen Konstruktcharakter offenlegen. Das realistische Erzählen habe aber, so Lodge, gute Überlebenschancen, da ihm ein Verständnis von Wirklichkeit zugrunde liege, in dem die Abhängigkeit individueller Lebensentwürfe und Wertvorstellungen von Zufall und Schicksal anerkannt werde, ohne dass deswegen unser Gefühl, in einer wirklichen Welt zu leben, unterminiert würde.

An einem Roman wie Antonia S. Byatts *Possession* (1990), der mit dem Booker Prize ausgezeichnet wurde, lässt sich die Fähigkeit des Romans demonstrieren, alle von Lodge genannten Elemente zu integrieren. Die damit einhergehende Mischung höchst unterschiedlicher Gattungsmerkmale muss nicht als Flucht aus der Unsicherheit verstanden werden, sondern stellt eine der Strategien dar, mit denen der Roman seine Position im Umfeld nicht nur postmoderner epistemologischer Skepsis, sondern auch konkurrierender Mediensysteme behauptet hat. Eingebettet in eine im obigen Sinne im Grunde realistische Erzählweise, wird in *Possession* eine ganze Reihe von Gattungskonventionen anzitiert. So finden sich, wie unten näher ausgeführt wird, neben verschiedenen Mustern der *romance* auch Gattungsmerkmale des Briefromans, des Detektivromans, des Universitätsromans (*campus novel*), des historischen Romans, der fiktionalen Biographie und des Schauerromans (*gothic novel*). Byatts ausgesprochen vielschichtiger Roman ist damit ein besonders prägnantes und reichhaltiges Beispiel für eine Hinwendung zur Gattungshybridität, die den englischsprachigen Roman in den letzten drei Jahrzehnten des 20. Jahrhunderts allgemein kennzeichnet. ‚Hybridität' ist ein ursprünglich aus der Biologie entlehnter Begriff, der das Entstehen neuer Arten aus der Kreuzung bestehender Arten – ob Pflanzen oder Lebewesen – bezeichnet. Mikhail Bakhtin (1981) folgend könnte man sagen, dass der Roman an sich immer eine hybride Gattung ist, weil er eine Vielfalt von ‚Stimmen', das heißt Themen und Weltanschauungen, in sich vereinen kann, ohne dass die Spannungen zwischen ihnen stets auch aufgelöst würden. Mit Gattungshybridität in einem engeren Sinne ist im Folgenden aber gemeint, dass in einem Roman die Konventionen zweier oder mehrerer Subgattungen des Erzählens oder anderer fiktionaler und/oder nicht-fiktionaler Textsorten verwendet werden.

Gattungen (bzw. synonym: Genres) beruhen auf mentalen Strukturen, die Autorinnen und Autoren beim Schreiben und Rezipienten beim Lesen literarischer Texte aktivieren. Diese Strukturen beinhalten typische Figurenkonstellationen und Plotmuster, Schauplätze und Erzählweisen, die in Gruppen von Texten immer wieder anzutreffen sind. Sie stellen den Rahmen dar, innerhalb dessen Autorinnen und Autoren Erzählungen anlegen und ausgestalten, und sie stecken auch das Feld der Erwartungshaltungen ab, die Leserinnen und Leser an ein Werk herantragen, sobald textuelle Signale auf dessen Zugehörigkeit zu einer bestimmten Gattung hinweisen (vgl. Olson et al. 1981; Fokkema 1989; Fishelov 1991). Werden mehrere Gattungskonventionen evoziert, kommt es zu einer Anreicherung von Erwartungshaltungen, die nicht unbedingt miteinander kompatibel sein müssen. Wenn viele Texte über längere Zeit hinweg Gattungsvorgaben streng einhalten, dann werden die entsprechenden Werke formelhaft und monoton. Das Überschreiten von Gattungsgrenzen lässt sich daher als Motor der literarischen Innovation verstehen. Die Vermischung von Genre-Elementen ist eine von mehreren Möglichkeiten, die Strukturen einer Gattung zu verändern, ihre Grenzen zu erweitern und somit zur Fortentwicklung literarischer Ausdrucksmöglichkeiten beizutragen (vgl. Fowler 2000).

Zu den Autoren, die gattungshybride Romane vorgelegt haben, gehört David Lodge. Wie sein Roman *Nice Work* (1988) zeigt, eignet sich die *campus novel* offenbar gut zur Integration anderer Gattungen (vgl. Imhof 1993). Darin verbindet Lodge Merkmale der aus viktorianischer Zeit stammenden *industrial novel* mit Elementen des Universitätsromans und verzichtet auch nicht darauf, einen *romance plot* zumindest anzudeuten. Mit deutlich markierten intertextuellen Verweisen auf Elizabeth Gaskells Industrieroman *North and South* (1854/55) lässt er zwei Vertreter von offenkundig inkompatiblen Welten aufeinander treffen: Die Literaturwissenschaftlerin Robyn Penrose wird von ihrer Universität in den Midlands (Rummidge, gemeint ist Birmingham) für die Dauer eines von der Regierung angeordneten Projekts dem Manager Vic Wilcox an die Seite gestellt, von dem sie Einblicke in die Welt von Industrie und Wirtschaft erhalten soll – ganz im Geiste der frühen Jahre der Thatcher-Ära, in denen der Roman angesiedelt ist. Beide nähern nach anfänglichem Antagonismus ihre Standpunkte einander an und erleben auch eine Romanze, die allerdings im Gegensatz zu Gaskells Vorlage nicht von Bestand ist. Die Flexibilität der *campus novel* kann auch an Malcolm Bradburys *The History Man* (1975) festgestellt werden, in dessen Darstellung des Protagonisten, des Soziologiedozenten Howard Kirk, und seiner Familie die Züge der Gesellschaftssatire des 18. und 19. Jahrhunderts erkennbar sind. In diese Traditionslinie ließe sich schließlich auch Zadie Smiths *On Beauty* (2005) einreihen, worin Universitätsroman und satirische Darstellung eines Anti-Helden eine Verbindung mit Aspekten des multikulturellen und Migrationsromans eingehen.

2. A.S. Byatts *Possession* und die Macht der literarischen Imagination

Bei Byatt kommt die Gattung vor dem Roman: Noch bevor sich Leserinnen und Leser dem ersten Satz von *Possession* widmen, können sie bereits eine Erwartungshaltung bezüglich dessen aktivieren, was sie in dem Roman vorfinden werden. Die Bezeichnung „*A Romance*" im Untertitel scheint nämlich darauf hinzuweisen, um welche Art von Erzählung es sich hier handelt: Der Begriff ruft eine Assoziation wie ‚Liebesgeschichte mit Hindernissen und glücklichem Ausgang' hervor. Allerdings umfasst schon der Terminus ‚*romance*' weit mehr als das Muster des Liebesplots, und hier beginnt Byatts Spiel mit der Hybridität der Gattungen. ‚*Romance*' bezeichnet eine bis auf antike, insbesondere hellenistische, Erzähltraditionen zurückreichende und vom Mittelalter bis zur frühen Neuzeit beliebte Gattung. In der *romance* des 14. bis 17. Jahrhunderts vermischen sich bereits verschiedene rekurrente Handlungssequenzen und Motive, so dass eine enge Definition des Genres von Beginn an kaum möglich ist: Insbesondere in der mittelalterlichen Ritterromanze steht das Motiv der Suche (‚*quest plot*') im Vordergrund, denn der Held zieht aus, eine Aufgabe zu erfüllen oder etwas zu finden, wobei er zumeist in mehreren Episoden Hindernisse zu überwinden hat – die Suche nach dem heiligen Gral in den Artuslegenden ist hierfür ein deutliches Beispiel. Aber im Kontext der höfischen Lyrik erhielt die Abenteuerreise des Helden oft die Funktion eines Liebesbeweises, so dass der Aspekt der erhofften oder gar erfüllten Liebe am Ende einer an Hindernissen reichen Wegstrecke (ob wörtlich oder im übertragenen Sinne) in den *romance*-Begriff einfließt. Häufig bestimmen zudem Elemente des Phantastischen und Übernatürlichen sowie unwahrscheinliche Zufälle den Handlungsverlauf. Nach den Romanzen des Mittelalters griff William Shakespeare in einigen seiner späten Komödien, die als *romance plays* bezeichnet worden sind, auf Plotelemente der antiken Erzähltradition zurück, in der häufig Familien getrennt, deren Mitglieder aber am Ende durch unwahrscheinliche Zufälle wieder zusammengeführt werden, zumeist in Verbindung mit den Motiven der Suche und der Reise. Spätestens seit den Romanen Sir Walter Scotts im frühen 19. Jahrhundert fallen auch historische Erzählungen in den Bereich der *romance*. Bereits im *Romance*-Begriff ist also Gattungshybridität angelegt, und Byatt kostet dieses Spektrum voll aus, denn in *Possession* finden sich *alle* genannten Aspekte. Sogar die Figuren selbst sprechen mehrfach an, dass ihr Leben wie in *quest* und *romance plots* verlaufe.

Der Roman beginnt damit, dass der junge Literaturwissenschaftler Roland Michell, der sich auf Leben und Werk des (fiktiven) viktorianischen Dichters Randolph Henry Ash spezialisiert hat, bei Recherchen auf bisher unbekannte persönliche Briefe Ashs stößt, die auf eine Korrespondenz mit einer zunächst unbekannten Dame hinweisen. Diese erweist sich bald als die (ebenfalls erfundene) Dichterin Christabel LaMotte – eine Verbindung, von der weder die Ash- noch die LaMotte-Forschung zu wissen scheint. Roland stiehlt die Briefe aus der Bibliothek und macht sich daran, das Rätsel zu lösen. Er weiht Maud Bailey, eine feministische Literaturwissenschaftlerin und LaMotte-Spezialistin, in das Geheimnis der Korrespondenz ein, und gemeinsam versuchen sie, den Tatsachen auf den Grund zu gehen, wobei sich ihr Interesse an der Verbindung zwischen Ash und LaMotte sowohl auf ein besseres Verständnis einiger ihrer literarischen Texte richtet als auch auf einen möglichen *romance plot*, der sich zwischen den beiden abgespielt haben könnte. Durch das Studium weiterer Briefe, Tagebücher, Gedichte und Erzählungen der beiden Schriftsteller stoßen Roland und Maud nach und nach auf Hinweise, dass der verheiratete Ash und die mit einer Lebensgefährtin zusammenwohnende LaMotte tatsächlich eine Liebesbeziehung hatten, die sich aus einem intensiven intellektuellen Austausch zwischen den beiden entwickelte. Die fiktionale Rekonstruktion von Leben und Werk berühmter Persönlichkeiten ist ein Gattungsmerkmal der fiktionalen Biographie. Indem Byatt ihren Leserinnen und Lesern gewissermaßen einen Blick über die Schulter von Wissenschaftlern und Biographen bei der Arbeit an der Konstruktion zweier Biographien (von allerdings fiktiven Personen) gewährt, und indem sie diese auch die Möglichkeiten und Grenzen ihres Tuns diskutieren lässt, rückt sie *Possession* in die Nähe der ‚fiktionalen Metabiographie' (vgl. A. Nünning 1995, II: 345). Auf ihrer Suche nach der ‚Wahrheit' reisen Roland und Maud auch an die Schauplätze des Geschehens im 19. Jahrhundert, wobei sich zwischen ihnen ebenfalls eine Beziehung entwickelt, die von einer gemeinsamen Wissenssuche in eine Liebesbeziehung führt. Die beiden historisch getrennten Handlungsstränge erweisen sich hier und an anderen Stellen als aufs Engste miteinander verwoben.

Dass Byatt das Personal ihres modernen Handlungsstrangs mit seinen Liebesbeziehungen und Animositäten im Universitätsmilieu ansiedelt, signalisiert die Zugehörigkeit des Romans zur Gattung des Universitätsromans (*campus novel*). Wie in dieser Gattung üblich, setzt sich Byatt kritisch mit der Wissenschaft, hier der Literaturwissenschaft, auseinander, wenn sie z.B. feministische Lesarten von Christabel LaMottes Texten als überzogene Interpretationen darstellt; auch Rolands Entscheidung am Ende des Romans, sich von der Wissenschaft ab- und der Literatur als Lyriker zuzuwenden, verdeutlicht „Byatts grundlegende Skepsis gegenüber jeglichen theoretischen Vereinnahmungsversuchen von Literatur und Imagination" (Gutenberg 2000: 375).

Die verschiedenen von Roland und Maud durchgesehenen Texte aus dem 19. Jahrhundert werden in dem Roman im Wortlaut, anfangs vorrangig in kurzen Passagen, dann aber zunehmend ausführlich und oft als eigenständige Kapitel dargeboten.

Byatt hat also nicht nur die Korrespondenz und andere persönliche Dokumente ihrer Figuren aus viktorianischer Zeit erdacht, sondern sie schafft zudem eine ‚Literatur in der Literatur', wobei sie stilistisch und thematisch Texte der Zeit, etwa von Robert Browning, Elizabeth Barrett-Browning und Christina Rossetti, imitiert. Diese Technik der kunstvollen Imitation wird als Pastiche bezeichnet, und für das Sprechen mit der Stimme anderer bietet sich der Begriff des ‚*ventriloquism*', des Bauchrednertums, an – Ulrich Broich (1996: 622) hat Byatt treffend als „master ventriloquist" bezeichnet. Mit Konzepten der Intertextualitätsforschung kann man solche Verweise auf andere Gattungen als ‚Systemreferenz' bezeichnen (vgl. Pfister/Broich 1985). Der Blick der Intertextualitätstheorie richtet sich auf die Anreicherung des Bedeutungsebenen eines Textes durch die Verweise auf andere Gattungen und umgekehrt auf ein erweitertes Verständnis der zitierten Gattung, das durch ihre Verwendung in dem Folgetext zustande kommt. Viktorianische Lyrik und zeitgenössischer Roman kommentieren sich bei Byatt also wechselseitig.

Wie mit dem Begriff ‚*romance*' spielt Byatt auch mit den verschiedenen semantischen Ebenen des Titels *Possession*: Nachdem Roland die Briefe illegal in seinen Besitz genommen hat, entwickelt sich für ihn und Maud die Suche nach den Hintergründen der Ash/LaMotte-Verbindung zum Faszinosum; beide sind von ihrer *quest* wie besessen. Die Leserinnen und Leser werden durch die Darbietung der literarischen Texte und Dokumente dazu eingeladen, sich an der literarischen und faktischen ‚Beweissuche' zu beteiligen. Byatt legt dabei sogar einige falsche Fährten, so dass Verbindungen zur Gattung des Kriminalromans offenbar werden und der Spannungsbogen über die gut 500 Seiten des Romans hinweg erhalten bleibt. An Spannung gewinnt die Suche noch durch die Hinzufügung eines Widersachers, der neben anderen widrigen Umständen das für den *quest plot* typische Hindernis darstellt: der amerikanische Professor und Ash-Biograph Mortimer Cropper, an dessen Institut die größte Sammlung von Ashs Manuskripten und allen erdenklichen Ash-Memorabilia beheimatet ist. Cropper wird in satirischer Überzeichnung als das Zerrbild eines positivistisch und materialistisch denkenden Literaturwissenschaftlers präsentiert: Er ist besessen von der Idee, alles zu besitzen, was an Gegenständlichem aus dem Leben Ashs überdauert hat. Die Lage wird für seine britischen Kollegen, darunter auch für Rolands Chef, den britischen Ash-Spezialisten Professor Blackadder, dessen Arbeitsalltag deutlich weniger glamourös erscheint als der Croppers, dadurch erschwert, dass der amerikanische Antagonist mit scheinbar unbegrenzten finanziellen Mitteln ausgestattet ist. Sein wiederum semantisch vielschichtiger *telling name* ist ein weiterer Hinweis auf Byatts spielerischen Umgang mit der Fiktion: Das englische *crop* bedeutet ‚Ernte', und Cropper hofft, auf seiner Reise nach Europa für seine Ash-Sammlung weitere ‚Erträge einzufahren', wobei er nicht davor zurückschreckt, die Früchte der Arbeit von Roland und Maud einzusammeln; *to crop up* heißt ‚unerwartet auftauchen', was ihn ebenfalls sehr treffend beschreibt; und *cropper* kann schließlich auch einen Fehlschlag oder ein Versagen bezeichnen. Nicht nur misslingt am Ende Croppers Versuch, die letzten noch nicht bekannten Dokumente an sich zu nehmen, sondern schon vorher wird in den Zitaten aus seiner als ‚definitiv' eingeschätzten Biographie Ashs deutlich, dass er die Beziehung zwischen Ash und seiner Frau nicht wirklich verstanden hat – natürlich ganz zu schweigen von der zwischen Ash und La Motte, von der er nichts wusste.

Die Suche nach Hinweisen, die einen besseren Zugriff auf die Biographien von LaMotte und Ash versprechen, wird aufgrund der Konkurrenz zunehmend zur Jagd, und am Ende erhöht Byatt das Erzähltempo noch einmal drastisch. Schließlich lässt sie Roland, Maud, Cropper, Blackadder und einige weitere Figuren, die in den Handlungssträngen eine Rolle spielten, in einer farcenhaften Begegnung am Grab von Randolph Henry Ash und seiner Frau Ellen zusammentreffen. Dort findet sich ein Brief von LaMotte an Ash, den sie Ellen geschickt hatte, welche ihn aber nie an Randolph ausgehändigt hat. Darin berichtet Christabel ihm fast dreißig Jahre nach ihrem letzten Zusammentreffen, dass sie eine gemeinsame Tochter haben, die bei LaMottes Schwester aufgewachsen ist und von der Identität ihrer wirklichen Eltern nichts weiß.

Der Schauplatz dieses *dénouements* kann als Referenz auf die Gattung des Schauerromans verstanden werden, und auch zuvor hat es im Roman solche Signale gegeben: Roland und Maud lüften das Geheimnis der Korrespondenz zwischen Christabel und Randolph auf Seal Court, dem Landsitz einer Linie von Mauds Familie, wo Christabel eine Zeit lang wohnte. In einem dunklen, verlassenen Zimmer, das an Beschreibungen der *Gothic mansions* im Schauerroman erinnert, finden sie – einem Hinweis in einem Gedicht Christabels folgend – die Briefe in einer Puppe verborgen. Auf der Handlungsebene des 20. Jahrhunderts wird der von Roland am Anfang angesprochene „quest for knowledge" (4) also um eine ganze Reihe weiterer Gattungselemente angereichert.

Parallel zu diesen Entwicklungen im 20. Jahrhundert entspinnt sich die Geschichte um Randolph Henry Ash und Christabel de LaMotte in der viktorianischen Zeit. In einer Verbindung von Elementen des historischen Romans und des Briefromans verschafft Byatt dem Leser durch die Darbietung der Tagebuchauszüge und Briefe Einblicke in die Mentalitäten des 19. Jahrhunderts. Dabei erhält der Versuch Christabels, sich eine autonome Existenz als Künstlerin zu sichern, besonderes Gewicht. Sie muss gegen gesellschaftliche Konventionen ankämpfen, die für Frauen ein sehr begrenztes Rollenspektrum – als Ehefrau und Mutter, als Gouvernante oder als alte Jungfer – vorsehen. Selbst Ash, der in Christabel eine Partnerin für den künstlerischen und intellektuellen Austausch sieht, ist nicht frei von stereotpyen Weiblichkeitsentwürfen, in denen die Frau entweder als schutzbedürftig oder als bedrohlich konzipiert wird. Letztlich veranlassen nicht nur die Unmöglichkeit, eine Liaison mit einem verheirateten Mann einzugehen, sondern auch die Besitzansprüche, die Randolph an sie stellt – eine weitere Variation über das Thema ‚*possession*' –, Christabel dazu, sich aus der Beziehung zurückzuziehen. Obwohl Christabel sich durch ihr Zusammenleben mit Blanche Glover den Konventionen erfolgreich zu widersetzen scheint, zerbricht diese Konstellation doch durch das Hinzutreten Randolphs, das Blanche in den Selbstmord treibt.

Im Kontrast dazu steht im Handlungsstrang des 20. Jahrhunderts Val, Rolands Freundin, in einer ähnlichen Dreieckskonstellation, aus der sie sich aber durch eine neue Beziehung mit dem Anwalt Euan MacIntyre, der die Baileys in Rechtfragen um den Besitz der gefundenen Briefe vertritt, zu befreien weiß. Damit emanzipiert sie sich auch von Roland, dessen nur schleppend verlaufender akademischer Karriere sie ihre eigenen Interessen lange Zeit untergeordnet hatte. Den in einem engen Rollenverständnis gefangenen viktorianischen Frauen stehen damit in der Wissenschaft oder anderweitig beruflich tätigen Frauen des 20. Jahrhunderts gegenüber, die allerdings auch nicht als strahlende Heldinnen erscheinen. Diese Thematik der Möglichkeiten und Grenzen weiblicher Persönlichkeitsentwicklung, Rollenauslegung und Berufswahl teilt *Possession* mit einer ganzen Reihe zeitgenössischer Frauenromane.

Während die meisten Einblicke in die viktorianische ‚Wirklichkeit' durch die Lektüre Rolands und Mauds vermittelt dargeboten werden, erlangt diese Zeitebene an einigen wenigen Stellen eine Eigenständigkeit, die von zentraler Bedeutung für die Wirkungspotentiale dieses Romans insgesamt ist. So werden wir ‚Zeugen' einer Reise, die Christabel und Randolph heimlich nach Yorkshire unternehmen (Kap. 15), und wir begleiten Hellen Ash bei ihren Erwägungen, ob sie ihrem Mann vor seinem Tod den Brief von Christabel geben soll. Schon diese Aspekte erschließen sich nur den Leserinnen und Lesern von *Possession* und sind den Figuren auf der Handlungsebene des 20. Jahrhunderts nicht zugänglich. Noch drastischer verweist Byatt im letzten Kapitel des Romans auf die Eigenständigkeit der erzählten ‚Wirklichkeit'. In diesem Kapitel, das den Titel „Postscript 1868" trägt und dem Abschluss des modernen Handlungsstrangs angefügt ist, wird berichtet, wie Randolph seine Tochter Maia trifft, als diese noch ein Kind ist, wobei er sich ihr allerdings nicht offenbart. Die Tragik der verschwiegenen Tochter wird somit gemildert, aber nur für die Rezipienten, nicht für die Biographen in der fiktionalen Welt. Wenn die Erzählinstanz, die in den viktorianischen Sequenzen nicht besonders durch Kommentare oder Erklärungen auffällt, dieser Szene vorausschickt „This is how it was" (508) und sich damit erst abschließend als ‚allwissend' präsentiert, dann ist das nicht etwa als sarkastischer und von postmoderner Skepsis geprägter Hinweis auf die Unzuverlässigkeit der vorherigen Fiktion zu verstehen, sondern vielmehr als – vielleicht schmunzelnde, letztlich aber geradezu triumphale – Behauptung der Autonomie von Fiktion. Der Roman endet so auf derselben Note, mit er eröffnet wurde: Eingangs zitiert Byatt Nathaniel Hawthorne, der in einer Definition der Gattung *romance* für die Autonomie der literarischen Imagination plädiert. Dass dem vermeintlich dokumentarischen Modus, den Briefe und andere ‚Dokumente' im Roman evozieren, Gedichte als ebenso hilfreiche Hinweisgeber gegenübergestellt werden, unterstützt diese Lesart. Bei aller Offenlegung von Gattungskonventionen und bei aller Konstruiertheit dieser an Zufällen und Analogien reichen Erzählung wird doch die Leistung des Literarischen betont, eine Version von Wirklichkeit schaffen und eigenständige Identitäten herstellen zu können.

3. Hybridität und Mediengattungen: Erzählen im Kontext von Medienkonkurrenz

Antonia S. Byatt hat mit *Possession* eindrucksvoll bewiesen, dass das Überschreiten von Gattungsgrenzen einen Beitrag zur Erweiterung literarischer Ausdrucksmöglichkeiten leistet. Die Literaturwissenschaft hat solche Grenzüberschreitungen in der englischsprachigen Literatur seit den 1970er Jahren häufig im Kontext einer in der Postmoderne verbreiteten Skepsis gegenüber oder Kritik an festgelegten Formen und traditionellen Darstellungskonventionen gesehen. So schreibt etwa Ralph Cohen: „[P]ostmodern writing blurs genres, transgresses them, or unfixes boundaries that conceal domination or authority." (1987: 241) Die durch Grenzüberschreitung betriebene Auflösung von Gattungskonventionen entspräche somit einer allgemeinen kulturellen Tendenz zur Destabilisierung von Autorität und Tradition. Allerdings ist Gattungshybridität im Erzähltext nicht erst ein Phänomen des späten 20. Jahrhunderts, sondern bereits in den ersten längeren Texten der englischsprachigen fiktionalen Prosa zu finden, wo es um das Ausloten der Ausdrucksmöglichkeiten einer sich noch konstituierenden Gattung ging. George Gascoigne verbindet etwa in *The Adventures of Master F.J.* (1573) mehrere Textsorten – Gedichte, Briefe und Erzählpassagen miteinander, um letztlich die Vorteile der Prosaerzählung zu betonen; ähnlich weist auch Thomas Nashes *The Unfortunate Traveller* (1594) mit Systemreferenzen auf die Lyrik und dem Inszenieren der Merkmale mündlichen Erzählens eine bewusste Auseinandersetzung mit Gattungskonventionen auf; und noch die einflussreichen Erzählungen des 18. Jahrhunderts, etwa von Daniel Defoe, Laurence Sterne und Samuel Richardson imitieren oder inkorporieren Gattungsmerkmale von Tagebuch und Brief. Zudem ist festgestellt worden, dass gerade der spielerische und gar unterminierende Umgang mit Genremerkmalen die Existenz dieser Konventionen erst ins Bewusstsein rückt (vgl. Hutcheon 1988: 72; A. Nünning 1995, II: 342). Die Gattungshybridität allein auf eine postmoderne, skeptizistische Mentalität zurückzuführen, greift also zu kurz.

Eine weitere Erklärung kann darin gesehen werden, dass der Roman auf die Konkurrenz reagiert, die ihm durch andere Medien erwächst, insbesondere durch Fernseh- und Kinofilm, in denen ebenfalls fiktionale Welten entworfen werden und die im weitesten Sinne als ‚erzählend' gelten können. So nennt Lodge in „The Novelist at the Crossroads" Medienkonkurrenz als eine der Bedrohungen für den literarischen Realismus, denn: „[I]f the writer persists in seeking to do justice to the common phenomenal world he finds himself, today, in competition with new media, such as tape and motion pictures, which can claim to do this more effectively." (1971: 5) Diese Situation hat sich durch die Medienentwicklung in den Jahrzehnten nach 1969 noch verschärft: Verbreitung und Einfluss des Spielfilms haben sich aufgrund der Vermehrung von Fernsehkanälen durch Satellitenübertragung und den *home video market* drastisch erhöht.

Betrachtet man die Entwicklungen der Darstellungsästhetik der Gattung Roman in dieser Zeit, dann lassen sich zwei Strömungen feststellen, die als Reaktion auf die Medienkonkurrenz interpretiert werden können, und die ich unter dem Begriff ‚Medialitätsbewusstheit‘ zusammenfassen möchte. Zum einen werden Romane medialitätsbewusst, indem sie sich auf die Grenzen und Möglichkeiten der *eigenen* Mediengattung, nämlich des gedruckten Erzähltextes, besinnen. Denn wenngleich im Zusammenhang mit dem Verhältnis von Literatur und Medien häufig die ‚neuen‘, d.h. elektronischen, audiovisuellen Medien gemeint sind, ist natürlich auch der Roman eine Mediengattung, die ihre Existenz und Erscheinungsform der wechselseitigen Beeinflussung einer Reihe von semiotischen, technischen, institutionellen und inhaltlich-ästhetischen Medialitätsfaktoren verdankt, nämlich dem Zusammenwirken von Druckschrift, Buchherstellung, Buchmarkt, Literaturkritik und Erzählkonventionen. Zum anderen äußert sich Medialitätsbewusstheit in verschiedenen Formen der expliziten Auseinandersetzung mit Gattungsmerkmalen anderer Mediensysteme innerhalb eines Erzähltextes. Dabei kann es sich auch um nicht-fiktionale Informations- und Kommunikationsmedien sowie natürlich um andere Kunstformen handeln.

Die oben behandelte Vermischung von Merkmalen literarischer Gattungen gehört zur ersten Manifestationsform von Medialitätsbewusstheit. Auf diese Weise werden Grenzen überschritten und deren Vorhandensein damit zugleich angesprochen und kritisiert. A.S. Byatt fügt zwar keine expliziten metafiktionalen Kommentare in ihre Gattungsmischung ein, lenkt aber durch die Akkumulation von Genres das Augenmerk auf die Prozesse der literarischen Konstruktion und kommentiert durch die Verwendung von Gattungsmerkmalen auf mehreren Ebenen implizit das eigene ästhetische Programm: Ihre *romance* verbindet Figuren, die eine *romance* erforschen und dabei selbst eine erleben. Ihre Verwendung des *ventriloquism* verweist überdies auf einen literaturgeschichtlichen Kontext, in dem dieser Stil in der Gedichtgattung des *dramatic monologue* gepflegt wurde. Dies zeigt sich auf der historischen Handlungsebene an den Gedichten Randolph Henry Ashs, die an Vorlagen von Robert Browning erinnern. Somit gewährt Byatt nicht nur einen Einblick in die literarischen und nicht-literarischen Ausdrucksformen des Viktorianismus, sondern verweist durch die Verwendung derselben Konventionen für ihren modernen Plot zudem auf ihr Recht, fortzubestehen oder wieder belebt zu werden.

Neben der *campus novel* ist auch der moderne historische Roman häufig gattungshybrid und insofern medialitätsbewusst im ersten Sinne angelegt (vgl. A. Nünning 1995, II: 341-70). Es finden sich dort, wie bei Byatt, Hybridisierungen, die auf mehr als einer Gattungsreferenz beruhen. Peter Ackroyd beispielsweise ordnet in *Hawksmoor* (1985) und *Chatterton* (1987) mehrere Zeitebenen parallel oder einander durchdringend an und verbindet Elemente von historischem Roman, *detective novel* und *gothic novel* miteinander. Als einer der gewagtesten Versuche, die Grenzen der Gattung Roman durch Einbezug unterschiedlicher fiktionaler wie nicht-fiktionaler Textsorten auszuloten, kann Julian Barnes' *History of the World in 10 1/2 Chapters* (1989) gelten. In episodischer Struktur werden verschiedenste Diskurse, darunter Gerichtsprotokoll, Politkrimi, Reisebericht, Bildbeschreibung, Brief, Bewusstseinsdarstellung und realistisches Erzählen, aneinander gereiht. Nicht nur, weil darin auch nicht-literarische

Medienprodukte (Film, Gemälde) genannt werden, ist dieser Roman als medialitätsbewusst zu bezeichnen, sondern auch, weil er durch die Gattungsvielfalt das Spektrum seiner eigenen Mediengattungskonventionen bewusst macht.

Dass die Aufmerksamkeit der Leserinnen und Leser auf die Medialität eines Werkes gelenkt wird, kann sich auch auf die materielle Erscheinungsform des Textes beziehen und ist in der Geschichte des Romans z.B. an typographischen Experimenten immer wieder zu beobachten. Darin überschneidet sich diese auf das Literarische bezogene Medialitätsbewusstheit mit der anderen genannten Form, die in der expliziten Auseinandersetzung mit den Darstellungskonventionen anderer Medien *im* gedruckten Erzähltext besteht. Auch hier lässt sich wiederum David Lodge als Beispiel anführen, der das letzte Kapitel von *Changing Places* (1975) in der Spielart eines Filmdrehbuchs, einschließlich seiner typographischen Konventionen, geschrieben hat. Die oben angesprochene Systemreferenz kann also nicht nur intertextuell sondern auch intermedial ausfallen. Am Ende des Romans diskutieren die beiden Protagonisten, der britische Literaturprofessor Philip Swallow und sein amerikanischer Kollege Morris Zapp, dass ein fundamentaler Unterschied zwischen Roman und Film in der Schlussgebung bestehe: In einem intertextuellen Verweis auf einen Erzählerkommentar am Ende von Jane Austens Roman *Northanger Abbey* (1818) wird festgestellt, dass die abnehmende Zahl von Seiten bei der Romanlektüre das herannahende Ende unweigerlich ankündige, so dass Autoren auch immer versuchten, die Handlungsstränge zu einem Abschluss zu bringen. Im Gegensatz dazu könne der Film einfach aufhören. Der Roman endet dann mit dem Satz: „Philip shrugs. The camera stops, freezing him in mid-gesture. THE END." (*Changing Places,* 251) Ein als Filmskript geschriebenes Kapitel, in dem ebenfalls ironisierend und spielerisch mit dem filmischen Medienprodukt umgegangen wird, findet sich auch in Adam Thorpes *Ulverton* (1992). Der Roman erzählt mehrere Jahrhunderte der Geschichte eines Dorfes unter Verweis auf oder Verwendung von verschiedenen Medienformaten und Textsorten und ist somit als Mischung von literarischen und nicht literarischen Mediengattungen angelegt. Bei dem in Drehbuchformat erscheinenden Kapitel handelt es sich um ein *post-production script* eines (allerdings fiktionalen) Dokumentarfilms. Der vermeintlich dokumentarische Charakter des Filmbildes wird dadurch unterlaufen, dass die Bilder offenbar so geschnitten wurden, dass sie zu dem Soundtrack passen, der immer wieder auf Antonio Vivaldis *Vier Jahreszeiten* zurückgreift. Der fiktionale Erzähltext imitiert also den Authentizitätsanspruch eines anderen Mediums, um ihn ironisch zu hinterfragen.

Ein solcher – intermedialer – Verweis auf die Konventionen eines anderen Mediensystems ist neben dem intertextuellen Bezug auf andere literarische Gattungen eine weitere Möglichkeit, den Roman zu ‚hybridisieren' und dabei dessen Ausdrucksmöglichkeiten zu betonen. Extreme Formen nimmt diese intermediale Tendenz an, wenn ein Roman vollständig in Drehbuchform erscheint, wie Graham Marks' *Radio Radio* (2003), das sich mit der Vermischung von Verweisen auf inzwischen wohletablierte und fast veraltet zu nennende Medien – das Buchcover reproduziert eine Videokassette, Thema des Romans ist eine Gruppe farbiger Jugendlicher, die einem Londoner Vorort einen illegalen Radiosender betreiben – ausgesprochen medialitätsbewusst gibt. Auch neuere Medienentwicklungen jedoch werden in die Gattung Roman integriert: Wiederum bei Lodge wird in *Thinks* (2001) ein Teil der Kommunikation zwischen den Figuren per E-Mail abgewickelt, und auch dafür liegt ein extremes Beispiel vor: der humoristische Roman *E* von Matt Beaumont (2000), der die Tradition des Briefromans ins Zeitalter der elektronischen Kommunikation versetzt. Da all diese Verweise im gedruckten Erzähltext erfolgen, wird zwar die Relevanz anderer Medien anerkannt, letztlich aber die Integrationsfähigkeit des Romans in den Vordergrund gestellt.

4. Schluss: Gattungshybridität und gesellschaftliche Integration

Bei A.S. Byatt wie auch bei anderen Autorinnen und Autoren kann das Spiel mit den Gattungsmarkierungen zum intellektuellen Wettstreit geraten. Die literarisch gebildeten Leserinnen und Leser sind herausgefordert, Hinweise auf die Zugehörigkeit der Textanteile zu den verschiedenen Gattungen zu suchen, wobei sich einfache Gattungszuweisungen als unzulässig herausstellen. Solche Komplexität zu verstehen, ist nicht bloße Spielerei, sondern gesellschaftlich relevant. Pierre Bourdieu (1987) zufolge dient Gattungswissen als Grundlage für das Erkennen und Zuordnen von Kunstwerken zu Schulen und Epochen. Gattungen haben dabei offenbar auch eine gesellschaftlich differenzierende Funktion, und der Begriff ‚Klassifikation' beinhaltet auch die soziale Komponente des Klassenbegriffs: Wer ein Kunstwerk einer bestimmten Gattung zuordnen kann, demonstriert damit, dass er zur Gruppe der kulturell Gebildeten gehört, da er oder sie imstande ist, Bedeutungen und historische Bezüge an einem Kunstwerk zu erkennen, die über das Inhaltliche hinausgehen. Damit ordnet man sich im Prinzip einer kulturellen ‚Oberschicht' zu und grenzt sich von gesellschaftlichen Schichten ab, die aufgrund ihrer Erziehung nicht über diese Fähigkeiten verfügen. Nun sind solche von Bourdieu an der französischen Kultur beobachteten strikten Trennungen jedoch durch Hybridisierungen auch unterlaufen worden, woran insbesondere die Massenmedien beteiligt waren. Deren Produkte können, wie Irmela Schneider (1994) betont, an sich als hybrid verstanden werden – nicht nur, was die Vermischung von Fiktionalität und Dokumentarischem oder von darstellungstechnischen (z.B. dramatischen und narrativen) Elementen angeht, sondern auch im Hinblick auf die Auflösung der Grenzen zwischen Hochkultur und Populärkultur. Zu der Hybridisierung der Kultur durch Medien trägt ebenfalls der englische Roman der Gegenwart bei, sowohl durch innerliterarische als auch durch intermediale Genremischung. Obwohl ein Teil des Publikums von der intellektuellen Herausforderung angesprochen wird, können doch einzelne gattungstypische Merkmale die jeweiligen Erwartungshaltungen ganz verschiedener Gruppen von Lesern erfüllen. So können vielschichtige Texte auch bei Beschränkung auf einzelne oder wenige Gattungsmuster verstanden und genossen werden.

Während stark experimentelle Romane mit illusionsstörendem Erzählen gewöhnlich nur ein kleines, spezialisiertes Publikum ansprechen, integrieren hybride Texte nicht nur literarische und mediale Konventionen, sondern verfügen auch über ein gesellschaftliches Integrationspotential. In *Possession* und anderen gattungshybriden Romanen sind die von David Lodge ins Auge gefassten Entwicklungsrichtungen des Romans – Nicht-Fiktionalität und *fabulation*, Selbstreflexivität und Realismus – oft gleichzeitig anzutreffen, wenngleich in unterschiedlicher Ausprägung. Der Weg des Romans konnte offenbar anstatt eines ‚entweder/oder' auch in Richtung eines ‚sowohl/als auch' führen. Inwieweit ihm das auch weiterhin seine Position im Konkurrenzfeld der medialen Fiktionen sichern wird, soll hier nicht prophezeit werden.

Literatur

Werke

Ackroyd, Peter. 1985. *Hawksmoor*. London: Hamish Hamilton.
—. 1987. *Chatterton*. London: Hamish Hamilton.
Austen, Jane. 1996 [1818]. *Northanger Abbey*. Harmondsworth: Penguin.
Barnes, Julian. 1989. *The History of the World in 10 1/2 Chapters*. London: Jonathan Cape.
Beaumont, Matt. 2000. *E*. London: Harper Collins.
Bradbury, Malcolm. 1975. *The History Man*. London: Secker & Warburg.
Byatt, Antonia S. 1991 [1990]. *Possession: A Romance*. London: Vintage.
Gascoigne, George. 1998 [1573]. *The Adventures of Master F.J.* In: Paul Salzman (Hg.). *An Anthology of Elizabethan Prose Fiction*. Oxford: Oxford University Press.
Gaskell, Elizabeth. 1996 [1845/55]. *North and South*. Harmondsworth: Penguin.
Lodge, David. 1978 [1975]. *Changing Places: A Tale of Two Campuses*. Harmondsworth: Penguin.
—. 1988. *Nice Work*. London: Secker & Warburg.
—. 2001. *Thinks*. London: Secker & Warburg.
Marks, Graham. 2003. *Radio Radio*. London: Bloomsbury.
Nashe, Thomas. 1998 [1594]. *The Unfortunate Traveller*. In: Paul Salzman (Hg.). *An Anthology of Elizabethan Prose Fiction*. Oxford: Oxford University Press.
Smith, Zadie. 2005. *On Beauty*. London: Hamish Hamilton.
Thorpe, Adam. 1993 [1992]. *Ulverton*. London: Minerva.

Ausgewählte Fachliteratur

Broich, Ulrich. 1996. „A.S. Byatts *Possession* (1990) – ein Pastiche postmoderner Fiktion?" In: Stefan Horlacher & Marion Islinger (Hgg.). *Expedition nach der Wahrheit*. Heidelberg: Winter. 617-33.

Situiert die Gattungshybridität von *Possession* im Kontext postmoderner Erzähltraditionen und Weltanschauungen und zeigt auf, dass diese von Byatt zitiert, aber auch überwunden werden.

Cohen, Ralph. 1987. „Do Postmodern Genres Exist?" In: *Genre* 20: 241-57.

Diskutiert die postmodernen Tendenzen zur Auflösung von Gattungsgrenzen, plädiert aber für eine Beibehaltung von Gattungskategorien als Analyseinstrumentarium.

Edwards, Amy. 2004. „A.S. Byatt's *Possession*." In: Jay Parini (Hg.). *British Writers: Classics*. Bd. II. New York: Scribner. 247-66.

Guter und konziser Überblick über Themen und Darstellungstechniken in *Possession* und Situierung des Romans im Werk Byatts.

Fishelov, David. 1991. „Genre Theory and Family Resemblance – Revisited." *Poetics* 20: 123-38.

Kognitivistischer Beitrag zur Bestimmung des Gattungsbegriffs, der mit den Konzepten der Familienähnlichkeit und Prototypen operiert und Gattungen damit im Wechselspiel zwischen Textmerkmal und Lesererwartung ansiedelt.

Gutenberg, Andrea. 2000. *Mögliche Welten: Plot und Sinnstiftung im englischen Frauenroman*. Heidelberg: Winter.

Theoretische und literaturgeschichtliche Untersuchung von Plotmustern als zentrale Gattungsbestandteile aus Sicht der Gender Studies; verdeutlicht das Spannungsverhältnis von Tradition und Innovation in den Subgattungen des Frauenromans.

Nünning, Ansgar. 1995. *Von historischer Fiktion zu historiographischer Metafiktion*. 2 Bde. Trier: Wissenschaftlicher Verlag Trier.

Im zweiten Band wird die Entwicklung des historischen Romans hin zur *historiographic metafiction* untersucht; dabei wird in einer Vielzahl von Textanalysen, die auf dem im ersten Band entwickelten Theorieentwurf beruhen, die Spannbreite der Gattung und ihre Mischung mit anderen Gattungsmerkmalen deutlich.

Weitere zitierte Literatur

Bakthin, Mikhail. 1981. *The Dialogic Imagination: Four Essays*. Austin, TX: University of Texas Press.

Bourdieu, Pierre. 1987. *Die feinen Unterschiede: Kritik der gesellschaftlichen Urteilskraft*. Frankfurt a.M.: Suhrkamp.

Bronfen, Elisabeth. 1993. „Romancing Difference, Courting Coherence: A.S. Byatt's *Possession* as Postmodern Moral Fiction." In: Rüdiger Ahrens & Laurenz Volkmann (Hgg.). *Why Literature Matters: Theories and Functions of Literature*. Heidelberg: Winter. 117-34.

Fokkema, Douwe. 1989. „The Concept of Convention in Literary Theory and Empirical Research.“ In: Theo D’haen, Rainer Grübel & Helmut Lethen (Hgg.). *Convention and Innovation in Literature*. Amsterdam/Philadelphia: Benjamins. 1-16.

Fowler, Alastair. 2000 [1982]. „Transformations of Genre.“ In: David Duff (Hg.). *Modern Genre Theory*. Harlow: Longman. 232-49.

Hutcheon, Linda. 1988. *A Poetics of Postmodernism: History, Theory, Fiction*. New York/London: Routledge.

Imhof, Rüdiger. 1993. „Akademia im Roman.“ In: Annegret Maack & Rüdiger Imhof (Hgg.). *Radikalität und Mäßigung: Der englische Roman seit 1960*. Darmstadt: Wissenschaftliche Buchgesellschaft. 130-48.

Lodge, David. 1971 [1969]. „The Novelist at the Crossroads.“ In: Ders. *The Novelist at the Crossroads and Other Essays on Fiction and Criticism*. London: Routledge & Kegan Paul. 3-34.

Olson, Gary M., Robert L. Mack & Susan A. Duffy. 1981. „Cognitive Aspects of Genre.“ In: *Poetics* 10: 283-315.

Pfister, Manfred & Ulrich Broich (Hgg.). 1985. *Intertextualität: Formen – Funktionen – Anglistische Fallstudien*. Tübingen: Niemeyer.

Schneider, Irmela. 1994. „Hybridkultur: Eine Spurensuche.“ In: Christian W. Thomsen (Hg.). *Hybridkultur: Bildschirmmedien und Evolutionsformen der Künste: Annäherungen an ein interdisziplinäres Forschungsproblem*. Siegen: Universität-GH Siegen. 9-24.

Wells, Lynn. 2005. „A.S. Byatt’s Possession.“ In: Brian W. Shaffer (Hg.). *A Companion to the British and Irish Novel, 1945-2000*. Malden, MA: Blackwell. 538-49.

14.

FANTASY FICTION: JOANNE K. ROWLING

DIETER PETZOLD

1. *Fantasy Fiction* als literarische Gattung

Das literarische Establishment hat *fantasy fiction* erst spät entdeckt. Zwar erregte bereits in den 1970er Jahren ein Fantasy-Boom, ausgelöst durch J.R.R. Tolkiens *The Lord of the Rings* (1954/55), öffentliche Aufmerksamkeit; aber erst an der Schwelle zum 21. Jahrhundert führten zwei mediale Großereignisse dazu, dass *fantasy* plötzlich in aller Munde war: die dreiteilige Verfilmung von Tolkiens Kultroman (2001-2003) und seit 1997 der beispiellose Erfolg einiger Geschichten um einen zauberkundigen Jungen namens Harry Potter, verfasst von der bis dato völlig unbekannten Autorin J.K. Rowling. Die Umstände und Erscheinungsformen der Vermarktung und Rezeption der Harry-Potter-Bücher sind zwar ein kulturhistorisch hochinteressantes Thema (vgl. Bürvenich 2001; Garbe/Philipp 2006); gleichwohl soll es nicht im Zentrum der nachfolgenden Untersuchung stehen. In einem enger literaturwissenschaftlichen Ansatz soll vielmehr die exemplarische Analyse der Harry-Potter-Bücher als Einführung in das Wesen und die Geschichte der Gattung *fantasy fiction* dienen sowie die spezifischen Fragestellungen erläutern, die sich beim Umgang mit Texten dieser Gattung ergeben.

Was also ist *fantasy fiction*? Die existierenden Antworten auf diese Fragen sind kontrovers und widersprüchlich, ebenso wie die in diesem Kontext gebrauchte Terminologie. Als Gattungsbezeichnung trat das Wort ‚*fantasy*' nach Auskunft des Oxford English Dictionary erst 1949 in Erscheinung und setzte sich erst in den 1970er Jahren durch – was freilich nicht heißen muss, dass es *fantasy fiction* nicht schon viel länger, *avant la lettre*, gegeben haben kann. Die Verwirrung hängt damit zusammen, dass es vielerlei Gattungen gibt, deren Texte ein signifikantes Element des ‚Übernatürlichen', ‚Wunderbaren' enthalten. Mythen, Legenden, Volksmärchen, Kunstmärchen, Tierfabeln, Sagen und Schauerromane verzichten ebenso wie Texte des magischen Realismus, der Science Fiction und eben auch der *fantasy fiction* darauf, sich auf das ‚Mögliche' oder ‚Wahrscheinliche' zu beschränken. Ein griffiger, konsensfähiger Überbegriff fehlt. ‚Phantastische Literatur' käme in Frage und wird auch nicht selten so verwendet; allerdings ist dieser Begriff in einer einflussreichen Studie von Tzvetan Todorov (1970) viel enger auf Texte bezogen worden, die den Leser unschlüssig lassen, ob das Geschehnis, von dem erzählt wird, ein übernatürliches Phänomen darstellt oder rational erklärbar ist. Daneben gibt es auch Vorschläge, als ‚phantastisch' solche Texte zu bezeichnen, welche zunächst eine ‚normal' erscheinende Welt vorführen, in die das Übernatürliche oder Unerklärliche gleichsam einbricht und in den Figuren wie auch in den Lesern Gefühle der Verunsicherung und Angst auslöst (vgl. Durst 2001: 17-60; Rank 2006.).

Es fehlt nicht an Versuchen, den Begriff ‚*fantasy fiction*' auf solche Werke zu beschränken, die eine geschlossene, autonome Welt beschreiben, während Texte, die den Gegensatz zwischen Normalität und Übernatürlichem innerhalb ihres fiktionalen Raumes thematisieren, als ‚phantastisch' bezeichnet werden. Trotz solcher Normierungsbestrebungen werden aber in der Praxis ‚phantastische Literatur' und ‚*fantasy* (*fiction*)' immer wieder auch als Oberbegriffe gebraucht. Besonders im angelsächsischen Sprachraum erhält *fantasy* nicht selten einen weiten Bedeutungsspielraum, wobei man dann manchmal zwischen *high fantasy* (‚geschlossene' Welt) und *low fantasy* (‚offene' Welt) unterscheidet.

Andere Kriterien der Abgrenzung sind nicht weniger problematisch. Wenn man zum Beispiel, wie es C.N. Manlove in einer frühen Studie getan hat, *fantasy* als „a fiction *evoking wonder* and containing a substantial and irreducible element of the supernatural" (Manlove 1975: 1; Hervorheb. d. Verf.) definiert, führt man ein wirkungsästhetisches Kriterium ein, das es zwar ermöglicht, *fantasy fiction* von Gattungen wie der Tierfabel oder der allegorischen Erzählung (die primär belehren wollen) oder auch vom Schauerroman (der primär Angstlust erzeugen will) abzugrenzen, das zugleich aber der subjektiven Einschätzung Tür und Tor öffnet. Überdies sind die drei genannten Momente in den meisten konkreten Texten nebeneinander aufzufinden. Als Kriterium zur gattungstypologischen Abgrenzung taugt allenfalls die Prävalenz eines dieser Momente: ‚*fantasy fiction*' würde dann solche Texte bezeichnen, die primär das Gefühl des Wunderbaren evozieren und weniger belehren oder Angst erzeugen wollen. Das einzelne Werk freilich erweist seine Individualität nicht zuletzt durch das besondere Mischungsverhältnis, in dem diese und weitere wirkungsästhetische Momente vorhanden sind, und demonstriert so die Fragwürdigkeit solcher Gattungskonstrukte.

Ob die Harry-Potter-Bücher die Bezeichnung ‚*fantasy fiction*' zu Recht tragen, ist angesichts dieser verworrenen terminologischen Situation eine müßige Frage. Dass Rowlings Romane den Leser sowohl erstaunen als auch erheitern, verstören und belehren wollen, liegt auf der Hand. Wichtig sind nicht die terminologischen Konsequenzen, die hieraus zu ziehen sind, sondern die interpretatorischen. Insbesondere ist zu fragen, wie sich ihre fiktionale Welt zu der Erfahrungswirklichkeit der Leser verhält und welche Rolle intertextuelle Bezüge bei ihrer Gestaltung spielen. Zuvor ist jedoch noch ein Blick auf die Geschichte der Gattung *fantasy fiction* notwendig, denn wie alle literarischen Texte stehen die Harry-Potter-Bücher in einer Gattungstradition und in einem Netzwerk anderer intertextueller Verknüpfungen, die hier sogar besonders prominent und bedeutsam sind.

2. Zur Geschichte der Gattung *Fantasy Fiction*

Seit wann gibt es *fantasy fiction*? Bereits die frühesten, von Mythen geprägten literarischen Zeugnisse sind voll von Wunderbarem; aus diesem Grund achtzig oder neunzig Prozent der Weltliteratur als ‚*fantasy fiction*' zu bezeichnen, käme freilich einer inflationären Entwertung des Gattungsbegriffs gleich. Eine mögliche Eingrenzung basiert auf dem Gedanken, dass der Begriff ‚*fantasy fiction*' einen Gegensatz zwischen ‚realistischer' und ‚nicht-realistischer' Literatur impliziert, der sich erst in der Neuzeit herausgebildet hat. Insofern liegt es nahe, von *fantasy fiction* erst dann zu sprechen, wenn der fragliche Text in Opposition zu den seit der Aufklärung in der westlichen Welt dominanten Normen des Empirismus und Rationalismus steht.

In England setzt eine eigenständige Tradition der *fantasy fiction* in signifikantem Umfang erst im 19. Jahrhundert ein. Sie ist an anderen Stellen ausführlich dokumentiert (z.B. Prickett 1979; Petzold 1981; Manlove 1999; 2003) und kann hier nur angedeutet werden. Zu den frühen ‚Klassikern' zählen *Alice's Adventures in Wonderland* (1865) von „Lewis Carroll" (d.i. Charles Lutwidge Dodgson); *The Princess and the Goblin* (1872) von George MacDonald; *Peter Pan* (1904) von James Matthew Barrie; die phantastischen Kinderbücher von Edith Nesbit, zum Beispiel *Five Children and It* (1902); *The Wind in the Willows* (1908) von Kenneth Grahame sowie *Winnie-the-Pooh* (1926) von A.A. Milne. Zusammen mit einer Reihe weiterer Texte repräsentieren sie das, was man später als ‚*The Golden Age of Children's Literature*' bezeichnet hat – wobei paradoxerweise eines ihrer Kennzeichen ist, dass sie eben nicht nur von Kindern rezipiert, sondern genauso begeistert von Erwachsenen gelesen wurden: eine Eigentümlichkeit, welche die *fantasy fiction* bis zum heutigen Tag auszeichnet.

Für die weitere Entwicklung der Gattung haben die Werke J.R.R. Tolkiens, insbesondere *The Hobbit* (1937) und *The Lord of the Rings* (1954-55), eine Schlüsselfunktion. Ihre Faszinationskraft und wohl auch ihr kommerzieller Erfolg haben in vielen Autorinnen und Autoren den Wunsch geweckt, gleich Tolkien fiktive pseudo-mittelalterliche Welten zu schaffen, in denen sich neben Menschen auch Zwerge, Elben, Trolle und andere wundersame Wesen tummeln, wo gewaltige Kämpfe zwischen guten und bösen Mächten ausgefochten und Heldentaten mit dem Schwert ebenso wie durch Zauberei vollbracht werden. Man nennt diese Art von *fantasy fiction* deshalb manchmal ‚*sword & sorcery*' oder auch ‚*heroic fantasy*'. Eine weitere Bezeichnung für formelhafte, leicht konsumierbare Unterhaltungsliteratur dieser Art, die oft in Serien auf den Markt kommt, ist ‚*genre fantasy*'.

Daneben aber haben gerade englische Autorinnen und Autoren – z.B. C.S. Lewis, Mary Norton, William Mayne, Alan Garner, Joan Aiken, Susan Cooper, Roald Dahl und Diana Wynne Jones – seit den 1950er Jahren sehr viele *fantasy*-Werke hervorgebracht, die sich in ihrer Vielfalt und hohen Qualität solch einfachen Kategorisierungen entziehen. Gemeinsam ist den meisten ihrer im Übrigen höchst unterschiedlichen Werke, dass sie nicht ausschließlich in einer abgeschlossenen Anderswelt spielen, sondern das Wunderbare in einem mehr oder minder genau gezeichneten zeitgenössischen

England ansiedeln, und dass sie in vielfältiger Weise auf literarische Motive und Traditionen Bezug nehmen.

Die *fantasy fiction* der Gegenwart – sofern man die unter diesem Begriff subsumierten Werke überhaupt auf einen Nenner bringen kann – führt gerade die Neigung zu intertextuellen Verknüpfungen noch in verstärktem Maße fort. Nicht unberührt von den Tendenzen der postmodernen Erzählliteratur, spielt sie gerne mit Themen und Motiven der eigenen Tradition, vermischt phantastische Elemente mit Phänomenen der zeitgenössischen Wissenschaft, Politik und/oder Populärkultur, verschmilzt Gattungen und verweist durch metafiktionale Techniken auf Funktionen und Probleme phantastischen Erzählens. Die vielleicht prominentesten Beispiele dafür sind die ‚Scheibenwelt'-Romane Terry Pratchetts. Seit 1983 sind nicht weniger als 35 dieser Romane erschienen, die zwar in einer bizarren ‚Anderen Welt' spielen (sie ist scheibenförmig, ruht auf vier Elefanten, die ihrerseits auf einer riesigen, durch den Weltraum fliegenden Schildkröte stehen), aber dennoch durch ein komplexes Netz von Anspielungen auf eine Vielfalt von Themen, welche die Menschen in unserer gegenwärtigen Gesellschaft bewegen, Bezug nehmen. Dabei bedienen sie sich nicht nur der Motive und Handlungsmuster der Märchen- und Fantasyliteratur, sondern nehmen auch Anleihe bei der Science Fiction, dem Kriminalroman, dem Schauerroman und vielen anderen Gattungen. Als Beispiel für einen prononciert metafiktionalen *fantasy*-Roman sei *Haroun and the Sea of Stories* (1990) von Salman Rushdie genannt, ein Kinderbuch, welches die Wichtigkeit des phantastischen Fabulierens für das Individuum wie für die Gesellschaft thematisiert. Dass auch die Affinität der *fantasy fiction* zu religiösen Themen, die schon in C.S. Lewis' *Narnia Chronicles* und zuvor etwa in den viktorianischen *fantasy*-Romanen George MacDonalds hervortrat, in unserer Zeit nicht bedeutungslos geworden ist, beweist die Popularität des schwergewichtigen, dreibändigen Werkes *His Dark Material* (1997-2000) von Philip Pullman. Hier bezieht der Autor, der sich selbst in der Tradition der religiösen Dichtung John Miltons und Willliam Blakes sieht, in einer verschlungenen, in mehreren Paralleluniversen spielenden Handlung indirekt Stellung gegen den Machtanspruch hierarchisch strukturierter christlicher Einrichtungen und Ideologien. Gleichsam als Alternative entwickelt er einen auf materialistischer Philosophie und diesseitiger Sinnenfreude basierenden Mythos.

3. Joanne K. Rowlings Harry Potter (1997-2007)

3.1 Die Organisationsform der Harry-Potter-Bücher

Von manchen Kommentatoren wurden die Harry-Potter-Bücher als Serie bezeichnet; tatsächlich aber stellen sie eine Heptalogie dar, ein Erzählwerk, das aus sieben einzelnen und doch eng miteinander verknüpften Bänden besteht. Ihre Betrachtung als Serie ist insofern verständlich, als die sieben Bände weitgehend dieselben Schauplätze, dieselben Hauptfiguren und dieselbe Handlungsstruktur besitzen, und sogar die Titel nach demselben Schema aufgebaut sind. Doch anders als in typischen Serienromanen spielt hier die Zeit eine gewichtige, strukturierende Rolle: Jeder Band umfasst in konsekutiver Weise ein Jahr erzählter Zeit; die Figuren altern also und entwickeln sich, und es gibt eine die einzelnen Episoden überwölbende, lineare Handlung. Deren wichtigstes Element ist der Kampf des Protagonisten Harry Potter mit seinem Erzgegner Voldemort, der in jedem Band aufs Neue entbrennt und dabei an Komplexität gewinnt. Zugleich muss Harry sich kontinuierlich mit der Frage auseinandersetzen, wer er eigentlich ist, wo seine Wurzeln liegen und worin seine Bestimmung besteht: Die Bücher folgen damit im Wesentlichen dem klassischen Schema des Entwicklungsromans. Auch hinsichtlich der Komplexität der sprachlichen und der Plot-Gestaltung sowie des schieren Umfangs der Geschichten wachsen die Anforderungen an die Leserinnen und Leser (die somit gleichsam ‚mitwachsen' müssen) von Band zu Band.

3.2 Die Welt der Harry-Potter-Bücher

Die Harry-Potter-Bücher gehören offensichtlich zu jenen *fantasy*-Geschichten, die nicht in einer einzigen, geschlossenen ‚Anderen Welt' spielen, sondern in zwei Welten, die nebeneinander existieren und nur gelegentlich interagieren. Dabei ist natürlich auch die ‚nicht-magische' Welt Teil der Fiktion und gleicht nur auf den ersten Blick der uns vertrauten Realität. Tatsächlich sehen wir von der Welt der ‚normalen' Menschen (den ‚Muggles', wie sie von den Angehörigen der zauberkundigen Subkultur genannt werden), nur kleine Ausschnitte, die weit davon entfernt sind, die gegenwärtige, komplexe Wirklichkeit wiederzugeben. Diese Ausschnitte – etwa das Familienleben der Dursleys oder der Bahnhof King's Cross in London – dienen lediglich als Kürzel, die die Existenz der ‚normalen' Welt andeuten. Werden andere Bestandteile dieser Welt erwähnt – Wohnhäuser, Läden, Autos, Busse, Eisenbahnzüge, Telefonzellen –, so erweisen sie sich häufig als heimlich von der Zauberer-Gemeinschaft okkupiert. Die Gesellschaft der Zauberkundigen erscheint quasi als der ‚Normalfall': Aus ihrer Perspektive wird die Welt erlebt.

In mancher Hinsicht ähnelt die Welt der Zauberer der empirischen Realität. Es gibt – vor den Augen der Muggles verborgen – Läden, Banken, Schulen, eine Art Regierung (das ‚Ministry of Magic'), ein Gefängnis, eine Tageszeitung. Technologie allerdings wird in der Welt der Zauberer weitgehend durch Magie ersetzt, sofern man nicht schlicht ohne sie auskommt. Nur selten werden technische Geräte aus der Welt der Muggles übernommen, wie z.B. der Zug, der von Bahnsteig 9 3/4 nach Hogwarts fährt; eher schon werden sie umfunktioniert. So finden wir z.B. in *The Chamber of Secrets* ein Auto, dem Mr. Weasley (verbotenerweise) die Fähigkeit zu fliegen angezaubert hat, und in *The Order of the Phoenix* dient eine scheinbar defekte Telefonzelle als Zugang zum Ministry of Magic. Das Bild der Zauberer-Alternativwelt, das auf diese Weise entsteht, ist, dank seiner verspielten Vielfalt, vor allem in den Anfangsbänden sehr amüsant; es enthält offenkundige Wunschtraumelemente, aber auch satirische Züge, etwa wenn der Starkult (*The Chamber of Secrets*) oder die Klatsch- und Sensationspresse (*The Goblet of Fire*) aufs Korn genommen werden (für einen Vergleich der Harry-Potter-Welt mit dem England der Thatcher-Ära vgl. Westman 2002).

Mindestens ebenso wichtig wie die Bezüge zu der uns vertrauten, modernen Welt sind die Anleihen, die Rowling bei der Literatur macht. Ein Großteil der Handlung spielt in der Internatsschule Hogwarts, deren Architektur aus der *Gothic novel* entlehnt ist und deren Traditionen und Rituale alle Klischees der *school story* reproduzieren, die zwischen 1880 und 1930 ihre Blütezeit erlebte (zu Rowlings Verwendung dieser literarischen Gattung vgl. Steege 2002; Smith 2003; O'Sullivan 2006). Auch von den anderen Schauplätzen stammen nicht wenige aus dem Inventar der *Gothic novel*: das Stadthaus der Blacks, ein Friedhof, die entlegene, leerstehende Villa (,The Riddle House'), die Voldemort als Versteck dient (*The Goblet of Fire*), das kafkaeske Labyrinth des Ministry of Magic (*The Order of the Phoenix*), das einsame Moor, der magische See (*The Half-Blood Prince*). Von der Welt außerhalb der britischen Inseln erfährt man nur vom Hörensagen. So gibt es offenbar auch in Irland, Frankreich, und Bulgarien Zauberer-Populationen mit eigenen Schulen, denn Vertreter dieser Länder nehmen an den Endspielen des Quidditch World Cup teil (*The Goblet of Fire*), und Brüder von Harrys Freund Ron Weasley arbeiten in Rumänien und Ägypten. Auch hier entsprechen die wenigen Details, die in Erscheinung treten, nicht der Wirklichkeit, sondern eher literarischen Klischees, insbesondere der Literatur des Empire (vgl. Anatol 2003b). Entscheidend für den Charakter der Harry-Potter-Bücher ist, dass die meisten dieser Klischees nicht naiv verwendet werden, sondern quasi Zitatcharakter besitzen. Sie sind Teil einer spielerisch-distanzierten Grundhaltung, die allerdings unauffällig bleibt und in den späteren Bänden mehr und mehr zurücktritt.

Der spielerische Aspekt der Harry-Potter-Bücher tritt deutlicher hervor, wenn wir die Wesen betrachten, die ihre Welt bevölkern, sowie die verschiedenen Rollen, welche die Magie dort spielt. In Rowlings Welt wimmelt es geradezu von phantastischen Wesen, von denen die Autorin nur ganz wenige frei erfunden hat; die übrigen hat sie jahrhundertealten Traditionen entnommen und ihren Zwecken angepasst. Aus dem internationalen Fundus von Mythen stammen zum Beispiel der Phönix, der Hippogreif, der Basilisk, die Sphinx, Tritonen, Zentauren, Einhörner und Drachen; aus der germanischen Sagenwelt kommen Gnome, Kobolde, Hauselfen, Trolle, Riesen und Werwölfe; aus der Schauerliteratur – die sich ihrerseits aus der Sagenwelt speist – wurden Poltergeister, Gespenster und Vampire entlehnt sowie das Motiv der mehrmaligen Verwandlung eines Menschen in ein Tier, etwa in einen Wolf. Teilweise werden diese Motive parodistisch-komisch verwendet; dagegen ist die Fähigkeit einiger Figuren (sogenannter *animagi*), sich zeitweise in ein Tier zu verwandeln, für den Fortgang der Handlung sehr wichtig und erschöpft sich keineswegs in der Erzeugung eines billigen Schauereffekts. Auch hinsichtlich der Magie, des wichtigsten Kennzeichens der Harry-Potter-Welt, bedient sich Rowling ohne jede Scheu der reichen abendländischen Tradition, deren Breite und Vielfalt sich sowohl im Fächerkanon an der Hogwarts-Schule manifestiert als auch in der täglichen Handlungspraxis. Der Katalog reicht von der Fertigung magischer Scherzartikel über Fliegen auf Besen, magische Ortswechsel, Wunderheilungen, Verwandlungen, Liebestränken, bis hin zu Hellsehen, Prophezeiungen, Geisterbeschwörungen und Zaubersprüchen, die einen Gegner lähmen, verletzen, foltern oder sogar töten können. Rowling geht mit dieser Tradition oft phantasievoll und spielerisch, aber niemals respektlos um – allerdings auch, ohne sich viele Gedanken über die metaphysische Basis der magischen Praxis zu machen. Welcher Art, welchen Ursprungs sind die Kräfte, die durch magische Praktiken freigesetzt werden? Impliziert Zauberglaube ein animistisches oder ein dualistisches Weltbild? Wie verträgt er sich mit dem christlichen Glauben? Solche Fragen interessieren die Autorin weniger als der moralische Aspekt der Magie. Dass Zaubern eine Kunst ist, die zwar angeborenes Talent, aber auch fleißiges Studium und Übung verlangt, wird den Zöglingen von Hogwarts schnell vor Augen geführt; dass magische Fähigkeiten Macht verleihen und deshalb Verantwortungsgefühl und moralische Festigkeit erfordern, zeigt das Regelwerk, dem alle Mitglieder der Zauberer-Gemeinschaft unterworfen sind – und, mehr noch, die Handlung der Harry-Potter-Bücher.

3.3 Die Handlung(en) der Harry-Potter-Bücher

Wie in Serien, aber auch in Entwicklungsromanen, üblich, ist die Existenz einer zentralen Bezugsperson, eines ‚Helden', für die Harry-Potter-Bücher strukturbestimmend. Der Protagonist Harry Potter ist paradoxerweise sowohl eine Ausnahmegestalt als auch ein Durchschnittsmensch und bietet sich gerade deshalb dem Leser als Identifikationsfigur an, als Projektionsfläche für seine Wunschträume, Ängste und Ressentiments. Im ersten Band (*The Philosopher's Stone*) tritt Harry zuerst als Aschenputtelfigur auf, als Waisenkind, dessen Eltern von Voldemort getötet wurden, als Harry noch ein Baby war. Er überlebte als Einziger den Todesfluch und trug als Zeichen dafür eine legendäre Narbe auf der Stirn davon, die einem Blitz gleicht. Harry wächst bei der Schwester seiner Mutter und deren Familie auf und wird von seinen Zieheltern permanent physisch wie psychisch misshandelt, findet sich mit dem Eintritt in die Zaubererwelt dann aber im Handumdrehen als bewunderter Star wieder. Ähnlich wie die meisten Zaubermärchen, aber auch wie andere Waisengeschichten, zum Beispiel *Oliver Twist*, kümmert sich der erste Band keinen Deut um psychologische Wahrscheinlichkeit und gestaltet dafür ungeniert sowohl Inferioritäts- als auch Allmachtsphantasien (vgl. Spinner 2001).

Diese werden allerdings im Verlauf der Geschichte in dem Maße, wie die Struktur der *school story* die des Märchens à la Aschenputtel überlagert, zumindest teilweise dekonstruiert. Harry Potter bleibt nur eingeschränkt der Star, als der er begrüßt wurde; er wird zum Durchschnittsschüler, mit bestimmten Talenten (zum Beispiel beim Quidditch-Spiel), aber auch Schwächen. Das Interesse verlagert sich auf das, was den Reiz der *school story* ausmacht, weil es die Lebenserfahrung und die Probleme von Schulkindern unmittelbar anspricht: auf zwischenmenschliche Beziehungen, die Bewährung gegenüber den Mitschülern und den Lehrern. In beiden Gruppen kristallisieren sich Freunde und Feinde heraus, die in den ersten Bänden noch sehr klar definiert sind. Insbesondere die enge Freundschaft, die sich zwischen Harry Potter und seinen Mitschülern Ron Weasley und Hermione Granger entwickelt, bietet jenen emotionalen Halt, dessen ein Mensch, der in eine völlig neue Umgebung geworfen wird, dringend bedarf. Ein festes Regelwerk von Vorschriften und Ritualen erleichtert die Orientierung, reizt aber auch zu Grenzverletzungen, in denen sich das Ich gegenüber den Autoritäten behaupten kann.

Eine erneute Wandlung Harrys – vom Schüler zum Abenteuer-Helden – vollzieht sich im weiteren Verlauf der Geschichte. In dem Maße, in dem unerklärliche Ereignisse, die sich auf zunächst noch geheimnisvolle Weise gegen Harry Potter richten, den Schulalltag in den Hintergrund drängen, schiebt sich wiederum ein neues Handlungsmuster über das bereits etablierte, nämlich das des Detektivromans: Ein Rätsel ist zu lösen, mit den dafür typischen Mitteln des Befragens, Belauschens, Kombinierens. Dabei stehen – wie im typischen Kinderkrimi – dem Helden seine Freunde zur Seite; Harry Potter selbst allerdings hat immer weniger die Rolle des klassischen Detektivs inne, der ein ihn nicht persönlich betreffendes Verbrechen aufklärt. Er wird zum Gejagten, zum potentiellen Opfer eines Gegners, von dem er anfangs nur vage Kenntnisse besitzt. In einer Art Showdown gelingt es ihm zwar, die Angriffe seines Feindes abzuwehren; schon früh aber deutet sich an, was in den folgenden Bänden immer deutlicher wird: dass er seinen Gegner Voldemort nur besiegen kann, wenn er Klarheit über dessen Identität und Ziele erlangt. Dies heißt jedoch auch, dass sich Harry über seine eigene Identität gewiss werden muss, denn sein Leben ist – wie sich herausstellt – auf geheimnisvolle Weise mit dem Leben Voldemorts verknüpft. Damit ist bereits angedeutet, dass es ein alle Bände übergreifendes Thema gibt; dennoch stellt sich mit dem Ende des Bandes *closure,* das Gefühl eines befriedigenden Abschlusses, ein. Mit der Rückkehr Harrys in die Welt der Muggles am Ende des Schuljahrs scheint sich ein Kreis zu schließen, der sich bei genauerem Hinsehen jedoch eher als Spirale erweist: Harry hat Erfahrungen gesammelt und ist nicht mehr der, der er vorher war.

Hinsichtlich der sprachlichen Gestaltung, des Umfangs, der Anzahl der Episoden und der Komplexität der Probleme unterscheiden sich die folgenden Bände vom ersten wie auch untereinander; gleichwohl besitzen die ersten sechs Bände alle die oben beschriebene zyklische Grundstruktur. Diese ist die Konsequenz von Rowlings Entscheidung, an der Schule und dem Schuljahr als chronotopischem Ordnungsprinzip festzuhalten – was selbst für Serien ungewöhnlich ist, jedoch der Lebenserfahrung des schulpflichtigen Lesepublikums entspricht. Der letzte Band umfasst wiederum die Handlung eines Jahres; dennoch ist er anders strukturiert. Er beginnt zwar nochmals mit einem Abschied Harrys von seiner Ziehfamilie, den Dursleys; doch dies ist nicht der Anfang eines erneuten Zyklus, denn Harry wie auch seine engsten Freunde, Hermione und Ron, kehren nicht als Schüler nach Hogwarts zurück. Vielmehr setzt sich nun die gattungstypische Quest-Struktur durch, die verdeckt von Anfang an vorhanden war:

Die Handlung ist nun linear und zielgerichtet, bestimmt von den Motiven der Reise und der Suche. Das alles überwölbende Ziel ist die Vernichtung Voldemorts: sie stellt die ‚Eucatastrophe' der ganzen Heptalogie dar (der von Tolkien geprägte Begriff meint die für Märchen und *fantasy fiction* typische Wendung zum alles umfassenden glücklichen Ende).

Die Einhaltung des Jahreszyklus als Strukturprinzip bringt es mit sich, dass wir die Entwicklung des Protagonisten wie auch seiner Mitmenschen detailliert verfolgen können. Freundschaften bilden sich, werden vertieft, geraten in Krisen, werden im Zuge der Pubertät von erotischen Wünschen überlagert; Nebenfiguren, die anfangs nur als skurrile Typen erscheinen, gewinnen an Bedeutung und Persönlichkeit, andere treten in den Hintergrund, neue Bezugspersonen tauchen auf und verschwinden wieder; das Lehrpersonal wechselt, und auch das Verhältnis zwischen Harry und dem Stammpersonal der Schule ist Wandlungen unterworfen; selbst die scheinbar heile Welt der Familie Weasley zeigt Risse.

Im Verlauf der enorm ereignisreichen und verwickelten Geschichte entsteht vor den Augen des Lesers Schritt für Schritt eine komplexe Welt, die von Hunderten von Figuren besiedelt ist und eine beachtliche historische Tiefendimension besitzt. Es fehlt nicht an Figuren, Motiven und Episoden, die – dank Rowlings Wortwitz und skurriler Einfälle – zum Lachen oder Schmunzeln reizen. Insgesamt jedoch verdüstert sich von Band zu Band die Atmosphäre, wird der Ton ernster, mehren sich schlimme Vorkommnisse. Wir erleben die schrittweise Zerstörung der anfangs so heiter-skurril erscheinenden Welt der Zauberer durch eine lange Folge von Vorfällen, durch die Menschen zu Schaden und sogar ums Leben kommen. Hinter den meisten dieser Geschehnissen steckt – direkt oder indirekt – jene rätselhafte Figur, die sich Lord Voldemort nennt: Harrys Gegenspieler und zugleich der Inbegriff des Bösen in der gesamten Heptalogie.

3.4 Der Kampf zwischen Gut und Böse

Dass *fantasy fiction* stets vom Kampf zwischen den ‚Mächten des Bösen' und den ‚Mächten des Guten' handle, ist ein Gemeinplatz, der, wie die meisten Gemeinplätze, eine Halbwahrheit darstellt. Ist damit bereits eine Abwertung impliziert? Gegen eine solche Unterstellung ließe sich ins Feld führen, dass die gesamte Weltliteratur von nichts anderem als der Auseinandersetzung mit dem Bösen handelt. In der konkreten Darstellung des Bösen und des Guten freilich gibt es gewaltige Unterschiede und eine große Bandbreite von Möglichkeiten. Kritiker missbilligen in der Regel Vereinfachungen und verurteilen folglich Gattungen, die quasi von Haus aus zur Schwarzweißzeichnung tendieren. Andererseits lässt die Beliebtheit von Märchen, Schauerromanen, Melodramen, Kriminal- und Agentenromanen usw. darauf schließen, dass viele Menschen, wenn es um Ethik geht, ein Bedürfnis nach ‚klaren Verhältnissen' haben.

Da *fantasy fiction* nicht der Simulation von empirischer Wirklichkeit verpflichtet ist, kann sie ethische Probleme deutlicher herausarbeiten als die ‚realistische' Literatur; insbesondere kann sie, wie das Märchen, Gut und Böse polarisieren und auf einzelne Figuren projizieren. Auch wenn von dieser Möglichkeit Gebrauch gemacht wird, muss daraus nicht zwangsläufig kritikloses Schwarzweißdenken entstehen. Anspruchsvolle *fantasy*-Romane fragen philosophisch (manchmal auch theologisch) nach dem Wesen des Bösen, gehen konkret den Motivationen böser Figuren nach, zeigen die Korrumpierbarkeit des menschlichen Herzens, zeichnen ambivalente Figuren – kurzum, sind in dieser Hinsicht nicht weniger an der Lebenswirklichkeit interessiert als die ‚realistische' Literatur.

Kritiker, die Rowling auf der Basis der ersten beiden Harry-Potter-Bände simples Schwarzweißzeichnen vorwarfen, haben oberflächlich und vorschnell geurteilt. Rowling teilt die Welt Harry-Potter-Bücher nicht fein säuberlich in gut und böse auf, sondern thematisiert gerade die Schwierigkeit, das Gute und das Böse zu erkennen und sich für gutes Handeln zu entscheiden. Immer wieder ist Harry, und mit ihm der Leser, Täuschungen ausgesetzt: Schon im ersten Band erweist sich der scheinbar harmlose Professor Quirrell als ein Werkzeug Voldemorts; umgekehrt wird der als gefürchteter Schwerverbrecher geltende Sirius Black in *The Prisoner of Azkaban* Harrys bester Bundesgenosse, ja sogar Ersatzvater. Beispiele für solche Irreführungen ließen sich leicht vermehren. Durch sie zeigt Rowling, worauf es ihr ankommt: dass es zwar eindeutig gute und böse Handlungen gibt, nicht aber ein für allemal gute oder böse Menschen; denn diese entwickeln und wandeln sich. Der einzelne Mensch ist teilweise das Produkt äußerer Umstände; gleichwohl besitzt er die Fähigkeit zu freien moralischen Entscheidungen.

Über weite Strecken des Romanzyklus erscheint Harrys Erzfeind Voldemort weniger als Mensch denn als böser Dämon. Kaum jemand traut sich überhaupt, den Namen ‚Voldemort' auszusprechen – er wird von allen nur als ‚You-Know-Who' paraphrasiert. In den ersten Bänden ist er auf ein körperloses Dasein reduziert und muss sich anderer Menschen bedienen, um zu agieren; später (ab *The Goblet of Fire*) nimmt er eine grotesk-schaurige Gestalt mit einem schlangenhaften Gesicht an. Gleichzeitig sammeln sich Voldemorts Anhänger, die ‚Death Eaters', zu einer Formation, die anfangs an eine Terrororganisation erinnert und im letzten Band ein auf Rassegesetzen aufgebautes Schreckensregime errichtet, dessen Ähnlichkeit mit der Judenverfolgung im Dritten Reich offensichtlich ist.

Total ich-zentriert und bar jeglichen Mitgefühls, ist Voldemort ein gewissenloser Mörder und zugleich von dem Wunsch nach ewigem Leben besessen. Entsteht so der Eindruck, als sei er der Urheber alles Bösen, so bleibt doch festzuhalten, dass die Gesellschaft der Zauberer auch ohne sein Wirken keineswegs die wunderbare und heile Welt ist, als die sie Harry beim Eintritt ins Internat erscheint: Es gibt Neid, Eifersucht, große und kleine Bosheiten unter den Schülern und den Lehrern, es gibt Eitelkeit, Sensationsgier, Intrigen und Streit sowie tragische Entfremdungen zwischen Vater und

Sohn, wovor selbst die scheinbar intakte Familie Weasley zeitweise nicht gefeit ist. Mit dem Justizwesen und der öffentlichen Sicherheit steht es nicht zum Besten; das düstere Gefängnis Azkaban mit seinen seelischen Folterknechten, den Dementoren, ist eine reichlich ambivalente Einrichtung. Vor allem aber krankt die Zauberer-Gesellschaft an Klassendünkel und Rassismus. Schon in den frühen Bänden lässt sich dies an dem Verhalten von Harrys Mitschüler und Intimfeind Draco Malfoy, dessen Vater und der Kampagne gegen ‚mudbloods' (Kinder aus Mischehen zwischen Zauberern und Muggles) deutlich ablesen. Im Grunde aber durchziehen die sozialen Spannungen die ganze Gesellschaft, denn der Gedanke der Exklusivität ist ihr sozusagen *per definitionem* eingeschrieben (vgl. Ostry 2003). Bestimmte Werte, die wir als negativ anzusehen gewohnt sind, werden in der Welt der Zauberer geduldet und akzeptiert: Salazar Slytherin war einer der Gründungsväter von Hogwarts, und die Existenz seines ‚Hauses' wird – samt den Eigenschaften Ehrgeiz, Verschlagenheit und Skrupellosigkeit, die es verkörpert – nie in Frage gestellt (vgl. Lavoie 2003, Patterson 2004).

Nicht weniger verwirrend ist, dass immer wieder auf eine geheimnisvolle Verbindung zwischen Voldemort und Harry hingewiesen wird. Schon im ersten Band finden sich dafür Indizien: Beide besitzen einen Zauberstab, der als Kern eine Schwanzfeder von Dumbledores Phönix enthält, sowie die Fähigkeit, die Sprache der Schlangen zu verstehen; darüber hinaus gibt es aber auch eine Art telepathischer Verbindung, von Harrys schmerzender Narbe bis hin zu tranceähnlichen Aufgehen in der Gedankenwelt des anderen. Um sich gegen Voldemort verteidigen zu können, muss Harry Potter sich also über seine eigene Identität klar werden, was für ihn vor allem die Suche nach seinen Wurzeln impliziert. Dass sein Dasein in unmittelbarem Zusammenhang mit dem Mord Voldemorts an seinen Eltern steht, wird ihm schon vor seinem Eintritt in das Internat mitgeteilt (*The Philosopher's Stone,* Kap. 4). Stück für Stück findet er in den folgenden Bänden (insbesondere in *The Prisoner of Azkaban*) heraus, dass sein Vater einem Freundeskreis angehörte, der von außerordentlicher Solidarität getragen war und doch in Hass, Verrat und Tod endete – ein mahnendes Beispiel für die ebenfalls schweren Krisen ausgesetzte Freundschaft zwischen Harry, Ron und Hermione.

Tom Riddle (alias Lord Voldemort) ist von schrankenlosem Egoismus getrieben, der in seinem vermessenen Streben nach Unsterblichkeit gipfelt. Dass die Samen für diesen übersteigerten Egoismus in Riddles Kindheit gelegt wurden, erfahren wir erst in *The Half-Blood Prince*, wo der junge Tom, hochbegabt, sensibel und als Waisenkind lieblos behandelt wie Harry, sich als Opfer des verblendeten Rassen- und Klassendünkels seiner Großeltern und seiner Umwelt erweist. Weshalb fällt dann nicht auch Harry Potter der Versuchung des Bösen in Gestalt von Egomanie zum Opfer? Weil ihm das Gute (wie Dickens' Oliver Twist, der sich in einer ähnlichen Situation bewährt) angeboren ist? Weil er (wiederum wie Oliver Twist) das Glück hat, auf wohlwollende Helfer und Beschützer zu stoßen? Rowlings Werk gibt hierauf keine eindeutige Antwort; wahrscheinlich trifft beides zu. Ganz gewiss ist Harry kein moralischer Musterknabe. Wenn es ihm notwendig erscheint, lügt er und verstößt ohne Skrupel gegen Vorschriften (was Rowling von puritanisch gesinnten Kritikern vorgeworfen wurde, vgl. z.B. Abanes 2005), und vor allem in *The Order of the Phoenix* ist der pubertierende Harry oft rechthaberisch und aufbrausend. Aber an den entscheidenden Stellen trifft er spontan die moralisch richtigen, d.h. selbstlosen Entscheidungen; er hat ‚das Herz am rechten Fleck'. Was freilich nicht heißt, dass ihm die Entscheidungen leicht fielen oder immer richtig wären. Auch wenn er am Ende die Erlöserrolle ausfüllt, die ihm von Anfang an vorbestimmt zu sein schien, ist er kein Märchenheld, dem die Siege gleichsam in den Schoß fallen.

Der Nachdruck auf den moralischen Entscheidungen Harrys wie auch anderer Figuren zeigt, dass der Glaube an die Willensfreiheit der Eckpfeiler von Rowlings bürgerlich-liberaler Ethik ist, die durchaus in der auf Aristoteles und Augustinus gründenden christlich-abendländischen Tradition steht (vgl. Baggett/Klein 2005). Schon am Ende des zweiten Bandes belehrt Dumbledore Harry: „It is our choices, Harry, that show what we truly are, far more than our abilities." (*The Chamber of Secrets*, 358) Rowling macht sich jedoch nicht zum Sklaven starrer Prinzipien. Wie z.B. der folgende Dialog aus *The Half-Blood Prince* zeigt, erkennt sie auch an, dass Entscheidungen von äußeren Umständen bestimmt sein können. Harrys Mutter hatte sich für ihr Kind geopfert; Toms Mutter dagegen wählte aus gebrochenem Herzen den Tod und überließ ihren Sohn damit seinem Schicksal. Harry fragt ungläubig:

> ‚She wouldn't even stay alive for her son?' Dumbledore raised his eyebrows. ‚Could you possibly be feeling sorry for Lord Voldemort?' ‚No,' said Harry quickly, ‚but she had a choice, didn't she, not like my mother –' ‚Your mother had a choice, too,' said Dumbledore gently. ‚Yes, Merope Riddle chose death in spite of a son who needed her, but do not judge her too harshly, Harry. She was greatly weakened by long suffering and she never had your mother's courage.' (246)

Erst im letzten Band wird dem Leser gezeigt, dass Dumbledore seine Weisheit und Milde nicht in die Wiege gelegt wurden, sondern einen Sieg über jugendlichen Hochmut und ideologische Verblendung darstellen, in einer langen, von Schuldgefühlen geprägten Entwicklung. Noch stärker kündet das Beispiel des erst am Ende des siebten Bandes nicht mehr undurchsichtigen Professors Severus Snape von inneren Kämpfen gegen Hochmut und Leidenschaften.

Wenn die Behandlung ethischer Fragen bei Rowling Kritik verdient, dann jedenfalls nicht, weil sie zu einfach wäre. Dass die Harry-Potter-Bücher sowohl von rechts – von wo aus ihnen Werterelativismus und Verharmlosung von Magie vorgeworfen wird – als auch von links – wo man bemängelt, dass ihr Eintreten für eine multi-ethnische Gesellschaft ohne Klassen- und Rassenhass nicht konsequent genug durchgehalten werde – angegriffen wurde, zeigt immerhin, dass sie Fragen aufwerfen, die in unserer Gesellschaft für relevant gehalten und lebhaft diskutiert werden. Ihr Erfolg hängt wohl nicht zuletzt auch damit zusammen, dass sie eine Mittelposition einnehmen, ohne banal zu werden. Wie Just (2006: 69) zu Recht feststellt, verwendet Rowling zwar „stilistische Methoden der Postmoderne wie Verweis, Zitat, Collage oder Verwischen der

Genre-Genzen, teilt aber keineswegs die Ideologie der Postmoderne". Sie behandelt politisch-moralische Themen, die in unserer Gesellschaft aktuell sind (Fremdenhass, Faschismus, Werteverfall, egoistisches Machtstreben), aber auch entwicklungspsychologische, die eher überzeitlich zu sein scheinen (Identitätssuche, Selbstbehauptung, Akkulturation). Ihre Lösungsangebote gründen auf einem traditionell-bürgerlichen Wertekatalog, in dem Rücksichtnahme, Toleranz, Freundschaft, Liebe und der mutige, selbstlose Einsatz gegen das Unrecht an oberster Stelle stehen. Wie stark Rowling dabei christlichem Gedankengut verpflichtet ist, wird erst am Ende des siebten Bandes wirklich augenfällig: Indem er bereit ist, sein Leben kampflos für das Wohl der anderen hinzugeben, nimmt Harry Potter geradezu Züge Christi an. Dass er auch eine Wiederauferstehung erlebt, ist dagegen wohl eher dem erzählerischen Kalkül der Autorin und den Gattungskonventionen zu danken, die ein ‚Happyend' verlangen.

4. Fazit

Mit diesen Feststellungen ist auch bereits die häufig gestellte Frage beantwortet, weshalb die Harry-Potter-Bücher sowohl von Kindern als auch von Erwachsenen gelesen werden. Vielleicht noch etwas mehr als andere literarische Gattungen ist *fantasy fiction* ein Spiel mit ernsthaften Konnotationen. Wie alle guten Kinderbücher besitzen die Harry-Potter-Bücher eine philosophische Tiefendimension, die man rezipieren, aber auch ignorieren kann. Ihr Verzicht auf erzähltechnische Experimente, ihre Mischung aus Humor und Thrill, und ihr unbefangener Umgang mit den Traditionen der abendländischen Phantastik machen es dem Leser leicht, in ihre fiktionale Welt einzutauchen. Wer sich auf sie einlässt, wird zum Insider, kann sich lustvoll in ihrer Detailfülle verlieren, sich an ihren skurrilen Wortschöpfungen ergötzen, sich der Suggestivität ihrer aus jahrhundertealten Traditionen gespeisten Phantastik hingeben, sich in eine antiquiert-verschrobene Welt flüchten, in der er Wunschträume wie auch Ängste ausspinnen und bewältigen kann. All diese Faktoren machen die Harry-Potter-Bücher zu einem ‚typischen' Beispiel für *fantasy fiction*. Aufgrund ihres besonderen Mischungsverhältnisses aber sind sie im bisherigen Kanon dieser Gattung zugleich eine einzigartige Erscheinung.

Literatur

Werke

Barrie, James Matthew. 1974 [1904]. *Peter Pan*. Harmondsworth: Penguin-Puffin.
Carroll, Lewis. 1992 [1865]. *Alice in Wonderland.* New York: Norton.
Dickens, Charles. 1987 [1837/38]. *Oliver Twist*. Harmonsworth: Penguin.
Grahame, Kenneth. 1984 [1906]. *The Wind in the Willows*. London: Methuen.

Lewis, Clive Staples. 1970 [1950-56]. *The Chronicles of Narnia*. 7 Bände. New York et al.: Macmillan.
MacDonald, George. 1990 [1872]. *The Princess and the Goblin*. Oxford: Oxford University Press.
Milne, Alan Alexander. 1987 [1926]. *Winnie-the-Pooh*. London: Methuen.
Nesbit, Edith. 1959 [1902]. *Five Children and It*. London: Penguin-Puffin.
Pullman, Philip. 1997-2000. *His Dark Material*. 3 Bände. New York: Knopf.
Rowling, Joanne K. 1997. *Harry Potter and the Philosopher's Stone*. London: Bloomsbury.
—. 1998. Harry Potter and the Chamber of Secrets. London: Bloomsbury.
—. 1999. Harry Potter and The Prisoner of Azkaban. London: Bloomsbury.
—. 2000. Harry Potter and the Goblet of Fire. London: Bloomsbury.
—. 2003. Harry Potter and the Order of the Phoenix. London: Bloomsbury.
—. 2005. Harry Potter and the Half-Blood Prince. London: Bloomsbury.
—. 2007. Harry Potter and the Deathly Hallows. London: Bloomsbury.
Rushdie, Salman. 1990. *Haroun and the Sea of Stories*. London: Granta.
Tolkien, J.R.R. 1999 [1937]. *The Hobbit*. London: HarperCollins.
—. 1994 [1954-55]. *The Lord of the Rings*. London: HarperCollins.

Ausgewählte Fachliteratur

Anatol, Giselle Liza (Hg.). 2003a. *Reading Harry Potter: Critical Essays*. Westport: Praeger.

Sammlung von 14 Aufsätzen, besonders stark hinsichtlich ideologiekritischer Ansätze.

Attebery, Brian. 1992. *Strategies of Fantasy*. Bloomington: Indiana University Press.

Enthält interessante Ansätze zur Gattungstheorie; gut lesbar.

Baggett, David & Shawn E. Klein (Hgg.). 2004. *Harry Potter and Philosophy: If Aristotle Ran Hogwarts*. Chicago: Open Court.

Die Beiträge benutzen die Harry-Potter-Bücher als Anschauungsmaterial für philosophische Grundprobleme und legen zugleich die philosophischen Grundlagen von Rowlings Welt dar.

Clute, John & John Grant (Hgg.). 1997. *The Encyclopedia of Fantasy*. London: Little, Brown & Co.

Standard-Nachschlagewerk; erfasst auf 1049 Seiten Literatur und Filme bis 1995.

Garbe, Christine & Maik Philipp (Hgg.). 2006. Harry Potter: Ein Literatur- und Medienereignis im Blickpunkt interdisziplinärer Forschung. Hamburg: LIT.

Sammlung von 14 Aufsätzen, besonders stark hinsichtlich der medialen Rezeption der Bücher (Vermarktung, Verfilmung, Merchandising, Fanwesen).

Gupta, Suman. 2003. *Re-reading* Harry Potter. Basingstoke: Macmillan.

Ausführlicher Versuch, die Bücher in der Geschichte und Theorie der Kinderliteratur zu verorten.

Hallett, Cynthia Whitney (Hg.). 2005. Scholarly Studies in Harry Potter: Applying Academic Methods to a Popular Text. Lewiston: Edwin Mellen.

Sammlung von 14 Aufsätzen von generell hohem Niveau, die zum Teil auch *Phoenix* berücksichtigen.

Manlove, Colin. 1999. *The Fantasy Literature of England*. Basingstoke: Macmillan.

Problematische Gattungsdefinition und -systematik, doch nützlich als Fundgrube einschlägiger Texte und interessanter Kommentare.

Weitere zitierte Literatur

Abanes, Richard. 2005. *Harry Potter, Narnia, and The Lord of the Rings*. Eugene, OR: Harvest House.

Anatol, Giselle Liza. 2003b. „The Fallen Empire: Exploring Ethnic Otherness in the World of Harry Potter." In: Giselle Liza Anatol (Hg.). *Reading Harry Potter: Critical Essays*. Westport: Praeger. 163-178.

Bürvenich, Paul. 2001. Der Zauber des Harry Potter: Analyse eines literarischen Welterfolgs. Frankfurt a.M. et al.: Peter Lang.

Durst, Uwe. 2001. *Theorie der phantastischen Literatur*. Tübingen: Francke.

Just, Martin-Christoph. 2006. „*Harry Potter* – Ein postmodernes Kinderbuch?" In: Christine Garbe & Maik Philipp (Hgg.). *Harry Potter - Ein Literatur- und Medienereignis im Blickpunkt interdisziplinärer Forschung*. Hamburg: LIT. 49-71.

Lavoie, Chantel. 2003. „Safe as Houses: Sorting and School Houses at Hogwarts." In: Giselle Liza Anatol (Hg.). *Reading Harry Potter: Critical Essays*. Westport: Praeger. 35-49.

Manlove, Colin. 1975. *Modern Fantasy: Five Studies*. Cambridge: Cambridge University Press.

—. 2003. From Alice to Harry Potter: Children's Fantasy in England. Christchurch, New Zealand: Cybereditions.

O'Sullivan, Emer. 2006. „Der Zauberlehrling im Internat: *Harry Potter* im Kontext der britischen Literaturtradition." In: Christine Garbe & Maik Philipp (Hgg.). *Harry Potter - Ein Literatur- und Medienereignis im Blickpunkt interdisziplinärer Forschung*. Hamburg: LIT. 27-48.

Ostry, Elaine. 2003. „Accepting Mudbloods: The Ambivalent Social Vision of J. K. Rowling's Fairy Tales." In: Giselle Liza Anatol (Hg.). *Reading Harry Potter: Critical Essays*. Westport: Praeger. 89-101.

Patterson, Steven W. 2004. „Is Ambition a Virtue? Why Slytherin Belongs at Hogwarts." In: David Baggett & Shawn E. Klein (Hgg.). *Harry Potter and Philosophy: If Aristotle Ran Hogwarts*. Chicago: Open Court. 121-31.

Petzold, Dieter. 1981. Das englische Kunstmärchen im neunzehnten Jahrhundert. Tübingen: Niemeyer.

Prickett, Stephen. 1979. *Victorian Fantasy*. Hassocks: Harvester.

Rank, Bernhard. 2006. „Phantastik in der Kinder- und Jugendliteratur.“ In: Jörg Knobloch & Gudrun Stenzel (Hgg.). *Zauberland und Tintenwelt: Fantastik in der Kinder- und Jugendliteratur*. Weinheim: Juventa. 10-25.

Smith, Karen Manners. 2003. „Harry Potter's Schooldays: J.K. Rowling and the British Boarding School Novel.“ In: Giselle Liza Anatol (Hg.). *Reading Harry Potter: Critical Essays*. Westport: Praeger. 69-87.

Spinner, Kaspar H. 2002. „Im Bann des Zauberlehrlings: Tiefenpsychologische und lesepsychologische Gründe für die Faszination von Harry Potter.“ In: Kaspar H. Spinner (Hg.). *Im Bann des Zauberlehrlings? Zur Faszination von Harry Potter*. Regensburg: Pustet. 11-20.

Steege, David K. 2002. „Harry Potter, Tom Brown, and the British School Story: Lost in Transit?“ In: Lana A. Whited (Hg.). *The Ivory Tower and Harry Potter: Perspectives on a Literary Phenomenon*. Columbia: University of Missouri Press. 140-56.

Todorov, Tzvetan. 1992 [1972]. *Einführung in die fantastische Literatur*. Frankfurt: Fischer.

Westman, Karin E. 2002. „Spectres of Thatcherism: Contemporary British Culture in J.K. Rowling's Harry Potter Series.“ In: Lana A. Whited (Hg.). *The Ivory Tower and Harry Potter: Perspectives on a Literary Phenomenon*. Columbia: University of Missouri Press. 305-28.

15.

KOLLEKTIVES GEDÄCHTNIS UND *ENGLISHNESS*: JULIAN BARNES

BIRGIT NEUMANN

> *I am interested in what you might call the invention of tradition. Getting its history wrong is part of becoming a nation. And we do the same thing with our lives. We invent, ransack and reorder our childhood.*
> *(Barnes in einem Interview 1998; zit. nach V. Nünning 2001: 58)*

1. Kollektives Gedächtnis und *Englishness* in der englischen Gegenwartsliteratur

Das Zitat bringt schön auf den Punkt, um welche Themen zahlreiche Romane des englischen Erfolgsautors Julian Barnes kreisen: Es geht um manchmal ziemlich elastische Vergangenheiten sowie um deren Bedeutung für die Konstitution von Identität. Nicht die Vergangenheit als solche, nicht eine wie auch immer geartete authentische Historie steht zur Disposition, sondern die Frage, wie man sich die Vergangenheit über die Erinnerung so aneignen kann, dass sie als Grundlage einer halbwegs stabilen und auf jeden Fall positiven *Englishness* taugt. Ganz offenbar impliziert der Prozess einer identitätsstabilisierenden Aneignung des Vergangenen zahlreiche kreative Umdeutungs- und manchmal sogar Erfindungsprozesse. Die kollektive Erinnerung, so die Annahme, die sich leitmotivisch durch das Werk Barnes' zieht, ist flüchtig und instabil, und da sie stets vom Standpunkt der Gegenwart aus operiert, gibt sie zumeist mehr Einblick in gegenwärtige Sinnbedürfnisse von Individuen oder Gruppen, in erhoffte oder erwünschte Selbstbilder, als in vergangene Ereigniszusammenhänge selbst.

Der enge und vielschichtige Zusammenhang zwischen kollektiver Erinnerung und *Englishness* wird spätestens Mitte der 1970er Jahre zu einem zentralen Thema der englischen Literatur. Die Rückbesinnung auf das kulturelle Erbe und eine oftmals selbstreflexive Auseinandersetzung mit Möglichkeiten der sinn- und identitätsstiftenden Vergangenheitsaneignung ist in der englischen Literatur seitdem „fast zur Obsession" (A. Nünning 2000: 191) geworden. Stellvertretend für zahlreiche weitere Romane, in denen die Frage nach der kollektiven Erinnerung und ihrer Bedeutung für die Konstitution einer nationalen Identität einen zentralen Platz einnimmt, seien John Fowles' *Daniel Martin* (1977), Andrew Sinclairs *Gog* (1967), *Magog* (1972) und *King Ludd* (1988), Peter Ackroyds *English Music* (1992) oder Adam Thorpes *Ulverton* (1992) genannt. Weniger die vergangenen Ereignisse selbst stehen in ihrem Zentrum als vielmehr die Frage, wie die Vergangenheit von der Gegenwart aus rekonstruiert und für die Stabilisierung einer *Englishness* dienstbar gemacht werden kann. Die genannten Romane verbinden die mimetische Darstellung der Vergangenheit mit einer Reflexion über die Möglichkeiten ihrer identitätsstiftenden Rekonstruktion. Deutlich machen sie dabei vor allem eines: Das kollektive Gedächtnis ist nicht darauf angelegt, die Vergangenheit möglichst authentisch oder gar vollständig abzubilden; im Gegenteil: Ihm geht es um die Schaffung einer ‚usable past' (Zamora 1998), d.h. einer Vergangenheit, auf deren Grundlage gegenwärtige Sinn- und Identitätsbedürfnisse befriedigt werden können. Indem diese Romane die notwendige Konstruktivität und Selektivität der nationalen Gedächtnisbildung offenlegen, bereiten sie zugleich den Boden für eine kritische Auseinandersetzung mit den Konstitutionsmechanismen der *Englishness*. Während die Romane Sinclairs, Ackroyds und Thorpes an der nostalgischen Vorstellung einer sich über die gemeinsame Erinnerung konstituierenden *Englishness* festhalten, stellt Barnes' *England, England* die Legitimation einer solchen in der Vergangenheit begründeten nationalen Identität grundlegend in Frage.

Ein typisches Beispiel dafür, wie über ein heterogenes Konglomerat von Fakten und Fiktion, von Mythen, Historie, Sagen und Volkslegenden Konzepte von *Englishness* konstruiert werden, ist Andrew Sinclairs *Gog* (1967), der zusammen mit *Magog* (1972) und *King Ludd* (1988) die Romantrilogie *The Albion Triptych* bildet. Der Roman Gog bedient sich eines dichten Netwerkes von intertextuellen Bezügen, um die vielfältige Präsenz des kulturellen Erbes Britanniens zu evozieren. Wenn Fiktion, Mythen und Geschichten dabei zahlreiche Verbindungen eingehen, dann wird der Einsicht Rechnung getragen, dass auch im Kollektivgedächtnis die Grenzen zwischen Erfundenem und Faktischem fließend sind. Das breite Spektrum unterschiedlicher Gattungsreferenzen – von Auszügen aus nordischen Sagenfragmenten über das Drehbuch eines Films bis hin zu einem Horrorcomic – sowie etliche Anspielungen auf die britische Literatur machen *Gog* zu einer regelrechten ‚Echokammer' (Barthes), in der die vielen Stimmen des nationalen Kulturgedächtnisses widerhallen (vgl. A. Nünning 1993: 61). Die Referenzen auf das kulturelle Erbe Britanniens evozieren zwar kaleidoskopisch immer weitere Geschichten, verdeutlichen dabei aber auch den zwangsläufig selektiven Charakter jeder Form von Gedächtnisbildung. Was von der Vergangenheit bleibt, sind allenfalls Erinnerungsspuren, die nach gegenwärtigen Sinnbedürfnissen zu einem mehr oder weniger kohärenten Ganzen zusammengefügt werden: „What is remembered is. Whether it were fact or fantasy, doing or dream, memory makes it history." (*Gog*, 175) Wiewohl *Gog* durch die Pluralität der intertextuell evozierten Erinnerungen die Unmöglichkeit eines homogenen Nationalgedächtnisses illustriert, wird durch die Intertextualität doch vorausgesetzt, dass die britische Kulturgeschichte eine probate Grundlage für gegenwärtige Konzepte von *Englishness* bietet.

Ebenso wie Gog nutzt auch Ackroyds Roman *English Music* (1992) Verfahren der Intertextualität bzw. Intermedialität, um an die englische Kulturgeschichte zu erinnern.

Welch hohe Bedeutung der Intertextualität in Ackroyds Werk zukommt, geht schon aus einer Bemerkung hervor, die er *English Music* vorangestellt hat: „The scholarly reader will soon realize that I have appropriated passages from Thomas Browne, Thomas Malory, William Hogarth, Thomas Morley, Lewis Carroll, Samuel Johnson, Daniel Defoe and many other English writers" (o.S.). *English Music* unterstellt der Gesamtheit der englischen Literatur, Musik, Philosophie und bildenden Kunst einen spezifischen ‚Rhythmus', der als verbindendes Formgesetz der *Englishness* figuriert. Der *Englishness* des *‚scholarly reader'* bzw. der Hochkultur wird in Ackroyds Roman das Potential gesamtgesellschaftlicher Integration zugeschrieben; ethnische Andersartigkeit und interkulturelle Pluralität bleiben – auch bedingt durch die Verlagerung des Geschehens in die 1930er Jahre – dabei allerdings außen vor (vgl. Schabert 2006: 438). So ist auffällig, dass nahezu ausschließlich englische Künstler Erwähnung finden. Ebenso wie in *Gog* richtet sich auch die in *English Music* entworfene *Englishness* an der Nation als homogenisierendem Leitbild kultureller Identität aus. Implizit wirft der Roman damit die Frage nach den Ein- und Ausschlusskriterien einer englischen Nationalidentität auf: Was wird überhaupt als besonders ‚englisch' symbolisiert? Bei aller vermeintlichen Integrativität der *Englishness* weist das Konzept offenbar eine hegemoniale Seite auf, mit der das als ‚unenglisch' Gebrandmarkte ausgeschlossen werden soll.

Auch in Thorpes Roman *Ulverton* (1992) wird die kollektive Vergangenheit, in diesem Fall die eines kleinen englischen Dorfes, über intertextuelle und intermediale Referenzen vergegenwärtigt, die je unterschiedliche, oftmals inkompatible Aspekte der Geschichte von Ulverton von der Mitte des 17. Jahrhunderts bis zur Gegenwart anklingen lassen. Die Geschichte des Dorfes wird in zwölf in sich abgeschlossenen Kapiteln präsentiert, die sowohl hinsichtlich ihrer Gattungs- bzw. Medienzugehörigkeit als auch ihres Sprachstils auf die jeweilige Epoche, die sie schildern, abgestimmt sind (vgl. A. Nünning 1995: 349). Dass fiktionale und nichtfiktionale Textsorten, historische und mythische Dokumente, schriftliche Überlieferungen und Alltagserzählungen in Ulverton zu einer unentwirrbaren Einheit verschmelzen, illustriert, dass es bei der kollektiven Gedächtnis- und Identitätskonstruktion mindestens ebenso um die ‚Findung' wie um die ‚Erfindung' des Vergangenen geht. Durch intermediale Referenzen führt *Ulverton* vor Augen, in welchem Maße die Weitergabe von Vergangenem an mediale Dispositive gebunden ist, und dass folglich nur solche Erinnerungen in der Gegenwart verfügbar sind, die medial tradiert wurden. Dass Medien, selbst solche vermeintlich referentiellen wie Photographien oder Protokolle, Vergangenes nicht abbilden, sondern überhaupt erst konstituieren, wird deutlich, wenn ein protokollierender Beamter konzediert, dass er die Aussagen von Tätern und Augenzeugen nach eigenem Gutdünken abändere: „One has to cut these yards of fustian cloth, as a tailor for a dwarf." (*Ulverton*, 153) Die sich leitmotivisch durch *Ulverton* ziehende Akzentuierung der Konstruktivität von Erinnerungen sowie der Kontingenz der historischen Überlieferung werfen implizit die Frage nach den Bedingungen einer Kollektividentität auf, die sich primär über die Erinnerung konstituiert. Wenn Erinnerung nämlich immer selektiv ist, dann können auch die darauf aufbauenden Vorstellungen von kollektiver Identität keine Integrativität, geschweige denn Absolutheit beanspruchen.

Die Konstruktionsbedingungen von *Englishness* werden auch in Barnes' Roman *England, England* gründlich unter die Lupe genommen. *Englishness* erscheint in dieser Satire als fast sinnentleertes Konglomerat von Historie, Mythen und Klischees, das allenfalls noch die finanziellen Interessen seiner Produzenten und das Unterhaltungsbedürfnis seiner Rezipienten befriedigen kann. Wie bereits in Jonathan Rabans Reiseroman *Coasting* (1987) sichert *Englishness* als Maskerade zwar ein ertragreiches Touristengeschäft, lässt aber zentrale soziale Herausforderungen der Gegenwart ungelöst. Barnes' Satire richtet sich sowohl gegen die touristische Vermarktung der englischen Vergangenheit, wie sie in jüngster Zeit vom Heritage-Geschäft erfolgreich betrieben wird, als auch gegen eine *Englishness*, die allein auf der – vermeintlich kollektiv geteilten – Vergangenheit basiert.

2. Fiktionen von *Englishness* in Julian Barnes' *England, England* (1998)

Die Erinnerung an die nationale Vergangenheit und ihre strategische Funktionalisierung für die Stabilisierung einer positiven Nationalidentität stehen im Zentrum von *England, England.* Der Roman verbindet die Inszenierung der ephemeren, sogar unzuverlässigen Qualität der Erinnerung mit einer kritischen Reflexion der Bedingungen der Vergangenheitsaneignung (vgl. Head 2002: 118): Er exploriert, parodiert und dekonstruiert die Mechanismen, die an der Konstruktion bzw. Erfindung einer ‚usable past' und der *Englishness* beteiligt sind, und stellt dabei selbstreflexiv die Unmöglichkeit einer wie auch immer gearteten authentischen Vergangenheitsrepräsentation heraus. Als prominentes Beispiel, an dem das Funktionieren von Gedächtnis- und Identitätserfindung vorgeführt wird, dient dem Roman ein hyperrealer Freizeitpark. Dieser Freizeitpark – darauf verweist das Attribut ‚hyperreal' – wird von dem Industriemogul Sir Jack Pitman mit dem Anspruch gebaut, ein ‚authentisches Replikat' Englands zu sein, das das Original bzw. die Realität zu überbieten und zu ersetzen sucht (vgl. Baudrillard 1991).

Barnes' Roman erzählt in drei Teilen zwei eng miteinander verwobene Geschichten: Die persönliche Geschichte Martha Cochranes von ihrer Kindheit bis ins hohe Alter und die des aberwitzigen Projekts Pitmans, der in der ersten Hälfte des 21. Jahrhunderts England auf der Isle of Wight regelrecht ‚verdoppelt'. Der knappe erste Teil des Romans, „England", präsentiert die Kindheits- und Jugenderinnerungen Marthas. Indem er die Unzuverlässigkeit ihrer Erinnerung betont, weist er auf zentrale Themen des Insel-Projekts voraus, das im zweiten Teil, „England, England", geschildert wird. Sir Jack Pitman nimmt sich des absurden Projekts an, die Essenz Englands in Form eines hyperrealen Freizeitparks zu duplizieren. Die gewitzte Martha wird in mittleren Lebensjahren Mitarbeiterin in Sir Jacks Projekt und leitet zwischenzeitlich sogar den erfolgreichen Inselbetrieb. Die mangelnde Authentizität des Inselprojekts findet in Marthas Beziehung zu dem farblosen Paul Harrison, Pitmans persönlichem „idea catcher" (30), eine Entsprechung, denn ihre Gefühle sind allenfalls von dem Versuch bestimmt, so etwas wie Liebe zu empfinden. Letztendlich wird Martha aus dem Projekt ausgeschlossen und muss die Insel verlassen. Der dritte Teil des Romans beschreibt Marthas zurückgezogenes Leben in dem ländlichen Staat „Anglia", dem ehemaligen, nunmehr von seinem Konkurrenzprojekt in den Schatten gestellten ‚Olde England'.

Insbesondere der zweite Teil des Romans, der in überdrehter Weise eine veritable Manie nach nationaler Selbstvergewisserung beschreibt, weist deutliche Affinitäten zur Satire auf, die sich traditionell gesellschaftlicher Fehlentwicklungen annimmt und ihre Leserschaft durch ‚Schocktaktiken' eines Besseren belehren möchte. Die Reduktion auf Skandalöses soll ein gesellschaftliches Regulativ bilden, das kulturelle Auswüchse brandmarkt und auf einen zumeist nur implizierten positiven Gegenentwurf verweist. Barnes selbst bezeichnet *England, England* als „semi-farce" (zit. nach Henke 2001: 262). Diese einschränkende Klassifizierung des Romans als eine bloß ‚halbe' Farce dürfte zum einen darauf zurückzuführen sein, dass vor allem im zweiten, mit Abstand längsten Teil des Romans satirische bzw. farcenhafte Elemente vorherrschen; zum anderen signalisiert die Bezeichnung aber auch, dass das scheinbar groteske Projekt eines Freizeitparks, in dem der Nationalstolz vermarktet wird, doch einen realen Kern hat und somit bloß die ganz normalen – und durchaus ernstzunehmenden – Mechanismen der nationalen Selbstvergewisserung offen legt (vgl. ebd.).

Wiewohl die drei Teile des Romans auf den ersten Blick recht heterogen erscheinen, stehen sie thematisch und strukturell in einem engen Zusammenhang. Thematisch wird die Kohärenz über die Untersuchung der zahlreichen Wechselwirkungen zwischen Erinnerung und Identität gewährleistet. In struktureller Hinsicht führt der Roman durch drei unterschiedliche Entwicklungsphasen der englischen Nation, in denen je verschiedene Versionen bzw. Fiktionen der *Englishness* erprobt werden. Dabei erweist sich, dass historische Authentizität und die Stabilisierung von Identität unvereinbar sind, und so wird auch die Unterscheidung zwischen Original und Kopie, zwischen Realität und Fiktion wenn nicht hinfällig, so doch zumindest durchlässig. Die damit verbundene Beliebigkeit im Umgang mit der Geschichte und die fast willkürliche Modellierung von Identität allerdings hinterlassen „eine fundamentale Leerstelle, eine Sehnsucht nach Sinn durch gesicherte Selbsterkenntnis" (Henke 2001: 263).

Genau dieses Dilemma zwischen der Erfindung von Vergangenem einerseits und der Inkaufnahme beunruhigender Leerstellen andererseits steht am Beginn des Romans. Was ihre erste Erinnerung sei, wird Martha gefragt, und sie weiß darauf keine Antwort zu geben, weil sie sich schlechterdings nicht erinnert: „A memory was by definition not a thing, it was … a memory. A memory now of a memory a bit earlier of a memory before that of a memory way back when." (3) Erinnerungen stehen folglich von Beginn an unter dem Verdacht des Inauthentischen, denn in ihrer Flüchtigkeit bieten sie keinen gesicherten Einblick in die ursprüngliche Vergangenheit, sondern sind immer schon von gegenwärtigen Sinnbedürfnissen und nachfolgenden Erinnerungskonstruktionen überschrieben. So drängt sich an die Stelle des Originals der ersten Erinnerung ein nach Maßgabe der Gegenwart geformtes Duplikat. Erste Erinnerungen, so Marthas lapidares Urteil, sind daher immer Lügen; da allerdings alle Personen eine erste Erinnerung zu haben scheinen, entfaltet auch sie im Folgenden die ihrige. Bezeichnenderweise kreist diese um ein Puzzlespiel, dessen Teile die Grafschaften von England bilden. Durch die nationale Überformung ihrer ersten, erfundenen Erinnerung wird implizit eine Analogie zwischen der individuellen und kollektiven Vergangenheitskonstruktion hergestellt, die Martha ausdrücklich betont: „It was like a country remembering its history: the past was never just the past, it was what made the present able to live with itself. The same went for individuals" (6). Erinnerungen werden mithin als zweckgebundene Konstruktionen charakterisiert, als beruhigende Fiktionen, die dem Bedürfnis nach einem positiven Selbstbild entgegenkommen.

Neben der notwendigen Konstruktivität und Selektivität der Erinnerung wird im ersten Teil des Romans ein zweites Thema eingeführt, das auf Sir Jacks England-Verdopplung vorbereitet: die Glorifizierung der nationalen Geschichte. Die institutionelle Geschichtsklitterung wird in der Unterrichtsmethode von Marthas Geschichtslehrerin parodiert, die ihre Sprösslinge historisch einschneidende Daten in simplifizierenden, aber hochgradig eingängigen „chants of history" (11), d.h. im gemeinsamen Klatschgesang, auswendig lernen lässt. Spannender wird der Geschichtsunterricht für Martha dann, wenn ihre Lehrerin die Historie in fesselnde Geschichten verpackt. Dass diese offizielle Geschichtsversion aber bei weitem nicht der Wahrheit, zumindest nicht *der* Wahrheit, entspricht, wird Martha später durch ihre spanische Freundin Cristina zu Bewusstsein gebracht, die nicht dazu bereit ist, in Sir Francis Drake den nationalen Helden zu erkennen, für den ihn Martha hält: „When Cristina, more seriously this time, repeated, ‚He was a pirate', Martha knew that this was the comforting if necessary fiction of the defeated." (7) Trotz aller Versuche, *Englishness* zu glorifizieren, steht diese mithin in dem ersten Teil des Romans auf wackligen Beinen, und so wird Marthas Kindheit zum Abbild einer scheinbar ebenso in ihren Anfängen befindlichen englischen Nationalidentität.

Im zweiten Teil des Romans, „England, England", wird die Einsicht in die Konstruktivität der nationalen Geschichte und Identität auf die Spitze getrieben. Unter dem Vorzeichen der Hyperrealität wird ein neues Modell der *Englishness* erprobt, das offenbar eine nationale Potenzierung, eine buchstäbliche Verdoppelung Englands zum Ziel und *Englishness* damit zu der Stabilität zu verhelfen sucht, die sie in „England" vermissen ließ. Das Projekt setzt bei der im ersten Teil vorbereiteten Diagnose einer tief greifenden Identitätskrise Englands bzw. Britanniens an. Die nationale Krise manifestiert sich in Barnes' Zukunftssatire in verschiedenen zeitgeschichtlichen Phänomenen, u.a. in den Autonomiebestrebungen von Schottland und Wales, dem Beitritt des Landes zur Europäischen Union sowie dem angeschlagenen Zustand der englischen

Monarchie. Dem Patrioten Sir Jack wird der klägliche Zustand seines Landes von dem Geschäftsmann Batson plakativ dargelegt: „‚So England comes to me, and what do I say to her? I say, ‚Listen, baby, face facts. We're in the third millennium and your tits have dropped. The solution is not a push-up bra.'" (37) Da aus der Gegenwart Englands kaum Kapital zu schlagen ist, liegt es nur nahe, dass die Lösung, die Batson vorschwebt, in der glorreichen Vergangenheit der Nation liegen muss: „‚We must sell our past to other nations as their future!'" (40) Damit steht fest, dass England durch die gezielte Vermarktung seiner Kulturgeschichte in Form eines Freizeitparks zu einer neuen, zeitgemäßen und ‚sexy' Identität verholfen werden soll.

Das Vorhaben, auf der Insel einen Themenpark aufzubauen und die gegenwärtige Identitätskrise Englands durch die Vermarktung der englischen Vergangenheit zu lösen, evoziert Jonathan Swifts Satire *A Modest Proposal* aus dem Jahre 1729. Bekanntermaßen wird in dieser Schrift durch die persona des sachlichen Volkswirts der wohlmeinende Vorschlag unterbreitet, zur Rettung der ökonomischen Lage Irlands Armenkinder schlachten zu lassen und ihr Fleisch an die Mitglieder der oberen Schichten zu verkaufen. Sowohl *A Modest Proposal* als auch *England, England* setzen demnach auf die ‚Ausschlachtung' des Körpers – im ersten Fall auf die des individuellen, im zweiten auf die des kollektiven Körpers der Nation. Beide parodieren eine Gesellschaft, in der wirtschaftliche Interessen zum obersten Wert avanciert sind.

Barnes nutzt die Beschreibung der Vorbereitungen des Projekts dazu, sich selbstreflexiv mit den Mechanismen der nationalen Gedächtnis- und Identitätskonstruktion auseinanderzusetzen. So sieht sich das ehrgeizige Projektteam zunächst vor die Herausforderung gestellt, zu erkunden, welche Aspekte der Kulturgeschichte überhaupt als besonders ‚englisch' gelten. Um darauf Antworten zu finden, gibt Sir Jack zwei Untersuchungen in Auftrag, die mit zahlreichen satirischen Spitzen die Aporien des englischen Nationalstolzes aufdecken. Die eine Umfrage soll gegenwärtige Merkmale der englischen Nation und der Engländer aus der Sicht von Ausländern erfassen; die andere fragt nach den vergangenen Ereignissen, die Engländer als besonders typisch für ihre Geschichte ansehen. Die Liste der „Fifty Quintessences of Englishness" (83) enthält erwartungsgemäß zahlreiche Schlagwörter wie „1. Royal Family", „2. Big Ben/ Houses of Parliament", „5. Pubs", „7. Robin Hood and his Merrie Men" oder 17. „Shakespeare"; hingegen sind fast alle Attribute, die den Engländern zugeschrieben werden, negativ konnotiert. In den Augen von Ausländern zeichnet sich der typische Engländer nämlich durch folgende, wenig schmeichelhafte Eigenheiten aus: „12. Snobbery", „21. Phlegm/Stiff Upper Lip", „31. Hypocrisy", (vgl. 83f.). Verständlich, dass sich der patriotische Sir Jack mit diesem Ergebnis nicht zufrieden geben möchte und es kurzerhand auf einen Umfragefehler zurückführt.

Die zweite Umfrage wird von Dr. Max, einem renommierten Historiker, der eigens für das Projekt angeworben wurde, durchgeführt. Zutage bringt sie vor allem eines: wie wenig die Engländer über ihre Geschichte wissen. Ihr Kenntnisse über die Nationalgeschichte basieren auf etlichen Spekulationen und ist obendrein mythisch verklärt: Ob Harold II. „Norman" oder „Saxon" war, kann der Befragte nicht mit letzter Sicherheit beantworten; fest stehe aber, dass er 1066 in der Schlacht von Hastings durch einen sein Auge durchbohrenden Pfeil zu Tode gekommen sei (vgl. 80f.). Patriotismus, so die desillusionierte Folgerung von Dr. Max, setzt eben die mythische Verklärung der eigenen Geschichte voraus:

> Most people remembered history in the same conceited yet evanescent fashion as they recalled their own childhood. It seemed to Dr. Max positively unpatriotic to know so little about the origins and forging of your nation. And yet, therein lay the immediate paradox: that patriotism's most eager bedfellow was ignorance, not knowledge. (82)

Max greift hier nochmals die Parallelisierung der individuellen und kollektiven Erinnerung auf, die sich leitmotivisch durch den Roman zieht: Wenn es darum gehen soll, Identitäten zu stabilisieren, dann ist der selektive und beschönigende Umgang mit der Vergangenheit offenbar unvermeidlich. Geschichte muss Spaß machen; wie Jeff, der ‚Concept Developer', den Neulingen im Projekt, Martha und Dr. Max, nahe bringt, ist sie in erster Linie dazu da, ihren Konsumenten ein ‚gutes Gefühl' zu verschaffen: „‚Well, the point of our history – and I stress the our – will be to make our guests, those buying what is for the moment referred to as Quality Leisure, feel better.'" (70) Unhinterfragt vorausgesetzt wird freilich, dass ihre wesentliche Funktion darin besteht, auf gegenwärtige Sinn-, Identitäts- und Konsumbedürfnisse zu ‚antworten'.

Genau das von Jeff entwickelte Programm – Nationalgeschichte als patriotisches und leicht konsumierbares Unterhaltsprogramm – bietet Sir Jacks Freizeitpark ‚England, England' seinen Besuchern. Auf der Insel werden letztlich die Wahrzeichen der englischen Nation maßstabgetreu nachgebaut, die dem Team als besonders ‚englisch' erscheinen und die das Zeug dazu haben, die Besucher gut zu unterhalten (vgl. Miracky 2004: 167): Big Ben ist ebenso vertreten wie der Buckingham Palace und der Tower of London; Stonehenge, die Kreidefelsen von Dover und selbst das Grab von Prinzessin Diana werden nicht vergessen. In ‚England, England' können die Touristen sogar nationalen Ikonen wie dem König und der Königin von England begegnen; ganz in der Tradition der heutzutage so beliebten Themenparks können sie sich mit ‚realen' historischen Berühmtheiten wie Samuel Johnson und Nell Gwyn unterhalten; und selbst nationale Mythen, wie der von Robin Hood, werden in dem Park zu verlebendigter Historie. Das Gesamtkonzept des Parks basiert auf einer kruden Mischung aus Fakten und Fiktion, Geschichte und Mythos, Gegenwart und Vergangenheit, deren Grenzen allenthalben bis zur Unkenntlichkeit verfließen (vgl. Henke 2001: 270). Erfolgreich ist das Konzept – trotz der Konkurrenz durch das Original – aber allemal: „‚[I]f given the option between an inconvenient ‚orignal' or a convenient replica, a high proportion of tourists would opt for the latter'" (*England, England*, 181). Ganz auf den Geschmack seines Publikums ausgerichtet, hat der Themenpark letztlich auch wirtschaftlich solchen Erfolg, dass er zum steten Niedergang des nunmehr hoffnungslos veralteten England beiträgt.

Bei allem Erfolg läuft der Betrieb aber dennoch nicht ganz reibungslos ab. Immer wieder kommt es zu kleineren und größeren Problemen beim Umgang mit der selbstgeschaffenen Geschichte, die zum Anlass oftmals satirischer Reflexionen über die Tücken der identitätsstiftenden Vergangenheitsaneignung werden. Vor allem die eigentlich durch und durch englische Nationallegende von Robin Hood bereitet Pitmans Komitee Kopfzerbrechen. Einig ist man sich darüber, dass dieser Mythos das Potential hat, zum Publikumserfolg zu werden, denn immerhin verkörpert er solch genuin englische Ideale wie Freiheit, Gerechtigkeit und Solidarität. Zudem ist man sich sicher, dass jeder den Mythos kennt und somit wenig Erklärungsbedarf besteht. Es stellt sich jedoch heraus, dass niemand so recht weiß, was Robin Hood und seine „Merrie Men" im Sherwood Forrest eigentlich trieben. Waren auch Frauen Teil des Teams und zählten auch Homosexuelle zu Robins „Merrie Men"? Natürlich möchte man auch weiblichen und schwulen Besuchern die Möglichkeit bieten, sich mit der Legende zu identifizieren, und sie nicht von vornherein durch eine rein heterosexuelle Riege von der Teilhabe am Mythos bzw. an einer privilegierten *Englishness* ausschließen. Also wird Dr. Max der Auftrag erteilt, der Sache wissenschaftlich auf den Grund zu gehen. Aber auch die Wissenschaft scheint hier an ihre Grenzen zu stoßen: Anstatt sicherer Fakten formuliert Max absurde Hypothesen über die potentielle geschlechtliche Orientierung Robin Hoods, die die ‚politisch korrekte' Historiographie auf groteske Weise parodieren (vgl. Henke 2001: 275). Sein Klärungsversuch trägt nur zur Komplikation der ganzen Angelegenheit bei, und so spielt man kurzeitig mit dem Gedanken, zwei Gangs einzusetzen, die je unterschiedlichen identitären Interessen der Besucher gerecht werden können. Eigentlich aber erübrigt sich die Suche nach historischer Faktizität ebenso wie das Bemühen um historisch neutrale Aussagen ohnehin völlig, und dies nicht nur, weil es sich eben um einen Mythos handelt, sondern auch, „weil nach der Logik des Projekts eine neutrale Perspektive weder erforderlich noch erstrebenswert ist" (ebd.).

Barnes' Schilderung des Alltags in Pitmans Themenpark wirft allenthalben die Frage nach der Relation von Authentizität und Originalität auf der einen Seite und Geschichtsklitterung und Simulakrum auf der anderen auf. Sicherlich ist Pitmans Umgang mit der englischen Vergangenheit manipulativ – aber ist der Park deshalb als eine bloße Fälschung anzusehen? Wenn Erinnerung notwendigerweise konstruktiv ist, wird der Begriff von Authentizität dann nicht obsolet? Sir Jack lässt einen den Thesen Baudrillards verpflichteten Kulturphilosophen auftreten, der das Verhältnis zwischen dem Authentischen und dem Realen erörtert und das Projekt zugleich postmodern legitimiert. Der satirisch porträtierte Denker vertritt die These, „that nowadays we prefer the replica to the original" (53) – dies schon deshalb, weil das Simulakrum zumeist schöner, aufregender und bequemer sei, als es die Realität jemals sein könne: „Once there was only the world, directly lived. Now there is the representation – let me fracture that world, the representation – of the world. It is not a substitute for that plain and primitive world, but an enhancement and enrichment" (55). Eine ähnliche Ansicht vertritt auch der Historiker Dr. Max, wenn er behauptet, dass sich die Verpflichtung gegenüber dem Authentischen erübrige, weil die Vorstellung eines historischen Ursprungs, eines „prime moment" (132), ohnehin bloße Fiktion sei: Der einzelne historische Moment sei immer in einen Fluss historischer Entwicklungen eingebettet und daher ebenso von vorangehenden wie nachfolgenden Ereignissen geprägt. Letztlich, so die Schlussfolgerung des Historikers, sei das Konzept des Authentischen selbst als Täuschung anzusehen: „Is not the very notion of the authentic somehow, in its own way, bogus?" (131)

Aber so ganz will sich zumindest Sir Pitman mit der Zelebrierung des Fakes nicht zufrieden geben. ‚England, England' will nicht ein weiterer Themenpark sein, kein bloßes Replikat des authentischen England; vielmehr soll ‚England, England' selbst zum Original werden: „We are offering the thing itself." (59) Dementsprechend will er auch die *royal family* nicht von geschulten Schauspielern nachstellen lassen, sondern insistiert darauf, die authentische Familie auf die Insel zu holen. Indem er dem König viel Geld und positive Presse verspricht, ihm außerdem die Befreiung von lästigen Staatsverpflichtungen in Aussicht stellt, gelingt es Pitman schließlich, seine Majestät und Königin Denise auf die Insel zu holen, wo sie in einem ‚authentischen', wenn auch nur halb so großen, Nachbau vom Buckingham Palace unterkommen. Durch sein tölpelhaftes und vulgäres Benehmen fällt der König in ‚England, England' aber so häufig aus der Rolle, konterkariert die königlichen Verhaltendkodices in solch einem Maße, dass der Unterschied zwischen ‚Authentizität' und ‚Nachbildung' auch in diesem Fall hinfällig wird.

In Pitmans Freizeitpark werden Originale zu Replikaten und Replikate zu Originalen. Wiewohl diese Entgrenzung angestrebt ist und zum Erfolg des Projekts beiträgt, hat sie auch destabilisierende Folgen und beeinträchtigt den Betrieb. Die Darsteller der historischen Figuren identifizieren sich letztlich so stark mit ihren Rollen, dass sie tatsächlich die Identität (bzw. das, was sie dafür halten) ihrer Modelle anzunehmen scheinen. Robin Hood und seine Gesellen lehnen sich nunmehr wirklich gegen Autoritäten – in diesem Fall gegen die Inselbehörde – auf, sie gehen auf die Jagd, beschweren sich über die Homosexuellen, die sich in ihren Reihen befinden, und fordern das Recht ein, „[to] ambush the Sheriff's men anywhere" (230). Auch Dr. Johnson wird immer authentischer, indem er seinem Publikum nicht nur die positiven Seiten der historischen Person vorführt, nämlich deren sprichwörtlichen englischen *wit*, sondern sich auch zunehmend von seiner melancholischen Seite zeigt. Diese Darstellung Johnsons entspricht durchaus der Charakterisierung, die Boswell in seiner berühmten Biographie von Johnson aus dem Jahre 1791 vornimmt (vgl. Henke 2001: 280). Mit den Erwartungen des Publikums, das vor allem gut unterhalten werden will, ist sie allerdings ebenso wenig vereinbar wie mit den Zielen des Projekts, dem es ja vor allem darum geht, eine positive englische Nationalidentität zu perpetuieren (vgl. V. Nünning 2001: 65). Offenbar, so zeigt das von der Norm abweichende Verhalten der Schauspieler, haben selbst genuin englische Mythen und Helden etliche unrühmliche Kehrseiten, die sich nicht einfach negieren lassen.

Natürlich werfen die restriktiven Vorgaben für das, was auf der Insel als *Englishness* inszeniert wird, noch einmal die Frage auf, nach welchen Richtlinien nationale Identitäten eigentlich konstruiert werden. Barnes' Roman kritisiert das Konzept einer englischen Identität, der es allein um die Perpetuierung positiver, vermarktbarer Selbstbilder geht und die daher jedwede problematischen Ereignisse, Merkmale und Personen zwangsläufig ausklammern muss. Dass eben auch negative Aspekte, wie die Durchsetzung marktorientierter Interessen, provinzielle Engstirnigkeit oder Melancholie, konstitutiv zu *Englishness* gehören, zeigen unfreiwillig nicht nur die von dem festgelegten Rollenprofil abweichenden Schauspieler, sondern auch die Figuren, die dem Projektteam angehören. Durch die Darstellung solcher wenig schmeichelhaften Eigenschaften vollzieht Barnes' Roman implizit eine Re-Definition der *Englishness*, die von Pitman zum normativen Modell stilisiert wird. *Englishness* wird folglich auch in *England, England* nicht nur parodiert; vielmehr wird der Roman zu einem Medium der nationalen Identitätsbildung, indem er neue Modelle von *Englishness* erprobt (vgl. V. Nünning 2001: 59).

Mit Blick auf die ausgewählten Wahrzeichen fällt zudem auf, dass irische, walisische und schottische Referenzpunkte ebenso fehlen wie die Erinnerungsorte ethnischer Minoritäten, die das gegenwärtige Britannien maßgeblich prägen. Was in dem Themenpark inszeniert wird, ist eine monokulturelle *Englishness*, die zwar den Anspruch erhebt, die ganze Nation zu repräsentieren, die faktisch aber vor allem an kultureller Homogenität interessiert ist. Dass jegliche Symbole fehlen, welche die kulturelle Pluralität reflektieren könnten, die das zeitgenössische Britannien kennzeichnet, ergibt sich natürlich auch daraus, dass Pitman *Englishness* primär mit der nationalen Vergangenheit assoziiert. Mit ihren Schäfern, die in idyllischer Szenerie ihre Herde hüten, den Cottages und den traditionellen Pubs evoziert die ganze Insel in nostalgischer Manier eine nationale Vergangenheit, die zum Höhepunkt, zum wahren Ausdruck der *Englishness* stilisiert wird (vgl. Mergenthal 2003: 113). Nicht einmal die Beatles schaffen den Sprung in das von Pitman konstruierte Gedächtnis der Nation. Implizit wird in ‚England, England' die Gegenwart zur Antithese einer für immer in der Vergangenheit liegenden normativen *Englishness* stilisiert. Wie brüchig allerdings eine *Englishness* ist, die alleine auf der Vergangenheit beruht, zeigt sich spätestens dann, wenn man sich Dr. Max' Umfrageergebnisse vergegenwärtigt: Was der Durchschnittsbürger von der Geschichte weiß, basiert auf Fragmenten, leeren Phrasen und nostalgischer Verklärung.

Das allenfalls fragmentarische Wissen von der Vergangenheit schlägt sich in *England, England* formal in dem extrem reduzierten Einsatz von intertextuellen Referenzen nieder. Wie deutlich wurde, ist Intertextualität in der gegenwärtigen Literatur – ebenso wie in zahlreichen Romanen Julian Barnes' – ein beliebtes Mittel, um Englands Kulturgeschichte symbolträchtig zu evozieren. Etliche englische Romane – man denke an die bereits erwähnten *Gog* (1967) oder *English Music* (1992) – nutzen intertextuelle Bezüge, um an die literarische Vergangenheit zu erinnern. In *England, England* fehlen solche Verweise, abgesehen von einigen klischeehaften Anspielungen auf Shakespeare und Dr. Johnson sowie auf populäre literarische Figuren, fast völlig. Diese auffällige Reduktion intertextueller Referenzen und die damit verbundene Weigerung, den Text zu einer Echokammer der literarischen Vergangenheit zu machen, suggeriert, dass das kollektive Gedächtnis in Bezug auf die Literatur eben aus kaum mehr als oberflächlichem Wissen besteht (vgl. V. Nünning: 2001: 66). Wenn Intertextualität gemeinhin als Verfahren konzipiert wird, das die „kollektiv vorgewußte Vergangenheit" (Schabert 1981: 34) aktualisiert, dann wirft ihr Fehlen implizit die Frage auf, was überhaupt als ‚kollektiv vorgewusst' vorausgesetzt werden kann.

Den extrem wenigen intertextuellen Verweisen steht in *England, England* eine auffällige Fülle intermedialer Anspielungen, zumal auf die Musik, entgegen (vgl. V. Nünning 2001: 66). Marthas Partner Paul erzählt ihr wieder und wieder Geschichten von verschiedenen Komponisten; Sir Jack Pitman hat vor allem für Richard Wagner und Ludwig van Beethoven viel übrig. In seinem grenzenlosen Narzissmus betrachtet Pitman sein Inselprojekt als kulturelles Äquivalent zu Beethovens „Neunter Symphonie", mit der er sein Lebenswerk krönen möchte. Interessant sind diese intermedialen Bezüge vor allem deshalb, weil sie gerade nicht die englische Kulturgeschichte evozieren, wie dies z.B. in Ackroyds *English Music* (1992) der Fall ist. Dass in *England, England* nur kontinentale Musik Erwähnung findet und von den Figuren implizit in den Rang des Erinnerungswürdigen erhoben wird, lässt die Vorstellung von einem nationalen Gedächtnis obsolet werden und entlarvt das Konzept einer ‚reinen' *Englishness* als pure Fiktion (vgl. V. Nünning 2001).

Martha wird schließlich von ‚England, England' verbannt, weil es ihr nicht gelingt, die Darsteller dazu zu bringen, die Vorgaben ihrer jeweiligen Rolle zu erfüllen. Nach jahrelangem Weltenbummeln zieht sie als alte Frau in den „retrograd entwickelte[n] Agrarstaat Anglia" (Henke 2001: 286), der Thema des dritten Teils des Romans ist. Als Epilog verhandelt dieser Teil das Problem der Authentizität von Erinnerung und Identität ein weiteres Mal. Obgleich das kleine „mid-Wessex village" (*England, England*, 245), in das Martha zieht, zunächst wie ein pastoraler Gegenentwurf zur hyperrealen Welt des Themenparks erscheint – die Landwirtschaft prägt das Dorfleben und die Cottages sind mit echtem Schilf bedeckt –, wird schnell deutlich, dass das Leben hier nicht minder inauthentisch ist. Anglia ist kein unberührtes, ländliches Idyll, sondern parodiert gerade den „myth of countryside" (Mergenthal 1998: 56), der seit der Renaissance immer wieder zur Fundierung von *Englishness* gedient hat (vgl. Henke 2001: 286).

Ebenso wie die Akteure des Inselprojekts sind auch die Dorfbewohner vor allem damit beschäftigt, ihre Identität zu inszenieren bzw. zu erfinden. Jez Harris etwa, ein amerikanischer Aussteiger, der Martha zunächst als „one of the most convincing and devoted villagers" (*England, England*, 261) erscheint, verpasst sich eigens für das

‚Dorfprojekt' eine neue Identität: Er legt sich einen neuen Namen zu und tauscht seinen Milwaukee-Akzent gegen ein vermeintlich authentisches Wessex-Englisch sowie seinen Job als Rechtsexperte gegen seine jetzige Tätigkeit als Dorfschmied. Für Anthropologen und Linguisten, die auf der Suche nach dem Authentischen sind, begibt er sich mit Vorliebe in die Rolle des Dorftrottels. Zu dieser Rolle gehört auch, dass Harris lokale Legenden erfindet, die in seinen Augen einfach besser ankommen als die ‚authentischen' Mythen: „‚I've tried 'em on that stuff and it don't go down so well. They prefer Jez's stories, that's the truth.'" (244) Wenn Jez seinen Mythen ein höheres Maß an Authentizität zuspricht als den ‚echten', dann wird das Verhältnis zwischen Erfindung und Realität gleich in doppelter Hinsicht ironisch verkehrt, da Mythen eben per se keine authentischen Geschichten sind.

Wie groß das Bedürfnis der Dorfbewohner nach einer in der Vergangenheit verwurzelten Kollektividentität ist, verdeutlicht ein Dorffest, das – ebenso wie Sir Pitmans Projekt – auf die Erfindung von Traditionen angelegt ist. Einer der Bewohner, Mr. Mullin, kommt auf die Idee, die ‚Tradition' eines Maifestes wieder aufleben zu lassen, d.h. überhaupt erst zu institutionalisieren (vgl. 246). Die Dorfbewohner tauschen Erinnerungen aus und konsultieren überlieferte Schriften, um das Fest so authentisch wie möglich zu gestalten. Das Resultat ist ein kurioses Konglomerat aus Altem und Neuem: Ein Verkleidungswettbewerb steht ebenso auf dem Programm wie ein Ringwettkampf, die Band spielt bald traditionelle Musik, bald Lieder der Beatles. Zur absurden Farce wird das ganze Fest durch Jez Harris, der sich als eine Figur verkleidet, die aus einem seiner selbst geschaffenen Mythen stammt, und zu seiner Verteidigung darauf insistiert, dass dieser Charakter nicht mehr und nicht weniger real sei als Robin Hood oder Schneewittchen. Das Authentizitätsproblem des Inselprojekts wird in Anglia damit noch verschärft, denn nunmehr werden nicht länger Realität und Mythos gegeneinander ausgespielt, sondern Mythos (Robin Hood und Schneewittchen) und potenzierter Mythos (Figur aus einem erfundenen Mythos). Es kann daher kaum überraschen, dass sich die Dorfbewohner bald so sehr mit ihrer erfundenen Geschichte identifizieren, dass sie davon überzeugt sind, das Fest sei schon immer Teil ihrer ureigenen, ganz authentischen Tradition gewesen: „It had been a day to remember. The Fête was established; already it seemed to have its history." (265f.) Ebenso wie in ‚England, England' steht demnach auch die Vergangenheit in Anglia ganz unter dem Vorzeichen von Erfindungen, Replikationen und Simulationen. Das Original, das authentische England, ist weder in ‚England, England' noch in Anglia zu haben (vgl. Korte 2002: 288) – vermutlich, so die Implikation des Romans, war es ohnehin immer nur eine schöne Fiktion.

3. Redefinitionen der *Englishness* aus Sicht der *New English Literatures*

Die exemplarische Interpretation von Julian Barnes' *England, England* hat gezeigt, wie einseitig Konstruktionen von *Englishness* ausfallen, die sich ausschließlich an einer auf gegenwärtige Sinn- und Vermarktungsbedürfnisse ausgerichtete Nationalgeschichte orientieren. Konzepte von *Englishness*, die die Nation als homogenisierendes Leitbild von kultureller Identität voraussetzen und die Nationalidentität ausschließlich aus der Vergangenheit ableiten, führen zwangsläufig dazu, dass kulturelle Pluralität synthetisiert und zeitgenössische Kulturphänomene ausgeschlossen werden. Den Besonderheiten der gegenwärtigen britischen Gesellschaft, die in hohem Maße durch ethnische Minderheiten, durch kulturelle Pluralisierung, durch Pop- und Subkultur geprägt ist, kann eine solch restriktive Definition von *Englishness* nicht gerecht werden.

Der Frage, wie sich homogenisierende Konzepte von *Englishness* so redefinieren bzw. ‚neu erfinden lassen', dass nicht a priori alles ausgeschlossen wird, was nicht als ‚typisch englisch' angesehen wird, nehmen sich zahlreiche Romane an, die den *new English literatures* zuzurechnen sind (vgl. Kap. 10 in diesem Band). Salman Rushdies *The Satanic Verses* (1988), Zadie Smiths *White Teeth* (2000) sowie Andreas Levys *Small Island* (2004) sind drei besonders erfolgreiche Romane, die an dem groß angelegten Projekt einer Redefinition von *Englishness* partizipieren und Vorstellungen von nationaler Homogenität ebenso ad absurdum führen wie den Wunsch nach kultureller Authentizität. In *The Satanic Verses* fordert eine der Figuren das Recht für Migranten ein, *Britishness* selbst zu definieren. Sie seien hierfür kompetenter als die Briten, da sich deren Geschichte zumeist in ihrer Abwesenheit, nämlich im überseeischen Empire, zugetragen habe. Alle drei Romane machen sich diese Deutungshoheit zueigen und entwerfen neue Konzepte von nationaler Identität: Sie imaginieren eine britische Gesellschaft, in der die widersprüchlichen Unterschiede zwischen Briten und Immigranten in vielfältigen, auch kreativen Weisen aufeinanderstoßen. Einer am Nationalstaat orientierten *Englishness* setzen sie pluralisierte Konzepte von *Britishness* entgegen, die an der Reflexion kultureller Diversifizierung interessiert sind (vgl. Sommer 2001). „Do you think anybody is English? Really English?" (204), will eine Protagonistin aus *White Teeth* wissen, und antwortet sich gleich selbst: „‚It's a fairy tale!'" (204) An die Stelle der *Englishness* tritt mithin eine Pluralität divergierender „Englishnesses" (Mergenthal 1998: 58). Auch diese sind freilich Fiktionen, *fictions of memory*. Vielleicht aber solche, die die kulturelle und ethnische Pluralität des zeitgenössischen Britanniens authentischer, in jedem Fall aber zeitgemäßer reflektieren können.

Literatur

Werke

Ackroyd, Peter. 1992. *English Music*. London: Hamish Hamilton.
Barnes, Julian. 1998. *England, England*. London: Jonathan Cape.
Fowles, John. 1998 [1977]. *Daniel Martin*. London: Vintage.
Levy, Andrea. 2004. *Small Island*. London: Review.
Raban, Jonathan. 1982. *Coasting*. London. Picador.

Rushdie, Salman. 1992 [1988]. *The Satanic Verses*. Dover: The Consortium.
Sinclair, Andrew. 1988 [1967]. *Gog*. Sevenoaks: Sceptre.
—. 1989 [1972]. *Magog*. Sevenoaks: Sceptre.
—. 1989 [1988]. *King Ludd*. Sevenoaks: Sceptre.
Smith, Zadie. 2000. *White Teeth*. London: Hamish Hamilton.
Thorpe, Adam. 1992. *Ulverton*. London: Secker & Warburg.

Ausgewählte Fachliteratur

Head, Dominic. 2002. *The Cambridge Introduction to Modern Fiction, 1950–2000*. Cambridge: Cambridge University Press.

Kapitel 4 bietet eine gute Einführung in die Rolle der *Englishness* in zeitgenössischer Literatur, wobei *England, England* besondere Beachtung geschenkt wird.

Henke, Christoph. 2001. *Vergangenheitsobsessionen: Geschichte und Gedächtnis im Erzählwerk von Julian Barnes*. Trier: Wissenschaftlicher Verlag Trier.

Sehr guter Überblick über Barnes' Werk. Unter Rekurs auf kulturwissenschaftliche Theorien zu Gedächtnis und Identität sowie der Erzähltheorie fokussieren die zahlreichen Einzelinterpretationen (u.a. zu *England, England*) die Bedeutung von Gedächtnis für die individuelle und kollektive Identitätsbildung.

Korte, Barbara. 2002. „Julian Barnes, *England, England*: Tourism as a Critique of Postmodernism." In: Hartmut Berghoff, Christopher Harvie, Barbara Korte & Ralf Schneider (Hgg.). *The Making of Modern Tourism: The Cultural History of the British Experience, 1600-2000*. Houndmills: Palgrave Macmillan. 285-303.

Widmet sich dem Verhältnis von Authentizität und Simulakrum in *England, England*; diskutiert ausführlich, welche Konsequenzen die touristische Vermarktung der nationalen Vergangenheit für Konstruktionen von *Englishness* hat.

Mergenthal, Silvia. 2003. *A Fast-Forward Version of England: Constructions of Englishness in Contemporary Fiction*. Winter: Heidelberg.

Untersucht Konstruktionen von *Englishness* in der zeitgenössischen britischen Literatur. Aus vergleichender Perspektive werden u.a. Thorpes *Ulverton* und Barnes' *England, England* analysiert; im Mittelpunkt stehen Fragen der Semantisierung des Raums.

Moseley, Merritt. 1997. *Understanding Julian Barnes*. Columbia, SC: University of South Carolina Press.

Gute Einführung in Barnes' Werk; *England, England* bleibt allerdings unberücksichtigt.

Nünning, Vera. 2001. „The Invention of Cultural Traditions: The Construction and Deconstruction of Englishness and Authenticity in Julian Barnes' *England, England*." In: *Anglia* 119: 58-76.

Grundlegender Artikel über die ‚Erfindung von Traditionen' in *England, England*; zeigt, dass der Roman durch die kritische Beleuchtung der Mechanismen der Gedächtnis- und Identitätsbildung *Englishness* nicht nur destruiert, sondern zugleich neue Konzepte konstruiert.

Weitere zitierte Literatur

Baudrillard, Jean. 1991. *Der symbolische Tausch und der Tod.* München: Matthes & Seitz.

Miracky, James J. 2004. „Replicating a Dinosaur: Authenticity Run Amok in the ‚Theme Parking' of Michael Crichton's Jurassic Park and Julian Barnes' *England, England.*" In: *Critique: Studies in Contemporary Fiction* 45.2: 163-71.

Mergenthal, Silvia. 1998. „Englishness/Englishnesses in Contemporary Fiction." In: Barbara Korte & Klaus Peter Müller (Hgg.). *Unity in Diversity Revisited? British Literature and Culture in the 1990s*. Tübingen: Gunter Narr. 51-61.

Nünning, Ansgar. 1992. „Exploring Everyman's Search for his National Past: Andrew Sinclair's *Gog* as an Echo-chamber of England's Cultural History and a Self-conscious Reflection, about Englishness." In: *Anglistik und Englischuterricht* 46/47: 263-88.

Nünning, Ansgar. 1993. „Grenzüberschreitungen: Neue Tendenzen im historischen Roman." In: Annegret Maack & Rüdiger Imhof (Hgg.). *Radikalität und Mäßigung: Der englische Roman seit 1960.* Darmstadt: Wissenschaftliche Buchgesellschaft. 54-73.

Nünning, Ansgar. 1995. *Von historischer Fiktion zu historiographischer Metafiktion. Bd. II: Erscheinungsformen und Entwicklungstendenzen des historischen Romans seit 1950.* Trier: Wissenschaftlicher Verlag Trier.

Nünning, Ansgar. 2000. „Die Synthese aus Tradition und Innovation im englischen Roman der 1980er und 1990er Jahre: Die Rückkehr zum Erzählen bei Graham Swift, Kazuo Ishiguro und Barry Unsworth." In: Vera Nünning & ders. (Hgg.). *Klassiker und Strömungen des englischen Romans im 20. Jahrhundert.* Trier: Wissenschaftlicher Verlag Trier. 189-219.

Schabert, Ina. 1981. *Der historische Roman in England und Amerika.* Darmstadt: Wissenschaftliche Buchgesellschaft.

Schabert, Ina. 2006. *Englische Literatur des 20. Jahrhundert: Eine neue Darstellung aus der Sicht der Geschlechterforschung.* Stuttgart: Kröner.

Sommer, Roy. 2001. *Fictions of Migration: Ein Beitrag zur Theorie und Gattungstypologie des zeitgenössischen interkulturellen Romans in Großbritannien.* Trier: Wissenschaftlicher Verlag Trier.

Zamora, Louis Parkinson. 1998. *The Usable Past: The Imagination of History in Recent Fiction of the Americas.* Cambridge: Cambridge University Press.

16.

DER ENGLISCHE ROMAN ZU BEGINN DES 21. JAHRHUNDERTS: IAN MCEWAN

IRINA BAUDER-BEGEROW UND CAROLINE LUSIN

1. Einführung

Angesichts der Vielfalt an Erscheinungsformen kann von so etwas wie ‚dem' englischen Roman zu Beginn des 21. Jahrhunderts kaum die Rede sein. Wie breit gefächert das Spektrum ist, haben nicht zuletzt die vorangegangenen Kapitel des vorliegenden Bandes gezeigt: Der historische Roman etwa hat ebenso wenig an Beliebtheit eingebüßt wie das Genre der Fantasy, und auch die Zahl solcher Texte, die an der populären Kultur orientiert sind, ist groß. Dennoch lassen sich bereits einige typische Züge ausmachen, mithilfe derer sich selbst auf den ersten Blick so unterschiedliche Romane wie Ian McEwans *Saturday* (2005) und David Lodges *Author, Author* (2004) auf einen Nenner bringen lassen. Beide Werke weisen eine Tendenz auf, die sie mit vielen nach dem Jahr 2000 erschienenen Texten der englischen Erzählprosa teilen: Sie beziehen sich zurück auf die Epoche des Modernismus.

Einen Teilbereich des englischen Romans nach 2000 subsumiert David Lodge (2006) unter dem Stichwort ‚*biographical novel*' (zum Genre der fiktionalen Biographie und Metabiographie vgl. Kap. 6 in diesem Band). Mag diese Untergattung auch nicht repräsentativ für die Gesamtheit der englischen Gegenwartsliteratur sein, so veranschaulicht sie doch einige ihrer wesentlichen Charakteristika. Kennzeichnend für diese hybride Gattung ist, dass sie bestimmte Konventionen des Romans und der Biographie in sich vereinigt. Eine historische Person und deren Geschichte bilden zwar den Ausgangspunkt; im Vordergrund steht indes nicht der faktenorientierte biographische Diskurs, sondern die Imagination des Schriftstellers, der statt einer vermeintlich ‚objektiven' eine subjektive Darstellung anstrebt. Die Verfasser wählen dabei charakteristischerweise solche Schriftsteller zum Gegenstand der Darstellung, die entweder an der Schwelle zum 20. Jahrhundert stehen oder direkt mit dem Modernismus assoziiert sind. Neben Henry James wären hier etwa Sir Arthur Conan Doyle zu nennen, den Julian Barnes ins Zentrum von *Arthur & George* (2005) stellt, oder Katherine Mansfield, der C.K. Steads *Mansfield* (2004) gewidmet ist. Diese allgemeine Tendenz zum biographischen Roman tritt freilich nicht erst nach dem Jahr 2000 auf, sondern macht sich schon früher bemerkbar. So gehört in diese Kategorie etwa J.M. Coetzees Roman *The Master of Petersburg* (1995), der ein Jahr aus dem Leben Fedor Dostoevskijs nachzeichnet, dessen Werke als Beginn des modernistischen Romans gehandelt werden (vgl. Bradbury 1988). Bemerkenswert ist in dieser Hinsicht, dass sich innerhalb weniger Jahre eine Autorin und drei Autoren jeweils Henry James zum Thema erkoren haben: Emma Tennant in *Felony* (2002), Colm Tóibín in *The Master* (2004), David Lodge in *Author, Author* (2004) sowie der südafrikanische Schriftsteller Michiel Heyns in dem bisher nicht publizierten Roman *The Typewriter's Tale*. Diese Fixierung auf Henry James ist sicher außergewöhnlich. Dennoch haben diese *biographical novels* mit einer Vielzahl anderer, etwa zur gleichen Zeit veröffentlichter Romane – biographisch orientierter und rein fiktionaler – etwas Entscheidendes gemein: Ein genauerer Blick auf die englischen Romane, die seit dem Jahr 2000 erschienen sind, fördert viele modernistische Charakteristika zutage, die mit gemäßigt experimentellen (postmodernistischen) Schreibweisen kombiniert werden (vgl. Wolf 2001: 292f.; V. Nünning 2007). Dies geschieht im Allgemeinen weniger durch biographische Bezüge zu modernen Schriftstellerinnen und Schriftstellern, als vor allem auf zweierlei Weise: Erstens, indem die betreffenden Autorinnen und Autoren sich – unabhängig von einem bestimmten Vorbild – modernistische Themen und Erzählweisen zu eigen machen, oder zweitens, indem sie durch intertextuelle Verweise an den Modernismus anknüpfen.

Intertextuelle Bezüge auf modernistische Werke und der Rückgriff auf modernistische Themen und Erzählweisen gehen im englischen Roman nach der Jahrtausendwende häufig Hand in Hand. So bezieht sich Zoë Heller auf Dostoevskij, indem sie ihre *Notes on a Scandal* (2003) nicht nur durch den Titel und die Wahl der Tagebuchform an Dostoevskijs *Aufzeichnungen aus dem Kellerloch* (1864) anlehnt, sondern mit ihrer unzuverlässigen Ich-Erzählerin Barbara Covett zugleich einen späten Nachfahren von Dostoevskijs zynischem ‚Kellerlochmenschen' entwirft. Der Name der literarischen Folie wird hier jedoch nicht genannt – anders als in Zadie Smith' *On Beauty* (2005). Dieser Roman ist – was Intertextualität angeht – in erster Linie eine Hommage an E.M. Forster und seinen Gesellschaftsroman *Howard's End* (1910), den Smith sowohl durch thematische Parallelen als auch durch explizite Hinweise als Referenzfolie kennzeichnet; daneben fallen die Namen modernistischer Schriftstellerinnen und Schriftsteller wie T.S. Eliot, Ezra Pound und Virginia Woolf. Mit den Werken dieser Autorinnen und Autoren teilt *On Beauty* vor allem die Frage nach dem Verhältnis von Individuum und Gesellschaft sowie – in Verbindung damit – die Frage nach der Formierung und dem Wesen von Identität.

Der Rückgriff auf modernistische Darstellungsverfahren bringt oft mit sich, dass die Entscheidung über ‚wahr' oder ‚unwahr', ‚richtig' oder ‚falsch', ‚moralisch' oder ‚unmoralisch' – also der epistemologische oder ethische Status des Erzählten – offen bleiben muss. Dies resultiert primär aus Erzählweisen, die in modernistischer Literatur häufig anzutreffen sind: aus interner Fokalisierung (ohne Wertungen und Kommentare einer objektiven Erzählinstanz), aus einer multiperspektivischen Darstellung und aus dem Modus des unzuverlässigen Erzählens. A.L. Kennedys *Paradise* (2004), John Banvilles *The Sea* (2005), M.J. Hylands *Carry Me Down* (2006) oder auch Kazuo Ishiguros *Never Let Me Go* (2005) inszenieren die genannten Themen vor allem durch eine modernistische Erzählhaltung. Mit ihrer ausschließlich internen Fokalisierung folgen diese Romane einem ähnlichen Darstellungsmodus wie die erwähnten *biographical novels*: Sie alle zielen darauf ab, die Leserinnen und Leser imaginativ in das Leben und die Psyche eines Menschen hineinzuversetzen. So sind die Leserinnen und Leser in *Paradise*, *The Sea* und *Carry Me Down* der subjektiven, ja verzerrten Weltwahrnehmung einer psychisch beeinträchtigten Reflektorfigur ausgesetzt, ohne dass sie sich dabei an einem objektiven, auktorialen Bezugsrahmen orientieren könnten: In *Paradise* ist es eine Alkoholikerin, in *The Sea* ein durch den Tod seiner Frau verstörter älterer Mann, und in *Carry Me Down* ein Kind mit einer schon naturgemäß stark eingeschränkten Perspektive. Die Frage nach einer objektiven Wirklichkeit oder Wahrheit muss dabei – ganz im Sinn modernistischer Literatur – offen bleiben. Wie beispielsweise Nick Hornbys *A Long Way Down* (2005) zeigt, lässt sich dieser Effekt ebenso durch eine multiperspektivische Darstellung erzielen (zu Hornbys Romanen vgl. Kap. 12). Auch dort sehen sich die Leserinnen und Leser durch Eigenheiten der homodiegetischen Erzählinstanzen unmittelbar mit ganz bestimmten, subjektiven Sichtweisen von ‚Welt' im weitesten Sinne konfrontiert, die mit der ihren nicht unbedingt übereinstimmen.

Die Erfahrung von Alterität ist nicht zuletzt darauf angelegt, Leserinnen und Lesern den relativen Charakter ethischer Positionen vor Augen zu führen und sie dazu zu bewegen, über ihre eigenen Denkweisen und Einstellungen zu reflektieren (vgl. V. Nünning 2007). Diese Absicht verfolgt etwa auch Matthew Kneales *English Passengers* (2000), welcher die Besiedlung Australiens im 19. Jahrhundert aus grundlegend verschiedenen, ja gegensätzlichen Perspektiven präsentiert – ein Ureinwohner und britische Ärzte kommen ebenso zu Wort wie Vikare, Strafgefangene und Frauen. Eine Entscheidung darüber, was wahr und was unwahr ist, lässt diese Erzählweise nicht zu (vgl. V. Nünning 2008; V. Nünning im Druck). Ähnlich verhält es sich schließlich mit Ali Smiths einfallsreichem, fast burleskem Roman *The Accidental*, dessen unzuverlässige Rahmenerzählerin Alhambra eine überschäumende Fabulierlust mit Elementen des Magischen Realismus vereint. Nicht umsonst sagt Alhambra von sich selbst: „I'm everything you ever dreamed." (Smith 2005: 306) Zoë Heller schließlich kombiniert in *Notes on a Scandal* interne Fokalisierung mit unzuverlässigem Erzählen *par excellence*, was den um den entscheidenden Satz *What Was She Thinking?* ergänzten Titel der amerikanischen Ausgabe, der die Unsicherheit über den Status des Erzählten zum Ausdruck bringt, mehr als rechtfertigt.

2. Ian McEwans *Saturday* (2005)

Die bisher genannten charakteristischen Merkmale und Themen des englischen Romans zu Beginn des 21. Jahrhunderts lassen sich beispielhaft an Ian McEwans im Jahr 2005 erschienenem Roman *Saturday* verdeutlichen, der im Mittelpunkt der folgenden

Überlegungen steht. Der Fokus richtet sich dabei vor allem auf die Auseinandersetzung mit Identität und Alterität – oder anders gesagt: mit dem ‚Eigenen' und dem ‚Fremden' – sowie der durch die erzählerische Vermittlung inszenierte Gegensatz zwischen (vermeintlicher) Faktizität, Authentizität und Fiktionalität, der die Wirklichkeitswahrnehmung unterminiert und in epistemologischer sowie ethischer ‚Unbestimmtheit' resultiert. Auf der Ebene der erzählerischen Vermittlung wird diese Ungewissheit durch eine Erzählweise generiert, die verbindliche auktoriale Gesten weitgehend vermeidet. Charakteristisch ist daneben vor allem die Integration unterschiedlicher Deutungsweisen und -angebote, die verschiedene Zugänge zur ‚Wirklichkeit' oder zur ‚Wahrheit' anbieten und diese so – ganz im Sinn modernistischer Poetik – in Frage stellen. Der vielfältige Rückgriff auf die literarische und historische Vergangenheit spielt dabei ebenfalls eine wichtige Rolle.

2.1 Werkübersicht: Themen und Schreibweisen

Ian McEwan gilt als einer der erfolgreichsten britischen Gegenwartsautoren. Zwar machen Romane den größten Teil seines Werkes aus, doch hat McEwan daneben auch Kurzgeschichten, Fernsehspiele, Filmskripte sowie ein Libretto für ein Oratorium verfasst. Bereits in seinem Debüt, der Erzählsammlung *First Love – Last Rites* (1975), zeigt sich McEwan von einem Themengebiet fasziniert, das auch seine späteren Romane prägt: Fast sein gesamtes literarisches Schaffen kreist um psychische und moralische Grenzsituationen. Vor allem in seinem Frühwerk richtet sich McEwans Interesse auf die verschiedensten Arten von Außenseitertum, von Obsession und sexueller Perversion. Figuren und Erzähler sind oft grotesk, ihre Handlungen und die Situationen, in denen sie sich befinden, erscheinen nicht selten abstoßend. Das Spektrum reicht von Onanie und Inzest (*The Cement Garden*, 1978) über Sadomasochismus und Ritualmord (*The Comfort of Strangers*, 1981) sowie zerstörerischen Liebeswahn (*Enduring Love*, 1997) bis hin zu Skrupellosigkeit, Egomanie und tödlicher Rache – wie in McEwans siebtem Roman *Amsterdam* (1998), der mit dem Booker Prize ausgezeichnet wurde. Dass McEwan damit den Tabubruch in vielen seiner Werke zu einem zentralen Darstellungsprinzip erhebt, hat ihm nicht ganz zu Unrecht den Spitznamen ‚Mr Macabre' eingetragen (vgl. Gerard 2005).

In einem Interview konstatierte Ian McEwan, ab *The Child in Time* (1987) stelle die Geschichte ein wesentliches Thema seiner Romane dar (McEwan, zit. nach Koval 2002). So spielen *The Innocent* (1989) und *Black Dogs* (1992) im Berlin der Nachkriegszeit, ein Großteil von *Atonement* (2001) hat den Zweiten Weltkrieg zum Hintergrund, und *Saturday* (2005) ist ohne seinen spezifischen historischen Zeitbezug – das latent vom radikalislamischen Terrorismus bedrohte Großbritannien nach dem 11. September 2001 – gar nicht denkbar. Zugleich gewinnen ethische Reflexionen, insbesondere die Frage nach Verantwortung und Schuld, zunehmend an Bedeutung. Auch *Saturday* ist von diesem Thema nachhaltig geprägt. McEwans Interesse gilt dabei nicht nur der Schuld selbst, sondern ebenso der transformierenden Macht des meist einzelnen Augenblicks – im Extremfall die welterschütternden Ereignisse vom 11. September 2001.

Überhaupt zeugen McEwans Werke von einem ausgeprägten Interesse am Augenblick oder an der augenblicklichen Wahrnehmung. Der Rückgriff auf modernistische Schreibweisen manifestiert sich in einigen von McEwans Werken – insbesondere in *Saturday* – sehr deutlich. Bereits *The Child in Time* ist mit seiner Zeitdarstellung an modernistische Themen und Erzählweisen angelehnt. Die chronologisch verlaufende lineare Zeit wird hier konsequent zugunsten der Verflechtung verschiedener Zeitebenen durchbrochen und ganz im Sinn selbstreflexiver modernistischer Ästhetik hinterfragt (vgl. Byrne 2005).

2.2 Erzähltechnik

Fällt schon in *Atonement* mehrfach der Name Virginia Woolf, gründen in *Saturday* alle wesentlichen Aspekte der narrativen Darstellung sowie wichtige Themen Woolfs Roman *Mrs Dalloway* (1925) – obschon McEwan weder Namen noch Titel explizit erwähnt (vgl. Banville 2005; V. Nünning 2007). *Saturday* spielt wie *Mrs Dalloway* an nur einem einzigen Tag in London – hier ist es der 15. Februar 2003 –, im gesellschaftlichen Milieu der gehobenen Mittelklasse. Gleich Virginia Woolf beschreibt McEwan gut 24 Stunden im Leben seiner Hauptfigur und gewährt dabei wiederholt Einblick in deren Vergangenheit. Henry Perowne, der 48jährige Protagonist des Romans, ist ein renommierter, wohlhabender Neurochirurg, glücklich mit der Juristin Rosalind verheiratet und Vater zweier erwachsener Kinder. Perownes Leben dreht sich vor allem um die Arbeit – als er am Ende des Romans ins Krankenhaus kommt, um einen Patienten zu operieren, fühlt er sich „home from home" (245). Er identifiziert sich so stark mit seiner Tätigkeit, dass er seine Umwelt in erster Linie durch die Brille medizinisch-naturwissenschaftlicher Bewertungskategorien wahrnimmt: Zwei Krankenschwestern etwa, die er von seinem Fenster aus erblickt, erscheinen ihm als „little hot biological engines with bipedal skills to any terrain" (13). Da das Geschehen aus der Sicht Perownes geschildert wird, bestimmt diese spezifische Wahrnehmungsweise auch die Fokalisierung des Romans.

Gewährte McEwan seinen Leserinnen und Lesern in *Atonement* noch einen Wissensvorsprung gegenüber den verschiedenen Reflektorfiguren, beschränkt er die Perspektive in *Saturday* auf den Wissenshorizont, die Gedanken und die Gefühle Henry Perownes als einziger Reflektorfigur. Die Erzählsituation ist gegenüber *Mrs Dalloway* damit noch verschärft: Während die multiperspektivische Darstellung dort verschiedene, einander ergänzende oder relativierende Sichtweisen bietet, versetzt die durchweg monoperspektivische interne Fokalisierung die Rezipienten von *Saturday* ausschließlich in Perownes Bewusstsein, ohne dass die epistemologischen Restriktionen dieser Erzählhaltung durch die Sichtweise anderer Figuren abgefangen würden. Zum einen begünstigt dies die Erfahrung von Alterität, da das Geschehen aus der Perspektive eines Neurochirurgen vermittelt wird. Perownes streng rationale Sichtweise, seine wiederholten Reflexionen über medizinische Probleme und seine medizinische Fachsprache (vgl. Kohn 2005) dürften den meisten Leserinnen und Lesern fremd sein. Zum anderen bedingt diese Monoperspektivität eine gewisse Unsicherheit bezüglich erkenntnistheoretischer und ethischer Fragen: Ob Perownes Erkenntnisse und Urteile zutreffen oder nicht, lässt sich bestenfalls erschließen, da seine (Fehl)Einschätzungen nicht durch andere Instanzen korrigiert werden. Die daraus resultierende ungebrochene Subjektivität von Perownes Perspektive offenbart sich schon am Anfang des Romans.

2.3 Zeitgeschichte und die Macht der Medien

Saturday setzt ein, als Henry Perowne an einem Wintermorgen weit vor Tagesanbruch erwacht und ans Fenster tritt. Er wird Zeuge, wie ein Flugzeug mit brennendem Triebwerk im Sinkflug über London fliegt. Zwar erklärt sich der Zwischenfall bald als harmloser Maschinenschaden eines russischen Frachtflugzeugs, doch liegt es für die Hauptfigur angesichts der jüngsten Vergangenheit zunächst nur allzu nahe, dahinter zunächst einen Terroranschlag zu vermuten. Wie in *Mrs Dalloway* nämlich spielt die in *Saturday* geschilderte Handlung vor dem Hintergrund eines traumatischen historischen Ereignisses, dessen Spuren das alltägliche Leben nachhaltig prägen – dort der Erste Weltkrieg, hier der 11. September 2001. Auch das Leitmotiv des Flugzeugs hat McEwans Roman mit Woolfs gemein, doch in signifikant abgewandelter Form. Bei dem Flugzeug in *Mrs Dalloway* handelt es sich nur um einen Werbeträger, der primär der punktuellen Evokation kollektiven Bewusstseins dient; in *Saturday* indes kehrt das Flugzeug in Form von Fernsehbildern als eine Art Mahnmal gefährdeter Existenz und Symbol der von den Medien ausgeübten Macht leitmotivisch wieder.

Perowne kann sich dem Medienecho des verunglückten Flugzeugs, das eng mit der Problematik des radikalislamischen Terrorismus und des bevorstehenden Irakkriegs verknüpft ist, den ganzen Tag nicht entziehen. Als er in den frühen Morgenstunden schlaftrunken Zeuge der vermeintlichen Flugzeugkatastrophe wird, ist seine Wahrnehmung des Vorfalls stark vom Terroranschlag auf New York geprägt. Er stellt sich bereits den Absturz, die Panik der Flugreisenden vor. Die weltpolitischen Spannungen haben seine Bewertungskategorien wie auch die der Meinungsmacher im Medienbetrieb stark getrübt. Dies zeigt sich daran, dass die Berichte über das Flugzeugunglück immer wieder wie selbstverständlich mit den Themen Terrorismus und Irakkrieg verknüpft werden. Beim Frühstück um 9 Uhr etwa nimmt Perowne synchron die Tageszeitung mit UN-Waffeninspekteur Hans Blix auf der Titelseite und die Fernsehmeldung über die beginnende Demonstration wahr, auf welche direkt die Reportage über „sein Flugzeug" folgt. Im Radio hört Perowne zur Mittagszeit, dass ein Koran bei einem der Piloten gefunden wurde, was später die Vermutung nach sich zieht, die russischen Piloten könnten radikale Moslems sein (166). Schnell zeigt sich zwar, dass es sich bei diesem Vorfall nicht um den von Perowne befürchteten „attack on our whole way of life“ (35) handelt. Dennoch überschattet das Wissen um die latente Bedrohung seinen ganzen Tag – Perowne ist Teil einer „community of anxiety“ (176).

Die Nachrichten über die russische Verkehrsmaschine stehen damit für die allgegenwärtige Präsenz der Medien, die einen thematischen Schwerpunkt des Romans bildet. Bereits um vier Uhr morgens schaltet Perowne ungeduldig den Fernseher ein, um die Berichterstattung über die Unglücksmaschine nicht zu verpassen (29). Im Squashcenter ist er im Waschraum wieder den Fernsehnachrichten ausgesetzt, die von der Verhaftung der Piloten berichten, und beginnt sich über diese allumfassende Inbesitznahme seines Alltags durch die Medien zu ärgern: „Isn't it possible to enjoy an hour's recreation without this invasion, this infection from the public domain? [...] He has a right now and then – everyone has it – not to be disturbed by world events, or even street events.“ (108) Die Omnipräsenz der Medien setzt sich auch während Perownes Besuch bei seiner an Demenz erkrankten Mutter im Altersheim fort – zwei Bewohner, welche die Berichterstattung vermutlich kaum mehr in ihren realen Kontext einordnen können, schauen sich dort selbstvergessen Meldungen über den Friedensmarsch und das Flugzeug an. Perowne ist zwar zu Beginn des Romans sehr darauf aus, seine Beobachtung des Flugzeugunglücks mit den Berichten der Medien abzugleichen. Dafür aber vermag er über den zwanghaften Wunsch des voyeuristischen Zuschauers, nichts zu verpassen, zu reflektieren:

> It's a condition of the times, this compulsion to hear how it stands with the world [...]. The habit's grown stronger these past two years; a different scale of news value has been set by monstrous and spectacular scenes. Everyone one fears it, but there's also a darker longing in the collective mind, a sickening for self-punishment and a blasphemous curiosity. Just as the hospitals have their crisis plans, so the television networks stand ready to deliver, and their audiences wait. Bigger, grosser next time. Please don't let it happen. But let me see it all the same, as it's happening and from every angle, and let me be among the first to know. (176)

Perowne erkennt, wie er durch die von den Medien propagierten und vereinfachten Diskurse manipuliert wird. Während die Politiker die Freiheit der westlichen Welt propagieren, wird das denkende Subjekt zum furchtsamen Rezipienten immer neuer Schreckensmeldungen degradiert. Obwohl Perowne über den latenten Einfluss der Medien auf sein Weltbild reflektiert, wenn er sich als „a dupe, the willing, febrile consumer of news fodder“ (176) sieht, mischt sich in seine Gedanken unwillkürlich Angst vor einem Untergang der Zivilisation, die vom Geschehen des 11. September inspiriert ist. Er muss sich eingestehen, wie tief ihn die politische Lage verunsichert. Wie die Gedanken mancher Figuren in modernistischen Romanen – punktuell etwa in *Mrs Dalloway* – sind Perownes Reflexionen hier von einem erklärenden Erzählerbericht begleitet:

> A second can be a long time in introspection. Long enough for Henry to make a start on the negative features, certainly enough time for him to think, or sense, without un-

> wrapping the thought into syntax and words, that it is in fact the state of the world that troubles him most, and the marchers are there to remind him of it. (80f.)

Seinen persönlichen Lebensstil wie die gesamte westliche Welt sieht der Protagonist von der islamistischen Gewalt bedroht. Die gesamte westliche Kultur scheint gefährdet zu sein. Als *worst-case-scenario* imaginiert Perowne wiederholt einen neuen hundertjährigen Krieg (vgl. 32, 77): zwischen dem Abendland und islamischen Fundamentalisten. Er fürchtet, das multiethnische Londoner Leben könne von diesem neuen Feind, den er als „well-organized, tentacular, full of hatred and focused zeal" (76) bezeichnet, zerstört werden. Am Beispiel der von den Medien aufgebauten Angstkulisse wird für den Protagonisten deutlich, wie politische Ereignisse bis in die Privatsphäre und sogar die Psyche des einzelnen Menschen eindringen: „This Russian plane flew right into his insomnia, and he's been only too happy to let the story and every little nervous shift of the daily news process colour his emotional state." (176) Dies ändert jedoch nichts daran, dass Perowne in politischer Hinsicht letztlich passiv bleibt: Den Ablauf der Massendemonstration, einer leitmotivisch erwähnten öffentlichen Veranstaltung, beobachtet er lediglich.

Ausgehend von seinem aufgeklärten, technokratischen Weltbild beurteilt Perowne als Mediziner gläubige – moslemische – Menschen als „psychotisch" (17). Die Familie Perowne pflegt einen rein säkularen Lebensstil, die Generation seines Sohnes Theo charakterisiert Henry Perowne als „sincerely godless" (32). Dieser in *Saturday* entworfenen politischen Dichotomie der westlichen und islamischen Weltanschauung entspricht im Figurenkreis der Familie Perowne die Konkurrenz der von den Natur- und den Geisteswissenschaften geschaffenen epistemologischen Paradigmen.

2.4 Zwei Paradigmen: Natur- und Geisteswissenschaften

Neben den zeitgeschichtlichen Bezügen verarbeitet Ian McEwan in *Saturday* auch ein aktuelles Diskussionsthema der Geistes- und Naturwissenschaften: die Frage nach der Willensfreiheit. Diese wird nicht nur von den Medien, sondern bereits auf einer weitaus grundlegenderen Ebene von den Neuronen des Gehirns eingeschränkt. Damit schildert McEwan einen ähnlichen Paradigmenwechsel, wie er zur Zeit der Jahrhundertwende stattfand, an welche die modernistische Schreibweise des Romans literarisch anknüpft: Damals waren nicht zuletzt Sigmund Freuds Thesen vom Unbewussten revolutionäres Gedankengut, welches das Menschenbild der Zeitgenossen infrage stellte. Im beginnenden 21. Jahrhundert kristallisiert sich die Frage nach den neurobiologischen Grundlagen des Bewusstseins als der neue heilige Gral der Lebenswissenschaften heraus. Gleich einer vierten ‚kopernikanischen' Revolution nach Kopernikus, Darwin und Freud soll nun die Vorstellung von einer menschlichen Seele und der Willensfreiheit als Konstrukt der Neuronen entlarvt werden. Indem McEwan in seinem Roman neurobiologische Fragestellungen thematisiert, reiht er sich in die gegenwärtige Diskussion zwischen den Geistes- und Naturwissenschaften ein, welche das Menschenbild erneut zur Disposition stellt. So hält etwa Wolf Singer, einer der führenden deutschen Wissenschaftler auf diesem Gebiet, die „Suche nach den neuronalen Grundlagen psychischer Phänomene wie Bewusstsein oder freier Wille“ für „eine der wichtigsten [Fragen], die gegenwärtig an der Berührungsfläche zwischen Natur- und Kulturwissenschaften diskutiert werden“ (Singer 2003: 24).

Die Dichotomie der beiden Wissenschaften spiegelt sich in der Figurenkonstellation des Romans. Dem Naturwissenschaftler Perowne bleibt die Welt der Geisteswissenschaften weitgehend fremd. Für ihn hat die biologische Sicht des wissenschaftlichen Evolutionsparadigmas einen quasi-religiösen Status und genügt ihm als epistemologischer Referenzpunkt seines Weltbilds: In dieser Lehre liegt „his only kind of faith“ (255). Durch seine Tochter Daisy, die kurz vor der Publikation ihres ersten Gedichtbandes steht, und seinen Schwiegervater, einen fiktiven Aspiranten auf den Titel des *Poeta laureatus*, wird Perowne mit der geisteswissenschaftlichen Gedankenwelt konfrontiert. Auch wenn Perowne sich in der Vorstellung gefällt, ganze Wochenenden mit „some world-rank-masterpiece or other“ (66) in lässiger Bohemien-Attitüde zuzubringen, bleibt dies für ihn ein Gedankenexperiment. Er pflegt die Pose des nüchternen Realisten, der keine weitergehenden literarischen Ambitionen hat, und ist der Ansicht, zwei Dichter in der Familie seien genug. Die Literaturklassiker, für die er auf Initiative seiner Tochter Daisy „many hours of his valuable time“ (67) opfert, beeindrucken ihn nur wenig. Für ihn ist die künstlerische Leistung dieser „sophisticated fairy stories“ (67) bestenfalls gute handwerkliche Arbeit. Ihren Nutzen stellt er radikal in Frage: „[I]t interests him less to have the world reinvented; he wants it explained. The times are strange enough. Why make things up”? (66) Vor allem verachtet er die Literatur des Magischen Realismus, deren Hinwendung zum Übernatürlichen er als Zeugnis einer „insufficient imagination, a dereliction of duty, a childish evasion of the difficulties and wonders of the real“ liest und schulterzuckend zurückweist: „[I]t’s all kitsch to me“ (66). Näher steht dem Mediziner bezeichnenderweise die klassische Musik, insbesondere die formstrengen Werke Bachs, die er beim Operieren hört. Bewundert Perowne im Beruf den Fortschritt der wissenschaftlichen Erkenntnis, verkörpert Bachs Musik für ihn „the magnificence of human ingenuity“ (68).

Trotz aller Ablehnung bleiben die Sinnstiftungsangebote der Literatur nicht ohne Wirkung auf Perowne. Auch wenn er vorgibt, keinen Zugang zu Literatur – die ihm „too humanly flawed“ (68) erscheint – finden zu können, so hilft ihm jedoch die Lektüre von Jane Austen und George Eliots Romanen, die häusliche Welt, in der seine Mutter zeitlebens verhaftet blieb, besser einschätzen zu können.

2.5 Die Konfrontation mit dem ‚Anderen‘: Perownes Antagonist Baxter

Gleich Virginia Woolf in *Mrs Dalloway* konstruiert Ian McEwan in *Saturday* eine ganze Reihe binärer Oppositionen, die das Geschehen tragen: Neben der Dichotomie zwischen rationalem und künstlerischem Denken sind dies etwa der Gegensatz zwischen der Eltern- und Kindergeneration und zwischen Arm und Reich. Selbst das für die Figurenkonstellation von *Mrs Dalloway* essentielle Doppelgängermotiv übernimmt McEwan zumindest teilweise: Während Woolf den mittellosen, schizophrenen, durch den Krieg traumatisierten Septimus Warren Smith als Doppelgänger ihrer Titelfigur Clarissa Dalloway konzipiert, stellt McEwan seinem Protagonisten Henry Perowne den am unheilbarem Korea-Huntingdon-Syndrom erkrankten Kleinkriminellen Baxter gegenüber. Die Figur Baxter ist dabei ebenfalls mit ganz verschiedenen Themen verknüpft, allen voran mit der Frage nach dem ‚Anderen', nach dem Wesen des menschlichen Bewusstseins sowie nach persönlicher Verantwortung und Schuld. Die Tauglichkeit von Perownes Ansichten wird anhand dieser Gegenfigur implizit zumindest ein Stück weit überprüft.

Perowne trifft Baxter, als er am Morgen der Antikriegsdemonstration durch blockierte Straßen zu einem Squash-Spiel mit seinem Kollegen Jay Strauss fährt. Wegen der unklaren Verkehrslage stößt er in einer menschenleeren Einbahnstraße mit einem roten BMW zusammen. Es kommt zu einer prekären Konfrontation zwischen Perowne und den Insassen des BMW, Baxter und zwei gewaltbereiten Kumpanen, die von ihm Geld erpressen wollen. Untrügliche Symptome verraten dem Neurochirurgen sogleich, dass Baxter an einer seltenen Erbkrankheit leidet, die mit Antriebs- und Affektstörungen, Psychosen und geistigem Verfall einhergeht. Nicht nur an dieser Stelle erweisen sich Perownes Sprache und Wahrnehmung als so stark von seinem medizinischen Fachwissen geprägt, dass er für den durchschnittlichen Rezipienten wiederum implizit selbst das fremdartige, schwer (be)greifbare ‚Andere' verkörpert:

> Even as he turns back towards Baxter in surprise, an even as he sees, or senses, what's coming towards him at such speed, there remains in a portion of his thoughts a droning, pedestrian diagnostician who notes poor self-control, emotional liability, explosive temper, suggestive of reduced levels of GABA among the appropriate binding sites on striatal neurons. This in turn is bound to imply the diminished presence of two enzymes in the striatum and lateral pallidum – glutamic acid decarboxylase and choline acetyltransferase. There is much in human affairs that can be accounted for at the level of the complex molecule […]. (91)

Indem er Baxter in ein Gespräch über seine Krankheit verwickelt, gelingt es Perowne, ihn von seinen Komplizen zu isolieren und schließlich zu entkommen. Später jedoch dringt Baxter erneut in die heile Welt des arrivierten Mediziners ein. Kulminiert *Mrs Dalloway* in der Party, die Clarissa am Abend ausrichtet, so führt McEwan die zentralen Figuren am Ende bei einem Abendessen zusammen. Henry und Rosalinds Tochter Daisy trifft aus ihrer Wahlheimat Paris ein, und auch Rosalinds in Frankreich lebender Dichtervater John Grammaticus wird gegen Abend in London erwartet. Es gelingt Baxter, sich am Abend mit seinem Komplizen Nigel Zugang zum Haus der Perownes zu verschaffen, die versammelte Familie in seine Gewalt zu bringen und Daisy zu zwingen, sich auszuziehen. Sein medizinischer Sachverstand hilft dem Neurochirurgen in dieser Situation nicht. Allein Daisy gelingt es, in Baxter einen Stimmungswandel herbeizuführen und ihn von der ihr drohenden Vergewaltigung abzubringen, indem sie

Matthews Arnolds Gedicht „Dover Beach“ (ca. 1851) rezitiert und als ihr eigenes ausgibt. Daraufhin lässt Baxters Komplize ihn im Stich, und Perowne kann den Eindringling zusammen mit seinem Sohn überwältigen. Während die ‚Wissenschaft‘ (Perowne) in dieser Situation versagt, darf die ‚Kunst‘ (Daisy) hier triumphieren. Welche der beiden Deutungsweisen der Wirklichkeit die größere Tragweite besitzt, bleibt jedoch offen.

Baxter, dessen irrationale Handlungen Perowne auf pathologische Veränderungen im Gehirn dieses erkrankten Menschen zurückführt, scheint zunächst Perownes Glauben an die Natur des menschlichen Geistes zu bestätigen: „[T]he mind is what the brain, mere matters, performs“ (67). Für den Mediziner Perowne – „[a] man who attempts to ease the miseries of failing mind by repairing brains“ (ebd.) – ist dies ein unumstößliches Dogma. Überzeugt vom wissenschaftlichen Fortschritt, erwartet er in Kürze die Erkenntnis, wie aus dem „wet stuff“ der Gehirnmasse das menschlichen Bewusstseins generiert werden kann – „this bright inward cinema of thought“ (254). Einem wirklichen Verständnis der Persönlichkeit Baxters bleibt Perowne jedoch weit entfernt. Während der Notoperation am Ende des Romans sieht er direkt in Baxters Gehirnmasse und kann die für die Erkrankung typischen pathologischen Veränderungen identifizieren. Gleichzeitig ist er sich bewusst, dass er das Innerste des Patienten auch auf diese Art nicht (be)greifen wird. Er wünscht sich, er als Gehirnchirurg könnte dem Phänomen ‚Bewusstsein‘ auf die Spur kommen: „that penetrating the skull brings into view not the brain but the mind“ (243). Allem medizinischen Fortschritt zum Trotz bleibt Baxter dem Protagonisten fremd.

2.6 Epistemologische Unsicherheit

In Ian McEwans *Saturday* sind Themen, Schreibweisen und intertextuelle Bezüge verarbeitet, die auf den Modernismus weisen. Während als ein wichtiges Merkmal der literarischen Postmoderne die ethische Indifferenz gilt, ist in *Saturday* eine ethische Unsicherheit gegenüber den spezifischen Werturteilen Henry Perownes spürbar. So gibt es keine textimmanenten Hinweise, die seine mit sozialdarwinistischen Untertönen behaftete Überzeugung hinterfragen, dass jugendliche Drogenabhängige Opfer ihres genetischen Codes seien, dem auch Sozialprogramme nichts entgegenzusetzen haben. Auch ob Perowne durch den Missbrauch seines medizinischen Wissens tatsächlich einen objektiven Schuldanteil an Baxters Überfall auf die Familienfeier und an dessen gefährlichen Sturz trägt, wird auf der Handlungsebene nicht geklärt. Umgekehrt bleibt Perownes Unbehagen seinem luxuriösen Lebensstil gegenüber ungelöst. Es gibt im Roman keine eindeutigen textuellen Signale, die die gesellschaftlichen Besitzverhältnisse affirmieren oder kritisieren. Auf diese Weise wird implizit die Möglichkeit objektiver Wahrnehmung problematisiert – dies entspricht wiederum McHales (1992) Begriff der Moderne, die sich nach dieser Lesart durch die Beschäftigung mit epistemologischen Fragen auszeichnet.

Überdies nehmen die Leserinnen und Leser das Textgeschehen nur durch die stark subjektivierte Perspektive eines Mediziners mit einer *deformation professionelle* wahr, was zu einer gewissen Distanzierung führt und die Unsicherheit seitens der Rezipienten verstärkt. Die Frage nach ‚richtig' und ‚falsch' oder ‚wahr' und ‚unwahr' stellt sich nicht zuletzt mit Blick auf die politische Dimension des Romans. Obwohl die Leserinnen und Leser, welche die Geschehnisse seit dem Beginn des Irakkriegs kennen, durch diesen Wissensvorsprung den Text mit wieder eigenen Subjektivitäten lesen, gibt es in der fiktiven Welt keine Hinweise, wie eine endgültige Bewertung der politischen Lage aussehen könnte. Auch die in *Saturday* suggerierte paradigmatische Dichotomie der Geistes- und Naturwissenschaften bleibt bestehen – es wird nicht entschieden, welcher Wissenschaftszweig dem Menschen auf der Suche nach Sinngebung weiterhelfen kann. Nicht nur hier bleibt letztlich Perownes subjektive Position im Raum stehen. Weder stellt Perowne seine eigenen Wertmaßstäbe in Frage, noch gibt ein auktorialer Erzähler einen Bewertungsrahmen vor, der einen Maßstab für verbindliche Aussagen und Wertungen bilden könnte. Auf diese Weise ist die fehlende Auflösung der unterschwelligen Konflikte, die sich auf der *story*-Ebene abspielen, auf der *discourse*-Ebene vorgezeichnet.

Für Perowne selbst ist die latente Bedrohung in Gestalt Baxters fassbar geworden. Seine Unsicherheit bezüglich dessen, was wahr und wirklich ist, ähnelt sehr derjenigen des lyrischen Ichs aus „Dover Beach". Zugleich artikuliert sich in beiden Werken letztlich das gleiche Gefühl einer schwer fassbaren und unverständlichen – in *Saturday* allerdings sehr realen – Bedrohung:

> [T]he world, which seems/To lie before us like a land of dreams,/So various, so beautiful, so new,/Hath neither really joy, nor love, nor light,/Nor certitude, nor peace, nor help for pain;/And we are here as on a darkling plain,/Swept with confused alarms of struggle and flight,/Where ignorant armies clash by night. (Arnold 2000 [1962]: 1492f.)

Am Ende des Romans muss auch Perowne erkennen, wie prekär die familiäre Idylle ist, in der er sich eingerichtet hatte. Offen bleibt jedoch, ob die größte Herausforderung von der islamistischen Terrorgefahr, der Entmündigung des Bürgers durch die Medien, den sozialen Gegensätzen oder gar der Entzauberung der menschlichen Seele durch die Neurowissenschaften ausgeht.

3. Ausblick

Die vorangegangen Überlegungen haben gezeigt, dass sich die Synthese aus ‚Tradition' und ‚Innovation', wie sie Ansgar Nünning (2000) für den englischen Roman der 1980er und 1990er Jahre befand, auch im 21. Jahrhundert fortsetzt. Das ‚gemäßigte Experimentieren', das Werner Wolf (vgl. hierzu Kap. 3 in diesem Band) als Dominante des englischen Erzählens der 1990er Jahre identifizierte, hat dabei ebenso Bestand wie eine Reihe anderer Tendenzen der damaligen Zeit, etwa die Beschäftigung mit der persönlichen und kollektiven Geschichte sowie der hohe Grad an Intertextualität und

Intermedialität (vgl. Wolf 2001: 293). Eine ‚Rückkehr zum Erzählen' (A. Nünning 2000) lässt sich – wie nicht zuletzt Ian McEwans jüngster Roman *On Chesil Beach* (2007) zeigt – zwar immer noch ausmachen, doch tritt sie in Werken der ‚Hochliteratur' zugunsten modernistischer Schreibweisen oft in den Hintergrund.

Im Zusammenhang mit der Problematisierung verschiedener Zugangsweisen zur Wirklichkeit spielt im englischen Roman des beginnenden 21. Jahrhunderts neben Intertextualität auch Intermedialität eine wichtige Rolle – in John Banvilles *The Sea* (2005) etwa sind es Malerei und Photographie, in *Arthur & George* Zeitungen, in Ali Smiths *The Accidental* (2005) das Medium Film, in *Notes on a Scandal* Fernsehen und Zeitungen. Die Funktionen der intermedialen und intertextuellen Referenzen sind zwar durchaus verschieden, doch geht es meist vor allem um eines: Um verschiedene, nicht selten widersprüchliche Deutungen der ‚Wirklichkeit', die eng mit zwei weiteren wichtigen Aspekten des zeitgenössischen englischen Romans verknüpft sind – mit der Erfahrung von Alterität und der Erzeugung epistemologischer Unsicherheit.

Der Rückgriff auf modernistische Themen und Verfahren zeigt sich selbst an den eingangs erwähnten fiktionalen Biographien, die im Gegensatz zum metabiographischen Roman der 1990er Jahre weniger spezifisch mit den grundlegenden Möglichkeiten und Problemen der Gattung ‚Biographie' verbundene, als vielmehr allgemein epistemologische Fragen inszenieren. Romane wie *Notes on a Scandal*, *Saturday* oder *The Sea* schließlich rekurrieren in solchem Maß auf modernistische Fragestellungen, Erzähltechniken und Werke, dass die Hinwendung zum Modernismus sich als eine Dominante des englischen Romans nach dem Jahr 2000 erweist. Wie es weiter geht, muss offen bleiben, doch nach wie vor wird gelten: „In a living artistic tradition, the dead never quite lie down." (McEwan 2006)

Literatur

Werke

Banville, John. 2005. *The Sea*. London: Picador.
Barnes, Julian. 2006 [2005]. *Arthur & George*. London: Vintage.
Coetzee, J.M. 2004 [1994]. *The Master of Petersburg*. London: Vintage.
Cunningham, Michael. 1999 [1998]. *The Hours*. London: Fourth Estate.
Heller, Zoë. 2003. *Notes on a Scandal*. London: Penguin.
Hornby, Nick. 2005. *A Long Way Down*. London: Viking.
Hyland, M.J. 2006. *Carry Me Down*. Edinburgh: Canongate.
Ishiguro, Kazuo. 2005. *Never Let Me Go*. London: Faber & Faber.
Kennedy, A.L. 2005 [2004]. *Paradise*. London: Vintage.
Kneale, Matthew. 2002 [2000]. *English Passengers*. London: Penguin.
Lodge, David. 2005 [2004]. *Author, Author*. London: Penguin.
McEwan, Ian. 1975. *First Love, Last Rites*. London: Jonathan Cape.
—. 1978. *The Cement Garden*. London: Jonathan Cape.

—. 1981. *The Comfort of Strangers*. London: Jonathan Cape.
—. 1987. *The Child in Time*. London: Jonathan Cape.
—. 1989. *The Innocent*. London: Jonathan Cape.
—. 1992. *Black Dogs*. London: Jonathan Cape.
—. 1997. *Enduring Love*. London: Jonathan Cape.
—. 1998. *Amsterdam*. London: Jonathan Cape.
—. 2001. *Atonement*. London: Jonathan Cape.
—. 2006 [2005]. *Saturday*. London: Vintage.
—. 2007. *On Chesil Beach*. London: Jonathan Cape.
Smith, Ali. 2005. *The Accidental*. London: Penguin.
Smith, Zadie. 2005. *On Beauty*. London: Penguin.
Stead, C.K. 2004. *Mansfield*. A Novel. London: Vintage.
Tóibín, Colm. 2004. *The Master*. London: Picador.
Woolf, Virginia. 1925. *Mrs Dalloway*. London: Hogarth Press.

Ausgewählte Fachliteratur

Childs, Peter. 2005. *Contemporary Novelists: British Fiction since 1970*. Houndsmills, Basingstoke, New York: Palgrave Macmillan.

Überblick über das Schaffen von zwölf der bedeutsamsten britischen Autorinnen und Autoren der letzten dreißig Jahre. Beleuchtet deren Stellung innerhalb der Literaturgeschichte sowie ihre wichtigsten Themen und Werke.

—. 2006. *The Fiction of Ian McEwan*. Houndsmills, Basingstoke, New York: Palgrave Macmillan.

Überblick über McEwans Werk von *First Love, Last Rites* bis hin zu *Saturday*; bietet fundierte Einzelinterpretationen, erfasst kaleidoskopisch McEwans wichtigste Themen und bietet einen Überblick über die Forschung.

Morrison, Jago. 2003. *Contemporary Fiction*. New York: Routledge.

Setzt sich aus zwei Teilen zusammen: Der erste spannt mit vier Kapiteln zu den Themen „History and post-histories“, „Time and narrative“, „Bodies, genders“ und „Writing and race“ einen thematischen Rahmen, der zweite enthält einführende Analysen der wichtigsten Werke von Ian McEwan, Maxine Hong Kingston, Jeanette Winterson, Toni Morrison, Salman Rushdie, Angela Carter, Hanif Kureishi; Buchi Emechata und Alice Walker.

Nünning, Ansgar. 2000. „Die Synthese aus Tradition und Innovation im englischen Roman der 1980er und 1990er Jahre: Die Rückkehr zum Erzählen bei Graham Swift, Kazuo Ishiguro und Barry Unsworth.“ In: Vera & Ansgar Nünning (Hgg.). *Klassiker und Strömungen des englischen Romans im 20. Jahrhundert: Festschrift zum 65. Geburtstag von Gerhard Haefner*. Trier: Wissenschaftlicher Verlag Trier. 189-219.

Skizziert anhand von Beispielinterpretationen die synthetische Verknüpfung traditioneller und innovativer Erzählverfahren, die den englischen Roman der 1980er und 1990er Jahre kennzeichnet und bis in die Gegenwart fortwirkt.

Nünning, Vera. 2007. „Experiments with Ethics in Contemporary British Fiction: The Lack of a Stable Framework." In: Susan Onega & Jean-Michel Ganteau (Hgg.). *The Ethical Component in Experimental British Fiction Since the 1960s*. Newcastle: Cambridge Scholars Publishing. 210-231.

Wegweisender Aufsatz zu Ian McEwans *Saturday* und Julian Barnes' *Arthur and George*; beleuchtet die narrative Inszenierung der Erfahrung von Alterität in einem Umfeld, das von ethischer und epistemologischer Unsicherheit charakterisiert ist.

—. 2008. „Ethics and Aesthetics in British Novels at the Beginning of the 21st Century." In: Astrid Erll & Herbert Grabes (Hgg.). *Ethics Within Culture: The Dissemination of Value Through Literature and Other Media*. Berlin/New York: De Gruyter (im Druck).

Klassifiziert die jüngsten ästhetischen Entwicklungen des zeitgenössischen englischen Romans treffend im Hinblick auf modernistische Erzählweisen als zentrales Merkmal des englischen Romans nach 2000. Veranschaulicht dies anhand von Nick Hornbys *A Long Way Down*, Julian Barnes' *Arthur and George* und Zoë Hellers *Notes on a Scandal*.

—. (im Druck). „‚How can you say they're like you and me?' Ethics and Unreliability in Contemporary British Fiction." In: Bárbara Arizti Martín & Silvia Martínez Falquina (Hgg). *‚On the Turn': The Ethics of Fiction in Contemporary Narrative in English*. Newcastle: Cambridge Scholars Publishing.

Untersucht anhand von Ian McEwans *Enduring Love*, Matthew Kneales *English Passengers* und Nick Hornbys *A Long Way Down* eine für den englischen Roman der letzten zehn Jahre charakteristische Art der Verknüpfung von ethischen Fragestellungen und unzuverlässigem Erzählen, die auf der Erfahrung von Alterität und der Evokation von Sympathie beruht.

Tew, Philip. 2004. *The Contemporary British Novel*. London, New York: Continuum.

Enthält neben einer Einführung und einem Epilog über das Unterrichten und das Studium der britischen Gegenwartsliteratur fünf thematisch orientierte Kapitel zu den Themen „Contemporary Britishness", „The Fall and Rise of the Middle Classes", „Urban Identities", „The Past and the Present" sowie „Multiplicities and Hybridities".

Tew, Philip & Rod Mengham (Hgg). 2006. *British Fiction Today*. London, New York: Continuum.

Sammlung mit Essays über sechzehn britische Gegenwartsautorinnen und Autoren, deren Schlüsselwerke- und Themen. Strukturiert nach den wichtigsten Themen der britischen Gegenwartsliteratur, die jeweils in einer kurzen Einführung umrissen werden.

Wolf, Werner. 2001. „Ian McEwans *Atonement* als Synthese aktueller Trends im englischen Erzählen der Gegenwart." In: *Sprachkunst: Beiträge zur Literaturwissenschaft* 32.2: 291-311.

Beschreibt anhand einer vortrefflichen Beispielinterpretation von McEwans *Atonement* paradigmatisch die wichtigsten ästhetischen Tendenzen des zeitgenössischen englischen Romans.

Weitere zitierte Literatur

Arnold, Matthew. 2000 [1962]. „Dover Beach." In: M.H. Abrams & Stephen Greenblatt (Hgg.). *The Norton Anthology of English Literature*. Bd. II. New York, London: W.W. Norton & Company. 1492-1493.

Banville, John. 2005. „A Day in the Life." *The New York Review of Books* 53.9, May 26, 2005. http://www.nybooks.com/articles/article-preview?article_id=17993 (24.03.2007).

Bradbury, Malcolm. 1988. *The Modern World: Ten Great Writers*. London: Secker & Warburg.

Byrne, Michael. 2006. „Time and the Child in Ian McEwan's *The Child in Time*." http://www.antigonishreview.com/bi-123/123-mbyrne.html (23.03.2007).

Gerard, Jasper. 2005. „The Conversion of Mr Macabre". *The Sunday Times*, January 23: Review 5. http://www.timesonline.co.uk/tol/news/article505214.ece (23.03. 2007).

Kohn, Marek. 2005. „‚Grandeur of the Mind over Matter': Review of *Saturday*, by Ian McEwan." *The Independent*. February 4. http://www.enjoyment.independent. co.uk/books/reviews/article13424.ece (24.05.2005).

Koval, Ramona. 2002. „Interview with Ian McEwan." *Radio National: Books and Writing, Sunday 29/12/2002*. http://www.abc.net.au/rn/arts/bwriting/stories/ s748141.htm (24.03.2007).

Lodge, David. 2006. „The Author's Curse." *The Guardian*, Saturday May 20, 2006. http://books.guardian.co.uk/extracts/story/0,,1779180,00.html (12.03.2007).

McEwan, Ian. 2006. „A Parallel Tradition." *The Guardian*, Saturday April 1, 2006. http://books.guardian.co.uk/departments/scienceandnature/story/0,,1743994,00. html (23.03.2007).

Singer, Wolf. 2003. *Ein neues Menschenbild? Gespräche über Hirnforschung*. Frankfurt a.M.: Suhrkamp.

Wolf, Werner. 1993. „Radikalität und Mäßigung: Tendenzen experimentellen Erzählens." In: Annegret Maack & Rüdiger Imhof (Hgg.). *Radikalität und Mäßigung: Der englische Roman seit 1960*. Darmstadt: Wissenschaftliche Buchgesellschaft. 34-53.

HINWEISE ZU DEN BEITRÄGERINNEN UND BEITRÄGERN

Irina Bauder-Begerow, geb. 1979, studierte Geschichte, Anglistik und Politikwissenschaften an den Universitäten Tübingen, Norwich und Heidelberg; seit 2006 wissenschaftliche Mitarbeiterin am Anglistischen Seminar der Universität Heidelberg. Monographien: *'I have only writ the truth': Repräsentation von Weiblichkeit und Männlichkeit im englischen Roman des 18. Jahrhunderts* (in Vorbereitung).

Dorothee Birke, geb. 1975, studierte Anglistik und Germanistik an den Universitäten Freiburg und Dublin; 2003-2006 wissenschaftliche Mitarbeiterin am Institut für Anglistik/Amerikanistik der Universität Gießen; 2005/06-2007 Ko-Geschäftsführerin des „Gießener Graduiertenzentrums Kulturwissenschaften" (GGK) sowie des im Rahmen der Exzellenzinitiative des Bundes und der Länder geförderten „International Graduate Centre for the Study of Culture" (GCSC) an der Universität Gießen. Monographien: *Memory's Fragile Power: Crises of Memory, Identity and Narrative in Contemporary British Novels*. Trier: WVT (in Vorbereitung).

Homepage: http://www.uni-giessen.de/graduiertenzentrum/home/profil-dbirke.html

Stella Butter, geb. 1976, studierte Anglistik, Germanistik sowie Mittlere und Neuere Geschichte an den Universitäten Mannheim und Stirling; 2003-2006 wissenschaftliche Mitarbeiterin am Institut für Anglistik/Amerikanistik der Universität Gießen; 2005-2006 Ko-Geschäftsführerin des „Gießener Graduiertenzentrums Kulturwissenschaften" (GGK; mit Dorothee Birke); seit 2006 Koordinatorin des Internationalen Promotionsprogramms „Literatur- und Kulturwissenschaft" (IPP) an der Universität Gießen. Monographien: *Literatur als Medium kultureller Selbstreflexion – Literarische Transversalität und Vernunftkritik in englischen und amerikanischen Gegenwartsromanen aus funktionsgeschichtlicher Perspektive*. (ELCH 25) Trier: WVT, 2007.

Homepage: http://www.uni-giessen.de/ipp/home/profil-sbutter.html

Matthias Eitelmann, geb. 1977, studierte Anglistik und Germanistik an den Universitäten Mainz und Mannheim; seit 2003 Lehraufträge am Anglistischen Seminar der Universität Mannheim, seit 2007 wissenschaftlicher Mitarbeiter ebendort. Monographien: *‚Memoria et Oblivio': Das altenglische Beowulf-Epos als kultureller Gedächtnisspeicher* (in Vorbereitung).

Astrid Erll, geb. 1972, studierte Englische und Deutsche Philologie, Psychologie und Pädagogik an der Universität Gießen; 2002-2007 wissenschaftliche Mitarbeiterin im Sonderforschungsbereich „Erinnerungskulturen" der Universität Gießen und Mitarbeit im „Gießener Graduiertenzentrum Kulturwissenschaften" (GGK); 2004 Research Fellow am Institute for German Cultural Studies, Cornell University, Ithaca, USA; 2006 Visiting Professor am English Department, University of Wisconsin-Madison;

Mitantragstellerin des im Rahmen der Exzellenzinitiative des Bundes und der Länder geförderten „International Graduate Centre for the Study of Culture" (GCSC) der Universität Gießen; seit 2007 Professorin für Anglistik (Literatur- und Kulturwissenschaft) an der Universität Wuppertal. Monographien: *Gedächtnisromane: Literatur über den Ersten Weltkrieg als Medium englischer und deutscher Erinnerungskulturen in den 1920er Jahren.* (ELCH 10) Trier: WVT, 2003; *Kollektives Gedächtnis und Erinnerungskulturen: Eine Einführung.* Stuttgart: Metzler, 2005; *Prämediation – Remediation: Der indische Aufstand in imperialen und post-kolonialen Medienkulturen (1857 bis zur Gegenwart).* (ELCH 23) Trier: WVT, 2007; *Interkulturelle Kompetenzen.* Stuttgart: Klett, 2007 (mit Marion Gymnich).

Homepage: http://www.fba.uni-wuppertal.de/anglistik_amerikanistik/literatur/erll_astrid.html

Jens Gurr, geb. 1974, studierte Anglistik und Germanistik an der Universität Mannheim; 2004/05 Vertretungsprofessur an der Universität Duisburg-Essen; 2006 Visiting Scholar an der University of Waterloo, Ontario, Kanada; 2006/07 Vertretung als wissenschaftlicher Mitarbeiter an der Universität Bamberg; seit 2007 Professor für Anglistik (Britische Kultur- und Literaturwissenschaft) an der Universität Duisburg-Essen. Monographien: *Tristram Shandy and the Dialectic of Enlightenment.* Heidelberg: Winter, 1999; *The Human Soul as Battleground: Variations on Dualism and the Self in English Literature.* Heidelberg: Winter, 2003.

Homepage: http://www.uni-essen.de/anglistik/fub1/individual/jens_gurr.htm

Marion Gymnich, geb. 1968, studierte Anglistik, Germanistik und Slavistik an der Universität Köln; 1995-2002 wissenschaftliche Mitarbeiterin am Englischen Seminar der Universität Köln; 2002-2006 Koordinatorin des Internationalen Promotionsprogramms „Literatur- und Kulturwissenschaft" (IPP) an der Universität Gießen; 2006/07 Vertretungsprofessur an der Universität Giessen; Mitantragstellerin des im Rahmen der Exzellenzinitiative des Bundes und der Länder geförderten „International Graduate Centre for the Study of Culture" (GCSC); seit 2007 Professorin für Anglistik und Amerikanistik an der Universität Bonn. Monographien: *Grundkurs anglistische Sprachwissenschaft.* Stuttgart: Klett, 1998 (mit Jon Erickson); *Entwürfe weiblicher Identität im englischen Frauenroman des 20. Jahrhunderts.* (Horizonte 28) Trier: WVT, 2000; *Metasprachliche Reflexionen und sprachliche Gestaltungsmittel im englischsprachigen postkolonialen und interkulturellen Roman.* (ELCH 24) Trier: WVT, 2007; *Charlotte Brontë: Jane Eyre, Emily Brontë: Wuthering Heights.* Stuttgart: Klett, 2007; *Interkulturelle Kompetenzen.* Stuttgart: Klett, 2007 (mit Astrid Erll).

Bernd Hirsch, geb. 1967, seit 2006 wissenschaftlicher Mitarbeiter am Anglistischen Seminar der Universität Heidelberg. Monographien: *Geschichte und Geschichten: Zum Verhältnis von Historizität, Historiographie und Narrativität in den Romanen Salman Rushdies.* Heidelberg: Winter, 2001.

Caroline Lusin, geb. 1977, studierte Anglistik und Slavistik an den Universitäten Heidelberg und St. Petersburg; seit 2005 wissenschaftliche Mitarbeiterin am Anglistischen Seminar der Universität Heidelberg. Monographien: *Virginia Woolf und Anton P. Čechov: Die Semantisierung von Raum und Zeit*. (ELCH 29). Trier: WVT, 2007.

Birgit Neumann, geb. 1974, studierte Anglistik, Philosophie, Romanistik und Pädagogik an den Universitäten Köln und Clermont-Ferrand; 2006 Visiting Professor am Institut für „German Cultural Studies", Cornell University, Ithaca, USA; 2003-2007 Mitarbeiterin und später Koordinatorin im Sonderforschungsbereich „Erinnerungskulturen" der Universität Gießen sowie Mitarbeit im „Gießener Graduiertenzentrum Kulturwissenschaften" (GGK); Mitantragstellerin des im Rahmen der Exzellenzinitiative des Bundes und der Länder geförderten „International Graduate Centre for the Study of Culture" (GCSC); seit 2006 Principal Investigator des GCSC; 2007 Habilitation mit der Studie *Nationale Fremd- und Selbstbilder in britischen Medien des 18. Jahrhunderts: Die Rhetorik der Nation*. Trier: WVT, 2008; seit 2007 Vertretungsprofessur im Fach Anglistik an der Universität Gießen. Weitere Monographien: *Erinnerung – Identität – Narration: Typologie und Funktionen kanadischer Fictions of Memory*. Berlin: de Gruyter, 2005; *Projekt- und Zeitmanagement im Studium: Strategien für ein erfolgreiches Studium*. Stuttgart: Klett, 2006 (mit Gerald Echterhoff).
Homepage: http://www.uni-giessen.de/erinnerungskulturen/home/profil-bneumann.html

Ansgar Nünning, geb. 1959, studierte Anglistik, Geschichte, Pädagogik und Anglo-Amerikanische Geschichte an der Universität Köln; 1989-1995 wissenschaftlicher Assistent am Englischen Seminar der Universität Köln; 1995-1996 Hochschuldozent am Englischen Seminar der Universität Köln; seit 1996 Professor für Neuere Englische und Amerikanische Literatur- und Kulturwissenschaft an der Universität Gießen; seit 2002 Teilprojektleiter im DFG-Sonderforschungsbereich „Erinnerungskulturen" und wissenschaftlicher Projektleiter des vom DAAD geförderten Internationalen Promotionsprogramms „Literatur- und Kulturwissenschaft" (IPP); seit 2002 geschäftsführender Gründungsdirektor des „Gießener Graduiertenzentrums Kulturwissenschaften" (GGK) sowie des im Rahmen der Exzellenzinitiative des Bundes und der Länder geförderten „International Graduate Centre for the Study of Culture" (GCSC) an der Universität Gießen. Monographien: *Grundzüge eines kommunikationstheoretischen Modells der erzählerischen Vermittlung: Die Funktionen der Erzählinstanz in den Romanen George Eliots*. Trier: WVT, 1989; *Von historischer Fiktion zu historiographischer Metafiktion* (2 Bände). Trier: WVT, 1995; *Uni-Training Englische Literaturwissenschaft: Grundstrukturen des Fachs und Methoden der Textanalyse*. Stuttgart: Klett, 1996; *Der englische Roman des 20. Jahrhunderts*. Stuttgart: Klett, 1998; *Orientierung Anglistik, Amerikanistik: Was sie kann, was sie will*. Reinbek bei Hamburg: Rowohlt, 1999 (mit Andreas Jucker); *Englische Literatur unterrichten: Grundlagen und Methoden*. Stuttgart: Klett, 2006 (mit Carola Surkamp); *Handbuch Promotion:*

Forschung – Förderung – Finanzierung. Stuttgart: Metzler, 2007 (Hg. mit Roy Sommer).

Homepage: http://www.uni-giessen.de/~ga1011/

Vera Nünning, geb. 1961, studierte Anglistik, Geschichte, Anglo-Amerikanische Geschichte und Pädagogik an der Universität Köln; 1989-2000 wissenschaftliche Assistentin bzw. Hochschuldozentin am Anglo-Amerikanischen Institut des Historischen Seminars der Universität Köln; 2000-2002 Professorin für Englische Literatur- und Kulturwissenschaft an der Universität Braunschweig; seit 2002 Professorin für Englische Literaturwissenschaft an der Universität Heidelberg; seit 2006 Prorektorin für Internationale Beziehungen an der Universität Heidelberg. Monographien: *Die Ästhetik Virginia Woolfs*. Frankfurt a.M./Bern: Peter Lang, 1990; *Virginia Woolf zur Einführung*. Hamburg: Junius, 1991 (mit Ansgar Nünning); *A revolution in sentiments, manners, and moral opinions: Catharine Macaulay und die politische Kultur des englischen Radikalismus, 1760-1790*. Heidelberg: Winter, 1998; *Einführung in die amerikanische Geschichte*. München: Beck, 1998 (mit Jürgen Heideking); *Englische Literatur des 18. Jahrhunderts*. Stuttgart: Klett, 1998 (mit Ansgar Nünning); *Der englische Roman des 19. Jahrhunderts*. Stuttgart: Klett, 2000; *Grundkurs anglistisch-amerikanistische Literaturwissenschaft*. Stuttgart: Klett, 2001 (mit Ansgar Nünning); *An Introduction to the Study of English and American Literature*. Stuttgart: Klett, 2004 (mit Ansgar Nünning).

Homepage: http://www.as.uni-heidelberg.de/personalia/Nuenning/index.php4

Dieter Petzold, geb. 1945, studierte Anglistik und Germanistik an den Universitäten Würzburg, Amherst und Erlangen; 1983/84 Gastprofessur an der University of North Carolina, Chapel Hill; 1992/93 Gastprofessur an der University of British Columbia; seit 1970 wissenschaftlicher Assistent und dann Professor für Englische Literatur- und Kulturwissenschaft am Institut für Anglistik und Amerikanistik der Universität Erlangen-Nürnberg. Monographien: *Formen und Funktionen der englischen Nonsense Dichtung im 19. Jahrhundert*. Nürnberg: Carl, 1972; *J.R.R. Tolkien: Fantasy Literature als Wunscherfüllung und Weltdeutung*. Heidelberg: Winter, 1980; *Das englische Kunstmärchen im neunzehnten Jahrhundert*. Tübingen: Niemeyer, 1981; *Daniel Defoe, „Robinson Crusoe", Text und Geschichte*. (Modellanalysen zur englischen und amerikanischen Literatur, 2) München: Fink, 1982; *Tolkien: Leben und Werk*. Eggingen: Edition Isele, 2004.

Homepage: http://www.anglistik.phil.uni-erlangen.de/institut/personen/anglistiklitkult/petzold/petzold.php

Ralf Schneider, geb. 1966, studierte Anglistik und Romanistik an der Universität Köln; ab 1995 wissenschaftlicher Mitarbeiter am Englischen Seminar der Universität Köln; 1997-1999 wissenschaftlicher Angestellter am Seminar für Englische Philologie der Universität Tübingen, ab 1999 wissenschaftlicher Assistent; 2004-2005 Privatdozent für Englische Philologie an der Universität Freiburg; seit 2005 Professor für Literatur und Kultur Großbritanniens an der Universität Bielefeld. Monographien: *Grundriß zur kognitiven Theorie der Figurenrezeption am Beispiel des viktorianischen Romans*. Tübingen: Stauffenburg, 2000; *Der Erste Weltkrieg und die Mediendiskurse der Erinnerung in Großbritannien: Autobiographie – Roman – Film, 1919-1999*. Würzburg: Königshausen & Neumann, 2005 (mit Barbara Korte und Claudia Sternberg).

Homepage: http://www.uni-bielefeld.de/lili/personen/rschneider/

Roy Sommer, geb. 1969, studierte Anglistik, Germanistik und Russisch an den Universitäten Regensburg, Edinburgh und Köln; 2001-2005 Geschäftsführer des „Gießener Graduiertenzentrums Kulturwissenschaften" (GGK); seit 2005 Professor für Anglistik (Literatur-, Kultur- und Medienwissenschaft) an der Universität Wuppertal. Monographien: *Fictions of Migration: Ein Beitrag zu Theorie und Gattungstypologie des zeitgenössischen interkulturellen Romans in Großbritannien*. (ELCH 1) Trier: WVT, 2001; *Grundkurs Cultural Studies/Kulturwissenschaft*. Stuttgart: Klett, 2003; *Schreibkompetenzen: Erfolgreich wissenschaftlich schreiben*. Stuttgart: Klett, 2006; *Handbuch Promotion. Forschung – Förderung – Finanzierung*. Stuttgart: Metzler, 2007 (Hg. mit Ansgar Nünning).

Homepage: http://www.fba.uni-wuppertal.de/anglistik_amerikanistik/literatur/sommer_homepage.html

Gesa Stedman, geb. 1969, studierte Anglistik, Romanistik, Film- und Theaterwissenschaften in Berlin und Warwick; 2002-2005 Lektorin und wissenschaftliche Assistentin am Großbritannien-Zentrum (Centre for British Studies) der Humboldt-Universität Berlin; seit 2005 Professorin für Englische und Amerikanische Literatur an der Universität Gießen; Mitantragstellerin des im Rahmen der Exzellenzinitiative des Bundes und der Länder geförderten „International Graduate Centre for the Study of Culture" (GCSC). Monographien: *Stemming the Torrent: Expression and Control in the Victorian Discourses on Emotion, 1830-1872*. Ashgate: Aldershot etc., 2002; *Early Modern Cultural Exchange: England and France in the 17th Century* (in Vorbereitung).

Homepage: http://www.uni-giessen.de/~ga1101/

Werner Wolf, geb. 1955; studierte Anglistik und Romanistik an den Universitäten München, Canterbury und Toulouse; 1991-1994 Assistenzprofessur für Englische Literatur an der Universität München; 1992 Vertretungsprofessur für Englische Literatur an der Universität München; seit 1994 Professor für Englische und Allgemeine Literaturwissenschaft an der Universität Graz; seit 1998 Gründungsmitglied der „International Association for Word and Music Studies" (WMA); seit 2003 Mitglied des Senats der Universität Graz. Monographien: *Ursprünge und Formen der Empfindsamkeit im französischen Drama des 18. Jahrhunderts (Marivaux und Beaumarchais)*. Frankfurt a.M./Bern, 1984; *Ästhetische Illusion und Illusionsdurchbrechung in der Erzählkunst: Theorie und Geschichte mit Schwerpunkt auf englischem illusionsstörenden*

Erzählen. Tübingen: Niemeyer, 1991; *The Musicalization of Fiction: A Study in the Theory and History of Intermediality*. Amsterdam: Rodopi, 1999.

Homepage: http://www-gewi.uni-graz.at/staff/wolf/site.php?show=1

Bruno Zerweck, geb. 1968, studierte Englisch, Geschichte und Erziehungswissenschaft in Köln; 1997-2002 Mitarbeiter am Institut für Anglistik/Amerikanistik der Universität Gießen; seit 2005 Studienrat. Monographien: *Die Synthese aus Realismus und Experiment: Der englische Roman der 1980er und 1990er Jahre aus erzähltheoretischer und kulturwissenschaftlicher Sicht*. (ELCH 3) Trier: WVT, 2001; *Schlüsselkompetenz Media Literacy: Theorie und Praxis der Mediendidaktik für den Unterricht der Sekundarstufen I und II* (in Vorbereitung).